2013年世界发展数据手册

世界银行　著

中国财政经济出版社

目 录

致谢

《2013年世界发展数据手册》是由 Soong Sup Lee 领导、Neil Fantom 管理的小组编撰，小组成员包括 Liu Cui、Vanessa Moreira da Silva、Federico Escaler、Mahyar Eshragh – Tabary、Juan Feng、Masako Hiraga、Wendy Huang、Bala Bhaskar Naidu Kalimili、Buyant Erdene Khaltarkhuu、Elysee Kiti、Ibrahim Levent、Hiroko Maeda、Johan Mistiaen、Maurice Nsabimana、William Prince、Evis Rucaj、Rubena Sukaj、Emi Suzuki、Maryna Taran、Jomo Tariku 和 Olga Vybornaia，并且密切与主管发展经济学的副行长属下的发展数据小组密切合作。本项工作是在 Shaida Badiee 的管理下完成的。Azita Amjadi 和 Alison Kwong 对本书出版的各个环节进行了协调；Barton Matheson Willse & Worthington 公司对本书进行了排版。世界银行出版局的工作人员负责监督本书的出版和发行。

引 言

《2013 年世界发展数据手册》是《2013 年世界发展指标》的袖珍版。它旨在为《2013 年世界发展指标》数据库、印刷版和 CD - ROM 的使用者提供一个快捷的参照。《世界发展指标》数据库囊括了横跨 50 多年的 1200 多项指标，可在网站 data. worldbank. org 上获得。

《世界发展数据手册》的国别篇共 214 页，提供了人口在 3 万以上的世界银行成员国及其他经济体最新可获得的数据。综述部分 14 页，涵盖了按地区和收入组别划分的合计数。

欲知有关这些数据或世界银行其他数据类出版物的更多信息，请访问我们的数据网站：data. worldbank. org；或给我们发电子邮件至 data@ worldbank. org；或拨打我们的热线电话：800 - 590 - 1906 或 202 - 473 - 7824，传真：202 - 522 - 1498。

欲订购《2013 年世界发展指标》（英文版），请访问世界银行出版物网站：www. worldbank. org/publications，或拨打电话：800 - 645 - 7247 或 703 - 661 - 1580，传真：703 - 661 - 1501。

关于数据的说明

本书数据为1990年、2000年和2011年或最近年份可获得的数据，正文表或者词汇表中另有说明的除外。

- 增长率指与前一年相比的变化比例，另有说明的除外。
- 地区合计数仅包括低收入经济体和中等收入经济体的数据。
- 斜体数字表明该数据是几年或者一段时期的，而不是特定年份的数据。

符号用法：

..	指该数据不可获得，或由于数据缺失而无法算出合计数。
0 或 0.0	指零或很小，小数位的数字四舍五入为零。
$	为现值美元。

一些国家的表中标有字母的注释，见第232页的“注释”。

本书提供了人口在3万以上以及世界银行较小成员经济体的数据。“国家”（与“经济体”交替使用）一词并不意味着政治的独立或世界银行对其地位的官方认可，而是指任何一个其当局分别报告了社会或经济统计数据的经济体。

本书所选的指标，包含了那些用于检测千年发展目标进展情况的指标。要了解有关8个目标的更多信息——在2015年前实现将贫困人口减少一半以及提高生活水平——请参阅《2013年世界发展指标》类别的其他图书。

地区篇

各地区的国家构成是基于世界银行为进行分析而做的地区划分，可能与通用的地理划分有别。

东亚和太平洋地区

美属萨摩亚、柬埔寨、中国、斐济、印度尼西亚、基里巴斯、朝鲜、老挝、马来西亚、马绍尔群岛、密克罗尼西亚联邦、蒙古、缅甸、帕劳、巴布亚新几内亚、菲律宾、萨摩亚、所罗门群岛、泰国、东帝汶、汤加、图瓦卢、瓦努阿图、越南

欧洲和中亚

阿尔巴尼亚、亚美尼亚、阿塞拜疆、白俄罗斯、波斯尼亚和黑塞哥维那、保加利亚、格鲁吉亚、哈萨克斯坦、科索沃、吉尔吉斯共和国、拉脱维亚、立陶宛、前南马其顿、摩尔多瓦、黑山、罗马尼亚、俄罗斯联邦、塞尔维亚、塔吉克斯坦、土耳其、土库曼斯坦、乌克兰、乌兹别克斯坦

拉丁美洲和加勒比地区

安提瓜和巴布达、阿根廷、伯利兹、玻利维亚、巴西、智利、哥伦比亚、哥斯达黎加、古巴、多米尼克、多米尼加共和国、厄瓜多尔、萨尔瓦多、格林纳达、危地马拉、圭亚那、海地、洪都拉斯、牙买加、墨西哥、尼加拉瓜、巴拿马、巴拉圭、秘鲁、圣卢西亚、圣文森特和格林纳丁斯、苏里南、乌拉圭、委内瑞拉

中东和北非

阿尔及利亚、吉布提、埃及、伊朗、伊拉克、约旦、黎巴嫩、利比亚、摩洛哥、叙利亚、突尼斯、西岸和加沙、也门

南亚

阿富汗、孟加拉国、不丹、印度、马尔代夫、尼泊尔、巴基斯坦、斯里兰卡

撒哈拉以南非洲地区

安哥拉、贝宁、博茨瓦纳、布基纳法索、布隆迪、喀麦隆、佛得角、中非共和国、乍得、科摩罗、刚果民主共和国、刚果共和国、科特迪瓦、厄立特里亚、埃塞俄比亚、加蓬、冈比亚、加纳、几内亚、几内亚比绍、肯尼亚、莱索托、利比里亚、马达加斯加、马拉维、马里、毛里塔尼亚、毛里求斯、莫桑比克、纳米比亚、尼日尔、尼日利亚、卢旺达、圣多美和普林西比、塞内加尔、塞舌尔、塞拉利昂、索马里、南非、南苏丹、苏丹、斯威士兰、坦桑尼亚、多哥、乌干达、赞比亚、津巴布韦

世界

人口(百万)	6,974.2	人口增长率(百分比)	1.2
陆地面积(千平方公里)	134,269	每天生活费用不足1.25美元的人口(占人口的百分比)	..
GNI,图表集法(10亿美元)	66,354.3	人均GNI,图表集法(美元)	9,514
PPP衡量的GNI(10亿美元)	80,624.2	PPP衡量的人均GNI(美元)	11,560

	1990	2000	2011
人口			
最贫困的20%人口占国家消费/收入的份额(百分比)	..	..	..
出生时的预期寿命(岁)	65	67	70
总生育率(每个女性生育数)	3.2	2.7	2.4
青年女性生育率(每千名15—19岁女性生育数)	..	63	53
避孕普及率(占15—49岁已婚女性的百分比)	58	61	..
在熟练医护人员护理下的分娩(占总数的百分比)	..	60	66
5岁以下儿童死亡率(每千人)	87	73	51
儿童营养不良,体重不足(占5岁以下儿童的百分比)	25.1	20.3	15.7
儿童麻疹免疫接种率(占12—23个月年龄组的百分比)	73	72	85
小学毕业率,总数(占适龄年龄组的百分比)	80	82	90
中学总入学率,总数(占适龄年龄组的百分比)	50	60	70
小学和中学中女孩与男孩的比率(百分比)	86	92	97
HIV感染率(占15—49岁人口的百分比)	0.3	0.8	0.8
环境			
森林(千平方公里)	41,608	40,761	39,633
森林采伐(1990—2000年和2000—2010年,平均年度百分比)		0.2	*0.1*
淡水使用量(占内陆水资源的百分比)	..	*8.4*	9.2
获得改善的水资源的人口(占总人口的百分比)	76	83	*88*
获得改善的卫生设施的人口(占总人口的百分比)	47	56	*63*
人均能源使用量(千克石油当量)	1,663	1,650	*1,851*
人均二氧化碳排放量(吨)	4.2	4.1	*4.7*
人均用电量(千瓦时)	2,117	2,381	*2,975*
经济			
GDP(10亿美元)	21,985	32,334	70,020
GDP增长率(年度百分比)	3.0	4.2	2.7
GDP隐含价格平减指数(年度增长百分比)	7.6	4.6	5.5
农业增加值(占GDP的百分比)	5	4	*3*
工业增加值(占GDP的百分比)	33	29	*26*
服务业增加值(占GDP的百分比)	62	68	*71*
货物和服务出口(占GDP的百分比)	19	25	29
货物和服务进口(占GDP的百分比)	20	25	30
资本形成总额(占GDP的百分比)	23	22	20
中央政府收入(占GDP的百分比)	..	*25.7*	23.0
中央政府现金盈余/赤字(占GDP的百分比)	..	*-0.2*	-5.9
政府与市场			
创办企业的时间(天)	..	*51*	30
股票市场资本总额(占GDP的百分比)	47.3	101.3	68.7
军费支出(占GDP的百分比)	3.7	2.3	2.5
移动电话用户(每100人)	0.2	12.1	85.5
互联网用户(每100人)	0.0	6.7	32.7
铺敷道路(占总数的百分比)	..	*49.4*	*55.2*
高科技出口(占制成品出口的百分比)	18	24	18
全球联系			
商品贸易(占GDP的百分比)	32	41	52
净易货贸易条件指数(2000年=100)	..	..	..
外债总额(百万美元)	..	..	..
债务还本付息总额(占出口的百分比)	..	..	..
净移民(千人)	..	..	..
获得的侨汇(10亿美元)	68	136	479
外国直接投资,净流入额(10亿美元)	196	1,319	1,654
获得的净官方发展援助(10亿美元)	58	50	135

东亚和太平洋地区

人口(百万)	1,974.2	人口增长率(百分比)	0.7
陆地面积(千平方公里)	16,302	每天生活费用不足1.25美元的人口(占人口的百分比)	*12.5*
GNI,图表集法(10亿美元)	8,387.3	人均GNI,图表集法(美元)	4,248
PPP衡量的GNI(10亿美元)	14,344.6	PPP衡量的人均GNI(美元)	7,266

	1990	2000	2011
人口			
最贫困的20%人口占国家消费/收入的份额(百分比)	..	..	..
出生时的预期寿命(岁)	68	70	72
总生育率(每个女性生育数)	2.6	2.0	1.8
青年女性生育率(每千名15—19岁女性生育数)	..	20	19
避孕普及率(占15—49岁已婚女性的百分比)	75	78	..
在熟练医护人员护理下的分娩(占总数的百分比)	84	85	*91*
5岁以下儿童死亡率(每千人)	56	40	21
儿童营养不良,体重不足(占5岁以下儿童的百分比)	20.1	11.1	5.5
儿童麻疹免疫接种率(占12—23个月年龄组的百分比)	89	82	95
小学毕业率,总数(占适龄年龄组的百分比)	100	97	*97*
中学总入学率,总数(占适龄年龄组的百分比)	39	60	79
小学和中学中女孩与男孩的比率(百分比)	88	98	103
HIV感染率(占15—49岁人口的百分比)	0.1	0.2	0.2
环境			
森林(千平方公里)	4,602	4,524	4,712
森林采伐(1990—2000年和2000—2010年,平均年度百分比)		0.1	*-0.4*
淡水使用量(占内陆水资源的百分比)	..	*9.5*	10.9
获得改善的水资源的人口(占总人口的百分比)	68	80	*90*
获得改善的卫生设施的人口(占总人口的百分比)	30	48	*66*
人均能源使用量(千克石油当量)	712	869	*1,520*
人均二氧化碳排放量(吨)	1.8	2.3	*4.6*
人均用电量(千瓦时)	460	876	*2,337*
经济			
GDP(10亿美元)	671	1,727	9,313
GDP增长率(年度百分比)	5.5	7.5	8.3
GDP隐含价格平减指数(年度增长百分比)	6.7	3.0	4.4
农业增加值(占GDP的百分比)	25	15	11
工业增加值(占GDP的百分比)	40	44	45
服务业增加值(占GDP的百分比)	35	41	44
货物和服务出口(占GDP的百分比)	22	35	39
货物和服务进口(占GDP的百分比)	21	31	35
资本形成总额(占GDP的百分比)	35	31	42
中央政府收入(占GDP的百分比)	7.1	8.2	*13.1*
中央政府现金盈余/赤字(占GDP的百分比)	..	-2.6	..
政府与市场			
创办企业的时间(天)	..	*53*	37
股票市场资本总额(占GDP的百分比)	*16.4*	46.9	50.6
军费支出(占GDP的百分比)	2.3	1.8	1.8
移动电话用户(每100人)	0.0	5.8	80.9
互联网用户(每100人)	0.0	1.9	33.5
铺敷道路(占总数的百分比)	..	*14.4*	*50.6*
高科技出口(占制成品出口的百分比)	*17*	32	26
全球联系			
商品贸易(占GDP的百分比)	47	59	57
净易货贸易条件指数(2000年=100)	..	..	..
外债总额(10亿美元)	234	497	1,243
债务还本付息总额(占出口的百分比)	17.7	11.4	4.7
净移民(百万)	-0.2	-1.8	-5.2
获得的侨汇(10亿美元)	3.1	16.7	85.9
外国直接投资,净流入额(10亿美元)	10	45	275
获得的净官方发展援助(10亿美元)	7.7	8.6	7.6

欧洲和中亚

人口(百万)	408.1	人口增长率(百分比)	0.5
陆地面积(千平方公里)	23,614	每天生活费用不足1.25美元的人口(占人口的百分比)	*0.7*
GNI,图表集法(10亿美元)	3,156.6	人均GNI,图表集法(美元)	7,734
PPP衡量的GNI(10亿美元)	5,845.7	PPP衡量的人均GNI(美元)	14,323

	1990	2000	2011
人口			
最贫困的20%人口占国家消费/收入的份额(百分比)	..	..	..
出生时的预期寿命(岁)	68	68	71
总生育率(每个女性生育数)	2.3	1.6	1.8
青年女性生育率(每千名15—19岁女性生育数)	..	35	26
避孕普及率(占15—49岁已婚女性的百分比)	..	..	*74*
在熟练医护人员护理下的分娩(占总数的百分比)	99	92	*98*
5岁以下儿童死亡率(每千人)	48	35	21
儿童营养不良,体重不足(占5岁以下儿童的百分比)	10.7	4.2	1.5
儿童麻疹免疫接种率(占12—23个月年龄组的百分比)	*82*	93	94
小学毕业率,总数(占适龄年龄组的百分比)	95	93	98
中学总入学率,总数(占适龄年龄组的百分比)	89	87	89
小学和中学中女孩与男孩的比率(百分比)	97	96	98
HIV感染率(占15—49岁人口的百分比)	0.1	0.3	0.6
环境			
森林(千平方公里)	8,735	8,754	8,788
森林采伐(1990—2000年和2000—2010年,平均年度百分比)		0.0	*0.0*
淡水使用量(占内陆水资源的百分比)	..	*6.3*	6.3
获得改善的水资源的人口(占总人口的百分比)	90	93	*96*
获得改善的卫生设施的人口(占总人口的百分比)	80	83	*84*
人均能源使用量(千克石油当量)	4,063	2,683	*3,015*
人均二氧化碳排放量(吨)	*9.6*	6.8	*7.1*
人均用电量(千瓦时)	4,515	3,332	*4,059*
经济			
GDP(10亿美元)	952	710	3,635
GDP增长率(年度百分比)	-1.0	7.5	5.9
GDP隐含价格平减指数(年度增长百分比)	13.6	23.1	8.9
农业增加值(占GDP的百分比)	19	11	8
工业增加值(占GDP的百分比)	42	35	35
服务业增加值(占GDP的百分比)	39	55	57
货物和服务出口(占GDP的百分比)	20	37	35
货物和服务进口(占GDP的百分比)	23	31	35
资本形成总额(占GDP的百分比)	28	20	25
中央政府收入(占GDP的百分比)	..	..	28.4
中央政府现金盈余/赤字(占GDP的百分比)	..	..	0.6
政府与市场			
创办企业的时间(天)	..	*41*	15
股票市场资本总额(占GDP的百分比)	*2.4*	17.4	32.9
军费支出(占GDP的百分比)	14.6	3.4	3.0
移动电话用户(每100人)	0.0	6.6	132.5
互联网用户(每100人)	0.0	2.0	42.1
铺敷道路(占总数的百分比)	..	*83.7*	*69.1*
高科技出口(占制成品出口的百分比)	..	10	6
全球联系			
商品贸易(占GDP的百分比)	..	52	57
净易货贸易条件指数(2000年=100)	..	..	..
外债总额(10亿美元)	138	360	1,484
债务还本付息总额(占出口的百分比)	..	18.3	17.8
净移民(百万)	-1.2	-2.3	*-0.6*
获得的侨汇(10亿美元)	3.2	9.3	43.0
外国直接投资,净流入额(10亿美元)	1	10	119
获得的净官方发展援助(10亿美元)	1.4	4.5	7.1

拉丁美洲和加勒比地区

人口(百万)	589.0	人口增长率(百分比)	1.1
陆地面积(千平方公里)	20,394	每天生活费用不足1.25美元的人口(占人口的百分比)	5.5
GNI,图表集法(10亿美元)	5,050.3	人均GNI,图表集法(美元)	8,574
PPP衡量的GNI(10亿美元)	6,822.0	PPP衡量的人均GNI(美元)	11,582

	1990	2000	2011
人口			
最贫困的20%人口占国家消费/收入的份额(百分比)	..	..	..
出生时的预期寿命(岁)	68	72	74
总生育率(每个女性生育数)	3.2	2.6	2.2
青年女性生育率(每千名15—19岁女性生育数)	..	83	71
避孕普及率(占15—49岁已婚女性的百分比)	58	..	..
在熟练医护人员护理下的分娩(占总数的百分比)	75	86	..
5岁以下儿童死亡率(每千人)	53	34	19
儿童营养不良,体重不足(占5岁以下儿童的百分比)	7.2	4.8	3.1
儿童麻疹免疫接种率(占12—23个月年龄组的百分比)	76	93	93
小学毕业率,总数(占适龄年龄组的百分比)	83	97	102
中学总入学率,总数(占适龄年龄组的百分比)	61	83	90
小学和中学中女孩与男孩的比率(百分比)	101	101	102
HIV感染率(占15—49岁人口的百分比)	0.3	0.4	0.4
环境			
森林(千平方公里)	10,389	9,899	9,420
森林采伐(1990—2000年和2000—2010年,平均年度百分比)		0.5	*0.4*
淡水使用量(占内陆水资源的百分比)	..	*2.0*	2.0
获得改善的水资源的人口(占总人口的百分比)	86	90	*94*
获得改善的卫生设施的人口(占总人口的百分比)	68	75	*79*
人均能源使用量(千克石油当量)	1,046	1,134	*1,312*
人均二氧化碳排放量(吨)	2.2	2.5	*2.7*
人均用电量(千瓦时)	1,170	1,581	*1,973*
经济			
GDP(10亿美元)	1,116	2,059	5,646
GDP增长率(年度百分比)	0.3	4.0	4.7
GDP隐含价格平减指数(年度增长百分比)	23.8	7.0	5.8
农业增加值(占GDP的百分比)	9	6	6
工业增加值(占GDP的百分比)	36	29	32
服务业增加值(占GDP的百分比)	56	65	62
货物和服务出口(占GDP的百分比)	17	20	23
货物和服务进口(占GDP的百分比)	15	21	24
资本形成总额(占GDP的百分比)	19	20	22
中央政府收入(占GDP的百分比)	19.4	18.0	..
中央政府现金盈余/赤字(占GDP的百分比)	-2.6	-1.5	..
政府与市场			
创办企业的时间(天)	..	*76*	58
股票市场资本总额(占GDP的百分比)	7.6	31.7	42.0
军费支出(占GDP的百分比)	3.6	1.4	1.3
移动电话用户(每100人)	0.0	12.1	107.2
互联网用户(每100人)	0.0	3.8	39.2
铺敷道路(占总数的百分比)	..	*26.3*	*23.3*
高科技出口(占制成品出口的百分比)	6	16	11
全球联系			
商品贸易(占GDP的百分比)	23	36	38
净易货贸易条件指数(2000年=100)	..	..	..
外债总额(10亿美元)	443	760	1,233
债务还本付息总额(占出口的百分比)	24.6	38.6	13.4
净移民(百万)	-3.2	-3.9	*-5.1*
获得的侨汇(10亿美元)	5.7	20.2	59.5
外国直接投资,净流入额(10亿美元)	8	79	162
获得的净官方发展援助(10亿美元)	5.1	4.8	11.6

中东和北非

人口(百万)	336.5	人口增长率(百分比)	1.7
陆地面积(千平方公里)	8,775	每天生活费用不足1.25美元的人口(占人口的百分比)	*2.4*
GNI,图表集法(10亿美元)	*1,279.5*	人均GNI,图表集法(美元)	*3,866*
PPP衡量的GNI(10亿美元)	*2,619.2*	PPP衡量的人均GNI(美元)	*8,052*

	1990	2000	2011
人口			
最贫困的20%人口占国家消费/收入的份额(百分比)	..	..	..
出生时的预期寿命(岁)	64	69	72
总生育率(每个女性生育数)	4.9	3.2	2.7
青年女性生育率(每千名15—19岁女性生育数)	..	43	37
避孕普及率(占15—49岁已婚女性的百分比)	43	61	..
在熟练医护人员护理下的分娩(占总数的百分比)	..	78	..
5岁以下儿童死亡率(每千人)	70	48	32
儿童营养不良,体重不足(占5岁以下儿童的百分比)	11.9	8.9	6.3
儿童麻疹免疫接种率(占12—23个月年龄组的百分比)	83	90	89
小学毕业率,总数(占适龄年龄组的百分比)	76	83	90
中学总入学率,总数(占适龄年龄组的百分比)	56	68	74
小学和中学中女孩与男孩的比率(百分比)	80	89	93
HIV感染率(占15—49岁人口的百分比)	0.1	0.1	..
环境			
森林(千平方公里)	207	208	211
森林采伐(1990—2000年和2000—2010年,平均年度百分比)		-0.1	*-0.1*
淡水使用量(占内陆水资源的百分比)	..	*120.3*	122.1
获得改善的水资源的人口(占总人口的百分比)	86	87	*89*
获得改善的卫生设施的人口(占总人口的百分比)	73	81	*88*
人均能源使用量(千克石油当量)	829	1,034	*1,372*
人均二氧化碳排放量(吨)	2.5	3.1	*4.1*
人均用电量(千瓦时)	733	1,063	*1,658*
经济			
GDP(10亿美元)	266	434	*1,202*
GDP增长率(年度百分比)	7.4	3.4	*4.2*
GDP隐含价格平减指数(年度增长百分比)	17.0	4.9	8.8
农业增加值(占GDP的百分比)	18	13	..
工业增加值(占GDP的百分比)	32	43	..
服务业增加值(占GDP的百分比)	50	44	..
货物和服务出口(占GDP的百分比)	23	27	..
货物和服务进口(占GDP的百分比)	34	25	..
资本形成总额(占GDP的百分比)	29	24	..
中央政府收入(占GDP的百分比)	..	..	*30.5*
中央政府现金盈余/赤字(占GDP的百分比)	..	..	*-3.1*
政府与市场			
创办企业的时间(天)	..	*48*	25
股票市场资本总额(占GDP的百分比)	..	*17.7*	..
军费支出(占GDP的百分比)	2.9	3.5	3.5
移动电话用户(每100人)	0.0	2.2	88.9
互联网用户(每100人)	0.0	0.9	26.9
铺敷道路(占总数的百分比)	..	*73.5*	*85.5*
高科技出口(占制成品出口的百分比)	..	3	*3*
全球联系			
商品贸易(占GDP的百分比)	42	48	67
净易货贸易条件指数(2000年=100)	..	..	..
外债总额(10亿美元)	137	144	166
债务还本付息总额(占出口的百分比)	24.3	14.4	5.1
净移民(百万)	-0.6	-1.3	*-1.6*
获得的侨汇(10亿美元)	9.6	11.5	41.3
外国直接投资,净流入额(10亿美元)	0.7	3.9	16.3
获得的净官方发展援助(10亿美元)	11.7	4.6	15.1

南亚

人口(百万)	1,656.5	人口增长率(百分比)	1.4
陆地面积(千平方公里)	5,131	每天生活费用不足1.25美元的人口(占人口的百分比)	*31.0*
GNI,图表集法(10亿美元)	2,174.5	人均GNI,图表集法(美元)	1,313
PPP衡量的GNI(10亿美元)	5,523.5	PPP衡量的人均GNI(美元)	3,334

	1990	2000	2011
人口			
最贫困的20%人口占国家消费/收入的份额(百分比)	..	..	..
出生时的预期寿命(岁)	59	62	66
总生育率(每个女性生育数)	4.2	3.3	2.7
青年女性生育率(每千名15—19岁女性生育数)	..	101	71
避孕普及率(占15—49岁已婚女性的百分比)	41	45	*51*
在熟练医护人员护理下的分娩(占总数的百分比)	..	36	*48*
5岁以下儿童死亡率(每千人)	119	89	62
儿童营养不良,体重不足(占5岁以下儿童的百分比)	51.9	42.7	33.2
儿童麻疹免疫接种率(占12—23个月年龄组的百分比)	56	57	77
小学毕业率,总数(占适龄年龄组的百分比)	62	67	*88*
中学总入学率,总数(占适龄年龄组的百分比)	35	44	58
小学和中学中女孩与男孩的比率(百分比)	68	80	*95*
HIV感染率(占15—49岁人口的百分比)	0.1	0.4	0.3
环境			
森林(千平方公里)	795	794	818
森林采伐(1990—2007年,平均年度百分比)		0.0	*-0.3*
淡水使用量(占内陆水资源的百分比)	*42.8*	*45.9*	51.6
获得改善的水资源的人口(占总人口的百分比)	71	81	*90*
获得改善的卫生设施的人口(占总人口的百分比)	22	29	*38*
人均能源使用量(千克石油当量)	340	405	*519*
人均二氧化碳排放量(吨)	0.7	1.0	*1.4*
人均用电量(千瓦时)	242	350	*555*
经济			
GDP(10亿美元)	412	623	2,296
GDP增长率(年度百分比)	5.4	4.2	6.1
GDP隐含价格平减指数(年度增长百分比)	8.6	3.7	8.1
农业增加值(占GDP的百分比)	29	24	18
工业增加值(占GDP的百分比)	26	26	27
服务业增加值(占GDP的百分比)	45	51	55
货物和服务出口(占GDP的百分比)	9	14	23
货物和服务进口(占GDP的百分比)	11	16	30
资本形成总额(占GDP的百分比)	23	23	32
中央政府收入(占GDP的百分比)	13.3	12.0	12.0
中央政府现金盈余/赤字(占GDP的百分比)	-3.3	-3.9	-3.8
政府与市场			
创办企业的时间(天)	..	*47*	19
股票市场资本总额(占GDP的百分比)	10.5	25.5	48.2
军费支出(占GDP的百分比)	3.3	3.0	2.5
移动电话用户(每100人)	0.0	0.3	68.8
互联网用户(每100人)	0.0	0.5	9.4
铺敷道路(占总数的百分比)	..	*57.0*	*40.4*
高科技出口(占制成品出口的百分比)	3	5	6
全球联系			
商品贸易(占GDP的百分比)	16	23	41
净易货贸易条件指数(2000年=100)	..	..	..
外债总额(10亿美元)	126	162	454
债务还本付息总额(占出口的百分比)	31.6	17.5	6.7
净移民(百万)	-1.9	-2.5	*-8.6*
获得的侨汇(10亿美元)	5.6	17.2	97.5
外国直接投资,净流入额(10亿美元)	0.5	4.4	35.7
获得的净官方发展援助(10亿美元)	6.0	4.1	16.7

撒哈拉以南非洲地区

人口(百万)	874.8	人口增长率(百分比)	2.5
陆地面积(千平方公里)	24,242	每天生活费用不足1.25美元的人口(占人口的百分比)	*48.5*
GNI,图表集法(10亿美元)	1,100.8	人均GNI,图表集法(美元)	1,258
PPP衡量的GNI(10亿美元)	1,946.2	PPP衡量的人均GNI(美元)	2,225

	1990	2000	2011
人口			
最贫困的20%人口占国家消费/收入的份额(百分比)	..	..	..
出生时的预期寿命(岁)	50	50	55
总生育率(每个女性生育数)	6.3	5.6	4.9
青年女性生育率(每千名15—19岁女性生育数)	..	131	106
避孕普及率(占15—49岁已婚女性的百分比)	16	22	*25*
在熟练医护人员护理下的分娩(占总数的百分比)	..	42	*48*
5岁以下儿童死亡率(每千人)	178	154	109
儿童营养不良,体重不足(占5岁以下儿童的百分比)	29.2	25.3	21.4
儿童麻疹免疫接种率(占12—23个月年龄组的百分比)	57	53	74
小学毕业率,总数(占适龄年龄组的百分比)	52	53	70
中学总入学率,总数(占适龄年龄组的百分比)	23	25	40
小学和中学中女孩与男孩的比率(百分比)	81	84	90
HIV感染率(占15—49岁人口的百分比)	2.5	5.9	4.9
环境			
森林(千平方公里)	7,406	6,983	6,056
森林采伐(1990—2000年和2000—2010年,平均年度百分比)		0.6	*0.5*
淡水使用量(占内陆水资源的百分比)	..	*3.2*	3.2
获得改善的水资源的人口(占总人口的百分比)	48	55	*61*
获得改善的卫生设施的人口(占总人口的百分比)	26	28	*31*
人均能源使用量(千克石油当量)	680	655	*683*
人均二氧化碳排放量(吨)	0.9	0.8	*0.9*
人均用电量(千瓦时)	531	521	*553*
经济			
GDP(10亿美元)	300	336	1,266
GDP增长率(年度百分比)	1.2	3.6	4.7
GDP隐含价格平减指数(年度增长百分比)	9.1	5.8	7.9
农业增加值(占GDP的百分比)	19	16	12
工业增加值(占GDP的百分比)	32	29	30
服务业增加值(占GDP的百分比)	49	54	58
货物和服务出口(占GDP的百分比)	26	32	33
货物和服务进口(占GDP的百分比)	25	31	37
资本形成总额(占GDP的百分比)	18	17	21
中央政府收入(占GDP的百分比)	..	..	*24.5*
中央政府现金盈余/赤字(占GDP的百分比)	..	..	*-1.3*
政府与市场			
创办企业的时间(天)	..	*62*	32
股票市场资本总额(占GDP的百分比)	..	89.7	..
军费支出(占GDP的百分比)	3.0	1.9	1.5
移动电话用户(每100人)	0.0	1.7	53.3
互联网用户(每100人)	0.0	0.5	12.7
铺敷道路(占总数的百分比)	..	*18.1*	*16.3*
高科技出口(占制成品出口的百分比)	..	4	*3*
全球联系			
商品贸易(占GDP的百分比)	42	52	63
净易货贸易条件指数(2000年=100)	..	..	..
外债总额(10亿美元)	176	213	296
债务还本付息总额(占出口的百分比)	..	11.9	3.4
净移民(百万)	-1.3	-1.3	*-2.0*
获得的侨汇(10亿美元)	1.8	4.8	31.1
外国直接投资,净流入额(10亿美元)	1.2	6.6	40.3
获得的净官方发展援助(10亿美元)	17.8	13.0	46.3

为便于操作和分析，世界银行对各经济体分组的主要标准是人均国民总收入（GNI）。在《世界发展数据手册》中，每个经济体被划分为低收入经济体、中等收入经济体或者高收入经济体。低收入经济体和中等收入经济体有时被称为发展中经济体。使用这一术语是为了方便，而并不意味着这一组别中所有经济体都经历着类似的发展阶段或者其他经济体达到了较佳的或最终的发展阶段。根据收入作出的分类并不一定反映发展状况。注：因为在世界银行的财年期间（6 月 30 日结束）分类是固定的，因此，各国依然在它们被划分的类别，不考虑是否对其人均收入数据进行了修订。

低收入经济体是指 2011 年人均国民总收入为 1, 025 美元及其以下的经济体。

中等收入经济体是指人均国民总收入高于 1, 025 美元但低于 12, 496 美元的经济体。下中等收入经济体和上中等收入经济体以人均国民总收入 4, 036 美元为界限划分。

高收入经济体是指人均国民总收入为 12, 496 美元及其以上的经济体。

欧元区包括采用欧元作为其货币的欧洲经济与货币联盟的成员国：奥地利、比利时、塞浦路斯、爱沙尼亚、芬兰、法国、德国、希腊、爱尔兰、意大利、卢森堡、马耳他、荷兰、葡萄牙、斯洛伐克、斯洛文尼亚和西班牙。

低收入经济体

人口（百万）	816.8	人口增长率（百分比）	2.1
陆地面积（千平方公里）	16,582	每天生活费用不足1.25美元的人口（占人口的百分比）	*48.0*
GNI，图表集法（10亿美元）	466.0	人均GNI，图表集法（美元）	571
PPP衡量的GNI（10亿美元）	1,125.4	PPP衡量的人均GNI（美元）	1,378

	1990	2000	2011
人口			
最贫困的20%人口占国家消费/收入的份额（百分比）	..	..	..
出生时的预期寿命（岁）	53	55	59
总生育率（每个女性生育数）	5.7	4.8	4.0
青年女性生育率（每千名15—19岁女性生育数）	..	120	92
避孕普及率（占15—49岁已婚女性的百分比）	23	32	*37*
在熟练医护人员护理下的分娩（占总数的百分比）	..	33	*47*
5岁以下儿童死亡率（每千人）	164	133	95
儿童营养不良，体重不足（占5岁以下儿童的百分比）	40.1	31.0	22.6
儿童麻疹免疫接种率（占12—23个月年龄组的百分比）	57	59	77
小学毕业率，总数（占适龄年龄组的百分比）	46	51	68
中学总入学率，总数（占适龄年龄组的百分比）	21	30	42
小学和中学中女孩与男孩的比率（百分比）	78	87	92
HIV感染率（占15—49岁人口的百分比）	2.0	3.3	2.4
环境			
森林（千平方公里）	4,741	4,427	4,131
森林采伐（1990—2000年和2000—2010年，平均年度百分比）		0.6	*0.6*
淡水使用量（占内陆水资源的百分比）	..	*3.6*	4.5
获得改善的水资源的人口（占总人口的百分比）	54	58	65
获得改善的卫生设施的人口（占总人口的百分比）	21	30	*37*
人均能源使用量（千克石油当量）	385	320	*363*
人均二氧化碳排放量（吨）	..	0.3	*0.3*
人均用电量（千瓦时）	224	174	*242*
经济			
GDP（10亿美元）	145	167	476
GDP增长率（年度百分比）	2.9	3.5	6.0
GDP隐含价格平减指数（年度增长百分比）	8.0	5.4	9.2
农业增加值（占GDP的百分比）	38	34	25
工业增加值（占GDP的百分比）	20	21	25
服务业增加值（占GDP的百分比）	43	45	50
货物和服务出口（占GDP的百分比）	12	18	27
货物和服务进口（占GDP的百分比）	21	25	42
资本形成总额（占GDP的百分比）	18	19	25
中央政府收入（占GDP的百分比）	..	*10.7*	..
中央政府现金盈余/赤字（占GDP的百分比）	..	..	..
政府与市场			
创办企业的时间（天）	..	*62*	30
股票市场资本总额（占GDP的百分比）	..	..	..
军费支出（占GDP的百分比）	2.8	2.2	1.6
移动电话用户（每100人）	0.0	0.3	41.7
互联网用户（每100人）	0.0	0.1	6.0
铺敷道路（占总数的百分比）	..	*14.4*	*18.5*
高科技出口（占制成品出口的百分比）	..	3	..
全球联系			
商品贸易（占GDP的百分比）	29	39	58
净易货贸易条件指数（2000年=100）	..	..	..
外债总额（10亿美元）	92	112	133
债务还本付息总额（占出口的百分比）	26.0	11.2	4.6
净移民（百万）	-3.0	-2.9	*-6.8*
获得的侨汇（10亿美元）	1.4	4.1	27.6
外国直接投资，净流入额（10亿美元）	0.6	2.4	18.3
获得的净官方发展援助（10亿美元）	14.5	10.6	42.6

中等收入经济体

人口（百万）	5,022.4	人口增长率（百分比）	1.1
陆地面积（千平方公里）	81,876	每天生活费用不足1.25美元的人口（占人口的百分比）	*17.4*
GNI，图表集法（10亿美元）	20,835.4	人均GNI，图表集法（美元）	4,148
PPP衡量的GNI（10亿美元）	36,311.9	PPP衡量的人均GNI（美元）	7,230

	1990	2000	2011
人口			
最贫困的20%人口占国家消费/收入的份额（百分比）	..	..	..
出生时的预期寿命（岁）	64	67	69
总生育率（每个女性生育数）	3.3	2.6	2.3
青年女性生育率（每千名15—19岁女性生育数）	..	60	50
避孕普及率（占15—49岁已婚女性的百分比）	60	63	..
在熟练医护人员护理下的分娩（占总数的百分比）	..	66	*70*
5岁以下儿童死亡率（每千人）	82	67	46
儿童营养不良，体重不足（占5岁以下儿童的百分比）	25.9	20.7	16.0
儿童麻疹免疫接种率（占12—23个月年龄组的百分比）	74	73	85
小学毕业率，总数（占适龄年龄组的百分比）	83	86	*94*
中学总入学率，总数（占适龄年龄组的百分比）	46	59	71
小学和中学中女孩与男孩的比率（百分比）	84	92	98
HIV感染率（占15—49岁人口的百分比）	0.2	0.6	0.7
环境			
森林（千平方公里）	27,393	26,737	25,874
森林采伐（1990—2000年和2000—2010年，平均年度百分比）		0.2	*0.1*
淡水使用量（占内陆水资源的百分比）	..	*8.5*	9.5
获得改善的水资源的人口（占总人口的百分比）	73	82	*90*
获得改善的卫生设施的人口（占总人口的百分比）	39	50	*59*
人均能源使用量（千克石油当量）	1,020	965	*1,310*
人均二氧化碳排放量（吨）	2.4	2.4	*3.5*
人均用电量（千瓦时）	940	1,063	*1,823*
经济			
GDP（10亿美元）	3,562	5,719	23,041
GDP增长率（年度百分比）	1.9	5.4	6.3
GDP隐含价格平减指数（年度增长百分比）	12.6	7.0	6.4
农业增加值（占GDP的百分比）	18	11	9
工业增加值（占GDP的百分比）	37	35	36
服务业增加值（占GDP的百分比）	46	53	55
货物和服务出口（占GDP的百分比）	19	27	30
货物和服务进口（占GDP的百分比）	19	25	30
资本形成总额（占GDP的百分比）	26	24	30
中央政府收入（占GDP的百分比）	..	*17.0*	*19.2*
中央政府现金盈余/赤字（占GDP的百分比）	..	*-2.3*	..
政府与市场			
创办企业的时间（天）	..	*56*	35
股票市场资本总额（占GDP的百分比）	*18.9*	36.3	47.7
军费支出（占GDP的百分比）	5.7	2.1	2.0
移动电话用户（每100人）	0.0	4.8	86.2
互联网用户（每100人）	0.0	1.7	27.1
铺敷道路（占总数的百分比）	..	*37.6*	*50.5*
高科技出口（占制成品出口的百分比）	..	19	17
全球联系			
商品贸易（占GDP的百分比）	32	45	51
净易货贸易条件指数（2000年=100）	..	..	..
外债总额（10亿美元）	1,163	2,025	4,743
债务还本付息总额（占出口的百分比）	21.7	20.5	8.9
净移民（百万）	-5.4	-10.3	*-16.4*
获得的侨汇（10亿美元）	28	76	331
外国直接投资，净流入额（10亿美元）	21	146	630
获得的净官方发展援助（10亿美元）	32.9	26.9	50.6

中低收入经济体

人口（百万）	2,532.7	人口增长率（百分比）	1.6
陆地面积（千平方公里）	20,842	每天生活费用不足1.25美元的人口（占人口的百分比）	*26.7*
GNI，图表集法（10亿美元）	4,488.5	人均GNI，图表集法（美元）	1,772
PPP衡量的GNI（10亿美元）	9,719.0	PPP衡量的人均GNI（美元）	3,837

	1990	**2000**	**2011**
人口			
最贫困的20%人口占国家消费/收入的份额（百分比）	..	..	..
出生时的预期寿命（岁）	60	62	66
总生育率（每个女性生育数）	4.2	3.4	2.9
青年女性生育率（每千名15—19岁女性生育数）	..	85	66
避孕普及率（占15—49岁已婚女性的百分比）	40	46	*51*
在熟练医护人员护理下的分娩（占总数的百分比）	..	48	*57*
5岁以下儿童死亡率（每千人）	110	88	62
儿童营养不良，体重不足（占5岁以下儿童的百分比）	38.1	31.1	24.3
儿童麻疹免疫接种率（占12—23个月年龄组的百分比）	61	62	78
小学毕业率，总数（占适龄年龄组的百分比）	70	74	*90*
中学总入学率，总数（占适龄年龄组的百分比）	41	47	61
小学和中学中女孩与男孩的比率（百分比）	77	84	95
HIV感染率（占15—49岁人口的百分比）	0.2	0.7	0.7
环境			
森林（千平方公里）	6,356	5,943	5,168
森林采伐（1990—2000年和2000—2010年，平均年度百分比）		0.6	*0.3*
淡水使用量（占内陆水资源的百分比）	..	*18.4*	20.2
获得改善的水资源的人口（占总人口的百分比）	70	80	*87*
获得改善的卫生设施的人口（占总人口的百分比）	29	39	*47*
人均能源使用量（千克石油当量）	595	573	*667*
人均二氧化碳排放量（吨）	1.1	1.2	*1.6*
人均用电量（千瓦时）	449	474	*698*
经济			
GDP（10亿美元）	868	1,264	4,793
GDP增长率（年度百分比）	3.8	4.0	5.5
GDP隐含价格平减指数（年度增长百分比）	11.5	5.2	7.5
农业增加值（占GDP的百分比）	26	20	17
工业增加值（占GDP的百分比）	30	33	32
服务业增加值（占GDP的百分比）	44	47	51
货物和服务出口（占GDP的百分比）	18	26	29
货物和服务进口（占GDP的百分比）	21	27	35
资本形成总额（占GDP的百分比）	24	22	29
中央政府收入（占GDP的百分比）	*16.2*	*13.6*	15.6
中央政府现金盈余/赤字（占GDP的百分比）	*-1.5*	*-3.9*	-3.9
政府与市场			
创办企业的时间（天）	..	*56*	31
股票市场资本总额（占GDP的百分比）	9.5	23.9	43.2
军费支出（占GDP的百分比）	3.0	2.8	2.0
移动电话用户（每100人）	0.0	1.2	80.1
互联网用户（每100人）	0.0	0.6	16.2
铺敷道路（占总数的百分比）	..	*30.0*	*43.7*
高科技出口（占制成品出口的百分比）	..	16	9
全球联系			
商品贸易（占GDP的百分比）	30	45	53
净易货贸易条件指数（2000年=100）	..	..	..
外债总额（10亿美元）	444	592	1,171
债务还本付息总额（占出口的百分比）	25.0	16.7	9.5
净移民（百万）	-4.7	-8.7	*-12.7*
获得的侨汇（10亿美元）	16	40	202
外国直接投资，净流入额（10亿美元）	4	11	109
获得的净官方发展援助（10亿美元）	23.0	17.2	37.3

中高收入经济体

人口（百万）	2,489.7	人口增长率（百分比）	0.7
陆地面积（千平方公里）	61,034	每天生活费用不足1.25美元的人口（占人口的百分比）	*8.1*
GNI，图表集法（10亿美元）	16,340.5	人均GNI，图表集法（美元）	6,563
PPP衡量的GNI（10亿美元）	26,646.2	PPP衡量的人均GNI（美元）	10,703

	1990	2000	2011
人口			
最贫困的20%人口占国家消费/收入的份额（百分比）	..	..	..
出生时的预期寿命（岁）	69	70	73
总生育率（每个女性生育数）	2.6	2.0	1.8
青年女性生育率（每千名15—19岁女性生育数）	..	34	30
避孕普及率（占15—49岁已婚女性的百分比）	76	80	..
在熟练医护人员护理下的分娩（占总数的百分比）	90	93	*97*
5岁以下儿童死亡率（每千人）	51	37	20
儿童营养不良，体重不足（占5岁以下儿童的百分比）	12.3	6.3	2.9
儿童麻疹免疫接种率（占12—23个月年龄组的百分比）	90	87	96
小学毕业率，总数（占适龄年龄组的百分比）	97	98	*98*
中学总入学率，总数（占适龄年龄组的百分比）	51	72	85
小学和中学中女孩与男孩的比率（百分比）	91	99	102
HIV感染率（占15—49岁人口的百分比）	0.1	0.5	0.7
环境			
森林（千平方公里）	21,037	20,794	20,705
森林采伐（1990—2000年和2000—2010年，平均年度百分比）		0.1	*0.0*
淡水使用量（占内陆水资源的百分比）	..	*5.2*	5.6
获得改善的水资源的人口（占总人口的百分比）	76	85	*93*
获得改善的卫生设施的人口（占总人口的百分比）	46	60	*73*
人均能源使用量（千克石油当量）	1,381	1,324	*1,948*
人均二氧化碳排放量（吨）	3.5	3.6	*5.5*
人均用电量（千瓦时）	1,359	1,603	*2,942*
经济			
GDP（10亿美元）	2,693	4,455	18,246
GDP增长率（年度百分比）	1.4	5.8	6.6
GDP隐含价格平减指数（年度增长百分比）	15.4	9.6	5.8
农业增加值（占GDP的百分比）	15	9	7
工业增加值（占GDP的百分比）	38	36	37
服务业增加值（占GDP的百分比）	46	55	55
货物和服务出口（占GDP的百分比）	19	27	31
货物和服务进口（占GDP的百分比）	18	25	29
资本形成总额（占GDP的百分比）	27	24	30
中央政府收入（占GDP的百分比）	..	14.8	*20.1*
中央政府现金盈余/赤字（占GDP的百分比）	..	*-1.8*	..
政府与市场			
创办企业的时间（天）	..	*56*	40
股票市场资本总额（占GDP的百分比）	*20.3*	39.4	48.8
军费支出（占GDP的百分比）	6.4	2.0	2.0
移动电话用户（每100人）	0.0	8.2	92.4
互联网用户（每100人）	0.0	2.6	38.2
铺敷道路（占总数的百分比）	..	*50.4*	*57.1*
高科技出口（占制成品出口的百分比）	..	20	19
全球联系			
商品贸易（占GDP的百分比）	32	45	51
净易货贸易条件指数（2000年=100）	..	..	..
外债总额（10亿美元）	720	1,434	3,572
债务还本付息总额（占出口的百分比）	20.6	21.6	8.8
净移民（百万）	-0.7	-1.6	*-3.7*
获得的侨汇（10亿美元）	11	35	128
外国直接投资，净流入额（10亿美元）	17	135	521
获得的净官方发展援助（10亿美元）	9.7	9.0	11.9

低收入和中等收入经济体

人口（百万）	5,839.2	人口增长率（百分比）	1.3
陆地面积（千平方公里）	98,458	每天生活费用不足1.25美元的人口（占人口的百分比）	*20.6*
GNI，图表集法（10亿美元）	21,324.4	人均GNI，图表集法（美元）	3,652
PPP衡量的GNI（10亿美元）	37,436.4	PPP衡量的人均GNI（美元）	6,411

	1990	**2000**	**2011**
人口			
最贫困的20%人口占国家消费/收入的份额（百分比）	..	..	..
出生时的预期寿命（岁）	63	65	68
总生育率（每个女性生育数）	3.6	2.9	2.5
青年女性生育率（每千名15—19岁女性生育数）	..	69	57
避孕普及率（占15—49岁已婚女性的百分比）	56	59	..
在熟练医护人员护理下的分娩（占总数的百分比）	..	59	65
5岁以下儿童死亡率（每千人）	95	79	56
儿童营养不良，体重不足（占5岁以下儿童的百分比）	28.0	22.6	17.4
儿童麻疹免疫接种率（占12—23个月年龄组的百分比）	72	70	84
小学毕业率，总数（占适龄年龄组的百分比）	78	80	89
中学总入学率，总数（占适龄年龄组的百分比）	43	55	66
小学和中学中女孩与男孩的比率（百分比）	84	91	97
HIV感染率（占15—49岁人口的百分比）	0.4	0.9	0.9
环境			
森林（千平方公里）	32,134	31,164	30,005
森林采伐（1990—2000年和2000—2010年，平均年度百分比）		0.3	*0.2*
淡水使用量（占内陆水资源的百分比）	..	*7.9*	8.9
获得改善的水资源的人口（占总人口的百分比）	71	79	*86*
获得改善的卫生设施的人口（占总人口的百分比）	37	47	*56*
人均能源使用量（千克石油当量）	963	901	*1,210*
人均二氧化碳排放量（吨）	2.1	2.2	*3.1*
人均用电量（千瓦时）	878	975	*1,661*
经济			
GDP（10亿美元）	3,703	5,888	23,543
GDP增长率（年度百分比）	2.0	5.4	6.3
GDP隐含价格平减指数（年度增长百分比）	10.8	6.6	6.9
农业增加值（占GDP的百分比）	18	12	10
工业增加值（占GDP的百分比）	36	35	36
服务业增加值（占GDP的百分比）	46	53	54
货物和服务出口（占GDP的百分比）	19	27	30
货物和服务进口（占GDP的百分比）	19	25	31
资本形成总额（占GDP的百分比）	26	24	30
中央政府收入（占GDP的百分比）	..	*16.8*	*19.0*
中央政府现金盈余/赤字（占GDP的百分比）	..	*-2.3*	..
政府与市场			
创办企业的时间（天）	..	57	34
股票市场资本总额（占GDP的百分比）	*18.6*	35.8	47.4
军费支出（占GDP的百分比）	5.6	2.1	2.0
移动电话用户（每100人）	0.0	4.2	80.0
互联网用户（每100人）	0.0	1.5	24.3
铺敷道路（占总数的百分比）	..	*30.1*	*38.4*
高科技出口（占制成品出口的百分比）	..	19	17
全球联系			
商品贸易（占GDP的百分比）	32	45	52
净易货贸易条件指数（2000年=100）	..	..	..
外债总额（10亿美元）	1,255	2,137	4,876
债务还本付息总额（占出口的百分比）	21.8	20.4	8.8
净移民（百万）	-8.4	-13.1	*-23.2*
获得的侨汇（10亿美元）	29	80	358
外国直接投资，净流入额（10亿美元）	22	149	648
获得的净官方发展援助（10亿美元）	56	49	135

高收入经济体

人口（百万）	1,135.0	人口增长率（百分比）	0.6
陆地面积（千平方公里）	35,812	每天生活费用不足1.25美元的人口（占人口的百分比）	..
GNI，图表集法（10亿美元）	45,242.5	人均GNI，图表集法（美元）	39,860
PPP衡量的GNI（10亿美元）	43,724.5	PPP衡量的人均GNI（美元）	38,523

	1990	2000	2011
人口			
最贫困的20%人口占国家消费/收入的份额（百分比）	..	..	..
出生时的预期寿命（岁）	75	78	80
总生育率（每个女性生育数）	1.8	1.7	1.7
青年女性生育率（每千名15—19岁女性生育数）	..	23	17
避孕普及率（占15—49岁已婚女性的百分比）	70	70	..
在熟练医护人员护理下的分娩（占总数的百分比）	..	..	..
5岁以下儿童死亡率（每千人）	12	8	6
儿童营养不良，体重不足（占5岁以下儿童的百分比）	1.3	1.5	1.7
儿童麻疹免疫接种率（占12—23个月年龄组的百分比）	84	91	93
小学毕业率，总数（占适龄年龄组的百分比）	97	98	100
中学总入学率，总数（占适龄年龄组的百分比）	92	99	102
小学和中学中女孩与男孩的比率（百分比）	100	100	99
HIV感染率（占15—49岁人口的百分比）	0.3	0.3	0.4
环境			
森林（千平方公里）	9,475	9,597	9,629
森林采伐（1990—2000年和2000—2010年，平均年度百分比）		-0.1	*0.0*
淡水使用量（占内陆水资源的百分比）	..	*10.4*	10.3
获得改善的水资源的人口（占总人口的百分比）	99	99	*100*
获得改善的卫生设施的人口（占总人口的百分比）	100	99	*100*
人均能源使用量（千克石油当量）	4,649	5,146	4,782
人均二氧化碳排放量（吨）	11.8	12.5	*11.4*
人均用电量（千瓦时）	7,394	8,946	*9,415*
经济			
GDP（10亿美元）	18,282	26,448	46,606
GDP增长率（年度百分比）	3.2	3.9	1.5
GDP隐含价格平减指数（年度增长百分比）	5.4	3.3	2.1
农业增加值（占GDP的百分比）	3	2	*1*
工业增加值（占GDP的百分比）	32	27	*24*
服务业增加值（占GDP的百分比）	65	71	*74*
货物和服务出口（占GDP的百分比）	19	24	29
货物和服务进口（占GDP的百分比）	20	25	30
资本形成总额（占GDP的百分比）	23	22	18
中央政府收入（占GDP的百分比）	..	*27.4*	23.1
中央政府现金盈余/赤字（占GDP的百分比）	..	*0.1*	-6.4
政府与市场			
创办企业的时间（天）	..	*33*	18
股票市场资本总额（占GDP的百分比）	50.9	114.8	78.6
军费支出（占GDP的百分比）	3.4	2.3	2.8
移动电话用户（每100人）	1.1	50.1	114.1
互联网用户（每100人）	0.3	31.0	75.8
铺敷道路（占总数的百分比）	..	*87.5*	*84.6*
高科技出口（占制成品出口的百分比）	19	26	18
全球联系			
商品贸易（占GDP的百分比）	32	40	53
净易货贸易条件指数（2000年=100）	..	..	..
外债总额（百万美元）	..	..	..
债务还本付息总额（占出口的百分比）	..	..	..
净移民（百万）	8.5	13.3	*22.9*
获得的侨汇（10亿美元）	39	56	121
外国直接投资，净流入额（10亿美元）	175	1,171	1,006
获得的净官方发展援助（百万美元）	2,656	344	41

欧元区

人口（百万）	332.9	人口增长率（百分比）	0.3
陆地面积（千平方公里）	2,629	每天生活费用不足1.25美元的人口（占人口的百分比）	..
GNI，图表集法（10亿美元）	12,871.5	人均GNI，图表集法（美元）	38,661
PPP衡量的GNI（10亿美元）	11,735.7	PPP衡量的人均GNI（美元）	35,250

	1990	**2000**	**2011**
人口			
最贫困的20%人口占国家消费/收入的份额（百分比）	..	..	..
出生时的预期寿命（岁）	76	78	81
总生育率（每个女性生育数）	1.5	1.5	1.6
青年女性生育率（每千名15—19岁女性生育数）	..	11	8
避孕普及率（占15—49岁已婚女性的百分比）	..	..	..
在熟练医护人员护理下的分娩（占总数的百分比）	..	..	..
5岁以下儿童死亡率（每千人）	10	6	4
儿童营养不良，体重不足（占5岁以下儿童的百分比）	..	..	..
儿童麻疹免疫接种率（占12—23个月年龄组的百分比）	74	87	93
小学毕业率，总数（占适龄年龄组的百分比）	98	99	99
中学总入学率，总数（占适龄年龄组的百分比）	93	103	108
小学和中学中女孩与男孩的比率（百分比）	101	100	99
HIV感染率（占15—49岁人口的百分比）	0.2	0.3	0.3
环境			
森林（千平方公里）	859	924	955
森林采伐（1990—2000年和2000—2010年，平均年度百分比）		-0.8	*-0.3*
淡水使用量（占内陆水资源的百分比）	..	*20.7*	19.1
获得改善的水资源的人口（占总人口的百分比）	100	100	*100*
获得改善的卫生设施的人口（占总人口的百分比）	100	100	*100*
人均能源使用量（千克石油当量）	3,508	3,728	3,461
人均二氧化碳排放量（吨）	*8.7*	8.3	*7.4*
人均用电量（千瓦时）	5,337	6,320	*6,847*
经济			
GDP（10亿美元）	5,691	6,256	13,080
GDP增长率（年度百分比）	3.5	3.8	1.5
GDP隐含价格平减指数（年度增长百分比）	3.4	3.4	1.3
农业增加值（占GDP的百分比）	3	2	*2*
工业增加值（占GDP的百分比）	33	28	*26*
服务业增加值（占GDP的百分比）	64	70	*72*
货物和服务出口（占GDP的百分比）	27	37	44
货物和服务进口（占GDP的百分比）	27	36	42
资本形成总额（占GDP的百分比）	23	22	20
中央政府收入（占GDP的百分比）	..	36.3	35.1
中央政府现金盈余/赤字（占GDP的百分比）	..	0.0	-3.1
政府与市场			
创办企业的时间（天）	..	*51*	13
股票市场资本总额（占GDP的百分比）	21.1	86.9	41.9
军费支出（占GDP的百分比）	2.5	1.8	1.5
移动电话用户（每100人）	0.5	60.2	125.1
互联网用户（每100人）	0.1	22.8	73.4
铺敷道路（占总数的百分比）	..	*91.8*	*87.3*
高科技出口（占制成品出口的百分比）	13	20	15
全球联系			
商品贸易（占GDP的百分比）	44	61	71
净易货贸易条件指数（2000年=100）	..	..	..
外债总额（百万美元）	..	..	..
债务还本付息总额（占出口的百分比）	..	..	..
净移民（百万）	2.1	3.0	*6.3*
获得的侨汇（10亿美元）	27.9	33.3	75.7
外国直接投资，净流入额（10亿美元）	53	423	320
获得的净官方发展援助（百万美元）	43.7	82.1	..

中国

除非另有说明，中国的数据不包括中国香港、中国澳门和中国台湾。

塞浦路斯

GNI 和 GDP 数据以及利用 GNI 和 GDP 计算的数据为塞浦路斯政府控制地区的数据。

法国

马约特岛的数据已包含在法国的数据中，以前的版本中仅为参考数据。

格鲁吉亚

GNI、GDP 和人口数据以及使用 GNI、GDP 和人口计算的数据都不包括阿伯卡茨和南奥塞梯。

科索沃、黑山和塞尔维亚

如果数据可以获得，各国的数据单独给出。然而，2006 年以前塞尔维亚的一些指标包括黑山，这些数据在表中给予了注释。此外，1999 年以来塞尔维亚的大多数指标数据不包括科索沃。根据联合国安理会第 1244 号决议（1999 年），科索沃在 1999 年由国际托管。科索沃于 2009 年 6 月 29 日成为世界银行成员国，数据如果可以获得，则给出该国数据。

马尔代夫

GNI、GDP 和人口数据以及利用 GNI、GDP 和人口计算的数据不包括德涅斯特。

摩洛哥

GNI 和 GDP 数据以及利用 GNI 和 GDP 计算的数据包括前西属撒哈拉。

南苏丹和苏丹

南苏丹于 2011 年 7 月 9 日宣布独立。如果数据可以获得，则单独给出南苏丹的数据。但是苏丹公布的数据包含南苏丹，除非另有说明。

坦桑尼亚

GNI 和 GDP 数据以及利用 GNI 和 GDP 计算的数据仅为坦桑尼亚大陆的数据。

更多的信息见《2013 年世界发展指标》及其网站 data. worldbank. org。

阿富汗

南亚			低收入经济体
人口（百万）	35.3	人口增长率（百分比）	2.7
陆地面积（千平方公里）	652	每天生活费用不足1.25美元的人口（占人口的百分比）	..
GNI，图表集法（10亿美元）	16.6	人均GNI，图表集法（美元）	470
PPP衡量的GNI（10亿美元）	40.3	PPP衡量的人均GNI（美元）	1,140

	1990	2000	2011
人口			
最贫困的20%人口占国家消费/收入的份额（百分比）	..	..	*9.4*
出生时的预期寿命（岁）	42	45	49
总生育率（每个女性生育数）	8.0	7.7	6.2
青年女性生育率（每千名15—19岁女性生育数）	..	182	103
避孕普及率（占15—49岁已婚女性的百分比）	..	5	21
在熟练医护人员护理下的分娩（占总数的百分比）	..	12	39
5岁以下儿童死亡率（每千人）	192	136	101
儿童营养不良，体重不足（占5岁以下儿童的百分比）	..	*32.9*	..
儿童麻疹免疫接种率（占12—23个月年龄组的百分比）	20	27	62
小学毕业率，总数（占适龄年龄组的百分比）	*27*	..	..
中学总入学率，总数（占适龄年龄组的百分比）	11	*11*	49
小学和中学中女孩与男孩的比率（百分比）	*54*	*0*	66
HIV感染率（占15—49岁人口的百分比）	0.1	0.1	0.1
环境			
森林（千平方公里）	14	14	14
森林采伐（1990—2000年和2000—2010年，平均年度百分比）		0.0	*0.0*
淡水使用量（占内陆水资源的百分比）	..	*43.0*	43.0
获得改善的水资源的人口（占总人口的百分比）	*2*	22	*50*
获得改善的卫生设施的人口（占总人口的百分比）	*29*	32	*37*
人均能源使用量（千克石油当量）	..	..	..
人均二氧化碳排放量（吨）	0.14	0.03	0.19
人均用电量（千瓦时）	..	..	..
经济			
GDP（10亿美元）	..	*2.5*	19.2
GDP增长率（年度百分比）	..	*8.4*	5.7
GDP隐含价格平减指数（年度增长百分比）	..	*11.7*	12.9
农业增加值（占GDP的百分比）	..	*38*	21
工业增加值（占GDP的百分比）	..	*24*	23
服务业增加值（占GDP的百分比）	..	*38*	57
货物和服务出口（占GDP的百分比）	..	*32*	18
货物和服务进口（占GDP的百分比）	..	*65*	63
资本形成总额（占GDP的百分比）	..	*34*	25
中央政府收入（占GDP的百分比）	..	..	11.2
中央政府现金盈余/赤字（占GDP的百分比）	..	..	-0.6
政府与市场			
创办企业的时间（天）	..	..	7
股票市场资本总额（占GDP的百分比）	..	..	..
军费支出（占GDP的百分比）	..	*2.1*	4.7
移动电话用户（每100人）	0.0	0.0	54.3
互联网用户（每100人）	0.0	*0.0*	5.0
铺敷道路（占总数的百分比）	..	*23.7*	*29.3*
高科技出口（占制成品出口的百分比）	..	..	..
全球联系			
商品贸易（占GDP的百分比）	..	*72*	35
净易货贸易条件指数（2000年=100）	..	100	146
外债总额（百万美元）	286	..	2,623
债务还本付息总额（占出口的百分比）	..	..	..
净移民（千人）	-1,484	-376	*-381*
获得的侨汇（百万美元）	..	..	..
外国直接投资，净流入额（百万美元）	*-0.3*	0.2	83.4
获得的净官方发展援助（百万美元）	122	136	6,711

阿尔巴尼亚

欧洲和中亚		中低收入经济体	
人口（百万）	3.2	人口增长率（百分比）	0.4
陆地面积（千平方公里）	29	每天生活费用不足1.25美元的人口（占人口的百分比）	<2
GNI，图表集法（10亿美元）	12.8	人均GNI，图表集法（美元）	3,980
PPP衡量的GNI（10亿美元）	28.4	PPP衡量的人均GNI（美元）	8,820

	1990	2000	2011
人口			
最贫困的20%人口占国家消费/收入的份额（百分比）	..	*9.1*	*8.1*
出生时的预期寿命（岁）	72	74	77
总生育率（每个女性生育数）	3.2	2.2	1.5
青年女性生育率（每千名15—19岁女性生育数）	..	15	16
避孕普及率（占15—49岁已婚女性的百分比）	..	58	*69*
在熟练医护人员护理下的分娩（占总数的百分比）	93	99	*99*
5岁以下儿童死亡率（每千人）	41	26	14
儿童营养不良，体重不足（占5岁以下儿童的百分比）	..	17.0	*6.3*
儿童麻疹免疫接种率（占12—23个月年龄组的百分比）	88	95	99
小学毕业率，总数（占适龄年龄组的百分比）	..	102	..
中学总入学率，总数（占适龄年龄组的百分比）	89	72	..
小学和中学中女孩与男孩的比率（百分比）	95	96	..
HIV感染率（占15—49岁人口的百分比）	..	..	..
环境			
森林（千平方公里）	7.9	7.7	7.8
森林采伐（1990—2000年和2000—2010年，平均年度百分比）		0.3	*-0.1*
淡水使用量（占内陆水资源的百分比）	*4.5*	*6.8*	6.8
获得改善的水资源的人口（占总人口的百分比）	97	98	*95*
获得改善的卫生设施的人口（占总人口的百分比）	76	84	*94*
人均能源使用量（千克石油当量）	813	580	*648*
人均二氧化碳排放量（吨）	2.3	1.0	0.9
人均用电量（千瓦时）	522	1,445	*1,770*
经济			
GDP（10亿美元）	2.1	3.7	13.0
GDP增长率（年度百分比）	-9.6	7.3	3.0
GDP隐含价格平减指数（年度增长百分比）	-0.5	4.3	3.0
农业增加值（占GDP的百分比）	36	29	19
工业增加值（占GDP的百分比）	48	19	16
服务业增加值（占GDP的百分比）	16	52	66
货物和服务出口（占GDP的百分比）	15	19	34
货物和服务进口（占GDP的百分比）	23	37	56
资本形成总额（占GDP的百分比）	29	25	25
中央政府收入（占GDP的百分比）	..	*23.4*	..
中央政府现金盈余/赤字（占GDP的百分比）	..	*-6.7*	..
政府与市场			
创办企业的时间（天）	..	*41*	4
股票市场资本总额（占GDP的百分比）	..	..	..
军费支出（占GDP的百分比）	5.9	1.2	1.5
移动电话用户（每100人）	0.0	1.0	96.4
互联网用户（每100人）	0.0	0.1	49.0
铺敷道路（占总数的百分比）	..	39.0	..
高科技出口（占制成品出口的百分比）	..	1	1
全球联系			
商品贸易（占GDP的百分比）	29	37	57
净易货贸易条件指数（2000年=100）	..	100	94
外债总额（10亿美元）	0.3	1.1	5.9
债务还本付息总额（占出口的百分比）	*4.3*	3.7	9.3
净移民（千人）	23	-270	*-48*
获得的侨汇（百万美元）	*152*	598	1,162
外国直接投资，净流入额（百万美元）	*20*	143	1,370
获得的净官方发展援助（百万美元）	11	318	307

阿尔及利亚

中东和北非 **中高收入经济体**

人口（百万）	36.0	人口增长率（百分比）	1.4
陆地面积（千平方公里）	2,382	每天生活费用不足1.25美元的人口（占人口的百分比）	..
GNI，图表集法（10亿美元）	160.8	人均GNI，图表集法（美元）	4,470
PPP衡量的GNI（10亿美元）	299.0	PPP衡量的人均GNI（美元）	8,310

	1990	2000	2011
人口			
最贫困的20%人口占国家消费/收入的份额（百分比）	6.5	..	..
出生时的预期寿命（岁）	67	70	73
总生育率（每个女性生育数）	4.7	2.6	2.2
青年女性生育率（每千名15—19岁女性生育数）	..	10	6
避孕普及率（占15—49岁已婚女性的百分比）	*51*	64	*61*
在熟练医护人员护理下的分娩（占总数的百分比）	*77*	93	*95*
5岁以下儿童死亡率（每千人）	66	46	30
儿童营养不良，体重不足（占5岁以下儿童的百分比）	*9.2*	5.4	..
儿童麻疹免疫接种率（占12—23个月年龄组的百分比）	83	80	95
小学毕业率，总数（占适龄年龄组的百分比）	81	82	94
中学总入学率，总数（占适龄年龄组的百分比）	62	*75*	*95*
小学和中学中女孩与男孩的比率（百分比）	82	*98*	*98*
HIV感染率（占15—49岁人口的百分比）	..	..	..
环境			
森林（千平方公里）	17	16	15
森林采伐（1990—2000年和2000—2010年，平均年度百分比）		0.5	*0.6*
淡水使用量（占内陆水资源的百分比）	*40.0*	*54.8*	54.8
获得改善的水资源的人口（占总人口的百分比）	94	89	*83*
获得改善的卫生设施的人口（占总人口的百分比）	88	92	*95*
人均能源使用量（千克石油当量）	877	885	*1,138*
人均二氧化碳排放量（吨）	3.1	2.9	3.5
人均用电量（千瓦时）	541	695	*1,026*
经济			
GDP（10亿美元）	62.0	54.8	188.7
GDP增长率（年度百分比）	0.8	2.2	2.5
GDP隐含价格平减指数（年度增长百分比）	30.3	24.6	11.4
农业增加值（占GDP的百分比）	11	9	7
工业增加值（占GDP的百分比）	48	59	*62*
服务业增加值（占GDP的百分比）	40	33	*31*
货物和服务出口（占GDP的百分比）	23	41	*31*
货物和服务进口（占GDP的百分比）	25	21	*21*
资本形成总额（占GDP的百分比）	29	25	*41*
中央政府收入（占GDP的百分比）	..	..	42.9
中央政府现金盈余/赤字（占GDP的百分比）	..	..	-0.3
政府与市场			
创办企业的时间（天）	..	*25*	25
股票市场资本总额（占GDP的百分比）	..	..	..
军费支出（占GDP的百分比）	1.5	3.4	4.6
移动电话用户（每100人）	0.0	0.3	99.0
互联网用户（每100人）	0.0	0.5	14.0
铺敷道路（占总数的百分比）	67.0	68.9	*77.1*
高科技出口（占制成品出口的百分比）	*1*	4	0
全球联系			
商品贸易（占GDP的百分比）	37	57	64
净易货贸易条件指数（2000年=100）	74	100	199
外债总额（10亿美元）	28.2	25.4	6.1
债务还本付息总额（占出口的百分比）	65.1	..	0.8
净移民（千人）	-70	-140	*-140*
获得的侨汇（百万美元）	352	790	203
外国直接投资，净流入额（百万美元）	0	280	2,721
获得的净官方发展援助（百万美元）	332	200	208

美属萨摩亚

东亚和太平洋地区 | **中高收入经济体**

人口（千人）	70	人口增长率（百分比）	1.6
陆地面积（平方公里）	200	每天生活费用不足1.25美元的人口（占人口的百分比）	..
GNI，图表集法（百万美元）	..	人均GNI，图表集法（美元）	..
PPP衡量的GNI（百万美元）	..	PPP衡量的人均GNI（美元）	..

	1990	2000	2011
人口			
最贫困的20%人口占国家消费/收入的份额（百分比）	..	..	..
出生时的预期寿命（岁）	..	..	..
总生育率（每个女性生育数）	..	..	..
青年女性生育率（每千名15—19岁女性生育数）	..	..	..
避孕普及率（占15—49岁已婚女性的百分比）	..	..	..
在熟练医护人员护理下的分娩（占总数的百分比）	..	*100*	..
5岁以下儿童死亡率（每千人）	..	..	..
儿童营养不良，体重不足（占5岁以下儿童的百分比）	..	..	..
儿童麻疹免疫接种率（占12—23个月年龄组的百分比）	..	..	..
小学毕业率，总数（占适龄年龄组的百分比）	..	..	..
中学总入学率，总数（占适龄年龄组的百分比）	*93*	..	..
小学和中学中女孩与男孩的比率（百分比）	*103*	..	..
HIV感染率（占15—49岁人口的百分比）	..	..	..
环境			
森林（平方公里）	184	181	177
森林采伐（1990—2000年和2000—2010年，平均年度百分比）		0.2	*0.2*
淡水使用量（占内陆水资源的百分比）	..	..	..
获得改善的水资源的人口（占总人口的百分比）	..	..	..
获得改善的卫生设施的人口（占总人口的百分比）	..	..	..
人均能源使用量（千克石油当量）	..	..	..
人均二氧化碳排放量（吨）	..	..	..
人均用电量（千瓦时）	..	..	..
经济			
GDP（百万美元）	..	..	..
GDP增长率（年度百分比）	..	..	..
GDP隐含价格平减指数（年度增长百分比）	..	..	..
农业增加值（占GDP的百分比）	..	..	..
工业增加值（占GDP的百分比）	..	..	..
服务业增加值（占GDP的百分比）	..	..	..
货物和服务出口（占GDP的百分比）	..	..	..
货物和服务进口（占GDP的百分比）	..	..	..
资本形成总额（占GDP的百分比）	..	..	..
中央政府收入（占GDP的百分比）	..	..	..
中央政府现金盈余/赤字（占GDP的百分比）	..	..	..
政府与市场			
创办企业的时间（天）	..	..	..
股票市场资本总额（占GDP的百分比）	..	..	..
军费支出（占GDP的百分比）	..	..	..
移动电话用户（每100人）	0.0	3.5	..
互联网用户（每100人）	0.0	..	..
铺敷道路（占总数的百分比）	..	..	..
高科技出口（占制成品出口的百分比）	..	..	..
全球联系			
商品贸易（占GDP的百分比）	..	..	..
净易货贸易条件指数（2000年=100）	..	100	129
外债总额（百万美元）	..	..	..
债务还本付息总额（占出口的百分比）	..	..	..
净移民（千人）	..	..	..
获得的侨汇（百万美元）	..	..	..
外国直接投资，净流入额（百万美元）	..	..	..
获得的净官方发展援助（百万美元）	..	..	..

安道尔

高收入经济体

人口（千人）	86	人口增长率（百分比）	1.5
陆地面积（平方公里）	470	每天生活费用不足1.25美元的人口（占人口的百分比）	..
GNI，图表集法（10亿美元）	*3.4*	人均GNI，图表集法（美元）	*41,750*
PPP衡量的GNI（百万美元）	..	PPP衡量的人均GNI（美元）	..

	1990	2000	2011
人口			
最贫困的20%人口占国家消费/收入的份额（百分比）	..	..	..
出生时的预期寿命（岁）	..	..	..
总生育率（每个女性生育数）	..	..	*1.2*
青年女性生育率（每千名15—19岁女性生育数）	..	..	..
避孕普及率（占15—49岁已婚女性的百分比）	..	..	..
在熟练医护人员护理下的分娩（占总数的百分比）	..	..	..
5岁以下儿童死亡率（每千人）	8	5	3
儿童营养不良，体重不足（占5岁以下儿童的百分比）	..	..	..
儿童麻疹免疫接种率（占12—23个月年龄组的百分比）	..	97	99
小学毕业率，总数（占适龄年龄组的百分比）	..	*102*	63
中学总入学率，总数（占适龄年龄组的百分比）	..	*79*	87
小学和中学中女孩与男孩的比率（百分比）	..	*101*	102
HIV感染率（占15—49岁人口的百分比）	..	..	..
环境			
森林（平方公里）	160	160	160
森林采伐（1990—2000年和2000—2010年，平均年度百分比）		0.0	*0.0*
淡水使用量（占内陆水资源的百分比）		..	..
获得改善的水资源的人口（占总人口的百分比）	100	100	100
获得改善的卫生设施的人口（占总人口的百分比）	100	100	*100*
人均能源使用量（千克石油当量）	..	..	..
人均二氧化碳排放量（吨）	..	8.1	*6.2*
人均用电量（千瓦时）	..	..	..
经济			
GDP（百万美元）	1,029	1,134	*3,712*
GDP增长率（年度百分比）	3.8	1.2	*3.6*
GDP隐含价格平减指数（年度增长百分比）	7.3	4.5	*3.2*
农业增加值（占GDP的百分比）	..	..	..
工业增加值（占GDP的百分比）	..	..	..
服务业增加值（占GDP的百分比）	..	..	..
货物和服务出口（占GDP的百分比）	..	..	..
货物和服务进口（占GDP的百分比）	..	..	..
资本形成总额（占GDP的百分比）	..	..	..
中央政府收入（占GDP的百分比）	..	..	..
中央政府现金盈余/赤字（占GDP的百分比）	..	..	..
政府与市场			
创办企业的时间（天）	..	..	..
股票市场资本总额（占GDP的百分比）	..	..	..
军费支出（占GDP的百分比）	..	..	..
移动电话用户（每100人）	0.0	36.4	75.5
互联网用户（每100人）	0.0	10.5	81.0
铺敷道路（占总数的百分比）	..	..	..
高科技出口（占制成品出口的百分比）	..	11	..
全球联系			
商品贸易（占GDP的百分比）	..	..	..
净易货贸易条件指数（2000年=100）	..	100	..
外债总额（百万美元）	..	..	..
债务还本付息总额（占出口的百分比）	..	..	..
净移民（千人）	..	..	..
获得的侨汇（百万美元）	..	..	..
外国直接投资，净流入额（百万美元）	..	..	..
获得的净官方发展援助（百万美元）	..	..	..

安哥拉

撒哈拉以南非洲地区 **中高收入经济体**

人口（百万）	19.6	人口增长率（百分比）	2.8
陆地面积（千平方公里）	1,247	每天生活费用不足1.25美元的人口（占人口的百分比）	*54.3*
GNI，图表集法（10亿美元）	75.2	人均GNI，图表集法（美元）	3,830
PPP衡量的GNI（10亿美元）	102.7	PPP衡量的人均GNI（美元）	5,230

	1990	2000	2011
人口			
最贫困的20%人口占国家消费/收入的份额（百分比）	..	2.0	..
出生时的预期寿命（岁）	41	45	51
总生育率（每个女性生育数）	7.2	6.8	5.3
青年女性生育率（每千名15—19岁女性生育数）	..	207	153
避孕普及率（占15—49岁已婚女性的百分比）	..	*6*	..
在熟练医护人员护理下的分娩（占总数的百分比）	..	*45*	*47*
5岁以下儿童死亡率（每千人）	243	199	158
儿童营养不良，体重不足（占5岁以下儿童的百分比）	..	*27.5*	*15.6*
儿童麻疹免疫接种率（占12—23个月年龄组的百分比）	38	41	88
小学毕业率，总数（占适龄年龄组的百分比）	*34*	..	*47*
中学总入学率，总数（占适龄年龄组的百分比）	11	15	*31*
小学和中学中女孩与男孩的比率（百分比）	..	*82*	*79*
HIV感染率（占15—49岁人口的百分比）	0.6	1.6	2.1
环境			
森林（千平方公里）	610	597	584
森林采伐（1990—2000年和2000—2010年，平均年度百分比）		0.2	*0.2*
淡水使用量（占内陆水资源的百分比）	..	*0.4*	0.4
获得改善的水资源的人口（占总人口的百分比）	42	46	*51*
获得改善的卫生设施的人口（占总人口的百分比）	29	42	*58*
人均能源使用量（千克石油当量）	569	538	*716*
人均二氧化碳排放量（吨）	0.4	0.7	1.4
人均用电量（千瓦时）	61	89	*248*
经济			
GDP（10亿美元）	10.3	4.2	104.3
GDP增长率（年度百分比）	-0.3	3.0	3.9
GDP隐含价格平减指数（年度增长百分比）	10.9	418.2	24.2
农业增加值（占GDP的百分比）	18	6	9
工业增加值（占GDP的百分比）	41	72	62
服务业增加值（占GDP的百分比）	41	22	29
货物和服务出口（占GDP的百分比）	39	90	65
货物和服务进口（占GDP的百分比）	21	63	43
资本形成总额（占GDP的百分比）	12	13	11
中央政府收入（占GDP的百分比）	..	..	..
中央政府现金盈余/赤字（占GDP的百分比）	..	..	..
政府与市场			
创办企业的时间（天）	..	*119*	68
股票市场资本总额（占GDP的百分比）	..	..	..
军费支出（占GDP的百分比）	*7.1*	6.4	3.5
移动电话用户（每100人）	0.0	0.2	48.4
互联网用户（每100人）	0.0	0.1	14.8
铺敷道路（占总数的百分比）	..	10.4	..
高科技出口（占制成品出口的百分比）	..	..	..
全球联系			
商品贸易（占GDP的百分比）	53	264	84
净易货贸易条件指数（2000年=100）	94	100	245
外债总额（10亿美元）	8.6	9.8	21.1
债务还本付息总额（占出口的百分比）	8.1	20.9	4.2
净移民（千人）	-150	-126	*82*
获得的侨汇（百万美元）	..	..	0.2
外国直接投资，净流入额（百万美元）	-335	879	-3,024
获得的净官方发展援助（百万美元）	266	302	200

安提瓜和巴布达

拉丁美洲和加勒比地区 **中高收入经济体**

人口（千人）	90	人口增长率（百分比）	1.0
陆地面积（平方公里）	440	每天生活费用不足1.25美元的人口（占人口的百分比）	..
GNI，图表集法（10亿美元）	1.1	人均GNI，图表集法（美元）	11,940
PPP衡量的GNI（10亿美元）	1.6	PPP衡量的人均GNI（美元）	17,900

	1990	2000	2011
人口			
最贫困的20%人口占国家消费/收入的份额（百分比）	..	..	..
出生时的预期寿命（岁）	*74*	*75*	..
总生育率（每个女性生育数）	*1.7*	*1.7*	..
青年女性生育率（每千名15—19岁女性生育数）	..	..	..
避孕普及率（占15—49岁已婚女性的百分比）	*53*	*53*	..
在熟练医护人员护理下的分娩（占总数的百分比）	..	100	*100*
5岁以下儿童死亡率（每千人）	27	15	8
儿童营养不良，体重不足（占5岁以下儿童的百分比）	..	..	..
儿童麻疹免疫接种率（占12—23个月年龄组的百分比）	89	95	99
小学毕业率，总数（占适龄年龄组的百分比）	*98*	..	98
中学总入学率，总数（占适龄年龄组的百分比）	*122*	79	105
小学和中学中女孩与男孩的比率（百分比）	*98*	..	95
HIV感染率（占15—49岁人口的百分比）	..	..	..
环境			
森林（平方公里）	103	100	98
森林采伐（1990—2000年和2000—2010年，平均年度百分比）		0.3	*0.2*
淡水使用量（占内陆水资源的百分比）	*9.6*	*9.6*	9.6
获得改善的水资源的人口（占总人口的百分比）	*91*	91	..
获得改善的卫生设施的人口（占总人口的百分比）	*95*	95	..
人均能源使用量（千克石油当量）	1,589	..	..
人均二氧化碳排放量（吨）	4.8	4.4	5.3
人均用电量（千瓦时）	..	..	..
经济			
GDP（百万美元）	392	788	1,118
GDP增长率（年度百分比）	2.5	5.1	-5.0
GDP隐含价格平减指数（年度增长百分比）	2.3	15.0	2.1
农业增加值（占GDP的百分比）	4	2	2
工业增加值（占GDP的百分比）	20	16	18
服务业增加值（占GDP的百分比）	76	82	79
货物和服务出口（占GDP的百分比）	89	63	48
货物和服务进口（占GDP的百分比）	87	64	58
资本形成总额（占GDP的百分比）	32	29	29
中央政府收入（占GDP的百分比）	..	..	..
中央政府现金盈余/赤字（占GDP的百分比）	..	..	..
政府与市场			
创办企业的时间（天）	..	..	21
股票市场资本总额（占GDP的百分比）	..	..	..
军费支出（占GDP的百分比）	..	..	..
移动电话用户（每100人）	0.0	28.3	196.4
互联网用户（每100人）	0.0	6.5	82.0
铺敷道路（占总数的百分比）	..	*33.0*	..
高科技出口（占制成品出口的百分比）	..	0	0
全球联系			
商品贸易（占GDP的百分比）	70	58	47
净易货贸易条件指数（2000年=100）	..	100	75
外债总额（百万美元）	..	..	..
债务还本付息总额（占出口的百分比）	..	..	..
净移民（千人）	..	..	..
获得的侨汇（百万美元）	12.5	20.7	20.5
外国直接投资，净流入额（百万美元）	60.6	43.1	57.7
获得的净官方发展援助（百万美元）	4.6	9.8	15.3

阿根廷

拉丁美洲和加勒比地区		中高收入经济体	
人口（百万）	40.8	人口增长率（百分比）	0.9
陆地面积（千平方公里）	2,780	每天生活费用不足1.25美元的人口（占人口的百分比）	<2
GNI，图表集法（10亿美元）	..	人均GNI，图表集法（美元）	..
PPP衡量的GNI（10亿美元）	..	PPP衡量的人均GNI（美元）	..

	1990	2000	2011
人口			
最贫困的20%人口占国家消费/收入的份额（百分比）	*5.0*	3.2	*4.4*
出生时的预期寿命（岁）	71	74	76
总生育率（每个女性生育数）	3.0	2.5	2.2
青年女性生育率（每千名15—19岁女性生育数）	..	64	55
避孕普及率（占15—49岁已婚女性的百分比）	..	*65*	..
在熟练医护人员护理下的分娩（占总数的百分比）	*96*	*98*	*95*
5岁以下儿童死亡率（每千人）	28	20	14
儿童营养不良，体重不足（占5岁以下儿童的百分比）	..	..	..
儿童麻疹免疫接种率（占12—23个月年龄组的百分比）	93	91	93
小学毕业率，总数（占适龄年龄组的百分比）	..	99	*107*
中学总入学率，总数（占适龄年龄组的百分比）	71	87	*90*
小学和中学中女孩与男孩的比率（百分比）	*107*	101	*104*
HIV感染率（占15—49岁人口的百分比）	0.2	0.3	0.4
环境			
森林（千平方公里）	348	319	292
森林采伐（1990—2000年和2000—2010年，平均年度百分比）		0.9	*0.8*
淡水使用量（占内陆水资源的百分比）	..	*11.8*	11.8
获得改善的水资源的人口（占总人口的百分比）	94	96	..
获得改善的卫生设施的人口（占总人口的百分比）	90	91	..
人均能源使用量（千克石油当量）	1,411	1,650	*1,847*
人均二氧化碳排放量（吨）	3.4	3.8	4.4
人均用电量（千瓦时）	1,303	2,085	*2,904*
经济			
GDP（10亿美元）	141	284	..
GDP增长率（年度百分比）	-2.4	-0.8	..
GDP隐含价格平减指数（年度增长百分比）	2,076.8	1.0	..
农业增加值（占GDP的百分比）	8	5	11
工业增加值（占GDP的百分比）	36	28	31
服务业增加值（占GDP的百分比）	56	67	59
货物和服务出口（占GDP的百分比）	10	11	22
货物和服务进口（占GDP的百分比）	5	12	20
资本形成总额（占GDP的百分比）	14	16	23
中央政府收入（占GDP的百分比）	..	*14.1*	..
中央政府现金盈余/赤字（占GDP的百分比）	..	*-5.7*	..
政府与市场			
创办企业的时间（天）	..	*66*	26
股票市场资本总额（占GDP的百分比）	2.3	58.4	9.8
军费支出（占GDP的百分比）	1.4	1.1	0.7
移动电话用户（每100人）	0.0	17.6	134.9
互联网用户（每100人）	0.0	7.0	47.7
铺敷道路（占总数的百分比）	28.5	29.4	..
高科技出口（占制成品出口的百分比）	*8*	9	8
全球联系			
商品贸易（占GDP的百分比）	12	18	35
净易货贸易条件指数（2000年=100）	64	100	135
外债总额（10亿美元）	63	147	115
债务还本付息总额（占出口的百分比）	37.1	64.0	15.3
净移民（千人）	120	-50	*-200*
获得的侨汇（百万美元）	23	86	686
外国直接投资，净流入额（10亿美元）	1.8	10.4	8.7
获得的净官方发展援助（百万美元）	169	52	85

亚美尼亚

欧洲和中亚		中低收入经济体	
人口（百万）	3.1	人口增长率（百分比）	0.3
陆地面积（千平方公里）	30	每天生活费用不足1.25美元的人口（占人口的百分比）	2.5
GNI，图表集法（10亿美元）	10.4	人均GNI，图表集法（美元）	3,360
PPP衡量的GNI（10亿美元）	18.9	PPP衡量的人均GNI（美元）	6,100

	1990	2000	2011
人口			
最贫困的20%人口占国家消费/收入的份额（百分比）	..	*7.6*	*8.8*
出生时的预期寿命（岁）	68	71	74
总生育率（每个女性生育数）	2.5	1.7	1.7
青年女性生育率（每千名15—19岁女性生育数）	..	44	34
避孕普及率（占15—49岁已婚女性的百分比）	56	61	*55*
在熟练医护人员护理下的分娩（占总数的百分比）	100	97	*100*
5岁以下儿童死亡率（每千人）	47	30	18
儿童营养不良，体重不足（占5岁以下儿童的百分比）	..	2.6	*5.3*
儿童麻疹免疫接种率（占12—23个月年龄组的百分比）	*93*	92	97
小学毕业率，总数（占适龄年龄组的百分比）	..	*93*	83
中学总入学率，总数（占适龄年龄组的百分比）	..	90	89
小学和中学中女孩与男孩的比率（百分比）	..	*104*	103
HIV感染率（占15—49岁人口的百分比）	0.1	0.2	0.2
环境			
森林（千平方公里）	3.5	3.0	2.6
森林采伐（1990—2000年和2000—2010年，平均年度百分比）		1.3	*1.5*
淡水使用量（占内陆水资源的百分比）	..	*25.3*	41.2
获得改善的水资源的人口（占总人口的百分比）	*90*	92	*98*
获得改善的卫生设施的人口（占总人口的百分比）	*88*	89	*90*
人均能源使用量（千克石油当量）	2,171	651	*791*
人均二氧化碳排放量（吨）	*1.2*	1.1	1.5
人均用电量（千瓦时）	2,718	1,295	*1,606*
经济			
GDP（10亿美元）	2.3	1.9	10.2
GDP增长率（年度百分比）	*-11.7*	5.9	4.6
GDP隐含价格平减指数（年度增长百分比）	*79.4*	-1.4	4.2
农业增加值（占GDP的百分比）	17	26	21
工业增加值（占GDP的百分比）	52	39	37
服务业增加值（占GDP的百分比）	31	35	42
货物和服务出口（占GDP的百分比）	35	23	23
货物和服务进口（占GDP的百分比）	46	51	48
资本形成总额（占GDP的百分比）	47	19	31
中央政府收入（占GDP的百分比）	..	*17.7*	22.5
中央政府现金盈余/赤字（占GDP的百分比）	..	*-0.7*	-2.7
政府与市场			
创办企业的时间（天）	..	*18*	8
股票市场资本总额（占GDP的百分比）	..	*0.1*	0.4
军费支出（占GDP的百分比）	*2.1*	3.6	4.0
移动电话用户（每100人）	0.0	0.6	103.6
互联网用户（每100人）	0.0	1.3	32.0
铺敷道路（占总数的百分比）	99.2	*91.3*	*93.6*
高科技出口（占制成品出口的百分比）	..	5	3
全球联系			
商品贸易（占GDP的百分比）	..	62	53
净易货贸易条件指数（2000年=100）	..	100	129
外债总额（10亿美元）	*0.0*	1.0	7.4
债务还本付息总额（占出口的百分比）	*1.2*	9.2	25.4
净移民（千人）	-68	-225	*-75*
获得的侨汇（百万美元）	..	87	1,994
外国直接投资，净流入额（百万美元）	*2*	104	663
获得的净官方发展援助（百万美元）	3	216	374

阿鲁巴

高收入经济体

人口（千人）	108	人口增长率（百分比）	0.6
陆地面积（平方公里）	180	每天生活费用不足1.25美元的人口（占人口的百分比）	..
GNI，图表集法（10亿美元）	..	人均GNI，图表集法（美元）	..
PPP衡量的GNI（百万美元）	..	PPP衡量的人均GNI（美元）	..

	1990	2000	2011
人口			
最贫困的20%人口占国家消费/收入的份额（百分比）	..	..	..
出生时的预期寿命（岁）	73	74	75
总生育率（每个女性生育数）	2.2	1.9	1.7
青年女性生育率（每千名15—19岁女性生育数）	..	44	28
避孕普及率（占15—49岁已婚女性的百分比）	..	..	..
在熟练医护人员护理下的分娩（占总数的百分比）	..	*96*	..
5岁以下儿童死亡率（每千人）	..	..	..
儿童营养不良，体重不足（占5岁以下儿童的百分比）	..	..	..
儿童麻疹免疫接种率（占12—23个月年龄组的百分比）	..	..	..
小学毕业率，总数（占适龄年龄组的百分比）	..	98	*91*
中学总入学率，总数（占适龄年龄组的百分比）	..	97	91
小学和中学中女孩与男孩的比率（百分比）	..	99	98
HIV感染率（占15—49岁人口的百分比）	..	..	..
环境			
森林（平方公里）	4.0	4.0	4.2
森林采伐（1990—2000年和2000—2010年，平均年度百分比）		0.0	*0.0*
淡水使用量（占内陆水资源的百分比）	..	..	..
获得改善的水资源的人口（占总人口的百分比）	100	100	100
获得改善的卫生设施的人口（占总人口的百分比）	..	..	..
人均能源使用量（千克石油当量）	..	..	..
人均二氧化碳排放量（吨）	29.6	24.7	*21.5*
人均用电量（千瓦时）	..	..	..
经济			
GDP（百万美元）	*872*	1,859	..
GDP增长率（年度百分比）	12.0	3.7	..
GDP隐含价格平减指数（年度增长百分比）	5.7	4.0	..
农业增加值（占GDP的百分比）	..	..	..
工业增加值（占GDP的百分比）	..	..	..
服务业增加值（占GDP的百分比）	..	..	..
货物和服务出口（占GDP的百分比）	*101*	*70*	..
货物和服务进口（占GDP的百分比）	*161*	*91*	..
资本形成总额（占GDP的百分比）	..	..	..
中央政府收入（占GDP的百分比）	..	..	..
中央政府现金盈余/赤字（占GDP的百分比）	..	..	..
政府与市场			
创办企业的时间（天）	..	..	..
股票市场资本总额（占GDP的百分比）	..	..	..
军费支出（占GDP的百分比）	..	..	..
移动电话用户（每100人）	0.0	16.6	*122.6*
互联网用户（每100人）	0.0	15.4	57.1
铺设道路（占总数的百分比）	..	..	..
高科技出口（占制成品出口的百分比）	..	..	5
全球联系			
商品贸易（占GDP的百分比）	*58*	54	..
净易货贸易条件指数（2000年=100）	..	100	119
外债总额（百万美元）	..	..	..
债务还本付息总额（占出口的百分比）	..	..	..
净移民（千人）	-5.2	6.3	*4.0*
获得的侨汇（百万美元）	*2.6*	7.9	5.3
外国直接投资，净流入额（百万美元）	131	-128	544
获得的净官方发展援助（百万美元）	30.0	*-7.4*	..

澳大利亚

高收入经济体

人口（百万）	22.3	人口增长率（百分比）	1.2
陆地面积（千平方公里）	7,741	每天生活费用不足1.25美元的人口（占人口的百分比）	..
GNI，图表集法（10亿美元）	1,111.4	人均GNI，图表集法（美元）	49,790
PPP衡量的GNI（10亿美元）	862.0	PPP衡量的人均GNI（美元）	38,610

	1990	2000	2011
人口			
最贫困的20%人口占国家消费/收入的份额（百分比）	..	..	..
出生时的预期寿命（岁）	77	79	82
总生育率（每个女性生育数）	1.9	1.8	1.9
青年女性生育率（每千名15—19岁女性生育数）	..	18	13
避孕普及率（占15—49岁已婚女性的百分比）	..	*71*	..
在熟练医护人员护理下的分娩（占总数的百分比）	*100*	*100*	..
5岁以下儿童死亡率（每千人）	9	6	5
儿童营养不良，体重不足（占5岁以下儿童的百分比）	..	..	..
儿童麻疹免疫接种率（占12—23个月年龄组的百分比）	86	91	94
小学毕业率，总数（占适龄年龄组的百分比）	..	..	..
中学总入学率，总数（占适龄年龄组的百分比）	*134*	162	*131*
小学和中学中女孩与男孩的比率（百分比）	*100*	100	*97*
HIV感染率（占15—49岁人口的百分比）	0.1	0.1	0.2
环境			
森林（千平方公里）	1,545	1,549	1,484
森林采伐（1990—2000年和2000—2010年，平均年度百分比）		0.0	*0.4*
淡水使用量（占内陆水资源的百分比）	..	*4.6*	4.6
获得改善的水资源的人口（占总人口的百分比）	100	100	100
获得改善的卫生设施的人口（占总人口的百分比）	100	100	*100*
人均能源使用量（千克石油当量）	5,053	5,645	5,366
人均二氧化碳排放量（吨）	16.8	17.2	*18.4*
人均用电量（千瓦时）	8,527	10,194	*10,286*
经济			
GDP（10亿美元）	311	416	1,379
GDP增长率（年度百分比）	3.6	3.8	1.9
GDP隐含价格平减指数（年度增长百分比）	6.1	2.6	6.1
农业增加值（占GDP的百分比）	5	4	*2*
工业增加值（占GDP的百分比）	31	27	*20*
服务业增加值（占GDP的百分比）	64	70	*78*
货物和服务出口（占GDP的百分比）	15	19	21
货物和服务进口（占GDP的百分比）	17	21	20
资本形成总额（占GDP的百分比）	29	26	27
中央政府收入（占GDP的百分比）	..	25.9	23.0
中央政府现金盈余/赤字（占GDP的百分比）	..	2.0	-3.7
政府与市场			
创办企业的时间（天）	..	*2*	2
股票市场资本总额（占GDP的百分比）	35.0	89.7	86.9
军费支出（占GDP的百分比）	2.1	1.9	1.9
移动电话用户（每100人）	1.1	44.7	108.3
互联网用户（每100人）	0.6	46.8	79.0
铺敷道路（占总数的百分比）	35.0	*41.6*	*43.5*
高科技出口（占制成品出口的百分比）	8	15	13
全球联系			
商品贸易（占GDP的百分比）	26	33	37
净易货贸易条件指数（2000年=100）	..	100	201
外债总额（百万美元）	..	..	..
债务还本付息总额（占出口的百分比）	..	..	..
净移民（千人）	667	466	*1,125*
获得的侨汇（10亿美元）	2.4	1.9	1.9
外国直接投资，净流入额（10亿美元）	8.1	13.6	67.6
获得的净官方发展援助（百万美元）	..	..	..

奥地利

高收入经济体

人口（百万）	8.4	人口增长率（百分比）	0.4
陆地面积（千平方公里）	84	每天生活费用不足1.25美元的人口（占人口的百分比）	..
GNI，图表集法（10亿美元）	405.7	人均GNI，图表集法（美元）	48,170
PPP衡量的GNI（10亿美元）	354.0	PPP衡量的人均GNI（美元）	42,030

	1990	2000	2011
人口			
最贫困的20%人口占国家消费/收入的份额（百分比）	..	8.6	..
出生时的预期寿命（岁）	76	78	81
总生育率（每个女性生育数）	1.5	1.4	1.4
青年女性生育率（每千名15—19岁女性生育数）	..	14	10
避孕普及率（占15—49岁已婚女性的百分比）	..	..	..
在熟练医护人员护理下的分娩（占总数的百分比）	*100*	..	..
5岁以下儿童死亡率（每千人）	9	6	4
儿童营养不良，体重不足（占5岁以下儿童的百分比）	..	..	..
儿童麻疹免疫接种率（占12—23个月年龄组的百分比）	60	75	76
小学毕业率，总数（占适龄年龄组的百分比）	..	*101*	*98*
中学总入学率，总数（占适龄年龄组的百分比）	101	98	*99*
小学和中学中女孩与男孩的比率（百分比）	94	97	*97*
HIV感染率（占15—49岁人口的百分比）	0.1	0.1	0.4
环境			
森林（千平方公里）	38	38	39
森林采伐（1990—2000年和2000—2010年，平均年度百分比）		-0.2	*-0.1*
淡水使用量（占内陆水资源的百分比）	*6.9*	6.6	6.6
获得改善的水资源的人口（占总人口的百分比）	100	100	100
获得改善的卫生设施的人口（占总人口的百分比）	100	100	*100*
人均能源使用量（千克石油当量）	3,236	3,565	3,873
人均二氧化碳排放量（吨）	7.9	8.0	*7.4*
人均用电量（千瓦时）	6,111	7,076	*8,356*
经济			
GDP（10亿美元）	165	192	418
GDP增长率（年度百分比）	4.3	3.7	2.7
GDP隐含价格平减指数（年度增长百分比）	3.0	0.9	2.2
农业增加值（占GDP的百分比）	4	2	*2*
工业增加值（占GDP的百分比）	32	31	*29*
服务业增加值（占GDP的百分比）	64	67	*69*
货物和服务出口（占GDP的百分比）	37	46	57
货物和服务进口（占GDP的百分比）	37	44	54
资本形成总额（占GDP的百分比）	25	25	23
中央政府收入（占GDP的百分比）	..	37.7	36.1
中央政府现金盈余/赤字（占GDP的百分比）	..	-2.0	-2.2
政府与市场			
创办企业的时间（天）	..	*25*	25
股票市场资本总额（占GDP的百分比）	7.0	15.6	19.7
军费支出（占GDP的百分比）	1.2	1.0	0.9
移动电话用户（每100人）	1.0	76.4	154.8
互联网用户（每100人）	0.1	33.7	79.8
铺敷道路（占总数的百分比）	100.0	100.0	*100.0*
高科技出口（占制成品出口的百分比）	8	15	*12*
全球联系			
商品贸易（占GDP的百分比）	55	73	88
净易货贸易条件指数（2000年=100）	..	100	89
外债总额（百万美元）	..	..	..
债务还本付息总额（占出口的百分比）	..	..	..
净移民（千人）	111	65	*160*
获得的侨汇（10亿美元）	0.6	1.8	2.7
外国直接投资，净流入额（10亿美元）	0.7	8.5	15.7
获得的净官方发展援助（百万美元）	..	..	..

阿塞拜疆

欧洲和中亚			中高收入经济体
人口（百万）	9.2	人口增长率（百分比）	1.3
陆地面积（千平方公里）	87	每天生活费用不足1.25美元的人口（占人口的百分比）	<2
GNI，图表集法（10亿美元）	48.5	人均GNI，图表集法（美元）	5,290
PPP衡量的GNI（10亿美元）	82.1	PPP衡量的人均GNI（美元）	8,950

	1990	2000	2011
人口			
最贫困的20%人口占国家消费/收入的份额（百分比）	..	*7.5*	*8.0*
出生时的预期寿命（岁）	65	67	71
总生育率（每个女性生育数）	2.7	2.0	1.9
青年女性生育率（每千名15—19岁女性生育数）	..	37	32
避孕普及率（占15—49岁已婚女性的百分比）	..	55	*51*
在熟练医护人员护理下的分娩（占总数的百分比）	97	84	*88*
5岁以下儿童死亡率（每千人）	95	69	45
儿童营养不良，体重不足（占5岁以下儿童的百分比）	..	14.0	*8.4*
儿童麻疹免疫接种率（占12—23个月年龄组的百分比）	*52*	67	67
小学毕业率，总数（占适龄年龄组的百分比）	*96*	90	93
中学总入学率，总数（占适龄年龄组的百分比）	89	*76*	100
小学和中学中女孩与男孩的比率（百分比）	*100*	*99*	98
HIV感染率（占15—49岁人口的百分比）	0.1	0.1	0.1
环境			
森林（千平方公里）	9.4	9.4	9.4
森林采伐（1990—2000年和2000—2010年，平均年度百分比）		0.0	*0.0*
淡水使用量（占内陆水资源的百分比）	..	*124.1*	150.5
获得改善的水资源的人口（占总人口的百分比）	70	74	*80*
获得改善的卫生设施的人口（占总人口的百分比）	..	62	*82*
人均能源使用量（千克石油当量）	3,653	1,420	*1,307*
人均二氧化碳排放量（吨）	*7.8*	3.7	5.5
人均用电量（千瓦时）	2,584	2,040	*1,603*
经济			
GDP（10亿美元）	8.9	5.3	63.4
GDP增长率（年度百分比）	*-0.7*	11.1	1.0
GDP隐含价格平减指数（年度增长百分比）	*83.5*	12.5	16.7
农业增加值（占GDP的百分比）	29	17	6
工业增加值（占GDP的百分比）	33	45	67
服务业增加值（占GDP的百分比）	38	38	27
货物和服务出口（占GDP的百分比）	44	39	63
货物和服务进口（占GDP的百分比）	39	38	24
资本形成总额（占GDP的百分比）	27	21	17
中央政府收入（占GDP的百分比）	..	..	13.6
中央政府现金盈余/赤字（占GDP的百分比）	..	..	1.4
政府与市场			
创办企业的时间（天）	..	*105*	8
股票市场资本总额（占GDP的百分比）	..	*0.1*	..
军费支出（占GDP的百分比）	*2.1*	2.3	4.9
移动电话用户（每100人）	0.0	5.2	108.7
互联网用户（每100人）	0.0	0.1	50.0
铺敷道路（占总数的百分比）	..	*49.4*	*50.6*
高科技出口（占制成品出口的百分比）	..	5	1
全球联系			
商品贸易（占GDP的百分比）	..	55	70
净易货贸易条件指数（2000年=100）	..	100	188
外债总额（10亿美元）	0.0	1.6	8.4
债务还本付息总额（占出口的百分比）	..	6.4	4.9
净移民（千人）	-151	-128	*53*
获得的侨汇（百万美元）	..	57	1,893
外国直接投资，净流入额（百万美元）	..	130	4,485
获得的净官方发展援助（百万美元）	*0*	139	293

巴哈马

高收入经济体

人口（千人）	347	人口增长率（百分比）	1.2
陆地面积（千平方公里）	14	每天生活费用不足1.25美元的人口（占人口的百分比）	..
GNI，图表集法（10亿美元）	*7.5*	人均GNI，图表集法（美元）	*21,970*
PPP衡量的GNI（10亿美元）	*10.2*	PPP衡量的人均GNI（美元）	*29,790*

	1990	2000	2011
人口			
最贫困的20%人口占国家消费/收入的份额（百分比）	..	..	..
出生时的预期寿命（岁）	69	72	75
总生育率（每个女性生育数）	2.6	2.1	1.9
青年女性生育率（每千名15—19岁女性生育数）	..	51	29
避孕普及率（占15—49岁已婚女性的百分比）	*62*	*45*	..
在熟练医护人员护理下的分娩（占总数的百分比）	99	99	*99*
5岁以下儿童死亡率（每千人）	22	17	16
儿童营养不良，体重不足（占5岁以下儿童的百分比）	..	..	..
儿童麻疹免疫接种率（占12—23个月年龄组的百分比）	86	93	90
小学毕业率，总数（占适龄年龄组的百分比）	..	*82*	*97*
中学总入学率，总数（占适龄年龄组的百分比）	86	82	*96*
小学和中学中女孩与男孩的比率（百分比）	*102*	98	*104*
HIV感染率（占15—49岁人口的百分比）	3.9	3.6	2.8
环境			
森林（千平方公里）	5.2	5.2	5.2
森林采伐（1990—2000年和2000—2010年，平均年度百分比）		0.0	*0.0*
淡水使用量（占内陆水资源的百分比）	..	..	..
获得改善的水资源的人口（占总人口的百分比）	96	96	..
获得改善的卫生设施的人口（占总人口的百分比）	100	100	*100*
人均能源使用量（千克石油当量）	2,520	..	..
人均二氧化碳排放量（吨）	7.6	6.0	*7.6*
人均用电量（千瓦时）	..	..	..
经济			
GDP（10亿美元）	3.2	6.3	7.8
GDP增长率（年度百分比）	-1.6	4.1	1.6
GDP隐含价格平减指数（年度增长百分比）	5.1	0.9	-1.4
农业增加值（占GDP的百分比）	3	3	2
工业增加值（占GDP的百分比）	16	18	16
服务业增加值（占GDP的百分比）	81	80	82
货物和服务出口（占GDP的百分比）	54	44	43
货物和服务进口（占GDP的百分比）	56	62	57
资本形成总额（占GDP的百分比）	29	28	27
中央政府收入（占GDP的百分比）	15.7	14.8	18.5
中央政府现金盈余/赤字（占GDP的百分比）	-1.9	0.3	-3.5
政府与市场			
创办企业的时间（天）	..	..	31
股票市场资本总额（占GDP的百分比）	..	..	..
军费支出（占GDP的百分比）	..	..	..
移动电话用户（每100人）	0.8	10.6	86.1
互联网用户（每100人）	0.0	8.0	65.0
铺敷道路（占总数的百分比）	52.0	57.4	..
高科技出口（占制成品出口的百分比）	..	7	0
全球联系			
商品贸易（占GDP的百分比）	88	42	49
净易货贸易条件指数（2000年=100）	..	100	109
外债总额（百万美元）	..	..	..
债务还本付息总额（占出口的百分比）	..	..	..
净移民（千人）	-0.9	-2.7	*6.4*
获得的侨汇（百万美元）	..	..	..
外国直接投资，净流入额（百万美元）	-17	250	595
获得的净官方发展援助（百万美元）	3.2	..	..

巴林

高收入经济体

人口（百万）	1.3	人口增长率（百分比）	4.8
陆地面积（平方公里）	760	每天生活费用不足1.25美元的人口（占人口的百分比）	..
GNI，图表集法（10亿美元）	*20.1*	人均GNI，图表集法（美元）	*15,920*
PPP衡量的GNI（10亿美元）	*26.8*	PPP衡量的人均GNI（美元）	*21,200*

	1990	2000	2011
人口			
最贫困的20%人口占国家消费/收入的份额（百分比）	..	..	..
出生时的预期寿命（岁）	72	74	75
总生育率（每个女性生育数）	3.7	2.7	2.5
青年女性生育率（每千名15—19岁女性生育数）	..	17	15
避孕普及率（占15—49岁已婚女性的百分比）	*54*	..	..
在熟练医护人员护理下的分娩（占总数的百分比）	..	..	*97*
5岁以下儿童死亡率（每千人）	21	12	10
儿童营养不良，体重不足（占5岁以下儿童的百分比）	*6.3*	..	..
儿童麻疹免疫接种率（占12—23个月年龄组的百分比）	87	98	99
小学毕业率，总数（占适龄年龄组的百分比）	*104*	93	..
中学总入学率，总数（占适龄年龄组的百分比）	88	99	..
小学和中学中女孩与男孩的比率（百分比）	103	104	..
HIV感染率（占15—49岁人口的百分比）	..	..	..
环境			
森林（平方公里）	2.0	4.0	5.4
森林采伐（1990—2000年和2000—2010年，平均年度百分比）		-5.6	*-3.6*
淡水使用量（占内陆水资源的百分比）	*5,975.0*	*5,975.0*	8,935.0
获得改善的水资源的人口（占总人口的百分比）	..	..	..
获得改善的卫生设施的人口（占总人口的百分比）	..	..	..
人均能源使用量（千克石油当量）	8,826	9,190	*7,754*
人均二氧化碳排放量（吨）	24.1	29.2	*20.7*
人均用电量（千瓦时）	6,573	8,994	*9,814*
经济			
GDP（10亿美元）	4.2	8.0	*22.9*
GDP增长率（年度百分比）	4.4	5.3	*4.5*
GDP隐含价格平减指数（年度增长百分比）	4.8	14.3	*13.7*
农业增加值（占GDP的百分比）	1	..	..
工业增加值（占GDP的百分比）	46	..	..
服务业增加值（占GDP的百分比）	53	..	..
货物和服务出口（占GDP的百分比）	116	89	*81*
货物和服务进口（占GDP的百分比）	95	64	*59*
资本形成总额（占GDP的百分比）	16	10	27
中央政府收入（占GDP的百分比）	27.1	32.9	..
中央政府现金盈余/赤字（占GDP的百分比）	-2.3	8.5	..
政府与市场			
创办企业的时间（天）	..	..	9
股票市场资本总额（占GDP的百分比）	..	83.1	*89.0*
军费支出（占GDP的百分比）	5.1	4.0	*3.4*
移动电话用户（每100人）	1.0	32.2	128.0
互联网用户（每100人）	0.0	6.2	77.0
铺敷道路（占总数的百分比）	75.4	77.6	*82.1*
高科技出口（占制成品出口的百分比）	..	0	0
全球联系			
商品贸易（占GDP的百分比）	177	136	*119*
净易货贸易条件指数（2000年=100）	..	100	129
外债总额（百万美元）	..	..	..
债务还本付息总额（占出口的百分比）	..	..	..
净移民（千人）	13	19	*448*
获得的侨汇（百万美元）	..	..	..
外国直接投资，净流入额（百万美元）	-183	364	781
获得的净官方发展援助（百万美元）	138	60	..

孟加拉国

南亚 | 低收入经济体

人口（百万）	150.5	人口增长率（百分比）	1.2
陆地面积（千平方公里）	144	每天生活费用不足1.25美元的人口（占人口的百分比）	*43.3*
GNI，图表集法（10亿美元）	117.8	人均GNI，图表集法（美元）	780
PPP衡量的GNI（10亿美元）	291.7	PPP衡量的人均GNI（美元）	1,940

	1990	2000	2011
人口			
最贫困的20%人口占国家消费/收入的份额（百分比）	*9.5*	8.7	*8.9*
出生时的预期寿命（岁）	59	65	69
总生育率（每个女性生育数）	4.5	3.1	2.2
青年女性生育率（每千名15—19岁女性生育数）	..	116	70
避孕普及率（占15—49岁已婚女性的百分比）	*40*	54	61
在熟练医护人员护理下的分娩（占总数的百分比）	..	12	32
5岁以下儿童死亡率（每千人）	139	84	46
儿童营养不良，体重不足（占5岁以下儿童的百分比）	61.5	48.2	*41.3*
儿童麻疹免疫接种率（占12—23个月年龄组的百分比）	65	72	96
小学毕业率，总数（占适龄年龄组的百分比）	*46*	..	..
中学总入学率，总数（占适龄年龄组的百分比）	21	48	*51*
小学和中学女孩与男孩的比率（百分比）	75	..	..
HIV感染率（占15—49岁人口的百分比）	0.1	0.1	0.1
环境			
森林（千平方公里）	15	15	14
森林采伐（1990—2000年和2000—2010年，平均年度百分比）		0.2	*0.2*
淡水使用量（占内陆水资源的百分比）	..	..	34.2
获得改善的水资源的人口（占总人口的百分比）	77	79	*81*
获得改善的卫生设施的人口（占总人口的百分比）	39	47	*56*
人均能源使用量（千克石油当量）	121	144	*209*
人均二氧化碳排放量（吨）	0.1	0.2	0.3
人均用电量（千瓦时）	49	103	*279*
经济			
GDP（10亿美元）	30.1	47.1	111.9
GDP增长率（年度百分比）	5.9	5.9	6.7
GDP隐含价格平减指数（年度增长百分比）	6.3	1.9	7.5
农业增加值（占GDP的百分比）	30	26	18
工业增加值（占GDP的百分比）	21	25	28
服务业增加值（占GDP的百分比）	48	49	54
货物和服务出口（占GDP的百分比）	6	14	23
货物和服务进口（占GDP的百分比）	14	19	32
资本形成总额（占GDP的百分比）	17	23	25
中央政府收入（占GDP的百分比）	..	*9.8*	12.0
中央政府现金盈余/赤字（占GDP的百分比）	..	*-0.7*	-0.9
政府与市场			
创办企业的时间（天）	..	*50*	19
股票市场资本总额（占GDP的百分比）	1.1	2.5	21.0
军费支出（占GDP的百分比）	1.1	1.4	1.3
移动电话用户（每100人）	0.0	0.2	56.1
互联网用户（每100人）	0.0	0.1	5.0
铺敷道路（占总数的百分比）	*7.2*	9.5	*9.5*
高科技出口（占制成品出口的百分比）	0	0	..
全球联系			
商品贸易（占GDP的百分比）	18	32	54
净易货贸易条件指数（2000年=100）	117	100	55
外债总额（10亿美元）	12.3	15.6	27.0
债务还本付息总额（占出口的百分比）	34.6	10.5	5.5
净移民（千人）	-289	-956	*-2,908*
获得的侨汇（10亿美元）	0.8	2.0	12.1
外国直接投资，净流入额（百万美元）	3	280	798
获得的净官方发展援助（10亿美元）	2.1	1.2	1.5

巴巴多斯

高收入经济体

人口（千人）	274	人口增长率（百分比）	0.2
陆地面积（平方公里）	430	每天生活费用不足1.25美元的人口（占人口的百分比）	..
GNI，图表集法（10亿美元）	*3.5*	人均GNI，图表集法（美元）	*12,660*
PPP衡量的GNI（10亿美元）	*5.2*	PPP衡量的人均GNI（美元）	*18,900*

	1990	**2000**	**2011**
人口			
最贫困的20%人口占国家消费/收入的份额（百分比）	..	..	..
出生时的预期寿命（岁）	74	75	77
总生育率（每个女性生育数）	1.7	1.6	1.6
青年女性生育率（每千名15—19岁女性生育数）	..	48	41
避孕普及率（占15—49岁已婚女性的百分比）	*55*	*55*	..
在熟练医护人员护理下的分娩（占总数的百分比）	..	98	*100*
5岁以下儿童死亡率（每千人）	18	17	20
儿童营养不良，体重不足（占5岁以下儿童的百分比）	..	..	..
儿童麻疹免疫接种率（占12—23个月年龄组的百分比）	87	94	93
小学毕业率，总数（占适龄年龄组的百分比）	..	99	111
中学总入学率，总数（占适龄年龄组的百分比）	86	105	104
小学和中学中女孩与男孩的比率（百分比）	94	108	105
HIV感染率（占15—49岁人口的百分比）	0.4	0.8	0.9
环境			
森林（平方公里）	84	84	84
森林采伐（1990—2000年和2000—2010年，平均年度百分比）		0.0	*0.0*
淡水使用量（占内陆水资源的百分比）	..	*76.1*	76.1
获得改善的水资源的人口（占总人口的百分比）	100	100	100
获得改善的卫生设施的人口（占总人口的百分比）	100	100	*100*
人均能源使用量（千克石油当量）	1,241	..	..
人均二氧化碳排放量（吨）	4.1	4.4	*5.8*
人均用电量（千瓦时）	..	..	..
经济			
GDP（10亿美元）	1.7	2.6	3.7
GDP增长率（年度百分比）	-4.8	2.3	*-5.3*
GDP隐含价格平减指数（年度增长百分比）	5.5	0.8	*3.4*
农业增加值（占GDP的百分比）	7	4	*3*
工业增加值（占GDP的百分比）	20	16	*23*
服务业增加值（占GDP的百分比）	73	79	*74*
货物和服务出口（占GDP的百分比）	49	50	*47*
货物和服务进口（占GDP的百分比）	52	57	*52*
资本形成总额（占GDP的百分比）	19	19	15
中央政府收入（占GDP的百分比）	..	..	*29.3*
中央政府现金盈余/赤字（占GDP的百分比）	..	..	*-8.6*
政府与市场			
创办企业的时间（天）	..	..	18
股票市场资本总额（占GDP的百分比）	16.5	66.0	124.1
军费支出（占GDP的百分比）	..	..	..
移动电话用户（每100人）	0.0	10.6	127.0
互联网用户（每100人）	0.0	4.0	71.8
铺敷道路（占总数的百分比）	86.8	98.6	..
高科技出口（占制成品出口的百分比）	*20*	23	14
全球联系			
商品贸易（占GDP的百分比）	54	56	62
净易货贸易条件指数（2000年=100）	..	100	111
外债总额（百万美元）	..	..	..
债务还本付息总额（占出口的百分比）	..	..	..
净移民（千人）	-5.4	-1.9	*0.0*
获得的侨汇（百万美元）	38	115	82
外国直接投资，净流入额（百万美元）	11	19	334
获得的净官方发展援助（百万美元）	2.6	0.2	*16.2*

白俄罗斯

欧洲和中亚		中高收入经济体	
人口（百万）	9.5	人口增长率（百分比）	-0.2
陆地面积（千平方公里）	208	每天生活费用不足1.25美元的人口（占人口的百分比）	<2
GNI，图表集法（10亿美元）	55.2	人均GNI，图表集法（美元）	5,830
PPP衡量的GNI（10亿美元）	137.0	PPP衡量的人均GNI（美元）	14,460

	1990	2000	2011
人口			
最贫困的20%人口占国家消费/收入的份额（百分比）	*11.1*	8.5	*9.2*
出生时的预期寿命（岁）	71	69	71
总生育率（每个女性生育数）	1.9	1.3	1.5
青年女性生育率（每千名15—19岁女性生育数）	..	28	21
避孕普及率（占15—49岁已婚女性的百分比）	..	..	..
在熟练医护人员护理下的分娩（占总数的百分比）	100	100	*100*
5岁以下儿童死亡率（每千人）	17	14	6
儿童营养不良，体重不足（占5岁以下儿童的百分比）	..	..	..
儿童麻疹免疫接种率（占12—23个月年龄组的百分比）	*94*	98	99
小学毕业率，总数（占适龄年龄组的百分比）	94	100	104
中学总入学率，总数（占适龄年龄组的百分比）	97	*85*	105
小学和中学中女孩与男孩的比率（百分比）	..	*101*	98
HIV感染率（占15—49岁人口的百分比）	0.1	0.1	0.4
环境			
森林（千平方公里）	78	83	87
森林采伐（1990—2000年和2000—2010年，平均年度百分比）		-0.6	*-0.4*
淡水使用量（占内陆水资源的百分比）	..	*11.7*	11.7
获得改善的水资源的人口（占总人口的百分比）	100	100	*100*
获得改善的卫生设施的人口（占总人口的百分比）	93	93	*93*
人均能源使用量（千克石油当量）	4,470	2,467	*2,922*
人均二氧化碳排放量（吨）	*8.6*	5.3	6.3
人均用电量（千瓦时）	4,381	2,989	*3,564*
经济			
GDP（10亿美元）	17.4	12.7	55.1
GDP增长率（年度百分比）	*-1.2*	5.8	5.3
GDP隐含价格平减指数（年度增长百分比）	*103.6*	185.3	58.4
农业增加值（占GDP的百分比）	24	14	10
工业增加值（占GDP的百分比）	47	39	44
服务业增加值（占GDP的百分比）	29	47	46
货物和服务出口（占GDP的百分比）	46	69	88
货物和服务进口（占GDP的百分比）	44	72	90
资本形成总额（占GDP的百分比）	27	25	36
中央政府收入（占GDP的百分比）	*31.5*	28.7	31.4
中央政府现金盈余/赤字（占GDP的百分比）	*-4.8*	0.1	1.9
政府与市场			
创办企业的时间（天）	..	*79*	5
股票市场资本总额（占GDP的百分比）	..	..	..
军费支出（占GDP的百分比）	..	1.3	1.1
移动电话用户（每100人）	0.0	0.5	111.9
互联网用户（每100人）	0.0	1.9	39.6
铺敷道路（占总数的百分比）	*95.8*	*86.4*	*86.4*
高科技出口（占制成品出口的百分比）	..	4	3
全球联系			
商品贸易（占GDP的百分比）	..	125	156
净易货贸易条件指数（2000年=100）	..	100	104
外债总额（10亿美元）	0.0	2.6	29.1
债务还本付息总额（占出口的百分比）	*0.6*	5.1	4.5
净移民（千人）	-32.5	0.0	*-50.0*
获得的侨汇（百万美元）	*0*	139	814
外国直接投资，净流入额（百万美元）	*7*	119	4,002
获得的净官方发展援助（百万美元）	..	..	128

比利时

高收入经济体

人口（百万）	11.0	人口增长率（百分比）	1.1
陆地面积（千平方公里）	31	每天生活费用不足1.25美元的人口（占人口的百分比）	..
GNI，图表集法（10亿美元）	506.2	人均GNI，图表集法（美元）	45,930
PPP衡量的GNI（10亿美元）	431.4	PPP衡量的人均GNI（美元）	39,150

	1990	2000	2011
人口			
最贫困的20%人口占国家消费/收入的份额（百分比）	..	8.5	..
出生时的预期寿命（岁）	76	78	80
总生育率（每个女性生育数）	1.6	1.7	1.8
青年女性生育率（每千名15—19岁女性生育数）	..	19	12
避孕普及率（占15—49岁已婚女性的百分比）	*78*	*76*	..
在熟练医护人员护理下的分娩（占总数的百分比）	..	*99*	..
5岁以下儿童死亡率（每千人）	10	6	4
儿童营养不良，体重不足（占5岁以下儿童的百分比）	..	..	..
儿童麻疹免疫接种率（占12—23个月年龄组的百分比）	85	82	95
小学毕业率，总数（占适龄年龄组的百分比）	*78*	..	*91*
中学总入学率，总数（占适龄年龄组的百分比）	99	145	*111*
小学和中学中女孩与男孩的比率（百分比）	101	105	*98*
HIV感染率（占15—49岁人口的百分比）	0.1	0.2	0.3
环境			
森林（千平方公里）	6.8	6.7	6.8
森林采伐（1990—2000年和2000—2010年，平均年度百分比）		0.2	*-0.2*
淡水使用量（占内陆水资源的百分比）	..	*62.8*	51.8
获得改善的水资源的人口（占总人口的百分比）	100	100	100
获得改善的卫生设施的人口（占总人口的百分比）	100	100	*100*
人均能源使用量（千克石油当量）	4,844	5,707	5,077
人均二氧化碳排放量（吨）	10.9	11.3	*9.6*
人均用电量（千瓦时）	6,380	8,248	*8,388*
经济			
GDP（10亿美元）	203	233	514
GDP增长率（年度百分比）	3.1	3.7	1.8
GDP隐含价格平减指数（年度增长百分比）	2.8	2.0	2.0
农业增加值（占GDP的百分比）	2	1	*1*
工业增加值（占GDP的百分比）	31	27	*22*
服务业增加值（占GDP的百分比）	67	72	*78*
货物和服务出口（占GDP的百分比）	67	78	84
货物和服务进口（占GDP的百分比）	65	75	83
资本形成总额（占GDP的百分比）	23	23	22
中央政府收入（占GDP的百分比）	..	42.8	41.1
中央政府现金盈余/赤字（占GDP的百分比）	..	0.0	-3.6
政府与市场			
创办企业的时间（天）	..	*56*	4
股票市场资本总额（占GDP的百分比）	32.2	78.4	44.8
军费支出（占GDP的百分比）	2.3	1.4	1.1
移动电话用户（每100人）	0.4	55.3	116.6
互联网用户（每100人）	0.0	29.4	78.0
铺敷道路（占总数的百分比）	*81.2*	78.2	*78.2*
高科技出口（占制成品出口的百分比）	..	10	10
全球联系			
商品贸易（占GDP的百分比）	117	157	183
净易货贸易条件指数（2000年=100）	..	100	100
外债总额（百万美元）	..	..	..
债务还本付息总额（占出口的百分比）	..	..	..
净移民（千人）	52	61	*200*
获得的侨汇（10亿美元）	3.6	4.0	10.9
外国直接投资，净流入额（10亿美元）	..	*18*	102
获得的净官方发展援助（百万美元）	..	..	..

伯利兹

拉丁美洲和加勒比地区		中低收入经济体	
人口（千人）	357	人口增长率（百分比）	3.4
陆地面积（千平方公里）	23	每天生活费用不足1.25美元的人口（占人口的百分比）	..
GNI，图表集法（10亿美元）	1.3	人均GNI，图表集法（美元）	3,710
PPP衡量的GNI（10亿美元）	2.2	PPP衡量的人均GNI（美元）	6,090

	1990	2000	2011
人口			
最贫困的20%人口占国家消费/收入的份额（百分比）	*3.0*	*3.3*	..
出生时的预期寿命（岁）	72	74	76
总生育率（每个女性生育数）	4.5	3.6	2.7
青年女性生育率（每千名15—19岁女性生育数）	..	97	72
避孕普及率（占15—49岁已婚女性的百分比）	*47*	*56*	*34*
在熟练医护人员护理下的分娩（占总数的百分比）	*77*	100	*94*
5岁以下儿童死亡率（每千人）	44	26	17
儿童营养不良，体重不足（占5岁以下儿童的百分比）	*5.4*	..	*4.9*
儿童麻疹免疫接种率（占12—23个月年龄组的百分比）	86	96	98
小学毕业率，总数（占适龄年龄组的百分比）	*92*	94	110
中学总入学率，总数（占适龄年龄组的百分比）	*62*	65	76
小学和中学中女孩与男孩的比率（百分比）	*94*	95	93
HIV感染率（占15—49岁人口的百分比）	1.0	2.3	2.3
环境			
森林（千平方公里）	16	15	14
森林采伐（1990—2000年和2000—2010年，平均年度百分比）		0.6	*0.7*
淡水使用量（占内陆水资源的百分比）	..	*0.9*	0.9
获得改善的水资源的人口（占总人口的百分比）	74	86	*98*
获得改善的卫生设施的人口（占总人口的百分比）	77	83	*90*
人均能源使用量（千克石油当量）	562	..	..
人均二氧化碳排放量（吨）	1.6	2.8	1.2
人均用电量（千瓦时）	..	..	..
经济			
GDP（百万美元）	413	832	1,448
GDP增长率（年度百分比）	10.6	13.0	1.9
GDP隐含价格平减指数（年度增长百分比）	2.8	0.4	1.5
农业增加值（占GDP的百分比）	20	17	*12*
工业增加值（占GDP的百分比）	22	21	*23*
服务业增加值（占GDP的百分比）	58	62	*65*
货物和服务出口（占GDP的百分比）	62	53	66
货物和服务进口（占GDP的百分比）	60	74	65
资本形成总额（占GDP的百分比）	26	32	*27*
中央政府收入（占GDP的百分比）	25.4	20.4	*25.3*
中央政府现金盈余/赤字（占GDP的百分比）	-0.6	-5.7	*-1.6*
政府与市场			
创办企业的时间（天）	..	..	44
股票市场资本总额（占GDP的百分比）	..	..	..
军费支出（占GDP的百分比）	1.1	0.9	1.1
移动电话用户（每100人）	0.0	6.7	70.0
互联网用户（每100人）	0.0	6.0	*14.0*
铺敷道路（占总数的百分比）	..	17.0	..
高科技出口（占制成品出口的百分比）	*0*	0	*0*
全球联系			
商品贸易（占GDP的百分比）	83	89	83
净易货贸易条件指数（2000年=100）	..	100	104
外债总额（百万美元）	143	630	1,278
债务还本付息总额（占出口的百分比）	7.2	17.5	13.9
净移民（千人）	-4.7	-2.0	*-1.0*
获得的侨汇（百万美元）	18.5	26.4	75.7
外国直接投资，净流入额（百万美元）	17.2	23.3	95.3
获得的净官方发展援助（百万美元）	30.3	14.7	29.8

贝宁

撒哈拉以南非洲地区 **低收入经济体**

人口（百万）	9.1	人口增长率（百分比）	2.8
陆地面积（千平方公里）	115	每天生活费用不足1.25美元的人口（占人口的百分比）	*47.3*
GNI，图表集法（10亿美元）	7.1	人均GNI，图表集法（美元）	780
PPP衡量的GNI（10亿美元）	14.6	PPP衡量的人均GNI（美元）	1,610

	1990	2000	2011
人口			
最贫困的20%人口占国家消费/收入的份额（百分比）	..	7.0	..
出生时的预期寿命（岁）	49	53	56
总生育率（每个女性生育数）	6.7	6.0	5.2
青年女性生育率（每千名15—19岁女性生育数）	..	120	100
避孕普及率（占15—49岁已婚女性的百分比）	..	19	17
在熟练医护人员护理下的分娩（占总数的百分比）	..	66	74
5岁以下儿童死亡率（每千人）	177	140	106
儿童营养不良，体重不足（占5岁以下儿童的百分比）	..	21.5	20.2
儿童麻疹免疫接种率（占12—23个月年龄组的百分比）	79	70	72
小学毕业率，总数（占适龄年龄组的百分比）	19	40	75
中学总入学率，总数（占适龄年龄组的百分比）	..	23	51
小学和中学中女孩与男孩的比率（百分比）	..	61	79
HIV感染率（占15—49岁人口的百分比）	3.2	1.8	1.2
环境			
森林（千平方公里）	58	51	45
森林采伐（1990—2000年和2000—2010年，平均年度百分比）		1.3	1.0
淡水使用量（占内陆水资源的百分比）	..	1.3	1.3
获得改善的水资源的人口（占总人口的百分比）	57	66	75
获得改善的卫生设施的人口（占总人口的百分比）	5	9	13
人均能源使用量（千克石油当量）	348	304	413
人均二氧化碳排放量（吨）	0.1	0.2	0.6
人均用电量（千瓦时）	..	61	90
经济			
GDP（10亿美元）	2.0	2.4	7.3
GDP增长率（年度百分比）	9.0	4.9	3.5
GDP隐含价格平减指数（年度增长百分比）	2.2	4.5	2.4
农业增加值（占GDP的百分比）	35	35	32
工业增加值（占GDP的百分比）	12	13	13
服务业增加值（占GDP的百分比）	53	52	54
货物和服务出口（占GDP的百分比）	19	25	15
货物和服务进口（占GDP的百分比）	27	30	27
资本形成总额（占GDP的百分比）	14	19	18
中央政府收入（占GDP的百分比）	..	15.6	17.2
中央政府现金盈余/赤字（占GDP的百分比）	..	0.6	-1.4
政府与市场			
创办企业的时间（天）	..	32	26
股票市场资本总额（占GDP的百分比）	..	..	..
军费支出（占GDP的百分比）	1.7	0.6	1.0
移动电话用户（每100人）	0.0	0.9	85.3
互联网用户（每100人）	0.0	0.2	3.5
铺敷道路（占总数的百分比）	20.0	9.5	..
高科技出口（占制成品出口的百分比）	..	0	0
全球联系			
商品贸易（占GDP的百分比）	28	43	62
净易货贸易条件指数（2000年=100）	107	100	125
外债总额（10亿美元）	1.1	1.4	1.4
债务还本付息总额（占出口的百分比）	9.9	13.6	2.5
净移民（千人）	-8.7	-29.3	50.0
获得的侨汇（百万美元）	101	87	185
外国直接投资，净流入额（百万美元）	62	60	118
获得的净官方发展援助（百万美元）	267	243	677

人口（千人）	65	人口增长率（百分比）	0.7
陆地面积（平方公里）	50	每天生活费用不足1.25美元的人口（占人口的百分比）	..
GNI，图表集法（10亿美元）	..	人均GNI，图表集法（美元）	..
PPP衡量的GNI（百万美元）	..	PPP衡量的人均GNI（美元）	..

	1990	2000	2011
人口			
最贫困的20%人口占国家消费/收入的份额（百分比）	..	..	..
出生时的预期寿命（岁）	74	78	79
总生育率（每个女性生育数）	..	1.7	1.8
青年女性生育率（每千名15—19岁女性生育数）	..	..	..
避孕普及率（占15—49岁已婚女性的百分比）	..	..	..
在熟练医护人员护理下的分娩（占总数的百分比）	..	..	..
5岁以下儿童死亡率（每千人）	..	..	..
儿童营养不良，体重不足（占5岁以下儿童的百分比）	..	..	..
儿童麻疹免疫接种率（占12—23个月年龄组的百分比）	..	..	..
小学毕业率，总数（占适龄年龄组的百分比）	..	97	100
中学总入学率，总数（占适龄年龄组的百分比）	..	79	77
小学和中学中女孩与男孩的比率（百分比）	..	104	107
HIV感染率（占15—49岁人口的百分比）	..	..	..
环境			
森林（平方公里）	10.0	10.0	10.0
森林采伐（1990—2000年和2000—2010年，平均年度百分比）		0.0	0.0
淡水使用量（占内陆水资源的百分比）	..	..	..
获得改善的水资源的人口（占总人口的百分比）	..	..	..
获得改善的卫生设施的人口（占总人口的百分比）	..	..	..
人均能源使用量（千克石油当量）	..	..	..
人均二氧化碳排放量（吨）	9.9	8.0	7.2
人均用电量（千瓦时）	..	..	..
经济			
GDP（10亿美元）	1.6	3.5	5.8
GDP增长率（年度百分比）	0.0	9.3	-1.9
GDP隐含价格平减指数（年度增长百分比）	6.0	-4.2	1.2
农业增加值（占GDP的百分比）	..	1	1
工业增加值（占GDP的百分比）	..	12	8
服务业增加值（占GDP的百分比）	..	88	91
货物和服务出口（占GDP的百分比）	..	..	26
货物和服务进口（占GDP的百分比）	..	..	36
资本形成总额（占GDP的百分比）	..	..	..
中央政府收入（占GDP的百分比）	..	..	..
中央政府现金盈余/赤字（占GDP的百分比）	..	..	..
政府与市场			
创办企业的时间（天）	..	..	..
股票市场资本总额（占GDP的百分比）	..	61.7	26.6
军费支出（占GDP的百分比）	..	..	..
移动电话用户（每100人）	1.9	20.7	135.8
互联网用户（每100人）	0.0	42.9	88.3
铺敷道路（占总数的百分比）	..	..	..
高科技出口（占制成品出口的百分比）	..	..	..
全球联系			
商品贸易（占GDP的百分比）	41	22	17
净易货贸易条件指数（2000年=100）	..	100	72
外债总额（百万美元）	..	..	..
债务还本付息总额（占出口的百分比）	..	..	..
净移民（千人）	..	..	..
获得的侨汇（百万美元）	..	..	1,253
外国直接投资，净流入额（百万美元）	..	67	111
获得的净官方发展援助（百万美元）	42.2	..	..

不丹

南亚			中低收入经济体
人口（千人）	738	人口增长率（百分比）	1.7
陆地面积（千平方公里）	38	每天生活费用不足1.25美元的人口（占人口的百分比）	*10.2*
GNI，图表集法（10亿美元）	1.6	人均GNI，图表集法（美元）	2,130
PPP衡量的GNI（10亿美元）	4.1	PPP衡量的人均GNI（美元）	5,570

	1990	2000	2011
人口			
最贫困的20%人口占国家消费/收入的份额（百分比）	..	*5.4*	*6.6*
出生时的预期寿命（岁）	53	61	67
总生育率（每个女性生育数）	5.8	3.7	2.3
青年女性生育率（每千名15—19岁女性生育数）	..	65	46
避孕普及率（占15—49岁已婚女性的百分比）	..	31	*66*
在熟练医护人员护理下的分娩（占总数的百分比）	..	24	*65*
5岁以下儿童死亡率（每千人）	138	89	54
儿童营养不良，体重不足（占5岁以下儿童的百分比）	*34.0*	*14.1*	*12.7*
儿童麻疹免疫接种率（占12—23个月年龄组的百分比）	93	78	95
小学毕业率，总数（占适龄年龄组的百分比）	*24*	51	*103*
中学总入学率，总数（占适龄年龄组的百分比）	..	41	*75*
小学和中学中女孩与男孩的比率（百分比）	..	86	*103*
HIV感染率（占15—49岁人口的百分比）	0.1	0.1	0.3
环境			
森林（千平方公里）	30	31	33
森林采伐（1990—2000年和2000—2010年，平均年度百分比）		-0.3	*-0.3*
淡水使用量（占内陆水资源的百分比）	..	..	0.4
获得改善的水资源的人口（占总人口的百分比）	..	86	*96*
获得改善的卫生设施的人口（占总人口的百分比）	..	39	*44*
人均能源使用量（千克石油当量）	100	..	..
人均二氧化碳排放量（吨）	0.2	0.7	0.6
人均用电量（千瓦时）	..	..	..
经济			
GDP（百万美元）	300	439	1,732
GDP增长率（年度百分比）	10.9	6.9	5.6
GDP隐含价格平减指数（年度增长百分比）	5.7	2.3	5.7
农业增加值（占GDP的百分比）	35	27	16
工业增加值（占GDP的百分比）	25	36	44
服务业增加值（占GDP的百分比）	40	37	40
货物和服务出口（占GDP的百分比）	27	29	37
货物和服务进口（占GDP的百分比）	31	53	56
资本形成总额（占GDP的百分比）	30	48	59
中央政府收入（占GDP的百分比）	17.0	22.9	*22.9*
中央政府现金盈余/赤字（占GDP的百分比）	-5.8	-2.4	*0.5*
政府与市场			
创办企业的时间（天）	..	*62*	36
股票市场资本总额（占GDP的百分比）	..	*10.3*	..
军费支出（占GDP的百分比）	..	..	..
移动电话用户（每100人）	0.0	0.0	65.6
互联网用户（每100人）	0.0	0.4	21.0
铺敷道路（占总数的百分比）	77.1	*62.0*	*40.4*
高科技出口（占制成品出口的百分比）	..	*0*	*0*
全球联系			
商品贸易（占GDP的百分比）	50	63	92
净易货贸易条件指数（2000年=100）	..	100	152
外债总额（百万美元）	84	212	1,035
债务还本付息总额（占出口的百分比）	..	..	11.1
净移民（千人）	1.6	0.1	*16.8*
获得的侨汇（百万美元）	..	..	10.4
外国直接投资，净流入额（百万美元）	..	*2.5*	16.4
获得的净官方发展援助（百万美元）	46	53	144

玻利维亚

拉丁美洲和加勒比地区 | **中低收入经济体**

人口（百万）	10.1	人口增长率（百分比）	1.6
陆地面积（千平方公里）	1,099	每天生活费用不足1.25美元的人口（占人口的百分比）	*15.6*
GNI，图表集法（10亿美元）	20.4	人均GNI，图表集法（美元）	2,020
PPP衡量的GNI（10亿美元）	49.3	PPP衡量的人均GNI（美元）	4,890

	1990	2000	2011
人口			
最贫困的20%人口占国家消费/收入的份额（百分比）	5.6	0.8	*2.1*
出生时的预期寿命（岁）	59	63	67
总生育率（每个女性生育数）	4.9	4.1	3.3
青年女性生育率（每千名15—19岁女性生育数）	..	85	75
避孕普及率（占15—49岁已婚女性的百分比）	*30*	53	*61*
在熟练医护人员护理下的分娩（占总数的百分比）	*43*	69	*71*
5岁以下儿童死亡率（每千人）	120	81	51
儿童营养不良，体重不足（占5岁以下儿童的百分比）	9.7	5.9	*4.5*
儿童麻疹免疫接种率（占12—23个月年龄组的百分比）	53	84	84
小学毕业率，总数（占适龄年龄组的百分比）	71	99	*95*
中学总入学率，总数（占适龄年龄组的百分比）	..	80	*81*
小学和中学中女孩与男孩的比率（百分比）	..	97	*99*
HIV感染率（占15—49岁人口的百分比）	0.6	0.5	0.3
环境			
森林（千平方公里）	628	601	569
森林采伐（1990—2000年和2000—2010年，平均年度百分比）		0.4	*0.5*
淡水使用量（占内陆水资源的百分比）	..	*0.7*	0.7
获得改善的水资源的人口（占总人口的百分比）	70	80	*88*
获得改善的卫生设施的人口（占总人口的百分比）	18	22	*27*
人均能源使用量（千克石油当量）	392	450	*737*
人均二氧化碳排放量（吨）	0.8	1.2	1.5
人均用电量（千瓦时）	274	421	*616*
经济			
GDP（10亿美元）	4.9	8.4	23.9
GDP增长率（年度百分比）	4.6	2.5	5.2
GDP隐含价格平减指数（年度增长百分比）	16.3	5.2	14.6
农业增加值（占GDP的百分比）	17	15	13
工业增加值（占GDP的百分比）	35	30	39
服务业增加值（占GDP的百分比）	48	55	49
货物和服务出口（占GDP的百分比）	23	18	44
货物和服务进口（占GDP的百分比）	24	27	38
资本形成总额（占GDP的百分比）	13	18	20
中央政府收入（占GDP的百分比）	..	*18.4*	..
中央政府现金盈余/赤字（占GDP的百分比）	..	*-8.7*	..
政府与市场			
创办企业的时间（天）	..	*60*	50
股票市场资本总额（占GDP的百分比）	..	20.7	17.2
军费支出（占GDP的百分比）	2.8	2.1	1.5
移动电话用户（每100人）	0.0	7.0	82.8
互联网用户（每100人）	0.0	1.4	30.0
铺敷道路（占总数的百分比）	4.3	6.6	*8.5*
高科技出口（占制成品出口的百分比）	7	40	14
全球联系			
商品贸易（占GDP的百分比）	33	36	67
净易货贸易条件指数（2000年=100）	102	100	175
外债总额（10亿美元）	4.4	5.9	6.5
债务还本付息总额（占出口的百分比）	39.4	39.8	4.9
净移民（千人）	-100	-100	*-165*
获得的侨汇（百万美元）	5	127	1,043
外国直接投资，净流入额（百万美元）	27	736	859
获得的净官方发展援助（百万美元）	545	482	759

波斯尼亚和黑塞哥维那

欧洲和中亚 | 中高收入经济体

人口（百万）	3.8	人口增长率（百分比）	-0.2
陆地面积（千平方公里）	51	每天生活费用不足1.25美元的人口（占人口的百分比）	<2
GNI，图表集法（10亿美元）	18.0	人均GNI，图表集法（美元）	4,780
PPP衡量的GNI（10亿美元）	34.5	PPP衡量的人均GNI（美元）	9,190

	1990	2000	2011
人口			
最贫困的20%人口占国家消费/收入的份额（百分比）	..	*9.1*	*6.7*
出生时的预期寿命（岁）	67	74	76
总生育率（每个女性生育数）	1.7	1.4	1.1
青年女性生育率（每千名15—19岁女性生育数）	..	22	14
避孕普及率（占15—49岁已婚女性的百分比）	..	48	*36*
在熟练医护人员护理下的分娩（占总数的百分比）	97	100	*100*
5岁以下儿童死亡率（每千人）	19	10	8
儿童营养不良，体重不足（占5岁以下儿童的百分比）	..	4.2	*1.6*
儿童麻疹免疫接种率（占12—23个月年龄组的百分比）	52	80	89
小学毕业率，总数（占适龄年龄组的百分比）	..	..	76
中学总入学率，总数（占适龄年龄组的百分比）	..	..	89
小学和中学中女孩与男孩的比率（百分比）	..	..	102
HIV感染率（占15—49岁人口的百分比）	..	..	..
环境			
森林（千平方公里）	22	22	22
森林采伐（1990—2000年和2000—2010年，平均年度百分比）		0.1	*0.0*
淡水使用量（占内陆水资源的百分比）	..	..	1.0
获得改善的水资源的人口（占总人口的百分比）	97	97	*99*
获得改善的卫生设施的人口（占总人口的百分比）	..	95	*95*
人均能源使用量（千克石油当量）	1,629	1,177	*1,703*
人均二氧化碳排放量（吨）	*1.0*	6.3	8.0
人均用电量（千瓦时）	3,044	2,062	*3,110*
经济			
GDP（10亿美元）	..	5.5	18.1
GDP增长率（年度百分比）	..	5.5	1.7
GDP隐含价格平减指数（年度增长百分比）	..	28.8	1.8
农业增加值（占GDP的百分比）	..	11	9
工业增加值（占GDP的百分比）	..	23	26
服务业增加值（占GDP的百分比）	..	66	65
货物和服务出口（占GDP的百分比）	..	29	42
货物和服务进口（占GDP的百分比）	..	76	65
资本形成总额（占GDP的百分比）	..	21	21
中央政府收入（占GDP的百分比）	..	*37.1*	40.0
中央政府现金盈余/赤字（占GDP的百分比）	..	*0.7*	-1.2
政府与市场			
创办企业的时间（天）	..	*68*	37
股票市场资本总额（占GDP的百分比）	..	..	..
军费支出（占GDP的百分比）	..	*3.6*	1.4
移动电话用户（每100人）	0.0	2.5	84.5
互联网用户（每100人）	0.0	1.1	60.0
铺敷道路（占总数的百分比）	54.0	*52.3*	*92.1*
高科技出口（占制成品出口的百分比）	..	*2*	3
全球联系			
商品贸易（占GDP的百分比）	..	76	93
净易货贸易条件指数（2000年=100）	..	100	101
外债总额（10亿美元）	*0.5*	2.8	10.7
债务还本付息总额（占出口的百分比）	..	14.2	10.9
净移民（千人）	-24	282	*-10*
获得的侨汇（10亿美元）	..	1.6	2.0
外国直接投资，净流入额（百万美元）	..	146	380
获得的净官方发展援助（百万美元）	0	738	425

博茨瓦纳

撒哈拉以南非洲地区 **中高收入经济体**

人口（百万）	2.0	人口增长率（百分比）	1.2
陆地面积（千平方公里）	582	每天生活费用不足1.25美元的人口（占人口的百分比）	..
GNI，图表集法（10亿美元）	15.2	人均GNI，图表集法（美元）	7,470
PPP衡量的GNI（10亿美元）	29.5	PPP衡量的人均GNI（美元）	14,550

	1990	2000	2011
人口			
最贫困的20%人口占国家消费/收入的份额（百分比）	..	..	..
出生时的预期寿命（岁）	64	51	53
总生育率（每个女性生育数）	4.7	3.4	2.7
青年女性生育率（每千名15—19岁女性生育数）	..	66	45
避孕普及率（占15—49岁已婚女性的百分比）	*33*	44	*53*
在熟练医护人员护理下的分娩（占总数的百分比）	*78*	94	*95*
5岁以下儿童死亡率（每千人）	53	81	26
儿童营养不良，体重不足（占5岁以下儿童的百分比）	..	10.7	*11.2*
儿童麻疹免疫接种率（占12—23个月年龄组的百分比）	87	91	94
小学毕业率，总数（占适龄年龄组的百分比）	89	89	*97*
中学总入学率，总数（占适龄年龄组的百分比）	40	75	*82*
小学和中学中女孩与男孩的比率（百分比）	108	102	*100*
HIV感染率（占15—49岁人口的百分比）	6.2	26.8	23.4
环境			
森林（千平方公里）	137	125	112
森林采伐（1990—2000年和2000—2010年，平均年度百分比）		0.9	*1.0*
淡水使用量（占内陆水资源的百分比）	*4.7*	*8.1*	8.1
获得改善的水资源的人口（占总人口的百分比）	93	95	*96*
获得改善的卫生设施的人口（占总人口的百分比）	38	52	*62*
人均能源使用量（千克石油当量）	912	1,045	*1,128*
人均二氧化碳排放量（吨）	1.6	2.4	2.2
人均用电量（千瓦时）	716	906	*1,586*
经济			
GDP（10亿美元）	3.8	5.6	17.3
GDP增长率（年度百分比）	6.8	5.9	5.7
GDP隐含价格平减指数（年度增长百分比）	6.3	0.0	10.7
农业增加值（占GDP的百分比）	5	3	3
工业增加值（占GDP的百分比）	61	53	46
服务业增加值（占GDP的百分比）	34	45	52
货物和服务出口（占GDP的百分比）	55	53	39
货物和服务进口（占GDP的百分比）	50	41	44
资本形成总额（占GDP的百分比）	37	32	31
中央政府收入（占GDP的百分比）	50.8	..	31.5
中央政府现金盈余/赤字（占GDP的百分比）	19.1	..	-1.7
政府与市场			
创办企业的时间（天）	..	*108*	61
股票市场资本总额（占GDP的百分比）	6.6	17.4	23.7
军费支出（占GDP的百分比）	4.1	3.3	2.1
移动电话用户（每100人）	0.0	12.6	142.8
互联网用户（每100人）	0.0	2.9	7.0
铺敷道路（占总数的百分比）	32.0	*35.3*	..
高科技出口（占制成品出口的百分比）	..	1	1
全球联系			
商品贸易（占GDP的百分比）	98	84	76
净易货贸易条件指数（2000年=100）	98	100	82
外债总额（百万美元）	553	458	2,396
债务还本付息总额（占出口的百分比）	4.3	2.0	*1.4*
净移民（千人）	5.8	24.5	*18.7*
获得的侨汇（百万美元）	85.6	26.2	62.6
外国直接投资，净流入额（百万美元）	96	57	587
获得的净官方发展援助（百万美元）	145	31	126

巴 西

拉丁美洲和加勒比地区 **中高收入经济体**

人口（百万）	196.7	人口增长率（百分比）	0.9
陆地面积（千平方公里）	8,515	每天生活费用不足1.25美元的人口（占人口的百分比）	*6.1*
GNI，图表集法（10亿美元）	2,107.7	人均GNI，图表集法（美元）	10,720
PPP衡量的GNI（10亿美元）	2,245.8	PPP衡量的人均GNI（美元）	11,420

	1990	2000	2011
人口			
最贫困的20%人口占国家消费/收入的份额（百分比）	2.2	*2.1*	*2.9*
出生时的预期寿命（岁）	66	70	73
总生育率（每个女性生育数）	2.8	2.4	1.8
青年女性生育率（每千名15—19岁女性生育数）	..	87	76
避孕普及率（占15—49岁已婚女性的百分比）	*59*	..	*81*
在熟练医护人员护理下的分娩（占总数的百分比）	*70*	*96*	*97*
5岁以下儿童死亡率（每千人）	58	36	16
儿童营养不良，体重不足（占5岁以下儿童的百分比）	*5.3*	*3.7*	*2.2*
儿童麻疹免疫接种率（占12—23个月年龄组的百分比）	78	99	97
小学毕业率，总数（占适龄年龄组的百分比）	*92*	108	..
中学总入学率，总数（占适龄年龄组的百分比）	..	*110*	..
小学和中学中女孩与男孩的比率（百分比）	..	*103*	..
HIV感染率（占15—49岁人口的百分比）	0.2	0.4	0.3
环境			
森林（千平方公里）	5,748	5,459	5,173
森林采伐（1990—2000年和2000—2010年，平均年度百分比）		0.5	*0.5*
淡水使用量（占内陆水资源的百分比）	..	*1.1*	1.1
获得改善的水资源的人口（占总人口的百分比）	89	94	*98*
获得改善的卫生设施的人口（占总人口的百分比）	68	74	*79*
人均能源使用量（千克石油当量）	937	1,074	*1,363*
人均二氧化碳排放量（吨）	1.4	1.9	1.9
人均用电量（千瓦时）	1,454	1,901	*2,384*
经济			
GDP（10亿美元）	462	645	2,477
GDP增长率（年度百分比）	-4.3	4.3	2.7
GDP隐含价格平减指数（年度增长百分比）	2,735.5	6.2	7.0
农业增加值（占GDP的百分比）	8	6	5
工业增加值（占GDP的百分比）	39	28	28
服务业增加值（占GDP的百分比）	53	67	67
货物和服务出口（占GDP的百分比）	8	10	12
货物和服务进口（占GDP的百分比）	7	12	13
资本形成总额（占GDP的百分比）	20	18	20
中央政府收入（占GDP的百分比）	22.8	19.9	25.0
中央政府现金盈余/赤字（占GDP的百分比）	-3.4	-1.8	-2.6
政府与市场			
创办企业的时间（天）	..	*152*	119
股票市场资本总额（占GDP的百分比）	3.6	35.1	49.6
军费支出（占GDP的百分比）	6.3	1.8	1.4
移动电话用户（每100人）	0.0	13.3	124.3
互联网用户（每100人）	0.0	2.9	45.0
铺敷道路（占总数的百分比）	9.7	5.5	*13.5*
高科技出口（占制成品出口的百分比）	6	19	10
全球联系			
商品贸易（占GDP的百分比）	12	18	20
净易货贸易条件指数（2000年=100）	66	100	136
外债总额（10亿美元）	120	243	404
债务还本付息总额（占出口的百分比）	22.6	85.9	19.4
净移民（千人）	-92	-100	*-500*
获得的侨汇（10亿美元）	0.6	1.6	2.8
外国直接投资，净流入额（10亿美元）	1.0	32.8	71.5
获得的净官方发展援助（百万美元）	151	231	870

文 莱

高收入经济体

人口（千人）	406	人口增长率（百分比）	1.7
陆地面积（千平方公里）	5.8	每天生活费用不足1.25美元的人口（占人口的百分比）	..
GNI，图表集法（10亿美元）	*12.5*	人均GNI，图表集法（美元）	*31,800*
PPP衡量的GNI（10亿美元）	*19.6*	PPP衡量的人均GNI（美元）	*49,910*

	1990	2000	2011
人口			
最贫困的20%人口占国家消费/收入的份额（百分比）	..	..	..
出生时的预期寿命（岁）	74	76	78
总生育率（每个女性生育数）	3.5	2.4	2.0
青年女性生育率（每千名15—19岁女性生育数）	..	27	23
避孕普及率（占15—49岁已婚女性的百分比）	..	..	..
在熟练医护人员护理下的分娩（占总数的百分比）	..	*99*	*100*
5岁以下儿童死亡率（每千人）	12	10	7
儿童营养不良，体重不足（占5岁以下儿童的百分比）	..	..	..
儿童麻疹免疫接种率（占12—23个月年龄组的百分比）	99	99	91
小学毕业率，总数（占适龄年龄组的百分比）	*98*	120	120
中学总入学率，总数（占适龄年龄组的百分比）	*72*	89	112
小学和中学中女孩与男孩的比率（百分比）	*100*	100	101
HIV感染率（占15—49岁人口的百分比）	..	..	..
环境			
森林（千平方公里）	4.1	4.0	3.8
森林采伐（1990—2000年和2000—2010年，平均年度百分比）		0.4	*0.4*
淡水使用量（占内陆水资源的百分比）	*0.9*	*1.1*	1.1
获得改善的水资源的人口（占总人口的百分比）	..	..	..
获得改善的卫生设施的人口（占总人口的百分比）	..	..	..
人均能源使用量（千克石油当量）	6,990	7,503	*8,308*
人均二氧化碳排放量（吨）	25.5	20.0	*23.7*
人均用电量（千瓦时）	4,438	7,687	*8,759*
经济			
GDP（10亿美元）	3.5	6.0	16.4
GDP增长率（年度百分比）	1.1	2.8	2.2
GDP隐含价格平减指数（年度增长百分比）	8.4	29.0	19.4
农业增加值（占GDP的百分比）	1	1	1
工业增加值（占GDP的百分比）	62	64	72
服务业增加值（占GDP的百分比）	37	35	28
货物和服务出口（占GDP的百分比）	62	67	81
货物和服务进口（占GDP的百分比）	37	36	29
资本形成总额（占GDP的百分比）	19	13	13
中央政府收入（占GDP的百分比）	..	..	..
中央政府现金盈余/赤字（占GDP的百分比）	..	..	..
政府与市场			
创办企业的时间（天）	..	..	101
股票市场资本总额（占GDP的百分比）	..	..	..
军费支出（占GDP的百分比）	6.6	4.1	2.5
移动电话用户（每100人）	0.7	29.0	109.2
互联网用户（每100人）	0.0	9.0	56.0
铺敷道路（占总数的百分比）	31.4	34.7	*81.1*
高科技出口（占制成品出口的百分比）	..	*0*	..
全球联系			
商品贸易（占GDP的百分比）	91	83	94
净易货贸易条件指数（2000年=100）	..	100	201
外债总额（百万美元）	..	..	..
债务还本付息总额（占出口的百分比）	..	..	..
净移民（千人）	2.6	5.4	*3.5*
获得的侨汇（百万美元）	..	..	..
外国直接投资，净流入额（百万美元）	..	*61*	1,208
获得的净官方发展援助（百万美元）	3.9	..	..

保加利亚

欧洲和中亚			中高收入经济体
人口（百万）	7.3	人口增长率（百分比）	-2.5
陆地面积（千平方公里）	111	每天生活费用不足1.25美元的人口（占人口的百分比）	<2
GNI，图表集法（10亿美元）	48.8	人均GNI，图表集法（美元）	6,640
PPP衡量的GNI（10亿美元）	105.8	PPP衡量的人均GNI（美元）	14,400

	1990	2000	2011
人口			
最贫困的20%人口占国家消费/收入的份额（百分比）	*10.5*	6.5	*8.5*
出生时的预期寿命（岁）	72	72	74
总生育率（每个女性生育数）	1.8	1.3	1.5
青年女性生育率（每千名15—19岁女性生育数）	..	47	38
避孕普及率（占15—49岁已婚女性的百分比）	..	*63*	..
在熟练医护人员护理下的分娩（占总数的百分比）	99	100	*100*
5岁以下儿童死亡率（每千人）	22	21	12
儿童营养不良，体重不足（占5岁以下儿童的百分比）	..	*1.6*	..
儿童麻疹免疫接种率（占12—23个月年龄组的百分比）	99	89	95
小学毕业率，总数（占适龄年龄组的百分比）	100	97	*106*
中学总入学率，总数（占适龄年龄组的百分比）	99	93	*89*
小学和中学中女孩与男孩的比率（百分比）	99	98	97
HIV感染率（占15—49岁人口的百分比）	0.1	0.1	0.1
环境			
森林（千平方公里）	33	34	40
森林采伐（1990—2000年和2000—2010年，平均年度百分比）		-0.1	*-1.5*
淡水使用量（占内陆水资源的百分比）	*35.7*	*29.2*	29.1
获得改善的水资源的人口（占总人口的百分比）	100	100	*100*
获得改善的卫生设施的人口（占总人口的百分比）	99	100	*100*
人均能源使用量（千克石油当量）	3,276	2,286	*2,370*
人均二氧化碳排放量（吨）	8.7	5.3	5.6
人均用电量（千瓦时）	4,759	3,674	*4,476*
经济			
GDP（10亿美元）	20.7	12.9	53.5
GDP增长率（年度百分比）	-9.1	5.7	1.7
GDP隐含价格平减指数（年度增长百分比）	26.2	6.6	5.0
农业增加值（占GDP的百分比）	17	13	6
工业增加值（占GDP的百分比）	49	26	31
服务业增加值（占GDP的百分比）	34	61	63
货物和服务出口（占GDP的百分比）	33	50	67
货物和服务进口（占GDP的百分比）	37	56	66
资本形成总额（占GDP的百分比）	26	18	23
中央政府收入（占GDP的百分比）	47.1	32.9	29.4
中央政府现金盈余/赤字（占GDP的百分比）	-5.0	-0.4	-2.0
政府与市场			
创办企业的时间（天）	..	*32*	18
股票市场资本总额（占GDP的百分比）	..	4.8	15.4
军费支出（占GDP的百分比）	3.7	2.7	1.5
移动电话用户（每100人）	0.0	9.2	140.7
互联网用户（每100人）	0.0	5.4	51.0
铺敷道路（占总数的百分比）	91.6	*92.1*	*98.6*
高科技出口（占制成品出口的百分比）	..	3	7
全球联系			
商品贸易（占GDP的百分比）	49	88	113
净易货贸易条件指数（2000年=100）	..	100	111
外债总额（10亿美元）	10.9	12.0	39.9
债务还本付息总额（占出口的百分比）	19.4	18.2	12.2
净移民（千人）	-186	-108	*-50*
获得的侨汇（百万美元）	..	58	1,483
外国直接投资，净流入额（10亿美元）	0.0	1.0	2.6
获得的净官方发展援助（百万美元）	..	..	..

布基纳法索

撒哈拉以南非洲地区 **低收入经济体**

人口（百万）	17.0	人口增长率（百分比）	3.0
陆地面积（千平方公里）	274	每天生活费用不足1.25美元的人口（占人口的百分比）	*44.6*
GNI，图表集法（10亿美元）	9.9	人均GNI，图表集法（美元）	580
PPP衡量的GNI（10亿美元）	22.5	PPP衡量的人均GNI（美元）	1,330

	1990	2000	2011
人口			
最贫困的20%人口占国家消费/收入的份额（百分比）	..	*7.0*	*6.7*
出生时的预期寿命（岁）	48	50	55
总生育率（每个女性生育数）	6.8	6.3	5.8
青年女性生育率（每千名15—19岁女性生育数）	..	133	119
避孕普及率（占15—49岁已婚女性的百分比）	*8*	*12*	*16*
在熟练医护人员护理下的分娩（占总数的百分比）	*42*	*31*	*66*
5岁以下儿童死亡率（每千人）	208	182	146
儿童营养不良，体重不足（占5岁以下儿童的百分比）	*29.6*	*33.7*	*26.0*
儿童麻疹免疫接种率（占12—23个月年龄组的百分比）	79	59	63
小学毕业率，总数（占适龄年龄组的百分比）	18	24	*45*
中学总入学率，总数（占适龄年龄组的百分比）	6	10	23
小学和中学中女孩与男孩的比率（百分比）	..	70	89
HIV感染率（占15—49岁人口的百分比）	3.7	2.2	1.1
环境			
森林（千平方公里）	68	62	56
森林采伐（1990—2000年和2000—2010年，平均年度百分比）		0.9	*1.0*
淡水使用量（占内陆水资源的百分比）	*3.0*	*7.9*	7.9
获得改善的水资源的人口（占总人口的百分比）	43	60	*79*
获得改善的卫生设施的人口（占总人口的百分比）	8	11	*17*
人均能源使用量（千克石油当量）	..	..	..
人均二氧化碳排放量（吨）	0.06	0.08	*0.10*
人均用电量（千瓦时）	..	..	..
经济			
GDP（10亿美元）	3.1	2.6	10.4
GDP增长率（年度百分比）	-0.6	1.8	4.2
GDP隐含价格平减指数（年度增长百分比）	1.8	-1.7	3.2
农业增加值（占GDP的百分比）	29	29	34
工业增加值（占GDP的百分比）	21	25	24
服务业增加值（占GDP的百分比）	50	46	42
货物和服务出口（占GDP的百分比）	11	9	21
货物和服务进口（占GDP的百分比）	24	25	29
资本形成总额（占GDP的百分比）	19	17	24
中央政府收入（占GDP的百分比）	..	*11.7*	16.2
中央政府现金盈余/赤字（占GDP的百分比）	..	*-4.6*	-2.4
政府与市场			
创办企业的时间（天）	..	*40*	13
股票市场资本总额（占GDP的百分比）	..	..	..
军费支出（占GDP的百分比）	2.3	1.2	1.3
移动电话用户（每100人）	0.0	0.2	45.3
互联网用户（每100人）	0.0	0.1	3.0
铺敷道路（占总数的百分比）	16.6	*16.0*	..
高科技出口（占制成品出口的百分比）	..	3	6
全球联系			
商品贸易（占GDP的百分比）	22	31	44
净易货贸易条件指数（2000年=100）	119	100	141
外债总额（10亿美元）	0.8	1.4	2.4
债务还本付息总额（占出口的百分比）	9.4	18.8	*2.5*
净移民（千人）	-184	-137	*-125*
获得的侨汇（百万美元）	140	67	111
外国直接投资，净流入额（百万美元）	0.5	23.2	7.4
获得的净官方发展援助（百万美元）	327	180	990

布隆迪

撒哈拉以南非洲地区		低收入经济体	
人口（百万）	8.6	人口增长率（百分比）	2.3
陆地面积（千平方公里）	28	每天生活费用不足1.25美元的人口（占人口的百分比）	*81.3*
GNI，图表集法（10亿美元）	2.2	人均GNI，图表集法（美元）	250
PPP衡量的GNI（10亿美元）	5.2	PPP衡量的人均GNI（美元）	610

	1990	2000	2011
人口			
最贫困的20%人口占国家消费/收入的份额（百分比）	*7.9*	*5.1*	*9.0*
出生时的预期寿命（岁）	46	46	50
总生育率（每个女性生育数）	6.5	5.8	4.2
青年女性生育率（每千名15—19岁女性生育数）	..	33	20
避孕普及率（占15—49岁已婚女性的百分比）	..	16	*22*
在熟练医护人员护理下的分娩（占总数的百分比）	..	25	*60*
5岁以下儿童死亡率（每千人）	183	165	139
儿童营养不良，体重不足（占5岁以下儿童的百分比）	..	38.9	..
儿童麻疹免疫接种率（占12—23个月年龄组的百分比）	74	76	92
小学毕业率，总数（占适龄年龄组的百分比）	41	26	62
中学总入学率，总数（占适龄年龄组的百分比）	5	*11*	28
小学和中学中女孩与男孩的比率（百分比）	79	*80*	95
HIV感染率（占15—49岁人口的百分比）	2.1	3.9	1.3
环境			
森林（千平方公里）	2.9	2.0	1.7
森林采伐（1990—2000年和2000—2010年，平均年度百分比）		3.7	*1.4*
淡水使用量（占内陆水资源的百分比）	..	*2.9*	2.9
获得改善的水资源的人口（占总人口的百分比）	70	72	*72*
获得改善的卫生设施的人口（占总人口的百分比）	44	45	*46*
人均能源使用量（千克石油当量）	..	..	..
人均二氧化碳排放量（吨）	0.05	0.05	0.02
人均用电量（千瓦时）	..	..	..
经济			
GDP（百万美元）	1,132	835	2,326
GDP增长率（年度百分比）	3.5	-0.9	4.2
GDP隐含价格平减指数（年度增长百分比）	6.0	33.3	12.9
农业增加值（占GDP的百分比）	56	46	35
工业增加值（占GDP的百分比）	19	18	19
服务业增加值（占GDP的百分比）	25	36	46
货物和服务出口（占GDP的百分比）	8	7	5
货物和服务进口（占GDP的百分比）	28	17	34
资本形成总额（占GDP的百分比）	15	3	18
中央政府收入（占GDP的百分比）	*18.2*	*15.8*	..
中央政府现金盈余/赤字（占GDP的百分比）	*-2.3*	*-2.4*	..
政府与市场			
创办企业的时间（天）	..	*13*	8
股票市场资本总额（占GDP的百分比）	..	..	..
军费支出（占GDP的百分比）	3.5	5.1	*2.7*
移动电话用户（每100人）	0.0	0.3	22.3
互联网用户（每100人）	0.0	0.1	1.1
铺敷道路（占总数的百分比）	..	7.1	..
高科技出口（占制成品出口的百分比）	*0*	0	*8*
全球联系			
商品贸易（占GDP的百分比）	27	24	38
净易货贸易条件指数（2000年=100）	128	100	173
外债总额（百万美元）	907	1,126	628
债务还本付息总额（占出口的百分比）	43.4	40.9	3.4
净移民（千人）	-3	-400	*370*
获得的侨汇（百万美元）	..	..	45.5
外国直接投资，净流入额（百万美元）	1.3	11.7	3.4
获得的净官方发展援助（百万美元）	263	93	579

柬埔寨

东亚和太平洋地区		低收入经济体	
人口（百万）	14.3	人口增长率（百分比）	1.2
陆地面积（千平方公里）	181	每天生活费用不足1.25美元的人口（占人口的百分比）	*18.6*
GNI，图表集法（10亿美元）	11.7	人均GNI，图表集法（美元）	820
PPP衡量的GNI（10亿美元）	31.8	PPP衡量的人均GNI（美元）	2,230

	1990	2000	2011
人口			
最贫困的20%人口占国家消费/收入的份额（百分比）	..	6.9	*7.5*
出生时的预期寿命（岁）	55	57	63
总生育率（每个女性生育数）	5.7	3.8	2.5
青年女性生育率（每千名15—19岁女性生育数）	..	49	35
避孕普及率（占15—49岁已婚女性的百分比）	..	24	*51*
在熟练医护人员护理下的分娩（占总数的百分比）	..	32	*71*
5岁以下儿童死亡率（每千人）	117	102	43
儿童营养不良，体重不足（占5岁以下儿童的百分比）	..	39.5	*29.0*
儿童麻疹免疫接种率（占12—23个月年龄组的百分比）	34	65	93
小学毕业率，总数（占适龄年龄组的百分比）	..	*52*	90
中学总入学率，总数（占适龄年龄组的百分比）	*33*	17	47
小学和中学中女孩与男孩的比率（百分比）	..	82	94
HIV感染率（占15—49岁人口的百分比）	0.5	1.2	0.6
环境			
森林（千平方公里）	129	115	100
森林采伐（1990—2000年和2000—2010年，平均年度百分比）		1.1	*1.3*
淡水使用量（占内陆水资源的百分比）	..	..	1.8
获得改善的水资源的人口（占总人口的百分比）	31	44	*64*
获得改善的卫生设施的人口（占总人口的百分比）	9	17	*31*
人均能源使用量（千克石油当量）	..	274	*355*
人均二氧化碳排放量（吨）	0.05	0.18	0.33
人均用电量（千瓦时）	..	32	*146*
经济			
GDP（10亿美元）	*2.5*	3.7	12.8
GDP增长率（年度百分比）	..	8.8	7.1
GDP隐含价格平减指数（年度增长百分比）	..	-3.2	3.4
农业增加值（占GDP的百分比）	*47*	38	37
工业增加值（占GDP的百分比）	*13*	23	24
服务业增加值（占GDP的百分比）	*40*	39	40
货物和服务出口（占GDP的百分比）	*16*	50	54
货物和服务进口（占GDP的百分比）	*33*	62	60
资本形成总额（占GDP的百分比）	*12*	18	17
中央政府收入（占GDP的百分比）	..	*10.3*	12.0
中央政府现金盈余/赤字（占GDP的百分比）	..	*-3.4*	-4.2
政府与市场			
创办企业的时间（天）	..	*94*	85
股票市场资本总额（占GDP的百分比）	..	..	..
军费支出（占GDP的百分比）	*1.8*	2.2	1.5
移动电话用户（每100人）	0.0	1.0	96.2
互联网用户（每100人）	0.0	0.0	3.1
铺敷道路（占总数的百分比）	7.5	*6.3*	..
高科技出口（占制成品出口的百分比）	..	0	0
全球联系			
商品贸易（占GDP的百分比）	*30*	91	127
净易货贸易条件指数（2000年=100）	..	100	71
外债总额（10亿美元）	1.8	2.6	4.3
债务还本付息总额（占出口的百分比）	*4.1*	1.7	1.0
净移民（千人）	150	94	*-255*
获得的侨汇（百万美元）	*9*	121	160
外国直接投资，净流入额（百万美元）	*33*	149	902
获得的净官方发展援助（百万美元）	41	396	792

喀麦隆

撒哈拉以南非洲地区		中低收入经济体	
人口（百万）	20.0	人口增长率（百分比）	2.2
陆地面积（千平方公里）	475	每天生活费用不足1.25美元的人口（占人口的百分比）	*9.6*
GNI，图表集法（10亿美元）	24.1	人均GNI，图表集法（美元）	1,210
PPP衡量的GNI（10亿美元）	46.7	PPP衡量的人均GNI（美元）	2,330

	1990	2000	2011
人口			
最贫困的20%人口占国家消费/收入的份额（百分比）	..	*6.5*	*6.7*
出生时的预期寿命（岁）	53	50	52
总生育率（每个女性生育数）	5.9	5.0	4.4
青年女性生育率（每千名15—19岁女性生育数）	..	139	118
避孕普及率（占15—49岁已婚女性的百分比）	*16*	26	23
在熟练医护人员护理下的分娩（占总数的百分比）	*64*	60	64
5岁以下儿童死亡率（每千人）	145	140	127
儿童营养不良，体重不足（占5岁以下儿童的百分比）	10.0	*15.1*	*16.6*
儿童麻疹免疫接种率（占12—23个月年龄组的百分比）	56	49	76
小学毕业率，总数（占适龄年龄组的百分比）	54	51	78
中学总入学率，总数（占适龄年龄组的百分比）	25	28	51
小学和中学中女孩与男孩的比率（百分比）	82	*85*	86
HIV感染率（占15—49岁人口的百分比）	1.0	5.0	4.6
环境			
森林（千平方公里）	243	221	197
森林采伐（1990—2000年和2000—2010年，平均年度百分比）		0.9	*1.0*
淡水使用量（占内陆水资源的百分比）	*0.1*	*0.4*	0.4
获得改善的水资源的人口（占总人口的百分比）	49	64	*77*
获得改善的卫生设施的人口（占总人口的百分比）	48	49	*49*
人均能源使用量（千克石油当量）	409	402	*363*
人均二氧化碳排放量（吨）	0.1	0.2	0.3
人均用电量（千瓦时）	193	173	*271*
经济			
GDP（10亿美元）	11.2	9.3	25.2
GDP增长率（年度百分比）	-6.1	4.2	4.2
GDP隐含价格平减指数（年度增长百分比）	1.6	2.8	2.9
农业增加值（占GDP的百分比）	25	22	..
工业增加值（占GDP的百分比）	29	36	..
服务业增加值（占GDP的百分比）	46	42	..
货物和服务出口（占GDP的百分比）	20	29	31
货物和服务进口（占GDP的百分比）	17	25	35
资本形成总额（占GDP的百分比）	18	17	20
中央政府收入（占GDP的百分比）	14.3	*14.1*	..
中央政府现金盈余/赤字（占GDP的百分比）	-5.6	*0.1*	..
政府与市场			
创办企业的时间（天）	..	*45*	15
股票市场资本总额（占GDP的百分比）	..	..	..
军费支出（占GDP的百分比）	1.5	1.3	1.4
移动电话用户（每100人）	0.0	0.7	52.4
互联网用户（每100人）	0.0	0.3	5.0
铺敷道路（占总数的百分比）	10.5	8.1	*17.0*
高科技出口（占制成品出口的百分比）	3	1	5
全球联系			
商品贸易（占GDP的百分比）	31	36	44
净易货贸易条件指数（2000年=100）	81	100	150
外债总额（10亿美元）	6.6	10.6	3.1
债务还本付息总额（占出口的百分比）	20.5	20.8	*3.5*
净移民（千人）	24.8	-0.2	*-19.0*
获得的侨汇（百万美元）	23	30	115
外国直接投资，净流入额（百万美元）	-113	159	360
获得的净官方发展援助（百万美元）	444	377	623

加拿大

高收入经济体

人口（百万）	34.5	人口增长率（百分比）	1.0
陆地面积（千平方公里）	9,985	每天生活费用不足1.25美元的人口（占人口的百分比）	..
GNI，图表集法（10亿美元）	1,570.9	人均GNI，图表集法（美元）	45,550
PPP衡量的GNI（10亿美元）	1,367.6	PPP衡量的人均GNI（美元）	39,660

	1990	2000	2011
人口			
最贫困的20%人口占国家消费/收入的份额（百分比）	..	7.2	..
出生时的预期寿命（岁）	77	79	81
总生育率（每个女性生育数）	1.8	1.5	1.6
青年女性生育率（每千名15—19岁女性生育数）	..	17	12
避孕普及率（占15—49岁已婚女性的百分比）	..	*74*	..
在熟练医护人员护理下的分娩（占总数的百分比）	..	*98*	*100*
5岁以下儿童死亡率（每千人）	8	6	6
儿童营养不良，体重不足（占5岁以下儿童的百分比）	..	..	..
儿童麻疹免疫接种率（占12—23个月年龄组的百分比）	89	96	98
小学毕业率，总数（占适龄年龄组的百分比）	..	98	..
中学总入学率，总数（占适龄年龄组的百分比）	99	102	*101*
小学和中学中女孩与男孩的比率（百分比）	100	101	*99*
HIV感染率（占15—49岁人口的百分比）	0.2	0.3	0.3
环境			
森林（千平方公里）	3,101	3,101	3,101
森林采伐（1990—2000年和2000—2010年，平均年度百分比）		0.0	*0.0*
淡水使用量（占内陆水资源的百分比）	..	*1.6*	1.6
获得改善的水资源的人口（占总人口的百分比）	100	100	100
获得改善的卫生设施的人口（占总人口的百分比）	100	100	*100*
人均能源使用量（千克石油当量）	7,504	8,172	7,426
人均二氧化碳排放量（吨）	16.2	17.4	*15.2*
人均用电量（千瓦时）	16,109	16,991	*15,137*
经济			
GDP（10亿美元）	583	725	1,736
GDP增长率（年度百分比）	0.2	5.2	2.5
GDP隐含价格平减指数（年度增长百分比）	3.2	4.1	3.3
农业增加值（占GDP的百分比）	3	2	*2*
工业增加值（占GDP的百分比）	31	33	*32*
服务业增加值（占GDP的百分比）	66	65	*66*
货物和服务出口（占GDP的百分比）	26	46	31
货物和服务进口（占GDP的百分比）	26	40	32
资本形成总额（占GDP的百分比）	21	20	23
中央政府收入（占GDP的百分比）	*20.9*	21.4	17.2
中央政府现金盈余/赤字（占GDP的百分比）	*-5.1*	2.3	-1.3
政府与市场			
创办企业的时间（天）	..	*3*	5
股票市场资本总额（占GDP的百分比）	41.5	116.1	109.8
军费支出（占GDP的百分比）	2.0	1.1	1.4
移动电话用户（每100人）	2.1	28.5	79.7
互联网用户（每100人）	0.4	51.3	83.0
铺敷道路（占总数的百分比）	35.0	*39.9*	..
高科技出口（占制成品出口的百分比）	14	19	13
全球联系			
商品贸易（占GDP的百分比）	43	72	53
净易货贸易条件指数（2000年=100）	..	100	122
外债总额（百万美元）	..	..	..
债务还本付息总额（占出口的百分比）	..	..	..
净移民（千人）	889	733	*1,098*
获得的侨汇（百万美元）	..	..	..
外国直接投资，净流入额（10亿美元）	7.6	66.1	39.5
获得的净官方发展援助（百万美元）	..	..	..

佛得角

撒哈拉以南非洲地区		中低收入经济体	
人口（千人）	501	人口增长率（百分比）	0.9
陆地面积（千平方公里）	4.0	每天生活费用不足1.25美元的人口（占人口的百分比）	*21.0*
GNI，图表集法（10亿美元）	1.8	人均GNI，图表集法（美元）	3,540
PPP衡量的GNI（10亿美元）	2.0	PPP衡量的人均GNI（美元）	3,980

	1990	2000	2011
人口			
最贫困的20%人口占国家消费/收入的份额（百分比）	..	*4.5*	..
出生时的预期寿命（岁）	65	69	74
总生育率（每个女性生育数）	5.3	3.7	2.3
青年女性生育率（每千名15—19岁女性生育数）	..	99	72
避孕普及率（占15—49岁已婚女性的百分比）	*24*	*53*	..
在熟练医护人员护理下的分娩（占总数的百分比）	..	*89*	..
5岁以下儿童死亡率（每千人）	58	39	21
儿童营养不良，体重不足（占5岁以下儿童的百分比）	..	..	..
儿童麻疹免疫接种率（占12—23个月年龄组的百分比）	79	86	96
小学毕业率，总数（占适龄年龄组的百分比）	57	107	95
中学总入学率，总数（占适龄年龄组的百分比）	21	..	90
小学和中学中女孩与男孩的比率（百分比）	99	..	103
HIV感染率（占15—49岁人口的百分比）	0.8	1.0	1.0
环境			
森林（平方公里）	578	821	848
森林采伐（1990—2007年，平均年度百分比）		-3.6	*-0.4*
淡水使用量（占内陆水资源的百分比）	..	*7.3*	7.3
获得改善的水资源的人口（占总人口的百分比）	*80*	83	*88*
获得改善的卫生设施的人口（占总人口的百分比）	*35*	44	*61*
人均能源使用量（千克石油当量）	83	..	..
人均二氧化碳排放量（吨）	0.3	0.4	0.6
人均用电量（千瓦时）	..	..	..
经济			
GDP（百万美元）	307	539	1,901
GDP增长率（年度百分比）	0.7	7.3	5.0
GDP隐含价格平减指数（年度增长百分比）	2.3	-1.9	3.9
农业增加值（占GDP的百分比）	14	13	10
工业增加值（占GDP的百分比）	21	15	18
服务业增加值（占GDP的百分比）	64	72	72
货物和服务出口（占GDP的百分比）	17	27	42
货物和服务进口（占GDP的百分比）	69	61	73
资本形成总额（占GDP的百分比）	44	31	37
中央政府收入（占GDP的百分比）	..	..	*27.7*
中央政府现金盈余/赤字（占GDP的百分比）	..	..	*-3.7*
政府与市场			
创办企业的时间（天）	..	..	11
股票市场资本总额（占GDP的百分比）	..	..	..
军费支出（占GDP的百分比）	*1.0*	1.3	0.5
移动电话用户（每100人）	0.0	4.5	79.2
互联网用户（每100人）	0.0	1.8	32.0
铺敷道路（占总数的百分比）	78.0	69.0	..
高科技出口（占制成品出口的百分比）	..	1	1
全球联系			
商品贸易（占GDP的百分比）	46	45	54
净易货贸易条件指数（2000年=100）	100	100	106
外债总额（百万美元）	134	320	1,025
债务还本付息总额（占出口的百分比）	9.1	10.7	5.0
净移民（千人）	-34.0	-9.4	*-17.3*
获得的侨汇（百万美元）	59	87	177
外国直接投资，净流入额（百万美元）	0	33	105
获得的净官方发展援助（百万美元）	105	94	246

开曼群岛

高收入经济体

人口（千人）	57	人口增长率（百分比）	0.9
陆地面积（平方公里）	264	每天生活费用不足1.25美元的人口（占人口的百分比）	..
GNI，图表集法（百万美元）	..	人均GNI，图表集法（美元）	..
PPP衡量的GNI（百万美元）	..	PPP衡量的人均GNI（美元）	..

	1990	2000	2011
人口			
最贫困的20%人口占国家消费/收入的份额（百分比）	..	..	..
出生时的预期寿命（岁）	..	..	..
总生育率（每个女性生育数）	..	..	..
青年女性生育率（每千名15—19岁女性生育数）	..	..	..
避孕普及率（占15—49岁已婚女性的百分比）	..	..	..
在熟练医护人员护理下的分娩（占总数的百分比）	..	..	..
5岁以下儿童死亡率（每千人）	..	..	..
儿童营养不良，体重不足（占5岁以下儿童的百分比）	..	..	..
儿童麻疹免疫接种率（占12—23个月年龄组的百分比）	..	..	..
小学毕业率，总数（占适龄年龄组的百分比）	..	*107*	..
中学总入学率，总数（占适龄年龄组的百分比）	..	*99*	..
小学和中学中女孩与男孩的比率（百分比）	..	*94*	..
HIV感染率（占15—49岁人口的百分比）	..	..	..
环境			
森林（平方公里）	124	124	127
森林采伐（1990—2000年和2000—2010年，平均年度百分比）		0.0	*0.0*
淡水使用量（占内陆水资源的百分比）	..	..	..
获得改善的水资源的人口（占总人口的百分比）	*93*	93	96
获得改善的卫生设施的人口（占总人口的百分比）	96	96	*96*
人均能源使用量（千克石油当量）	..	..	..
人均二氧化碳排放量（吨）	9.7	11.3	*9.2*
人均用电量（千瓦时）	..	..	..
经济			
GDP（百万美元）	..	..	..
GDP增长率（年度百分比）	..	..	..
GDP隐含价格平减指数（年度增长百分比）	..	..	..
农业增加值（占GDP的百分比）	..	..	..
工业增加值（占GDP的百分比）	..	..	..
服务业增加值（占GDP的百分比）	..	..	..
货物和服务出口（占GDP的百分比）	..	..	..
货物和服务进口（占GDP的百分比）	..	..	..
资本形成总额（占GDP的百分比）	..	..	..
中央政府收入（占GDP的百分比）	..	..	..
中央政府现金盈余/赤字（占GDP的百分比）	..	..	..
政府与市场			
创办企业的时间（天）	..	..	..
股票市场资本总额（占GDP的百分比）	..	..	..
军费支出（占GDP的百分比）	..	..	..
移动电话用户（每100人）	0.0	26.6	167.7
互联网用户（每100人）	0.0	..	69.5
铺敷道路（占总数的百分比）	..	..	..
高科技出口（占制成品出口的百分比）	..	..	..
全球联系			
商品贸易（占GDP的百分比）	..	..	..
净易货贸易条件指数（2000年=100）	..	100	78
外债总额（百万美元）	..	..	..
债务还本付息总额（占出口的百分比）	..	..	..
净移民（千人）	..	..	..
获得的侨汇（百万美元）	..	..	..
外国直接投资，净流入额（10亿美元）	0.0	7.6	7.4
获得的净官方发展援助（百万美元）	3.0	..	..

中非共和国

撒哈拉以南非洲地区 **低收入经济体**

人口（百万）	4.5	人口增长率（百分比）	1.9
陆地面积（千平方公里）	623	每天生活费用不足1.25美元的人口（占人口的百分比）	*62.8*
GNI，图表集法（10亿美元）	2.1	人均GNI，图表集法（美元）	480
PPP衡量的GNI（10亿美元）	3.6	PPP衡量的人均GNI（美元）	810

	1990	2000	2011
人口			
最贫困的20%人口占国家消费/收入的份额（百分比）	*2.0*	*5.2*	*3.4*
出生时的预期寿命（岁）	49	44	48
总生育率（每个女性生育数）	5.8	5.4	4.5
青年女性生育率（每千名15—19岁女性生育数）	..	127	100
避孕普及率（占15—49岁已婚女性的百分比）	..	28	*15*
在熟练医护人员护理下的分娩（占总数的百分比）	..	44	*54*
5岁以下儿童死亡率（每千人）	169	172	164
儿童营养不良，体重不足（占5岁以下儿童的百分比）	..	21.8	*28.0*
儿童麻疹免疫接种率（占12—23个月年龄组的百分比）	82	36	62
小学毕业率，总数（占适龄年龄组的百分比）	30	..	43
中学总入学率，总数（占适龄年龄组的百分比）	11	*12*	18
小学和中学中女孩与男孩的比率（百分比）	59	..	69
HIV感染率（占15—49岁人口的百分比）	8.6	8.5	4.6
环境			
森林（千平方公里）	232	229	226
森林采伐（1990—2000年和2000—2010年，平均年度百分比）		0.1	*0.1*
淡水使用量（占内陆水资源的百分比）	..	*0.0*	0.0
获得改善的水资源的人口（占总人口的百分比）	58	63	*67*
获得改善的卫生设施的人口（占总人口的百分比）	11	22	*34*
人均能源使用量（千克石油当量）	..	..	..
人均二氧化碳排放量（吨）	0.07	0.07	0.05
人均用电量（千瓦时）	..	..	..
经济			
GDP（百万美元）	1,488	914	2,195
GDP增长率（年度百分比）	-2.1	-2.5	3.3
GDP隐含价格平减指数（年度增长百分比）	2.3	3.2	1.9
农业增加值（占GDP的百分比）	48	56	*57*
工业增加值（占GDP的百分比）	20	17	*15*
服务业增加值（占GDP的百分比）	33	27	*28*
货物和服务出口（占GDP的百分比）	15	21	12
货物和服务进口（占GDP的百分比）	28	25	23
资本形成总额（占GDP的百分比）	12	10	12
中央政府收入（占GDP的百分比）	..	..	..
中央政府现金盈余/赤字（占GDP的百分比）	..	..	..
政府与市场			
创办企业的时间（天）	..	*22*	22
股票市场资本总额（占GDP的百分比）	..	..	..
军费支出（占GDP的百分比）	*1.5*	*1.1*	*2.6*
移动电话用户（每100人）	0.0	0.1	40.6
互联网用户（每100人）	0.0	0.1	2.2
铺敷道路（占总数的百分比）	..	*2.7*	*6.8*
高科技出口（占制成品出口的百分比）	*1*	0	0
全球联系			
商品贸易（占GDP的百分比）	18	30	25
净易货贸易条件指数（2000年=100）	238	100	82
外债总额（百万美元）	704	897	573
债务还本付息总额（占出口的百分比）	13.2	..	..
净移民（千人）	-41.0	11.3	*5.0*
获得的侨汇（百万美元）	0.1	..	..
外国直接投资，净流入额（百万美元）	1	1	109
获得的净官方发展援助（百万美元）	249	75	272

乍得

撒哈拉以南非洲地区 **低收入经济体**

人口（百万）	11.5	人口增长率（百分比）	2.6
陆地面积（千平方公里）	1,284	每天生活费用不足1.25美元的人口（占人口的百分比）	*61.9*
GNI，图表集法（10亿美元）	8.3	人均GNI，图表集法（美元）	720
PPP衡量的GNI（10亿美元）	17.7	PPP衡量的人均GNI（美元）	1,540

	1990	2000	2011
人口			
最贫困的20%人口占国家消费/收入的份额（百分比）	..	*6.3*	..
出生时的预期寿命（岁）	51	48	50
总生育率（每个女性生育数）	6.7	6.6	5.9
青年女性生育率（每千名15—19岁女性生育数）	..	191	143
避孕普及率（占15—49岁已婚女性的百分比）	..	8	5
在熟练医护人员护理下的分娩（占总数的百分比）	..	16	*23*
5岁以下儿童死亡率（每千人）	208	189	169
儿童营养不良，体重不足（占5岁以下儿童的百分比）	..	29.4	..
儿童麻疹免疫接种率（占12—23个月年龄组的百分比）	32	28	28
小学毕业率，总数（占适龄年龄组的百分比）	17	23	38
中学总入学率，总数（占适龄年龄组的百分比）	7	11	25
小学和中学中女孩与男孩的比率（百分比）	41	56	68
HIV感染率（占15—49岁人口的百分比）	2.3	3.7	3.1
环境			
森林（千平方公里）	131	123	114
森林采伐（1990—2000年和2000—2010年，平均年度百分比）		0.6	*0.7*
淡水使用量（占内陆水资源的百分比）	..	*2.4*	2.4
获得改善的水资源的人口（占总人口的百分比）	39	45	*51*
获得改善的卫生设施的人口（占总人口的百分比）	8	10	*13*
人均能源使用量（千克石油当量）	..	..	..
人均二氧化碳排放量（吨）	0.02	0.02	0.04
人均用电量（千瓦时）	..	..	..
经济			
GDP（10亿美元）	1.7	1.4	10.6
GDP增长率（年度百分比）	-4.2	-0.9	1.6
GDP隐含价格平减指数（年度增长百分比）	8.0	5.3	16.2
农业增加值（占GDP的百分比）	29	42	*14*
工业增加值（占GDP的百分比）	18	11	*49*
服务业增加值（占GDP的百分比）	53	46	*38*
货物和服务出口（占GDP的百分比）	13	17	41
货物和服务进口（占GDP的百分比）	28	35	25
资本形成总额（占GDP的百分比）	7	23	*33*
中央政府收入（占GDP的百分比）	..	..	..
中央政府现金盈余/赤字（占GDP的百分比）	..	..	..
政府与市场			
创办企业的时间（天）	..	*64*	62
股票市场资本总额（占GDP的百分比）	..	..	..
军费支出（占GDP的百分比）	*3.3*	1.9	2.3
移动电话用户（每100人）	0.0	0.1	31.8
互联网用户（每100人）	0.0	0.0	1.9
铺敷道路（占总数的百分比）	0.8	0.8	..
高科技出口（占制成品出口的百分比）	..	..	..
全球联系			
商品贸易（占GDP的百分比）	27	36	66
净易货贸易条件指数（2000年=100）	112	100	209
外债总额（10亿美元）	0.5	1.1	1.8
债务还本付息总额（占出口的百分比）	4.3	..	..
净移民（千人）	1.4	69.4	*-75.0*
获得的侨汇（百万美元）	*0.8*	..	..
外国直接投资，净流入额（百万美元）	9	115	1,855
获得的净官方发展援助（百万美元）	311	131	471

海峡群岛

高收入经济体

人口（千人）	154	人口增长率（百分比）	0.3
陆地面积（平方公里）	190	每天生活费用不足1.25美元的人口（占人口的百分比）	..
GNI，图表集法（10亿美元）	..	人均GNI，图表集法（美元）	..
PPP衡量的GNI（百万美元）	..	PPP衡量的人均GNI（美元）	..

	1990	2000	2011
人口			
最贫困的20%人口占国家消费/收入的份额（百分比）	..	..	..
出生时的预期寿命（岁）	75	78	80
总生育率（每个女性生育数）	1.5	1.4	1.5
青年女性生育率（每千名15—19岁女性生育数）	..	13	9
避孕普及率（占15—49岁已婚女性的百分比）	..	..	..
在熟练医护人员护理下的分娩（占总数的百分比）	..	..	..
5岁以下儿童死亡率（每千人）	..	..	..
儿童营养不良，体重不足（占5岁以下儿童的百分比）	..	..	..
儿童麻疹免疫接种率（占12—23个月年龄组的百分比）	..	..	..
小学毕业率，总数（占适龄年龄组的百分比）	..	..	..
中学总入学率，总数（占适龄年龄组的百分比）	..	..	..
小学和中学中女孩与男孩的比率（百分比）	..	..	..
HIV感染率（占15—49岁人口的百分比）	..	..	..
环境			
森林（平方公里）	8.0	8.0	8.0
森林采伐（1990—2000年和2000—2010年，平均年度百分比）		..	..
淡水使用量（占内陆水资源的百分比）	..	..	..
获得改善的水资源的人口（占总人口的百分比）	..	..	..
获得改善的卫生设施的人口（占总人口的百分比）	..	..	..
人均能源使用量（千克石油当量）	..	..	..
人均二氧化碳排放量（吨）	..	..	..
人均用电量（千瓦时）	..	..	..
经济			
GDP（10亿美元）	..	6.4	..
GDP增长率（年度百分比）	..	5.8	..
GDP隐含价格平减指数（年度增长百分比）	..	3.9	..
农业增加值（占GDP的百分比）	..	..	..
工业增加值（占GDP的百分比）	..	..	..
服务业增加值（占GDP的百分比）	..	..	..
货物和服务出口（占GDP的百分比）	..	..	..
货物和服务进口（占GDP的百分比）	..	..	..
资本形成总额（占GDP的百分比）	..	..	..
中央政府收入（占GDP的百分比）	..	..	..
中央政府现金盈余/赤字（占GDP的百分比）	..	..	..
政府与市场			
创办企业的时间（天）	..	..	..
股票市场资本总额（占GDP的百分比）	..	..	..
军费支出（占GDP的百分比）	..	..	..
移动电话用户（每100人）	..	..	..
互联网用户（每100人）	..	..	..
铺敷道路（占总数的百分比）	..	..	..
高科技出口（占制成品出口的百分比）	..	..	..
全球联系			
商品贸易（占GDP的百分比）	..	..	..
净易货贸易条件指数（2000年=100）	..	..	..
外债总额（百万美元）	..	..	..
债务还本付息总额（占出口的百分比）	..	..	..
净移民（千人）	6.1	2.8	4.5
获得的侨汇（百万美元）	..	..	..
外国直接投资，净流入额（百万美元）	..	..	..
获得的净官方发展援助（百万美元）	..	..	..

智 利

拉丁美洲和加勒比地区		中高收入经济体	
人口（百万）	17.3	人口增长率（百分比）	0.9
陆地面积（千平方公里）	756	每天生活费用不足 1.25 美元的人口（占人口的百分比）	<2
GNI，图表集法（10 亿美元）	212.0	人均 GNI，图表集法（美元）	12,280
PPP 衡量的 GNI（10 亿美元）	282.1	PPP 衡量的人均 GNI（美元）	16,330

	1990	2000	2011
人口			
最贫困的 20% 人口占国家消费/收入的份额（百分比）	3.6	3.7	*4.3*
出生时的预期寿命（岁）	74	77	79
总生育率（每个女性生育数）	2.6	2.1	1.8
青年女性生育率（每千名 15—19 岁女性生育数）	..	64	56
避孕普及率（占 15—49 岁已婚女性的百分比）	56	*61*	*58*
在熟练医护人员护理下的分娩（占总数的百分比）	*99*	*100*	*100*
5 岁以下儿童死亡率（每千人）	19	11	9
儿童营养不良，体重不足（占 5 岁以下儿童的百分比）	..	*0.7*	*0.5*
儿童麻疹免疫接种率（占 12—23 个月年龄组的百分比）	97	97	91
小学毕业率，总数（占适龄年龄组的百分比）	..	98	*99*
中学总入学率，总数（占适龄年龄组的百分比）	78	83	*89*
小学和中学中女孩与男孩的比率（百分比）	101	100	*100*
HIV 感染率（占 15—49 岁人口的百分比）	0.1	0.4	0.5
环境			
森林（千平方公里）	153	158	163
森林采伐（1990—2000 年和 2000—2010 年，平均年度百分比）		-0.4	*-0.2*
淡水使用量（占内陆水资源的百分比）	*2.3*	*1.3*	1.3
获得改善的水资源的人口（占总人口的百分比）	90	94	*96*
获得改善的卫生设施的人口（占总人口的百分比）	84	92	*96*
人均能源使用量（千克石油当量）	1,062	1,633	1,877
人均二氧化碳排放量（吨）	2.6	3.8	3.9
人均用电量（千瓦时）	1,246	2,487	*3,297*
经济			
GDP（10 亿美元）	32	79	249
GDP 增长率（年度百分比）	3.7	4.5	6.0
GDP 隐含价格平减指数（年度增长百分比）	22.5	10.3	2.8
农业增加值（占 GDP 的百分比）	9	6	3
工业增加值（占 GDP 的百分比）	41	32	39
服务业增加值（占 GDP 的百分比）	50	62	57
货物和服务出口（占 GDP 的百分比）	34	29	38
货物和服务进口（占 GDP 的百分比）	31	29	35
资本形成总额（占 GDP 的百分比）	25	23	25
中央政府收入（占 GDP 的百分比）	..	20.5	22.9
中央政府现金盈余/赤字（占 GDP 的百分比）	..	-0.6	1.3
政府与市场			
创办企业的时间（天）	..	*27*	8
股票市场资本总额（占 GDP 的百分比）	43.1	76.1	108.7
军费支出（占 GDP 的百分比）	4.2	3.6	3.2
移动电话用户（每 100 人）	0.1	22.1	129.7
互联网用户（每 100 人）	0.0	16.6	53.9
铺敷道路（占总数的百分比）	13.8	18.4	*23.3*
高科技出口（占制成品出口的百分比）	5	3	5
全球联系			
商品贸易（占 GDP 的百分比）	51	48	63
净易货贸易条件指数（2000 年 =100）	114	100	213
外债总额（10 亿美元）	19.3	37.4	96.2
债务还本付息总额（占出口的百分比）	26.0	24.8	15.2
净移民（千人）	-40.0	60.0	*30.0*
获得的侨汇（百万美元）	0.4	13.3	4.1
外国直接投资，净流入额（10 亿美元）	0.7	4.9	17.3
获得的净官方发展援助（百万美元）	104	49	82

中国

东亚和太平洋地区		中高收入经济体	
人口（百万）	1,344.1	人口增长率（百分比）	0.5
陆地面积（千平方公里）	9,600	每天生活费用不足1.25美元的人口（占人口的百分比）	*11.8*
GNI，图表集法（10亿美元）	6,643.2	人均GNI，图表集法（美元）	4,940
PPP衡量的GNI（10亿美元）	11,270.8	PPP衡量的人均GNI（美元）	8,390

	1990	2000	2011
人口			
最贫困的20%人口占国家消费/收入的份额（百分比）	8.0	*6.4*	..
出生时的预期寿命（岁）	69	71	73
总生育率（每个女性生育数）	2.3	1.7	1.6
青年女性生育率（每千名15—19岁女性生育数）	..	8	9
避孕普及率（占15—49岁已婚女性的百分比）	*85*	84	85
在熟练医护人员护理下的分娩（占总数的百分比）	94	97	*100*
5岁以下儿童死亡率（每千人）	49	35	15
儿童营养不良，体重不足（占5岁以下儿童的百分比）	12.6	7.4	*3.4*
儿童麻疹免疫接种率（占12—23个月年龄组的百分比）	98	84	99
小学毕业率，总数（占适龄年龄组的百分比）	109	..	..
中学总入学率，总数（占适龄年龄组的百分比）	38	62	81
小学和中学中女孩与男孩的比率（百分比）	85	*99*	104
HIV感染率（占15—49岁人口的百分比）	..	..	0.1[b]
环境			
森林（千平方公里）	1,571	1,770	2,096
森林采伐（1990—2000年和2000—2010年，平均年度百分比）		-1.2	-1.6
淡水使用量（占内陆水资源的百分比）	*17.8*	*18.7*	19.7
获得改善的水资源的人口（占总人口的百分比）	67	80	91
获得改善的卫生设施的人口（占总人口的百分比）	24	44	*64*
人均能源使用量（千克石油当量）	768	937	*1,807*
人均二氧化碳排放量（吨）	2.2	2.7	*5.8*
人均用电量（千瓦时）	511	993	*2,944*
经济			
GDP（10亿美元）	357	1,198	7,318
GDP增长率（年度百分比）	3.8	8.4	9.3
GDP隐含价格平减指数（年度增长百分比）	5.8	2.1	7.8
农业增加值（占GDP的百分比）	27	15	10
工业增加值（占GDP的百分比）	41	46	47
服务业增加值（占GDP的百分比）	32	39	43
货物和服务出口（占GDP的百分比）	16	23	31
货物和服务进口（占GDP的百分比）	13	21	27
资本形成总额（占GDP的百分比）	36	35	48
中央政府收入（占GDP的百分比）	6.3	7.1	*11.5*
中央政府现金盈余/赤字（占GDP的百分比）	..	*-2.6*	..
政府与市场			
创办企业的时间（天）	..	48	33
股票市场资本总额（占GDP的百分比）	*0.5*	48.5	46.3
军费支出（占GDP的百分比）	2.6	1.9[c]	2.0[c]
移动电话用户（每100人）	0.0	6.7	73.2
互联网用户（每100人）	0.0	1.8	38.3
铺敷道路（占总数的百分比）	..	..	53.5
高科技出口（占制成品出口的百分比）	6	19	26
全球联系			
商品贸易（占GDP的百分比）	32	40	50
净易货贸易条件指数（2000年=100）	102	100	73
外债总额（10亿美元）	55	146	685
债务还本付息总额（占出口的百分比）	11.7	9.1	3.6
净移民（千人）	-236	-677	*-1,884*
获得的侨汇（10亿美元）	0.2	4.8	40.5
外国直接投资，净流入额（10亿美元）	3	38	220
获得的净官方发展援助（10亿美元）	2.0	1.7	-0.8

哥伦比亚

拉丁美洲和加勒比地区 **中高收入经济体**

人口（百万）	46.9	人口增长率（百分比）	1.4
陆地面积（千平方公里）	1,142	每天生活费用不足1.25美元的人口（占人口的百分比）	*8.2*
GNI，图表集法（10亿美元）	284.9	人均GNI，图表集法（美元）	6,070
PPP衡量的GNI（10亿美元）	448.6	PPP衡量的人均GNI（美元）	9,560

	1990	2000	2011
人口			
最贫困的20%人口占国家消费/收入的份额（百分比）	*3.6*	1.9	*3.0*
出生时的预期寿命（岁）	68	71	74
总生育率（每个女性生育数）	3.1	2.6	2.1
青年女性生育率（每千名15—19岁女性生育数）	..	94	69
避孕普及率（占15—49岁已婚女性的百分比）	66	77	*79*
在熟练医护人员护理下的分娩（占总数的百分比）	94	86	99
5岁以下儿童死亡率（每千人）	34	25	18
儿童营养不良，体重不足（占5岁以下儿童的百分比）	*8.8*	4.9	*3.4*
儿童麻疹免疫接种率（占12—23个月年龄组的百分比）	82	80	88
小学毕业率，总数（占适龄年龄组的百分比）	74	95	112
中学总入学率，总数（占适龄年龄组的百分比）	*53*	72	97
小学和中学中女孩与男孩的比率（百分比）	*108*	104	103
HIV感染率（占15—49岁人口的百分比）	0.3	0.5	0.5
环境			
森林（千平方公里）	625	615	604
森林采伐（1990—2000年和2000—2010年，平均年度百分比）		0.2	*0.2*
淡水使用量（占内陆水资源的百分比）	..	*0.6*	0.6
获得改善的水资源的人口（占总人口的百分比）	89	91	*92*
获得改善的卫生设施的人口（占总人口的百分比）	67	73	*77*
人均能源使用量（千克石油当量）	730	649	*696*
人均二氧化碳排放量（吨）	1.7	1.5	1.6
人均用电量（千瓦时）	869	843	*1,012*
经济			
GDP（10亿美元）	40	100	333
GDP增长率（年度百分比）	6.0	4.4	5.9
GDP隐含价格平减指数（年度增长百分比）	26.1	31.8	6.9
农业增加值（占GDP的百分比）	17	9	7
工业增加值（占GDP的百分比）	38	29	38
服务业增加值（占GDP的百分比）	45	62	55
货物和服务出口（占GDP的百分比）	21	16	19
货物和服务进口（占GDP的百分比）	15	17	20
资本形成总额（占GDP的百分比）	19	15	23
中央政府收入（占GDP的百分比）	..	*15.2*	17.2
中央政府现金盈余/赤字（占GDP的百分比）	..	*-5.8*	0.3
政府与市场			
创办企业的时间（天）	..	*60*	13
股票市场资本总额（占GDP的百分比）	3.5	9.6	60.4
军费支出（占GDP的百分比）	2.2	3.0	3.3
移动电话用户（每100人）	0.0	5.7	98.5
互联网用户（每100人）	0.0	2.2	40.4
铺敷道路（占总数的百分比）	11.9	*14.4*	..
高科技出口（占制成品出口的百分比）	5	8	4
全球联系			
商品贸易（占GDP的百分比）	31	25	33
净易货贸易条件指数（2000年=100）	81	100	142
外债总额（10亿美元）	17.4	33.2	76.9
债务还本付息总额（占出口的百分比）	43.3	29.8	15.6
净移民（千人）	-235	-150	*-120*
获得的侨汇（10亿美元）	0.5	1.6	4.2
外国直接投资，净流入额（10亿美元）	0.5	2.4	13.6
获得的净官方发展援助（百万美元）	89	186	1,130

科摩罗

撒哈拉以南非洲地区		低收入经济体	
人口（千人）	754	人口增长率（百分比）	2.6
陆地面积（千平方公里）	1.9	每天生活费用不足1.25美元的人口（占人口的百分比）	*46.1*
GNI，图表集法（百万美元）	581.0	人均GNI，图表集法（美元）	770
PPP衡量的GNI（百万美元）	836.2	PPP衡量的人均GNI（美元）	1,110

	1990	2000	2011
人口			
最贫困的20%人口占国家消费/收入的份额（百分比）	..	*2.6*	..
出生时的预期寿命（岁）	56	58	61
总生育率（每个女性生育数）	5.6	5.3	4.9
青年女性生育率（每千名15—19岁女性生育数）	..	65	52
避孕普及率（占15—49岁已婚女性的百分比）	..	26	..
在熟练医护人员护理下的分娩（占总数的百分比）	..	62	..
5岁以下儿童死亡率（每千人）	122	100	79
儿童营养不良，体重不足（占5岁以下儿童的百分比）	*16.2*	25.0	..
儿童麻疹免疫接种率（占12—23个月年龄组的百分比）	87	70	72
小学毕业率，总数（占适龄年龄组的百分比）	*40*	*50*	*75*
中学总入学率，总数（占适龄年龄组的百分比）	*22*	29	..
小学和中学中女孩与男孩的比率（百分比）	..	84	..
HIV感染率（占15—49岁人口的百分比）	0.1	0.1	0.1
环境			
森林（平方公里）	120	80	26
森林采伐（1990—2000年和2000—2010年，平均年度百分比）		4.0	*9.3*
淡水使用量（占内陆水资源的百分比）	..	*0.8*	0.8
获得改善的水资源的人口（占总人口的百分比）	87	92	*95*
获得改善的卫生设施的人口（占总人口的百分比）	17	28	*36*
人均能源使用量（千克石油当量）	41	..	..
人均二氧化碳排放量（吨）	0.2	0.1	0.2
人均用电量（千瓦时）	..	..	..
经济			
GDP（百万美元）	250	202	610
GDP增长率（年度百分比）	5.1	1.4	2.2
GDP隐含价格平减指数（年度增长百分比）	2.2	3.4	4.7
农业增加值（占GDP的百分比）	41	49	*46*
工业增加值（占GDP的百分比）	8	12	*12*
服务业增加值（占GDP的百分比）	50	40	*42*
货物和服务出口（占GDP的百分比）	14	17	15
货物和服务进口（占GDP的百分比）	37	33	52
资本形成总额（占GDP的百分比）	20	10	*12*
中央政府收入（占GDP的百分比）	..	..	..
中央政府现金盈余/赤字（占GDP的百分比）	..	..	..
政府与市场			
创办企业的时间（天）	..	..	20
股票市场资本总额（占GDP的百分比）	..	..	..
军费支出（占GDP的百分比）	..	..	..
移动电话用户（每100人）	0.0	0.0	28.7
互联网用户（每100人）	0.0	0.3	5.5
铺敷道路（占总数的百分比）	69.3	76.5	..
高科技出口（占制成品出口的百分比）	..	0	..
全球联系			
商品贸易（占GDP的百分比）	28	28	49
净易货贸易条件指数（2000年=100）	86	100	76
外债总额（百万美元）	185	227	278
债务还本付息总额（占出口的百分比）	2.9	..	*14.9*
净移民（千人）	-4.5	-6.0	*-10.0*
获得的侨汇（百万美元）	9.9	..	..
外国直接投资，净流入额（百万美元）	0.4	0.1	6.8
获得的净官方发展援助（百万美元）	44.9	18.7	51.6

刚果民主共和国

撒哈拉以南非洲地区 **低收入经济体**

人口（百万）	67.8	人口增长率（百分比）	2.7
陆地面积（千平方公里）	2,345	每天生活费用不足1.25美元的人口（占人口的百分比）	*87.7*
GNI，图表集法（10亿美元）	13.1	人均GNI，图表集法（美元）	190
PPP衡量的GNI（10亿美元）	23.2	PPP衡量的人均GNI（美元）	340

	1990	2000	2011
人口			
最贫困的20%人口占国家消费/收入的份额（百分比）	..	..	5.5
出生时的预期寿命（岁）	47	46	48
总生育率（每个女性生育数）	7.1	6.9	5.7
青年女性生育率（每千名15—19岁女性生育数）	..	235	177
避孕普及率（占15—49岁已婚女性的百分比）	*8*	*31*	*17*
在熟练医护人员护理下的分娩（占总数的百分比）	..	*61*	*80*
5岁以下儿童死亡率（每千人）	181	181	168
儿童营养不良，体重不足（占5岁以下儿童的百分比）	..	*33.6*	*28.2*
儿童麻疹免疫接种率（占12—23个月年龄组的百分比）	38	46	71
小学毕业率，总数（占适龄年龄组的百分比）	*49*	*32*	59
中学总入学率，总数（占适龄年龄组的百分比）	*22*	..	40
小学和中学中女孩与男孩的比率（百分比）	*70*	..	79
HIV感染率（占15—49岁人口的百分比）	..	..	..
环境			
森林（千平方公里）	1,604	1,572	1,538
森林采伐（1990—2000年和2000—2010年，平均年度百分比）		0.2	*0.2*
淡水使用量（占内陆水资源的百分比）	..	*0.1*	0.1
获得改善的水资源的人口（占总人口的百分比）	45	44	*45*
获得改善的卫生设施的人口（占总人口的百分比）	9	16	*24*
人均能源使用量（千克石油当量）	324	336	*360*
人均二氧化碳排放量（吨）	0.11	0.03	0.04
人均用电量（千瓦时）	124	92	*95*
经济			
GDP（10亿美元）	9.3	4.3	15.7
GDP增长率（年度百分比）	-6.6	-6.9	6.9
GDP隐含价格平减指数（年度增长百分比）	109.0	515.8	13.4
农业增加值（占GDP的百分比）	31	50	46
工业增加值（占GDP的百分比）	29	20	22
服务业增加值（占GDP的百分比）	40	30	33
货物和服务出口（占GDP的百分比）	30	22	68
货物和服务进口（占GDP的百分比）	29	21	78
资本形成总额（占GDP的百分比）	9	3	21
中央政府收入（占GDP的百分比）	10.1	3.7	*23.5*
中央政府现金盈余/赤字（占GDP的百分比）	-6.5	-4.2	*3.8*
政府与市场			
创办企业的时间（天）	..	*166*	58
股票市场资本总额（占GDP的百分比）	..	..	..
军费支出（占GDP的百分比）	..	1.0	1.5
移动电话用户（每100人）	0.0	0.0	23.1
互联网用户（每100人）	0.0	0.0	1.2
铺敷道路（占总数的百分比）	..	*1.8*	..
高科技出口（占制成品出口的百分比）	..	..	..
全球联系			
商品贸易（占GDP的百分比）	43	35	77
净易货贸易条件指数（2000年=100）	86	100	147
外债总额（10亿美元）	10.3	11.8	5.4
债务还本付息总额（占出口的百分比）	..	..	2.4
净移民（千人）	75	-1,501	*-24*
获得的侨汇（百万美元）	..	..	115
外国直接投资，净流入额（百万美元）	-14	72	1,596
获得的净官方发展援助（百万美元）	896	177	5,522

刚果共和国

撒哈拉以南非洲地区			中低收入经济体
人口（百万）	4.1	人口增长率（百分比）	2.4
陆地面积（千平方公里）	342	每天生活费用不足1.25美元的人口（占人口的百分比）	*54.1*
GNI，图表集法（10亿美元）	9.3	人均GNI，图表集法（美元）	2,250
PPP衡量的GNI（10亿美元）	13.4	PPP衡量的人均GNI（美元）	3,240

	1990	2000	2011
人口			
最贫困的20%人口占国家消费/收入的份额（百分比）	..	..	..
出生时的预期寿命（岁）	56	54	57
总生育率（每个女性生育数）	5.4	4.9	4.5
青年女性生育率（每千名15—19岁女性生育数）	..	130	114
避孕普及率（占15—49岁已婚女性的百分比）	..	..	..
在熟练医护人员护理下的分娩（占总数的百分比）	..	..	..
5岁以下儿童死亡率（每千人）	119	109	99
儿童营养不良，体重不足（占5岁以下儿童的百分比）	..	..	..
儿童麻疹免疫接种率（占12—23个月年龄组的百分比）	75	34	90
小学毕业率，总数（占适龄年龄组的百分比）	60	*57*	*71*
中学总入学率，总数（占适龄年龄组的百分比）	49	36	..
小学和中学中女孩与男孩的比率（百分比）	89	86	..
HIV感染率（占15—49岁人口的百分比）	5.1	3.9	3.3
环境			
森林（千平方公里）	227	226	224
森林采伐（1990—2000年和2000—2010年，平均年度百分比）		0.1	*0.1*
淡水使用量（占内陆水资源的百分比）	..	*0.0*	0.0
获得改善的水资源的人口（占总人口的百分比）	..	70	*71*
获得改善的卫生设施的人口（占总人口的百分比）	..	20	*18*
人均能源使用量（千克石油当量）	325	260	*363*
人均二氧化碳排放量（吨）	0.5	0.3	0.5
人均用电量（千瓦时）	172	95	*145*
经济			
GDP（10亿美元）	2.8	3.2	14.4
GDP增长率（年度百分比）	1.0	7.6	3.4
GDP隐含价格平减指数（年度增长百分比）	-1.0	47.0	10.7
农业增加值（占GDP的百分比）	13	5	3
工业增加值（占GDP的百分比）	41	72	77
服务业增加值（占GDP的百分比）	46	23	20
货物和服务出口（占GDP的百分比）	54	80	87
货物和服务进口（占GDP的百分比）	-17	44	35
资本形成总额（占GDP的百分比）	16	23	25
中央政府收入（占GDP的百分比）	*22.5*	28.6	..
中央政府现金盈余/赤字（占GDP的百分比）	*-13.1*	1.9	..
政府与市场			
创办企业的时间（天）	..	*37*	161
股票市场资本总额（占GDP的百分比）	..	..	..
军费支出（占GDP的百分比）	..	*1.4*	*1.1*
移动电话用户（每100人）	0.0	2.2	93.8
互联网用户[a]（每100人）	0.0	0.0	5.6
铺敷道路（占总数的百分比）	9.7	9.7	*7.1*
高科技出口（占制成品出口的百分比）	5	..	*4*
全球联系			
商品贸易（占GDP的百分比）	57	92	110
净易货贸易条件指数（2000年=100）	63	100	215
外债总额（10亿美元）	4.9	4.9	2.5
债务还本付息总额（占出口的百分比）	34.6	1.7	..
净移民（千人）	1.1	35.3	*49.9*
获得的侨汇（百万美元）	4.4	10.4	..
外国直接投资，净流入额（百万美元）	23	166	2,931
获得的净官方发展援助（百万美元）	217	32	254

哥斯达黎加

拉丁美洲和加勒比地区 **中高收入经济体**

人口（百万）	4.7	人口增长率（百分比）	1.4
陆地面积（千平方公里）	51	每天生活费用不足1.25美元的人口（占人口的百分比）	*3.1*
GNI，图表集法（10亿美元）	36.1	人均GNI，图表集法（美元）	7,640
PPP衡量的GNI（10亿美元）	56.1	PPP衡量的人均GNI（美元）	11,860

	1990	2000	2011
人口			
最贫困的20%人口占国家消费/收入的份额（百分比）	3.8	4.0	*3.9*
出生时的预期寿命（岁）	76	78	79
总生育率（每个女性生育数）	3.2	2.4	1.8
青年女性生育率（每千名15—19岁女性生育数）	..	81	63
避孕普及率（占15—49岁已婚女性的百分比）	*75*	*80*	*82*
在熟练医护人员护理下的分娩（占总数的百分比）	*98*	*98*	*99*
5岁以下儿童死亡率（每千人）	17	13	10
儿童营养不良，体重不足（占5岁以下儿童的百分比）	2.5	..	*1.1*
儿童麻疹免疫接种率（占12—23个月年龄组的百分比）	90	82	83
小学毕业率，总数（占适龄年龄组的百分比）	75	87	99
中学总入学率，总数（占适龄年龄组的百分比）	43	61	101
小学和中学中女孩与男孩的比率（百分比）	100	101	102
HIV感染率（占15—49岁人口的百分比）	0.1	0.2	0.3
环境			
森林（千平方公里）	26	24	26
森林采伐（1990—2000年和2000—2010年，平均年度百分比）		0.8	*-0.9*
淡水使用量（占内陆水资源的百分比）	..	*2.4*	2.4
获得改善的水资源的人口（占总人口的百分比）	93	95	*97*
获得改善的卫生设施的人口（占总人口的百分比）	93	95	*95*
人均能源使用量（千克石油当量）	660	755	*998*
人均二氧化碳排放量（吨）	1.0	1.4	1.8
人均用电量（千瓦时）	1,089	1,524	*1,855*
经济			
GDP（10亿美元）	7.4	15.9	40.9
GDP增长率（年度百分比）	3.9	1.8	4.2
GDP隐含价格平减指数（年度增长百分比）	17.1	7.0	4.1
农业增加值（占GDP的百分比）	12	9	6
工业增加值（占GDP的百分比）	30	32	26
服务业增加值（占GDP的百分比）	58	58	68
货物和服务出口（占GDP的百分比）	30	49	37
货物和服务进口（占GDP的百分比）	36	46	42
资本形成总额（占GDP的百分比）	18	17	21
中央政府收入（占GDP的百分比）	..	..	24.4
中央政府现金盈余/赤字（占GDP的百分比）	..	..	-3.5
政府与市场			
创办企业的时间（天）	..	*77*	60
股票市场资本总额（占GDP的百分比）	5.5	18.3	3.5
军费支出（占GDP的百分比）	..	..	..
移动电话用户（每100人）	0.0	5.4	92.2
互联网用户（每100人）	0.0	5.8	42.1
铺敷道路（占总数的百分比）	15.3	22.0	*26.0*
高科技出口（占制成品出口的百分比）	..	52	41
全球联系			
商品贸易（占GDP的百分比）	46	77	65
净易货贸易条件指数（2000年=100）	75	100	78
外债总额（10亿美元）	3.8	4.7	10.3
债务还本付息总额（占出口的百分比）	24.5	8.2	13.5
净移民（千人）	25	128	*76*
获得的侨汇（百万美元）	12	136	520
外国直接投资，净流入额（百万美元）	163	409	2,157
获得的净官方发展援助（百万美元）	227	10	38

科特迪瓦

撒哈拉以南非洲地区 **中低收入经济体**

人口（百万）	20.2	人口增长率（百分比）	2.1
陆地面积（千平方公里）	322	每天生活费用不足1.25美元的人口（占人口的百分比）	*23.8*
GNI，图表集法（10亿美元）	22.1	人均GNI，图表集法（美元）	1,090
PPP衡量的GNI（10亿美元）	34.5	PPP衡量的人均GNI（美元）	1,710

	1990	2000	2011
人口			
最贫困的20%人口占国家消费/收入的份额（百分比）	*7.1*	*5.0*	5.6
出生时的预期寿命（岁）	53	50	55
总生育率（每个女性生育数）	6.3	5.2	4.3
青年女性生育率（每千名15—19岁女性生育数）	..	135	110
避孕普及率（占15—49岁已婚女性的百分比）	..	*15*	*13*
在熟练医护人员护理下的分娩（占总数的百分比）	..	63	*57*
5岁以下儿童死亡率（每千人）	151	139	115
儿童营养不良，体重不足（占5岁以下儿童的百分比）	..	*18.2*	*29.4*
儿童麻疹免疫接种率（占12—23个月年龄组的百分比）	56	68	49
小学毕业率，总数（占适龄年龄组的百分比）	40	43	59
中学总入学率，总数（占适龄年龄组的百分比）	..	24	..
小学和中学中女孩与男孩的比率（百分比）	..	69	..
HIV感染率（占15—49岁人口的百分比）	5.8	6.6	3.0
环境			
森林（千平方公里）	102	103	104
森林采伐（1990—2000年和2000—2010年，平均年度百分比）		-0.1	*-0.2*
淡水使用量（占内陆水资源的百分比）	*1.4*	*1.8*	1.8
获得改善的水资源的人口（占总人口的百分比）	76	77	*80*
获得改善的卫生设施的人口（占总人口的百分比）	20	22	*24*
人均能源使用量（千克石油当量）	429	406	*485*
人均二氧化碳排放量（吨）	0.5	0.4	0.3
人均用电量（千瓦时）	153	173	*210*
经济			
GDP（10亿美元）	10.8	10.4	24.1
GDP增长率（年度百分比）	-1.1	-3.7	-4.7
GDP隐含价格平减指数（年度增长百分比）	-4.5	-0.4	5.0
农业增加值（占GDP的百分比）	32	24	24
工业增加值（占GDP的百分比）	23	25	30
服务业增加值（占GDP的百分比）	44	51	55
货物和服务出口（占GDP的百分比）	32	40	44
货物和服务进口（占GDP的百分比）	27	33	41
资本形成总额（占GDP的百分比）	7	11	16
中央政府收入（占GDP的百分比）	..	..	..
中央政府现金盈余/赤字（占GDP的百分比）	..	..	..
政府与市场			
创办企业的时间（天）	..	*62*	32
股票市场资本总额（占GDP的百分比）	5.1	11.4	26.1
军费支出（占GDP的百分比）	1.3	*1.6*	1.5
移动电话用户（每100人）	0.0	2.9	86.1
互联网用户（每100人）	0.0	0.2	2.2
铺敷道路（占总数的百分比）	8.7	9.7	*7.9*
高科技出口（占制成品出口的百分比）	..	3	15
全球联系			
商品贸易（占GDP的百分比）	48	61	74
净易货贸易条件指数（2000年=100）	143	100	159
外债总额（10亿美元）	17.3	12.2	12.0
债务还本付息总额（占出口的百分比）	35.4	22.7	*4.7*
净移民（千人）	325	90	*-360*
获得的侨汇（百万美元）	44	119	373
外国直接投资，净流入额（百万美元）	48	235	344
获得的净官方发展援助（百万美元）	686	351	1,437

克罗地亚

高收入经济体

人口（百万）	4.4	人口增长率（百分比）	-0.3
陆地面积（千平方公里）	57	每天生活费用不足1.25美元的人口（占人口的百分比）	<2
GNI，图表集法（10亿美元）	59.6	人均GNI，图表集法（美元）	13,540
PPP衡量的GNI（10亿美元）	82.7	PPP衡量的人均GNI（美元）	18,780

	1990	2000	2011
人口			
最贫困的20%人口占国家消费/收入的份额（百分比）	*10.3*	8.3	*8.1*
出生时的预期寿命（岁）	72	73	77
总生育率（每个女性生育数）	1.6	1.4	1.5
青年女性生育率（每千名15—19岁女性生育数）	..	16	13
避孕普及率（占15—49岁已婚女性的百分比）	..	69	..
在熟练医护人员护理下的分娩（占总数的百分比）	100	100	*100*
5岁以下儿童死亡率（每千人）	13	8	5
儿童营养不良，体重不足（占5岁以下儿童的百分比）	0.4	..	..
儿童麻疹免疫接种率（占12—23个月年龄组的百分比）	*90*	93	96
小学毕业率，总数（占适龄年龄组的百分比）	..	93	*93*
中学总入学率，总数（占适龄年龄组的百分比）	*83*	85	*96*
小学和中学中女孩与男孩的比率（百分比）	*102*	101	*105*
HIV感染率（占15—49岁人口的百分比）	0.1	0.1	0.1
环境			
森林（千平方公里）	19	19	19
森林采伐（1990—2000年和2000—2010年，平均年度百分比）		-0.2	*-0.2*
淡水使用量（占内陆水资源的百分比）	..	..	1.7
获得改善的水资源的人口（占总人口的百分比）	99	99	99
获得改善的卫生设施的人口（占总人口的百分比）	99	99	*99*
人均能源使用量（千克石油当量）	1,882	1,756	*1,932*
人均二氧化碳排放量（吨）	*3.7*	4.4	*4.9*
人均用电量（千瓦时）	2,991	2,840	*3,813*
经济			
GDP（10亿美元）	24.8	21.5	62.5
GDP增长率（年度百分比）	..	3.8	0.0
GDP隐含价格平减指数（年度增长百分比）	..	4.6	2.1
农业增加值（占GDP的百分比）	11	6	5
工业增加值（占GDP的百分比）	36	29	26
服务业增加值（占GDP的百分比）	53	65	68
货物和服务出口（占GDP的百分比）	*78*	42	42
货物和服务进口（占GDP的百分比）	*86*	45	42
资本形成总额（占GDP的百分比）	12	19	21
中央政府收入（占GDP的百分比）	*33.0*	35.7	32.8
中央政府现金盈余/赤字（占GDP的百分比）	*-4.6*	-5.3	-4.6
政府与市场			
创办企业的时间（天）	..	*29*	9
股票市场资本总额（占GDP的百分比）	..	12.7	34.9
军费支出（占GDP的百分比）	*7.6*	3.1	1.7
移动电话用户（每100人）	0.0	22.9	116.4
互联网用户（每100人）	0.0	6.6	70.7
铺敷道路（占总数的百分比）	..	85.4	*90.7*
高科技出口（占制成品出口的百分比）	6	9	8
全球联系			
商品贸易（占GDP的百分比）	*88*	57	58
净易货贸易条件指数（2000年=100）	..	100	99
外债总额（百万美元）	..	..	..
债务还本付息总额（占出口的百分比）	..	..	..
净移民（千人）	7	-160	*10*
获得的侨汇（百万美元）	*230*	641	1,378
外国直接投资，净流入额（10亿美元）	*0.0*	1.1	1.3
获得的净官方发展援助（百万美元）	*0*	66	*151*

古巴

拉丁美洲和加勒比地区　　中高收入经济体

人口（百万）	11.3	人口增长率（百分比）	0.0
陆地面积（千平方公里）	110	每天生活费用不足1.25美元的人口（占人口的百分比）	..
GNI，图表集法（10亿美元）	*61.5*	人均GNI，图表集法（美元）	*5,460*
PPP衡量的GNI（百万美元）	..	PPP衡量的人均GNI（美元）	..

	1990	2000	2011
人口			
最贫困的20%人口占国家消费/收入的份额（百分比）	..	..	..
出生时的预期寿命（岁）	74	76	79
总生育率（每个女性生育数）	1.8	1.6	1.5
青年女性生育率（每千名15—19岁女性生育数）	..	57	44
避孕普及率（占15—49岁已婚女性的百分比）	..	73	74
在熟练医护人员护理下的分娩（占总数的百分比）	*100*	*100*	100
5岁以下儿童死亡率（每千人）	13	9	6
儿童营养不良，体重不足（占5岁以下儿童的百分比）	..	3.4	..
儿童麻疹免疫接种率（占12—23个月年龄组的百分比）	94	94	99
小学毕业率，总数（占适龄年龄组的百分比）	94	96	99
中学总入学率，总数（占适龄年龄组的百分比）	89	83	90
小学和中学中女孩与男孩的比率（百分比）	105	100	98
HIV感染率（占15—49岁人口的百分比）	0.1	0.1	0.2
环境			
森林（千平方公里）	21	24	29
森林采伐（1990—2000年和2000—2010年，平均年度百分比）		-1.7	*-1.7*
淡水使用量（占内陆水资源的百分比）	..	*19.8*	19.8
获得改善的水资源的人口（占总人口的百分比）	82	90	*94*
获得改善的卫生设施的人口（占总人口的百分比）	80	86	*91*
人均能源使用量（千克石油当量）	1,673	1,158	975
人均二氧化碳排放量（吨）	3.2	2.3	2.8
人均用电量（千瓦时）	1,215	1,140	*1,299*
经济			
GDP（10亿美元）	28.6	30.6	*60.8*
GDP增长率（年度百分比）	-2.9	5.9	2.1
GDP隐含价格平减指数（年度增长百分比）	5.3	1.7	*1.0*
农业增加值（占GDP的百分比）	14	8	5
工业增加值（占GDP的百分比）	19	28	*21*
服务业增加值（占GDP的百分比）	67	64	*74*
货物和服务出口（占GDP的百分比）	30	14	*20*
货物和服务进口（占GDP的百分比）	41	17	*19*
资本形成总额（占GDP的百分比）	25	13	*12*
中央政府收入（占GDP的百分比）	..	..	..
中央政府现金盈余/赤字（占GDP的百分比）	..	..	..
政府与市场			
创办企业的时间（天）	..	..	..
股票市场资本总额（占GDP的百分比）	..	..	..
军费支出（占GDP的百分比）	6.4	*3.5*	*3.3*
移动电话用户（每100人）	0.0	0.1	11.7
互联网用户（每100人）	0.0	0.5	23.2
铺敷道路（占总数的百分比）	50.5	49.0	..
高科技出口（占制成品出口的百分比）	..	21	..
全球联系			
商品贸易（占GDP的百分比）	34	21	*32*
净易货贸易条件指数（2000年=100）	..	100	166
外债总额（百万美元）	..	..	..
债务还本付息总额（占出口的百分比）	..	..	..
净移民（千人）	-67	-156	*-190*
获得的侨汇（百万美元）	..	..	..
外国直接投资，净流入额（百万美元）	1	-10	110
获得的净官方发展援助（百万美元）	51.8	44.0	83.7

库拉索

高收入经济体

人口（千人）	146	人口增长率（百分比）	1.3
陆地面积（平方公里）	..	每天生活费用不足1.25美元的人口（占人口的百分比）	..
GNI，图表集法（百万美元）	..	人均GNI，图表集法（美元）	..
PPP衡量的GNI（百万美元）	..	PPP衡量的人均GNI（美元）	..

	1990	2000	2011
人口			
最贫困的20%人口占国家消费/收入的份额（百分比）	..	..	..
出生时的预期寿命（岁）	..	..	76
总生育率（每个女性生育数）	..	..	2.2
青年女性生育率（每千名15—19岁女性生育数）	..	..	..
避孕普及率（占15—49岁已婚女性的百分比）	..	..	..
在熟练医护人员护理下的分娩（占总数的百分比）	..	..	..
5岁以下儿童死亡率（每千人）	..	..	..
儿童营养不良，体重不足（占5岁以下儿童的百分比）	..	..	..
儿童麻疹免疫接种率（占12—23个月年龄组的百分比）	..	..	..
小学毕业率，总数（占适龄年龄组的百分比）	..	..	..
中学总入学率，总数（占适龄年龄组的百分比）	..	..	..
小学和中学中女孩与男孩的比率（百分比）	..	..	..
HIV感染率（占15—49岁人口的百分比）	..	..	..
环境			
森林（平方公里）	..	..	..
森林采伐（1990—2000年和2000—2010年，平均年度百分比）		..	..
淡水使用量（占内陆水资源的百分比）	..	..	..
获得改善的水资源的人口（占总人口的百分比）	..	..	..
获得改善的卫生设施的人口（占总人口的百分比）	..	..	..
人均能源使用量（千克石油当量）	..	..	..
人均二氧化碳排放量（吨）	..	..	..
人均用电量（千瓦时）	..	..	..
经济			
GDP（百万美元）	..	..	..
GDP增长率（年度百分比）	..	..	..
GDP隐含价格平减指数（年度增长百分比）	..	..	..
农业增加值（占GDP的百分比）	..	..	..
工业增加值（占GDP的百分比）	..	..	..
服务业增加值（占GDP的百分比）	..	..	..
货物和服务出口（占GDP的百分比）	..	..	..
货物和服务进口（占GDP的百分比）	..	..	..
资本形成总额（占GDP的百分比）	..	..	..
中央政府收入（占GDP的百分比）	..	..	..
中央政府现金盈余/赤字（占GDP的百分比）	..	..	..
政府与市场			
创办企业的时间（天）	..	..	..
股票市场资本总额（占GDP的百分比）	..	..	..
军费支出（占GDP的百分比）	..	..	..
移动电话用户（每100人）	..	..	..
互联网用户（每100人）	..	..	..
铺敷道路（占总数的百分比）	..	..	..
高科技出口（占制成品出口的百分比）	..	..	..
全球联系			
商品贸易（占GDP的百分比）	..	..	..
净易货贸易条件指数（2000年=100）	..	..	100
外债总额（百万美元）	..	..	..
债务还本付息总额（占出口的百分比）	..	..	..
净移民（千人）	..	..	..
获得的侨汇（百万美元）	..	..	34.0
外国直接投资，净流入额（百万美元）	..	..	70.4
获得的净官方发展援助（百万美元）	..	..	..

塞浦路斯

高收入经济体

人口（百万）	1.1	人口增长率（百分比）	1.2
陆地面积（千平方公里）	9.3	每天生活费用不足1.25美元的人口（占人口的百分比）	..
GNI，图表集法（10亿美元）	*23.7*	人均GNI，图表集法（美元）	*29,450*
PPP衡量的GNI（10亿美元）	*24.9*	PPP衡量的人均GNI（美元）	*30,970*

	1990	2000	2011
人口			
最贫困的20%人口占国家消费/收入的份额（百分比）	..	..	..
出生时的预期寿命（岁）	77	78	80
总生育率（每个女性生育数）	2.4	1.7	1.5
青年女性生育率（每千名15—19岁女性生育数）	..	10	6
避孕普及率（占15—49岁已婚女性的百分比）	..	..	..
在熟练医护人员护理下的分娩（占总数的百分比）	..	*99*	..
5岁以下儿童死亡率（每千人）	11	7	3
儿童营养不良，体重不足（占5岁以下儿童的百分比）	..	..	..
儿童麻疹免疫接种率（占12—23个月年龄组的百分比）	77	86	87
小学毕业率，总数（占适龄年龄组的百分比）	*101*	98	*99*
中学总入学率，总数（占适龄年龄组的百分比）	*93*	93	*91*
小学和中学中女孩与男孩的比率（百分比）	*101*	101	*101*
HIV感染率（占15—49岁人口的百分比）	..	..	..
环境			
森林（千平方公里）	1.6	1.7	1.7
森林采伐（1990—2000年和2000—2010年，平均年度百分比）		-0.6	*-0.1*
淡水使用量（占内陆水资源的百分比）	*29.0*	*24.9*	23.6
获得改善的水资源的人口（占总人口的百分比）	100	100	100
获得改善的卫生设施的人口（占总人口的百分比）	100	100	*100*
人均能源使用量（千克石油当量）	1,775	2,265	*2,215*
人均二氧化碳排放量（吨）	6.1	7.3	*7.5*
人均用电量（千瓦时）	2,430	3,373	*4,675*
经济			
GDP（10亿美元）	5.6	9.3	24.7
GDP增长率（年度百分比）	7.4	5.0	0.5
GDP隐含价格平减指数（年度增长百分比）	5.4	3.8	1.2
农业增加值（占GDP的百分比）	7	4	*2*
工业增加值（占GDP的百分比）	26	19	*20*
服务业增加值（占GDP的百分比）	67	77	*78*
货物和服务出口（占GDP的百分比）	52	55	*40*
货物和服务进口（占GDP的百分比）	57	55	*47*
资本形成总额（占GDP的百分比）	27	18	18
中央政府收入（占GDP的百分比）	..	..	39.4
中央政府现金盈余/赤字（占GDP的百分比）	..	..	-6.3
政府与市场			
创办企业的时间（天）	..	..	8
股票市场资本总额（占GDP的百分比）	*22.4*	46.7	11.6
军费支出（占GDP的百分比）	7.4	3.0	2.2
移动电话用户（每100人）	0.4	23.1	97.7
互联网用户（每100人）	0.0	15.3	57.7
铺敷道路（占总数的百分比）	59.6	60.6	*65.4*
高科技出口（占制成品出口的百分比）	4	2	27
全球联系			
商品贸易（占GDP的百分比）	63	51	42
净易货贸易条件指数（2000年=100）	..	100	103
外债总额（百万美元）	..	..	..
债务还本付息总额（占出口的百分比）	..	..	..
净移民（千人）	17.2	53.3	*44.2*
获得的侨汇（百万美元）	79	64	127
外国直接投资，净流入额（百万美元）	127	855	1,080
获得的净官方发展援助（百万美元）	38.4	..	..

捷克

高收入经济体

人口（百万）	10.5	人口增长率（百分比）	-0.2
陆地面积（千平方公里）	79	每天生活费用不足1.25美元的人口（占人口的百分比）	..
GNI，图表集法（10亿美元）	196.3	人均GNI，图表集法（美元）	18,700
PPP衡量的GNI（10亿美元）	257.0	PPP衡量的人均GNI（美元）	24,490

	1990	2000	2011
人口			
最贫困的20%人口占国家消费/收入的份额（百分比）	*10.4*	..	..
出生时的预期寿命（岁）	71	75	78
总生育率（每个女性生育数）	1.9	1.1	1.4
青年女性生育率（每千名15—19岁女性生育数）	..	13	10
避孕普及率（占15—49岁已婚女性的百分比）	*78*	..	..
在熟练医护人员护理下的分娩（占总数的百分比）	100	100	*100*
5岁以下儿童死亡率（每千人）	14	7	4
儿童营养不良，体重不足（占5岁以下儿童的百分比）	*0.9*	*2.1*	..
儿童麻疹免疫接种率（占12—23个月年龄组的百分比）	*98*	98	98
小学毕业率，总数（占适龄年龄组的百分比）	*95*	99	*105*
中学总入学率，总数（占适龄年龄组的百分比）	93	87	*90*
小学和中学中女孩与男孩的比率（百分比）	94	101	*100*
HIV感染率（占15—49岁人口的百分比）	0.1	0.1	0.1
环境			
森林（千平方公里）	26	26	27
森林采伐（1990—2000年和2000—2010年，平均年度百分比）		0.0	*-0.1*
淡水使用量（占内陆水资源的百分比）	..	*13.3*	12.9
获得改善的水资源的人口（占总人口的百分比）	100	100	100
获得改善的卫生设施的人口（占总人口的百分比）	100	98	*98*
人均能源使用量（千克石油当量）	4,797	3,991	4,087
人均二氧化碳排放量（吨）	*13.5*	12.1	*10.3*
人均用电量（千瓦时）	5,600	5,694	*6,321*
经济			
GDP（10亿美元）	39	59	217
GDP增长率（年度百分比）	*-11.6*	4.2	1.9
GDP隐含价格平减指数（年度增长百分比）	*36.2*	1.4	-0.8
农业增加值（占GDP的百分比）	8	4	*2*
工业增加值（占GDP的百分比）	40	37	*36*
服务业增加值（占GDP的百分比）	52	60	*62*
货物和服务出口（占GDP的百分比）	39	61	73
货物和服务进口（占GDP的百分比）	37	63	69
资本形成总额（占GDP的百分比）	23	30	25
中央政府收入（占GDP的百分比）	*33.6*	29.4	29.1
中央政府现金盈余/赤字（占GDP的百分比）	*0.1*	-3.5	-4.4
政府与市场			
创办企业的时间（天）	..	*40*	20
股票市场资本总额（占GDP的百分比）	..	18.7	17.7
军费支出（占GDP的百分比）	*2.1*	2.0	1.1
移动电话用户（每100人）	0.0	42.4	123.4
互联网用户（每100人）	0.0	9.8	73.0
铺敷道路（占总数的百分比）	100.0	100.0	*0.6*
高科技出口（占制成品出口的百分比）	*4*	8	16
全球联系			
商品贸易（占GDP的百分比）	*75*	104	145
净易货贸易条件指数（2000年=100）	..	100	104
外债总额（百万美元）	..	..	..
债务还本付息总额（占出口的百分比）	..	..	..
净移民（千人）	*-22*	36	*240*
获得的侨汇（百万美元）	*138*	297	1,815
外国直接投资，净流入额（10亿美元）	*0.7*	5.0	5.4
获得的净官方发展援助（百万美元）	..	..	..

丹麦

高收入经济体

人口（百万）	5.6	人口增长率（百分比）	0.4
陆地面积（千平方公里）	43	每天生活费用不足1.25美元的人口（占人口的百分比）	..
GNI，图表集法（10亿美元）	335.1	人均GNI，图表集法（美元）	60,160
PPP衡量的GNI（10亿美元）	233.5	PPP衡量的人均GNI（美元）	41,920

	1990	2000	2011
人口			
最贫困的20%人口占国家消费/收入的份额（百分比）	..	..	..
出生时的预期寿命（岁）	75	77	80
总生育率（每个女性生育数）	1.7	1.8	1.8
青年女性生育率（每千名15—19岁女性生育数）	..	7	5
避孕普及率（占15—49岁已婚女性的百分比）	*78*	..	..
在熟练医护人员护理下的分娩（占总数的百分比）	..	..	..
5岁以下儿童死亡率（每千人）	9	6	4
儿童营养不良，体重不足（占5岁以下儿童的百分比）	..	..	..
儿童麻疹免疫接种率（占12—23个月年龄组的百分比）	84	99	87
小学毕业率，总数（占适龄年龄组的百分比）	95	100	*98*
中学总入学率，总数（占适龄年龄组的百分比）	109	127	*119*
小学和中学中女孩与男孩的比率（百分比）	101	102	*101*
HIV感染率（占15—49岁人口的百分比）	0.1	0.1	0.2
环境			
森林（千平方公里）	4.5	4.9	5.5
森林采伐（1990—2000年和2000—2010年，平均年度百分比）		-0.9	*-1.1*
淡水使用量（占内陆水资源的百分比）	*18.9*	*11.4*	11.0
获得改善的水资源的人口（占总人口的百分比）	100	100	100
获得改善的卫生设施的人口（占总人口的百分比）	100	100	*100*
人均能源使用量（千克石油当量）	3,377	3,490	3,144
人均二氧化碳排放量（吨）	9.7	8.9	*8.3*
人均用电量（千瓦时）	5,945	6,482	*6,327*
经济			
GDP（10亿美元）	136	160	334
GDP增长率（年度百分比）	1.6	3.5	1.1
GDP隐含价格平减指数（年度增长百分比）	2.8	3.0	0.6
农业增加值（占GDP的百分比）	4	3	*1*
工业增加值（占GDP的百分比）	26	27	*22*
服务业增加值（占GDP的百分比）	70	71	*77*
货物和服务出口（占GDP的百分比）	37	47	53
货物和服务进口（占GDP的百分比）	33	40	48
资本形成总额（占GDP的百分比）	20	21	18
中央政府收入（占GDP的百分比）	..	35.3	40.5
中央政府现金盈余/赤字（占GDP的百分比）	..	1.6	-2.0
政府与市场			
创办企业的时间（天）	..	7	6
股票市场资本总额（占GDP的百分比）	28.8	67.3	53.8
军费支出（占GDP的百分比）	2.0	1.5	1.5
移动电话用户（每100人）	2.9	63.0	128.5
互联网用户（每100人）	0.1	39.2	90.0
铺敷道路（占总数的百分比）	100.0	100.0	*100.0*
高科技出口（占制成品出口的百分比）	16	21	14
全球联系			
商品贸易（占GDP的百分比）	52	60	63
净易货贸易条件指数（2000年=100）	..	100	106
外债总额（百万美元）	..	..	..
债务还本付息总额（占出口的百分比）	..	..	..
净移民（千人）	32.8	74.6	*90.3*
获得的侨汇（百万美元）	*464*	667	1,273
外国直接投资，净流入额（10亿美元）	1.1	36.0	13.1
获得的净官方发展援助（百万美元）	..	..	..

吉布提

中东和北非 | **中低收入经济体**

人口（千人）	906	人口增长率（百分比）	1.9
陆地面积（千平方公里）	23	每天生活费用不足1.25美元的人口（占人口的百分比）	*18.8*
GNI，图表集法（10亿美元）	*1.1*	人均GNI，图表集法（美元）	*1,270*
PPP衡量的GNI（10亿美元）	*2.1*	PPP衡量的人均GNI（美元）	*2,450*

	1990	2000	2011
人口			
最贫困的20%人口占国家消费/收入的份额（百分比）	..	*6.0*	..
出生时的预期寿命（岁）	51	54	58
总生育率（每个女性生育数）	6.2	4.8	3.7
青年女性生育率（每千名15—19岁女性生育数）	..	30	20
避孕普及率（占15—49岁已婚女性的百分比）	..	*9*	*23*
在熟练医护人员护理下的分娩（占总数的百分比）	..	*61*	*93*
5岁以下儿童死亡率（每千人）	122	106	90
儿童营养不良，体重不足（占5岁以下儿童的百分比）	*20.2*	*25.4*	*29.6*
儿童麻疹免疫接种率（占12—23个月年龄组的百分比）	85	50	84
小学毕业率，总数（占适龄年龄组的百分比）	32	28	57
中学总入学率，总数（占适龄年龄组的百分比）	11	14	*39*
小学和中学中女孩与男孩的比率（百分比）	*72*	71	*83*
HIV感染率（占15—49岁人口的百分比）	0.6	2.8	1.4
环境			
森林（平方公里）	56	56	56
森林采伐（1990—2007年，平均年度百分比）		0.0	*0.0*
淡水使用量（占内陆水资源的百分比）	..	*6.3*	6.3
获得改善的水资源的人口（占总人口的百分比）	78	82	*88*
获得改善的卫生设施的人口（占总人口的百分比）	66	60	*50*
人均能源使用量（千克石油当量）	231	..	..
人均二氧化碳排放量（吨）	0.7	0.6	0.6
人均用电量（千瓦时）	..	..	..
经济			
GDP（百万美元）	452	551	*1,049*
GDP增长率（年度百分比）	*-4.3*	0.4	5.0
GDP隐含价格平减指数（年度增长百分比）	*6.8*	2.4	*1.7*
农业增加值（占GDP的百分比）	3	4	..
工业增加值（占GDP的百分比）	22	15	..
服务业增加值（占GDP的百分比）	75	81	..
货物和服务出口（占GDP的百分比）	54	35	..
货物和服务进口（占GDP的百分比）	78	50	..
资本形成总额（占GDP的百分比）	14	9	..
中央政府收入（占GDP的百分比）	..	..	..
中央政府现金盈余/赤字（占GDP的百分比）	..	..	..
政府与市场			
创办企业的时间（天）	..	..	37
股票市场资本总额（占GDP的百分比）	..	..	..
军费支出（占GDP的百分比）	6.9	4.7	*3.7*
移动电话用户（每100人）	0.0	0.0	21.3
互联网用户（每100人）	0.0	0.2	7.0
铺敷道路（占总数的百分比）	..	45.0	..
高科技出口（占制成品出口的百分比）	..	..	*0*
全球联系			
商品贸易（占GDP的百分比）	53	43	*50*
净易货贸易条件指数（2000年=100）	..	100	78
外债总额（百万美元）	155	299	767
债务还本付息总额（占出口的百分比）	*4.0*	6.9	*8.1*
净移民（千人）	90.0	30.0	*0.0*
获得的侨汇（百万美元）	*13.1*	12.3	32.4
外国直接投资，净流入额（百万美元）	*2.3*	3.3	79.0
获得的净官方发展援助（百万美元）	207	72	142

多米尼克

拉丁美洲和加勒比地区			中高收入经济体
人口（千人）	68	人口增长率（百分比）	-0.1
陆地面积（平方公里）	750	每天生活费用不足1.25美元的人口（占人口的百分比）	..
GNI，图表集法（百万美元）	475.5	人均GNI，图表集法（美元）	7,030
PPP衡量的GNI（百万美元）	880.0	PPP衡量的人均GNI（美元）	13,000

	1990	2000	2011
人口			
最贫困的20%人口占国家消费/收入的份额（百分比）	..	..	..
出生时的预期寿命（岁）	*74*	*77*	..
总生育率（每个女性生育数）	*2.5*	*1.9*	..
青年女性生育率（每千名15—19岁女性生育数）	..	..	..
避孕普及率（占15—49岁已婚女性的百分比）	..	*50*	..
在熟练医护人员护理下的分娩（占总数的百分比）	..	100	*100*
5岁以下儿童死亡率（每千人）	17	15	12
儿童营养不良，体重不足（占5岁以下儿童的百分比）	..	..	..
儿童麻疹免疫接种率（占12—23个月年龄组的百分比）	88	99	99
小学毕业率，总数（占适龄年龄组的百分比）	*101*	119	94
中学总入学率，总数（占适龄年龄组的百分比）	70	105	98
小学和中学中女孩与男孩的比率（百分比）	102	106	103
HIV感染率（占15—49岁人口的百分比）	..	..	..
环境			
森林（平方公里）	500	473	444
森林采伐（1990—2007年，平均年度百分比）		0.6	*0.6*
淡水使用量（占内陆水资源的百分比）	..	..	..
获得改善的水资源的人口（占总人口的百分比）	..	95	..
获得改善的卫生设施的人口（占总人口的百分比）	..	81	..
人均能源使用量（千克石油当量）	299	..	..
人均二氧化碳排放量（吨）	0.8	1.5	1.9
人均用电量（千瓦时）	..	..	..
经济			
GDP（百万美元）	166	324	484
GDP增长率（年度百分比）	5.3	-1.0	-0.3
GDP隐含价格平减指数（年度增长百分比）	3.0	22.4	2.9
农业增加值（占GDP的百分比）	25	14	14
工业增加值（占GDP的百分比）	19	19	15
服务业增加值（占GDP的百分比）	56	67	71
货物和服务出口（占GDP的百分比）	55	45	34
货物和服务进口（占GDP的百分比）	81	56	54
资本形成总额（占GDP的百分比）	41	21	22
中央政府收入（占GDP的百分比）	..	..	..
中央政府现金盈余/赤字（占GDP的百分比）	..	..	..
政府与市场			
创办企业的时间（天）	..	..	13
股票市场资本总额（占GDP的百分比）	..	..	..
军费支出（占GDP的百分比）	..	..	..
移动电话用户（每100人）	0.0	1.7	164.0
互联网用户（每100人）	0.0	8.8	51.3
铺敷道路（占总数的百分比）	45.6	50.4	*50.4*
高科技出口（占制成品出口的百分比）	*2*	7	*0*
全球联系			
商品贸易（占GDP的百分比）	104	62	52
净易货贸易条件指数（2000年=100）	..	100	104
外债总额（百万美元）	91	183	284
债务还本付息总额（占出口的百分比）	6.6	7.4	9.8
净移民（千人）	..	..	..
获得的侨汇（百万美元）	13.9	16.3	23.2
外国直接投资，净流入额（百万美元）	12.9	17.6	34.3
获得的净官方发展援助（百万美元）	19.6	15.2	24.8

多米尼加共和国

拉丁美洲和加勒比地区 **中高收入经济体**

人口（百万）	10.1	人口增长率（百分比）	1.3
陆地面积（千平方公里）	49	每天生活费用不足1.25美元的人口（占人口的百分比）	*2.2*
GNI，图表集法（10亿美元）	52.6	人均GNI，图表集法（美元）	5,240
PPP衡量的GNI（10亿美元）	94.7	PPP衡量的人均GNI（美元）	9,420

	1990	2000	2011
人口			
最贫困的20%人口占国家消费/收入的份额（百分比）	*4.2*	3.7	*4.7*
出生时的预期寿命（岁）	68	71	73
总生育率（每个女性生育数）	3.5	2.9	2.5
青年女性生育率（每千名15—19岁女性生育数）	..	110	105
避孕普及率（占15—49岁已婚女性的百分比）	*56*	65	*73*
在熟练医护人员护理下的分娩（占总数的百分比）	*92*	98	*98*
5岁以下儿童死亡率（每千人）	58	39	25
儿童营养不良，体重不足（占5岁以下儿童的百分比）	*8.4*	3.5	*3.4*
儿童麻疹免疫接种率（占12—23个月年龄组的百分比）	70	84	79
小学毕业率，总数（占适龄年龄组的百分比）	..	78	92
中学总入学率，总数（占适龄年龄组的百分比）	..	59	76
小学和中学中女孩与男孩的比率（百分比）	..	104	99
HIV感染率（占15—49岁人口的百分比）	0.4	1.0	0.7
环境			
森林（千平方公里）	20	20	20
森林采伐（1990—2000年和2000—2010年，平均年度百分比）		0.0	*0.0*
淡水使用量（占内陆水资源的百分比）	..	*16.6*	16.6
获得改善的水资源的人口（占总人口的百分比）	88	87	*86*
获得改善的卫生设施的人口（占总人口的百分比）	73	78	*83*
人均能源使用量（千克石油当量）	570	909	*840*
人均二氧化碳排放量（吨）	1.3	2.3	2.1
人均用电量（千瓦时）	388	728	*1,442*
经济			
GDP（10亿美元）	7.1	24.0	55.6
GDP增长率（年度百分比）	-5.5	5.7	4.5
GDP隐含价格平减指数（年度增长百分比）	50.5	6.9	6.6
农业增加值（占GDP的百分比）	15	7	6
工业增加值（占GDP的百分比）	34	36	33
服务业增加值（占GDP的百分比）	60	57	61
货物和服务出口（占GDP的百分比）	34	37	25
货物和服务进口（占GDP的百分比）	44	46	35
资本形成总额（占GDP的百分比）	25	23	16
中央政府收入（占GDP的百分比）	..	..	*14.4*
中央政府现金盈余/赤字（占GDP的百分比）	..	..	*-2.9*
政府与市场			
创办企业的时间（天）	..	*77*	19
股票市场资本总额（占GDP的百分比）	..	..	..
军费支出（占GDP的百分比）	0.7	1.0	0.6
移动电话用户（每100人）	0.0	8.2	87.2
互联网用户（每100人）	0.0	3.7	35.5
铺敷道路（占总数的百分比）	44.7	49.4	..
高科技出口（占制成品出口的百分比）	..	*1*	2
全球联系			
商品贸易（占GDP的百分比）	73	63	47
净易货贸易条件指数（2000年=100）	96	100	92
外债总额（10亿美元）	4.4	4.6	15.4
债务还本付息总额（占出口的百分比）	12.4	5.7	10.4
净移民（千人）	-117	-139	*-140*
获得的侨汇（10亿美元）	0.3	1.8	3.7
外国直接投资，净流入额（百万美元）	133	953	2,295
获得的净官方发展援助（百万美元）	102	56	234

厄瓜多尔

拉丁美洲和加勒比地区		中高收入经济体	
人口（百万）	14.7	人口增长率（百分比）	1.4
陆地面积（千平方公里）	256	每天生活费用不足1.25美元的人口（占人口的百分比）	*4.6*
GNI，图表集法（10亿美元）	61.7	人均GNI，图表集法（美元）	4,200
PPP衡量的GNI（10亿美元）	124.7	PPP衡量的人均GNI（美元）	8,510

	1990	2000	2011
人口			
最贫困的20%人口占国家消费/收入的份额（百分比）	..	3.0	*4.3*
出生时的预期寿命（岁）	69	73	76
总生育率（每个女性生育数）	3.7	3.0	2.4
青年女性生育率（每千名15—19岁女性生育数）	..	85	81
避孕普及率（占15—49岁已婚女性的百分比）	*53*	*66*	..
在熟练医护人员护理下的分娩（占总数的百分比）	..	*99*	..
5岁以下儿童死亡率（每千人）	52	34	23
儿童营养不良，体重不足（占5岁以下儿童的百分比）	..	*6.2*	..
儿童麻疹免疫接种率（占12—23个月年龄组的百分比）	60	99	98
小学毕业率，总数（占适龄年龄组的百分比）	*92*	99	112
中学总入学率，总数（占适龄年龄组的百分比）	57	57	88
小学和中学中女孩与男孩的比率（百分比）	*100*	100	101
HIV感染率（占15—49岁人口的百分比）	0.2	0.4	0.4
环境			
森林（千平方公里）	138	118	97
森林采伐（1990—2000年和2000—2010年，平均年度百分比）		1.5	*1.8*
淡水使用量（占内陆水资源的百分比）	..	*3.5*	3.5
获得改善的水资源的人口（占总人口的百分比）	72	86	*94*
获得改善的卫生设施的人口（占总人口的百分比）	69	83	*92*
人均能源使用量（千克石油当量）	587	651	*836*
人均二氧化碳排放量（吨）	1.6	1.7	2.1
人均用电量（千瓦时）	479	652	*1,055*
经济			
GDP（10亿美元）	10.4	15.9	65.9
GDP增长率（年度百分比）	2.7	2.8	7.8
GDP隐含价格平减指数（年度增长百分比）	5.9	-7.0	5.5
农业增加值（占GDP的百分比）	..	*9*	7
工业增加值（占GDP的百分比）	..	*32*	38
服务业增加值（占GDP的百分比）	..	*59*	55
货物和服务出口（占GDP的百分比）	33	37	33
货物和服务进口（占GDP的百分比）	32	31	39
资本形成总额（占GDP的百分比）	21	20	26
中央政府收入（占GDP的百分比）	14.4	..	..
中央政府现金盈余/赤字（占GDP的百分比）	2.9	..	..
政府与市场			
创办企业的时间（天）	..	*92*	56
股票市场资本总额（占GDP的百分比）	*0.6*	4.4	8.8
军费支出（占GDP的百分比）	2.0	1.7	3.5
移动电话用户（每100人）	0.0	3.9	104.5
互联网用户（每100人）	0.0	1.5	31.4
铺敷道路（占总数的百分比）	13.4	18.9	*14.8*
高科技出口（占制成品出口的百分比）	0	6	3
全球联系			
商品贸易（占GDP的百分比）	44	54	71
净易货贸易条件指数（2000年=100）	114	100	130
外债总额（10亿美元）	12.2	13.3	16.5
债务还本付息总额（占出口的百分比）	33.2	30.6	9.7
净移民（千人）	0	-250	*-120*
获得的侨汇（10亿美元）	0.1	1.3	2.7
外国直接投资，净流入额（百万美元）	126	-23	568
获得的净官方发展援助（百万美元）	159	146	171

埃及

中东和北非			中低收入经济体
人口（百万）	82.5	人口增长率（百分比）	1.7
陆地面积（千平方公里）	1,001	每天生活费用不足1.25美元的人口（占人口的百分比）	<2
GNI，图表集法（10亿美元）	214.7	人均GNI，图表集法（美元）	2,600
PPP衡量的GNI（10亿美元）	504.8	PPP衡量的人均GNI（美元）	6,120

	1990	2000	2011
人口			
最贫困的20%人口占国家消费/收入的份额（百分比）	*8.7*	9.0	*9.2*
出生时的预期寿命（岁）	62	69	73
总生育率（每个女性生育数）	4.4	3.3	2.7
青年女性生育率（每千名15—19岁女性生育数）	..	55	42
避孕普及率（占15—49岁已婚女性的百分比）	*48*	56	*60*
在熟练医护人员护理下的分娩（占总数的百分比）	*37*	61	*79*
5岁以下儿童死亡率（每千人）	86	44	21
儿童营养不良，体重不足（占5岁以下儿童的百分比）	*10.5*	4.3	*6.8*
儿童麻疹免疫接种率（占12—23个月年龄组的百分比）	86	98	96
小学毕业率，总数（占适龄年龄组的百分比）	..	94	*101*
中学总入学率，总数（占适龄年龄组的百分比）	68	83	*72*
小学和中学中女孩与男孩的比率（百分比）	80	92	*96*
HIV感染率（占15—49岁人口的百分比）	0.1	0.1	0.1
环境			
森林（平方公里）	440	590	706
森林采伐（1990—2000年和2000—2010年，平均年度百分比）		-3.0	*-1.7*
淡水使用量（占内陆水资源的百分比）	..	*3,794.4*	3,794.4
获得改善的水资源的人口（占总人口的百分比）	93	96	*99*
获得改善的卫生设施的人口（占总人口的百分比）	72	86	*95*
人均能源使用量（千克石油当量）	569	601	*903*
人均二氧化碳排放量（吨）	1.3	2.1	2.7
人均用电量（千瓦时）	669	994	*1,608*
经济			
GDP（10亿美元）	43	100	230
GDP增长率（年度百分比）	5.7	5.4	1.8
GDP隐含价格平减指数（年度增长百分比）	18.4	4.9	11.2
农业增加值（占GDP的百分比）	19	17	14
工业增加值（占GDP的百分比）	29	33	37
服务业增加值（占GDP的百分比）	52	50	49
货物和服务出口（占GDP的百分比）	20	16	23
货物和服务进口（占GDP的百分比）	33	23	30
资本形成总额（占GDP的百分比）	29	20	20
中央政府收入（占GDP的百分比）	23.0	*24.3*	22.0
中央政府现金盈余/赤字（占GDP的百分比）	-2.0	*-6.7*	-10.1
政府与市场			
创办企业的时间（天）	..	*37*	7
股票市场资本总额（占GDP的百分比）	4.1	28.8	21.2
军费支出（占GDP的百分比）	4.7	3.2	1.9
移动电话用户（每100人）	0.0	2.0	101.1
互联网用户（每100人）	0.0	0.6	38.7
铺敷道路（占总数的百分比）	72.0	78.1	*92.2*
高科技出口（占制成品出口的百分比）	..	0	1
全球联系			
商品贸易（占GDP的百分比）	37	20	39
净易货贸易条件指数（2000年=100）	101	100	159
外债总额（10亿美元）	33.0	29.2	35.0
债务还本付息总额（占出口的百分比）	28.6	9.8	7.4
净移民（千人）	-652	-946	*-347*
获得的侨汇（10亿美元）	4.3	2.9	14.3
外国直接投资，净流入额（百万美元）	734	1,235	-483
获得的净官方发展援助（10亿美元）	6.1	1.4	0.4

萨尔瓦多

拉丁美洲和加勒比地区		中低收入经济体	
人口（百万）	6.2	人口增长率（百分比）	0.6
陆地面积（千平方公里）	21	每天生活费用不足1.25美元的人口（占人口的百分比）	*9.0*
GNI，图表集法（10亿美元）	21.7	人均GNI，图表集法（美元）	3,480
PPP衡量的GNI（10亿美元）	41.4	PPP衡量的人均GNI（美元）	6,640

	1990	2000	2011
人口			
最贫困的20%人口占国家消费/收入的份额（百分比）	*2.6*	2.3	3.7
出生时的预期寿命（岁）	66	70	72
总生育率（每个女性生育数）	4.0	2.9	2.2
青年女性生育率（每千名15—19岁女性生育数）	..	100	77
避孕普及率（占15—49岁已婚女性的百分比）	*53*	*67*	*73*
在熟练医护人员护理下的分娩（占总数的百分比）	*87*	*92*	*96*
5岁以下儿童死亡率（每千人）	60	34	15
儿童营养不良，体重不足（占5岁以下儿童的百分比）	*7.2*	*6.1*	*6.6*
儿童麻疹免疫接种率（占12—23个月年龄组的百分比）	98	97	89
小学毕业率，总数（占适龄年龄组的百分比）	*64*	83	101
中学总入学率，总数（占适龄年龄组的百分比）	*38*	54	68
小学和中学中女孩与男孩的比率（百分比）	*101*	97	97
HIV感染率（占15—49岁人口的百分比）	0.1	0.4	0.6
环境			
森林（千平方公里）	3.8	3.3	2.8
森林采伐（1990—2000年和2000—2010年，平均年度百分比）		1.3	*1.5*
淡水使用量（占内陆水资源的百分比）	*4.1*	*7.8*	7.8
获得改善的水资源的人口（占总人口的百分比）	74	82	*88*
获得改善的卫生设施的人口（占总人口的百分比）	75	83	*87*
人均能源使用量（千克石油当量）	463	668	*677*
人均二氧化碳排放量（吨）	0.5	1.0	1.0
人均用电量（千瓦时）	348	610	*855*
经济			
GDP（10亿美元）	4.8	13.1	23.1
GDP增长率（年度百分比）	4.8	2.2	1.5
GDP隐含价格平减指数（年度增长百分比）	4.7	3.2	6.0
农业增加值（占GDP的百分比）	17	10	13
工业增加值（占GDP的百分比）	27	32	27
服务业增加值（占GDP的百分比）	55	58	60
货物和服务出口（占GDP的百分比）	19	27	28
货物和服务进口（占GDP的百分比）	31	42	47
资本形成总额（占GDP的百分比）	14	17	14
中央政府收入（占GDP的百分比）	..	*16.0*	20.4
中央政府现金盈余/赤字（占GDP的百分比）	..	*-4.7*	-2.2
政府与市场			
创办企业的时间（天）	..	*115*	17
股票市场资本总额（占GDP的百分比）	..	15.5	23.7
军费支出（占GDP的百分比）	4.2	1.2	1.0
移动电话用户（每100人）	0.0	12.5	133.5
互联网用户（每100人）	0.0	1.2	17.7
铺敷道路（占总数的百分比）	14.4	19.8	*46.9*
高科技出口（占制成品出口的百分比）	..	3	6
全球联系			
商品贸易（占GDP的百分比）	38	60	67
净易货贸易条件指数（2000年=100）	84	100	90
外债总额（10亿美元）	2.2	4.5	12.0
债务还本付息总额（占出口的百分比）	21.7	9.9	21.7
净移民（千人）	-291	-402	*-292*
获得的侨汇（10亿美元）	0.4	1.8	3.7
外国直接投资，净流入额（百万美元）	2	173	247
获得的净官方发展援助（百万美元）	347	180	281

赤道几内亚

高收入经济体

人口（千人）	720	人口增长率（百分比）	2.8
陆地面积（千平方公里）	28	每天生活费用不足1.25美元的人口（占人口的百分比）	..
GNI，图表集法（10亿美元）	11.3	人均GNI，图表集法（美元）	15,670
PPP衡量的GNI（10亿美元）	18.4	PPP衡量的人均GNI（美元）	25,620

	1990	2000	2011
人口			
最贫困的20%人口占国家消费/收入的份额（百分比）	..	..	..
出生时的预期寿命（岁）	47	49	51
总生育率（每个女性生育数）	5.9	5.8	5.1
青年女性生育率（每千名15—19岁女性生育数）	..	131	116
避孕普及率（占15—49岁已婚女性的百分比）	..	10	..
在熟练医护人员护理下的分娩（占总数的百分比）	..	65	..
5岁以下儿童死亡率（每千人）	190	152	118
儿童营养不良，体重不足（占5岁以下儿童的百分比）	..	15.7	..
儿童麻疹免疫接种率（占12—23个月年龄组的百分比）	88	51	51
小学毕业率，总数（占适龄年龄组的百分比）	..	55	52
中学总入学率，总数（占适龄年龄组的百分比）	*43*	31	..
小学和中学中女孩与男孩的比率（百分比）	*82*	81	..
HIV感染率（占15—49岁人口的百分比）	0.9	2.3	4.7
环境			
森林（千平方公里）	19	17	16
森林采伐（1990—2000年和2000—2010年，平均年度百分比）		0.7	*0.7*
淡水使用量（占内陆水资源的百分比）	..	*0.1*	0.1
获得改善的水资源的人口（占总人口的百分比）	..	51	..
获得改善的卫生设施的人口（占总人口的百分比）	..	89	..
人均能源使用量（千克石油当量）	..	..	..
人均二氧化碳排放量（吨）	0.3	0.9	*7.1*
人均用电量（千瓦时）	..	..	..
经济			
GDP（10亿美元）	0.1	1.2	19.8
GDP增长率（年度百分比）	3.3	12.5	7.8
GDP隐含价格平减指数（年度增长百分比）	-2.5	46.6	20.6
农业增加值（占GDP的百分比）	62	10	*2*
工业增加值（占GDP的百分比）	11	87	*96*
服务业增加值（占GDP的百分比）	28	3	*2*
货物和服务出口（占GDP的百分比）	32	99	71
货物和服务进口（占GDP的百分比）	70	86	47
资本形成总额（占GDP的百分比）	17	72	35
中央政府收入（占GDP的百分比）	..	..	..
中央政府现金盈余/赤字（占GDP的百分比）	..	..	..
政府与市场			
创办企业的时间（天）	..	..	135
股票市场资本总额（占GDP的百分比）	..	..	..
军费支出（占GDP的百分比）	..	..	..
移动电话用户（每100人）	0.0	1.0	59.1
互联网用户（每100人）	0.0	0.1	*6.0*
铺敷道路（占总数的百分比）	..	..	..
高科技出口（占制成品出口的百分比）	..	..	..
全球联系			
商品贸易（占GDP的百分比）	95	125	98
净易货贸易条件指数（2000年=100）	38	100	226
外债总额（百万美元）	..	..	..
债务还本付息总额（占出口的百分比）	..	..	..
净移民（千人）	15.0	20.0	*20.0*
获得的侨汇（百万美元）	*1.3*	..	..
外国直接投资，净流入额（百万美元）	11	154	737
获得的净官方发展援助（百万美元）	60.2	21.3	24.2

厄立特里亚

撒哈拉以南非洲地区			低收入经济体
人口（百万）	5.4	人口增长率（百分比）	3.0
陆地面积（千平方公里）	118	每天生活费用不足1.25美元的人口（占人口的百分比）	..
GNI，图表集法（10亿美元）	2.3	人均GNI，图表集法（美元）	430
PPP衡量的GNI（10亿美元）	3.1	PPP衡量的人均GNI（美元）	580

	1990	2000	2011
人口			
最贫困的20%人口占国家消费/收入的份额（百分比）	..	..	..
出生时的预期寿命（岁）	48	56	61
总生育率（每个女性生育数）	6.2	5.4	4.4
青年女性生育率（每千名15—19岁女性生育数）	..	89	56
避孕普及率（占15—49岁已婚女性的百分比）	..	*8*	..
在熟练医护人员护理下的分娩（占总数的百分比）	..	*28*	..
5岁以下儿童死亡率（每千人）	138	98	68
儿童营养不良，体重不足（占5岁以下儿童的百分比）	*36.9*	*34.5*	..
儿童麻疹免疫接种率（占12—23个月年龄组的百分比）	*18*	76	99
小学毕业率，总数（占适龄年龄组的百分比）	..	36	*40*
中学总入学率，总数（占适龄年龄组的百分比）	*11*	25	33
小学和中学中女孩与男孩的比率（百分比）	*82*	77	80
HIV感染率（占15—49岁人口的百分比）	0.2	1.1	0.6
环境			
森林（千平方公里）	16	16	15
森林采伐（1990—2000年和2000—2010年，平均年度百分比）		0.3	*0.3*
淡水使用量（占内陆水资源的百分比）	..	*14.8*	20.8
获得改善的水资源的人口（占总人口的百分比）	43	54	*61*
获得改善的卫生设施的人口（占总人口的百分比）	9	11	*14*
人均能源使用量（千克石油当量）	*276*	193	*142*
人均二氧化碳排放量（吨）	..	0.2	0.1
人均用电量（千瓦时）	*39*	47	*52*
经济			
GDP（百万美元）	*477*	634	2,609
GDP增长率（年度百分比）	*13.5*	-13.1	8.7
GDP隐含价格平减指数（年度增长百分比）	*-1.4*	25.0	13.3
农业增加值（占GDP的百分比）	*31*	15	*15*
工业增加值（占GDP的百分比）	*12*	23	*22*
服务业增加值（占GDP的百分比）	*57*	62	*63*
货物和服务出口（占GDP的百分比）	*11*	15	*5*
货物和服务进口（占GDP的百分比）	*45*	82	*20*
资本形成总额（占GDP的百分比）	*8*	24	..
中央政府收入（占GDP的百分比）	..	..	..
中央政府现金盈余/赤字（占GDP的百分比）	..	..	..
政府与市场			
创办企业的时间（天）	..	*91*	84
股票市场资本总额（占GDP的百分比）	..	..	..
军费支出（占GDP的百分比）	*22.0*	36.4	..
移动电话用户（每100人）	0.0	0.0	4.5
互联网用户（每100人）	0.0	0.1	6.2
铺敷道路（占总数的百分比）	19.4	21.8	..
高科技出口（占制成品出口的百分比）	..	0	..
全球联系			
商品贸易（占GDP的百分比）	*77*	80	50
净易货贸易条件指数（2000年=100）	*99*	100	82
外债总额（百万美元）	0	330	1,055
债务还本付息总额（占出口的百分比）	..	4.3	..
净移民（千人）	-3.8	-8.9	*55.0*
获得的侨汇（百万美元）	..	3.3	..
外国直接投资，净流入额（百万美元）	..	27.9	18.5
获得的净官方发展援助（百万美元）	5	177	163

爱沙尼亚

高收入经济体

人口（百万）	1.3	人口增长率（百分比）	0.0
陆地面积（千平方公里）	45	每天生活费用不足1.25美元的人口（占人口的百分比）	<2
GNI，图表集法（10亿美元）	20.4	人均GNI，图表集法（美元）	15,260
PPP衡量的GNI（10亿美元）	27.9	PPP衡量的人均GNI（美元）	20,850

	1990	2000	2011
人口			
最贫困的20%人口占国家消费/收入的份额（百分比）	*6.4*	6.6	..
出生时的预期寿命（岁）	69	70	76
总生育率（每个女性生育数）	2.0	1.4	1.5
青年女性生育率（每千名15—19岁女性生育数）	..	26	18
避孕普及率（占15—49岁已婚女性的百分比）	..	..	..
在熟练医护人员护理下的分娩（占总数的百分比）	*99*	100	*100*
5岁以下儿童死亡率（每千人）	20	11	4
儿童营养不良，体重不足（占5岁以下儿童的百分比）	..	..	..
儿童麻疹免疫接种率（占12—23个月年龄组的百分比）	*74*	93	94
小学毕业率，总数（占适龄年龄组的百分比）	..	92	*96*
中学总入学率，总数（占适龄年龄组的百分比）	103	94	*107*
小学和中学中女孩与男孩的比率（百分比）	*103*	100	*99*
HIV感染率（占15—49岁人口的百分比）	0.1	0.5	1.3
环境			
森林（千平方公里）	21	22	22
森林采伐（1990—2000年和2000—2010年，平均年度百分比）		-0.7	*0.1*
淡水使用量（占内陆水资源的百分比）	..	*11.5*	14.1
获得改善的水资源的人口（占总人口的百分比）	98	98	98
获得改善的卫生设施的人口（占总人口的百分比）	95	95	95
人均能源使用量（千克石油当量）	6,316	3,443	4,140
人均二氧化碳排放量（吨）	*15.0*	11.4	*11.9*
人均用电量（千瓦时）	5,890	4,629	*6,464*
经济			
GDP（10亿美元）	..	5.7	22.2
GDP增长率（年度百分比）	..	9.7	8.3
GDP隐含价格平减指数（年度增长百分比）	..	4.8	2.9
农业增加值（占GDP的百分比）	..	5	*4*
工业增加值（占GDP的百分比）	..	28	*29*
服务业增加值（占GDP的百分比）	..	68	*68*
货物和服务出口（占GDP的百分比）	..	85	92
货物和服务进口（占GDP的百分比）	..	88	88
资本形成总额（占GDP的百分比）	..	28	25
中央政府收入（占GDP的百分比）	..	29.4	33.4
中央政府现金盈余/赤字（占GDP的百分比）	..	0.2	1.0
政府与市场			
创办企业的时间（天）	..	*72*	7
股票市场资本总额（占GDP的百分比）	..	32.5	7.3
军费支出（占GDP的百分比）	..	1.4	1.7
移动电话用户（每100人）	0.0	40.6	139.0
互联网用户（每100人）	0.0	28.6	76.5
铺敷道路（占总数的百分比）	51.8	20.1	*17.9*
高科技出口（占制成品出口的百分比）	..	30	13
全球联系			
商品贸易（占GDP的百分比）	..	157	155
净易货贸易条件指数（2000年=100）	..	100	142
外债总额（百万美元）	..	..	..
债务还本付息总额（占出口的百分比）	..	..	..
净移民（千人）	15.0	-36.6	*0.0*
获得的侨汇（百万美元）	..	4	407
外国直接投资，净流入额（百万美元）	*82*	387	436
获得的净官方发展援助（百万美元）	..	..	..

埃塞俄比亚

撒哈拉以南非洲地区		低收入经济体	
人口（百万）	84.7	人口增长率（百分比）	2.1
陆地面积（千平方公里）	1,104	每天生活费用不足1.25美元的人口（占人口的百分比）	30.7
GNI，图表集法（10亿美元）	31.0	人均GNI，图表集法（美元）	370
PPP衡量的GNI（10亿美元）	93.8	PPP衡量的人均GNI（美元）	1,110

	1990	2000	2011
人口			
最贫困的20%人口占国家消费/收入的份额（百分比）	..	9.2	..
出生时的预期寿命（岁）	47	52	59
总生育率（每个女性生育数）	7.1	6.1	4.0
青年女性生育率（每千名15—19岁女性生育数）	..	103	53
避孕普及率（占15—49岁已婚女性的百分比）	5	8	29
在熟练医护人员护理下的分娩（占总数的百分比）	..	6	10
5岁以下儿童死亡率（每千人）	198	139	77
儿童营养不良，体重不足（占5岁以下儿童的百分比）	..	42.0	29.2
儿童麻疹免疫接种率（占12—23个月年龄组的百分比）	38	33	57
小学毕业率，总数（占适龄年龄组的百分比）	*23*	23	58
中学总入学率，总数（占适龄年龄组的百分比）	*14*	14	38
小学和中学中女孩与男孩的比率（百分比）	*68*	65	90
HIV感染率（占15—49岁人口的百分比）	1.3	3.7	1.4
环境			
森林（千平方公里）	167	137	122
森林采伐（1990—2000年和2000—2010年，平均年度百分比）		1.0	*1.1*
淡水使用量（占内陆水资源的百分比）	..	*4.6*	4.6
获得改善的水资源的人口（占总人口的百分比）	14	29	*44*
获得改善的卫生设施的人口（占总人口的百分比）	3	9	*21*
人均能源使用量（千克石油当量）	308	284	*400*
人均二氧化碳排放量（吨）	0.06	0.09	0.10
人均用电量（千瓦时）	22	23	*54*
经济			
GDP（10亿美元）	12.1	8.1	30.2
GDP增长率（年度百分比）	2.7	6.1	7.3
GDP隐含价格平减指数（年度增长百分比）	3.3	6.9	24.4
农业增加值（占GDP的百分比）	54	50	46
工业增加值（占GDP的百分比）	11	12	11
服务业增加值（占GDP的百分比）	35	38	43
货物和服务出口（占GDP的百分比）	6	12	17
货物和服务进口（占GDP的百分比）	9	24	32
资本形成总额（占GDP的百分比）	13	20	26
中央政府收入（占GDP的百分比）	12.4	*11.9*	11.0
中央政府现金盈余/赤字（占GDP的百分比）	-6.6	*-4.2*	-1.4
政府与市场			
创办企业的时间（天）	..	*46*	15
股票市场资本总额（占GDP的百分比）	..	..	..
军费支出（占GDP的百分比）	6.5	7.6	1.1
移动电话用户（每100人）	0.0	0.0	16.7
互联网用户（每100人）	0.0	0.0	1.1
铺敷道路（占总数的百分比）	15.0	12.0	*13.7*
高科技出口（占制成品出口的百分比）	..	0	2
全球联系			
商品贸易（占GDP的百分比）	11	22	38
净易货贸易条件指数（2000年=100）	*125*	100	136
外债总额（10亿美元）	8.6	5.5	8.6
债务还本付息总额（占出口的百分比）	39.0	13.7	6.1
净移民（千人）	780	-277	*-300*
获得的侨汇（百万美元）	5	53	513
外国直接投资，净流入额（百万美元）	*0*	135	627
获得的净官方发展援助（10亿美元）	1.0	0.7	3.6

法罗群岛

高收入经济体

人口（千人）	49	人口增长率（百分比）	0.3
陆地面积（千平方公里）	1.4	每天生活费用不足1.25美元的人口（占人口的百分比）	..
GNI，图表集法（百万美元）	..	人均GNI，图表集法（美元）	..
PPP衡量的GNI（百万美元）	..	PPP衡量的人均GNI（美元）	..

	1990	2000	2011
人口			
最贫困的20%人口占国家消费/收入的份额（百分比）	..	..	..
出生时的预期寿命（岁）	77	79	82
总生育率（每个女性生育数）	..	..	..
青年女性生育率（每千名15—19岁女性生育数）	..	..	..
避孕普及率（占15—49岁已婚女性的百分比）	..	..	..
在熟练医护人员护理下的分娩（占总数的百分比）	..	..	..
5岁以下儿童死亡率（每千人）	..	..	..
儿童营养不良，体重不足（占5岁以下儿童的百分比）	..	..	..
儿童麻疹免疫接种率（占12—23个月年龄组的百分比）	..	..	..
小学毕业率，总数（占适龄年龄组的百分比）	..	..	..
中学总入学率，总数（占适龄年龄组的百分比）	..	..	..
小学和中学中女孩与男孩的比率（百分比）	..	..	..
HIV感染率（占15—49岁人口的百分比）	..	..	..
环境			
森林（平方公里）	1.0	1.0	1.0
森林采伐（1990—2000年和2000—2010年，平均年度百分比）		0.0	*0.0*
淡水使用量（占内陆水资源的百分比）	..	..	..
获得改善的水资源的人口（占总人口的百分比）	..	..	..
获得改善的卫生设施的人口（占总人口的百分比）	..	..	..
人均能源使用量（千克石油当量）	..	..	..
人均二氧化碳排放量（吨）	13.1	14.3	*14.6*
人均用电量（千瓦时）	..	..	..
经济			
GDP（百万美元）	..	1,062	*2,198*
GDP增长率（年度百分比）	..	..	..
GDP隐含价格平减指数（年度增长百分比）	..	..	..
农业增加值（占GDP的百分比）	..	..	..
工业增加值（占GDP的百分比）	..	..	..
服务业增加值（占GDP的百分比）	..	..	..
货物和服务出口（占GDP的百分比）	..	..	..
货物和服务进口（占GDP的百分比）	..	..	..
资本形成总额（占GDP的百分比）	..	..	..
中央政府收入（占GDP的百分比）	..	..	..
中央政府现金盈余/赤字（占GDP的百分比）	..	..	..
政府与市场			
创办企业的时间（天）	..	..	..
股票市场资本总额（占GDP的百分比）	..	..	..
军费支出（占GDP的百分比）	..	..	..
移动电话用户（每100人）	0.0	37.1	*122.0*
互联网用户（每100人）	0.0	32.9	80.7
铺敷道路（占总数的百分比）	..	..	..
高科技出口（占制成品出口的百分比）	0	0	*1*
全球联系			
商品贸易（占GDP的百分比）	..	95	*70*
净易货贸易条件指数（2000年=100）	..	100	103
外债总额（百万美元）	..	..	..
债务还本付息总额（占出口的百分比）	..	..	..
净移民（千人）	..	..	..
获得的侨汇（百万美元）	..	43	146
外国直接投资，净流入额（百万美元）	..	..	..
获得的净官方发展援助（百万美元）	..	..	..

斐济

东亚和太平洋地区			中低收入经济体
人口（千人）	868	人口增长率（百分比）	0.9
陆地面积（千平方公里）	18	每天生活费用不足1.25美元的人口（占人口的百分比）	5.9
GNI，图表集法（10亿美元）	3.2	人均GNI，图表集法（美元）	3,720
PPP衡量的GNI（10亿美元）	4.0	PPP衡量的人均GNI（美元）	4,610

	1990	2000	2011
人口			
最贫困的20%人口占国家消费/收入的份额（百分比）	..	*4.1*	*6.2*
出生时的预期寿命（岁）	66	68	69
总生育率（每个女性生育数）	3.4	3.1	2.6
青年女性生育率（每千名15—19岁女性生育数）	..	43	43
避孕普及率（占15—49岁已婚女性的百分比）	..	44	*32*
在熟练医护人员护理下的分娩（占总数的百分比）	..	99	*100*
5岁以下儿童死亡率（每千人）	30	22	16
儿童营养不良，体重不足（占5岁以下儿童的百分比）	*6.9*	..	..
儿童麻疹免疫接种率（占12—23个月年龄组的百分比）	84	81	94
小学毕业率，总数（占适龄年龄组的百分比）	..	95	103
中学总入学率，总数（占适龄年龄组的百分比）	*77*	78	90
小学和中学中女孩与男孩的比率（百分比）	*98*	103	104
HIV感染率（占15—49岁人口的百分比）	0.1	0.1	0.1
环境			
森林（千平方公里）	10	10	10
森林采伐（1990—2000年和2000—2010年，平均年度百分比）		-0.3	*-0.3*
淡水使用量（占内陆水资源的百分比）	..	*0.3*	0.3
获得改善的水资源的人口（占总人口的百分比）	84	93	*98*
获得改善的卫生设施的人口（占总人口的百分比）	61	75	*83*
人均能源使用量（千克石油当量）	392	..	..
人均二氧化碳排放量（吨）	1.1	1.1	1.0
人均用电量（千瓦时）	..	..	..
经济			
GDP（百万美元）	1,337	1,684	3,818
GDP增长率（年度百分比）	5.8	-1.7	2.0
GDP隐含价格平减指数（年度增长百分比）	6.7	-4.7	10.2
农业增加值（占GDP的百分比）	20	17	13
工业增加值（占GDP的百分比）	24	22	19
服务业增加值（占GDP的百分比）	56	61	68
货物和服务出口（占GDP的百分比）	62	65	48
货物和服务进口（占GDP的百分比）	67	70	58
资本形成总额（占GDP的百分比）	14	17	*24*
中央政府收入（占GDP的百分比）	26.8	..	..
中央政府现金盈余/赤字（占GDP的百分比）	0.9	..	..
政府与市场			
创办企业的时间（天）	..	*45*	58
股票市场资本总额（占GDP的百分比）	..	14.5	35.9
军费支出（占GDP的百分比）	2.3	1.9	*1.6*
移动电话用户（每100人）	0.0	6.8	83.7
互联网用户（每100人）	0.0	1.5	28.0
铺敷道路（占总数的百分比）	44.5	49.2	..
高科技出口（占制成品出口的百分比）	12	0	*4*
全球联系			
商品贸易（占GDP的百分比）	94	84	83
净易货贸易条件指数（2000年=100）	*142*	100	108
外债总额（百万美元）	308	182	861
债务还本付息总额（占出口的百分比）	9.1	2.4	*1.3*
净移民（千人）	-66.9	-42.3	*-28.8*
获得的侨汇（百万美元）	22	44	158
外国直接投资，净流入额（百万美元）	92	1	204
获得的净官方发展援助（百万美元）	49.6	29.1	75.2

芬 兰

高收入经济体

人口（百万）	5.4	人口增长率（百分比）	0.5
陆地面积（千平方公里）	338	每天生活费用不足1.25美元的人口（占人口的百分比）	..
GNI，图表集法（10亿美元）	257.3	人均GNI，图表集法（美元）	47,760
PPP衡量的GNI（10亿美元）	202.9	PPP衡量的人均GNI（美元）	37,660

	1990	2000	2011
人口			
最贫困的20%人口占国家消费/收入的份额（百分比）	..	9.6	..
出生时的预期寿命（岁）	75	77	80
总生育率（每个女性生育数）	1.8	1.7	1.8
青年女性生育率（每千名15—19岁女性生育数）	..	12	9
避孕普及率（占15—49岁已婚女性的百分比）	*77*	..	..
在熟练医护人员护理下的分娩（占总数的百分比）	*100*	*100*	..
5岁以下儿童死亡率（每千人）	7	4	3
儿童营养不良，体重不足（占5岁以下儿童的百分比）	..	..	..
儿童麻疹免疫接种率（占12—23个月年龄组的百分比）	97	96	97
小学毕业率，总数（占适龄年龄组的百分比）	102	96	*98*
中学总入学率，总数（占适龄年龄组的百分比）	115	125	*108*
小学和中学中女孩与男孩的比率（百分比）	109	105	*102*
HIV感染率（占15—49岁人口的百分比）	0.1	0.1	0.1
环境			
森林（千平方公里）	219	225	222
森林采伐（1990—2000年和2000—2010年，平均年度百分比）		-0.3	*0.1*
淡水使用量（占内陆水资源的百分比）	*2.2*	*2.1*	1.5
获得改善的水资源的人口（占总人口的百分比）	100	100	100
获得改善的卫生设施的人口（占总人口的百分比）	100	100	*100*
人均能源使用量（千克石油当量）	5,692	6,226	6,357
人均二氧化碳排放量（吨）	10.4	10.1	*10.0*
人均用电量（千瓦时）	12,486	15,304	*16,483*
经济			
GDP（10亿美元）	139	122	263
GDP增长率（年度百分比）	0.5	5.3	2.7
GDP隐含价格平减指数（年度增长百分比）	5.4	2.6	3.1
农业增加值（占GDP的百分比）	6	3	*3*
工业增加值（占GDP的百分比）	34	35	*29*
服务业增加值（占GDP的百分比）	60	62	*68*
货物和服务出口（占GDP的百分比）	23	44	41
货物和服务进口（占GDP的百分比）	24	34	41
资本形成总额（占GDP的百分比）	28	21	21
中央政府收入（占GDP的百分比）	..	41.1	38.2
中央政府现金盈余/赤字（占GDP的百分比）	..	6.8	-0.5
政府与市场			
创办企业的时间（天）	..	*31*	14
股票市场资本总额（占GDP的百分比）	16.3	241.1	54.4
军费支出（占GDP的百分比）	1.5	1.3	1.5
移动电话用户（每100人）	5.2	72.1	166.0
互联网用户（每100人）	0.4	37.2	89.4
铺敷道路（占总数的百分比）	61.0	62.0	*65.3*
高科技出口（占制成品出口的百分比）	8	27	9
全球联系			
商品贸易（占GDP的百分比）	39	66	62
净易货贸易条件指数（2000年=100）	..	100	75
外债总额（百万美元）	..	..	..
债务还本付息总额（占出口的百分比）	..	..	..
净移民（千人）	15.5	19.6	*72.6*
获得的侨汇（百万美元）	63	473	751
外国直接投资，净流入额（10亿美元）	0.8	9.1	-5.8
获得的净官方发展援助（百万美元）	..	..	..

法 国

高收入经济体

人口（百万）	65.4	人口增长率（百分比）	0.5
陆地面积（千平方公里）	549	每天生活费用不足1.25美元的人口（占人口的百分比）	..
GNI，图表集法（10亿美元）	2,775.7	人均GNI，图表集法（美元）	42,420
PPP衡量的GNI（10亿美元）	2,349.8	PPP衡量的人均GNI（美元）	35,910

	1990	2000	2011
人口			
最贫困的20%人口占国家消费/收入的份额（百分比）	..	..	..
出生时的预期寿命（岁）[e]	77	79	82
总生育率（每个女性生育数）[e]	1.8	1.9	2.0
青年女性生育率（每千名15—19岁女性生育数）[e]	..	8	6
避孕普及率（占15—49岁已婚女性的百分比）	*81*	82	..
在熟练医护人员护理下的分娩（占总数的百分比）	*99*	..	..
5岁以下儿童死亡率（每千人）[e]	9	5	4
儿童营养不良，体重不足（占5岁以下儿童的百分比）	..	..	..
儿童麻疹免疫接种率（占12—23个月年龄组的百分比）	71	84	89
小学毕业率，总数（占适龄年龄组的百分比）	103	97	..
中学总入学率，总数（占适龄年龄组的百分比）	95	108	*113*
小学和中学中女孩与男孩的比率（百分比）	103	100	*100*
HIV感染率（占15—49岁人口的百分比）	0.3	0.3	0.4
环境			
森林（千平方公里）	145	154	160
森林采伐（1990—2000年和2000—2010年，平均年度百分比）		-0.6	*-0.4*
淡水使用量（占内陆水资源的百分比）	*18.8*	*16.4*	15.8
获得改善的水资源的人口（占总人口的百分比）	100	100	100
获得改善的卫生设施的人口（占总人口的百分比）	100	100	*100*
人均能源使用量（千克石油当量）	3,842	4,135	3,843
人均二氧化碳排放量（吨）	6.8	6.0	*5.6*
人均用电量（千瓦时）	5,965	7,238	*7,729*
经济			
GDP（10亿美元）	1,244	1,326	2,773
GDP增长率（年度百分比）	2.6	3.7	1.7
GDP隐含价格平减指数（年度增长百分比）	2.8	1.6	1.3
农业增加值（占GDP的百分比）	4	3	*2*
工业增加值（占GDP的百分比）	27	23	*19*
服务业增加值（占GDP的百分比）	69	74	*79*
货物和服务出口（占GDP的百分比）	21	29	27
货物和服务进口（占GDP的百分比）	22	28	30
资本形成总额（占GDP的百分比）	22	20	21
中央政府收入（占GDP的百分比）	..	43.2	42.8
中央政府现金盈余/赤字（占GDP的百分比）	..	-1.6	-5.2
政府与市场			
创办企业的时间（天）	..	*41*	7
股票市场资本总额（占GDP的百分比）	25.2	109.1	56.6
军费支出（占GDP的百分比）	3.4	2.5	2.2
移动电话用户（每100人）	0.5	49.2	94.8
互联网用户（每100人）	0.1	14.3	79.6
铺敷道路（占总数的百分比）	..	100.0	*100.0*
高科技出口（占制成品出口的百分比）	17	25	24
全球联系			
商品贸易（占GDP的百分比）	36	50	47
净易货贸易条件指数（2000年=100）	..	100	96
外债总额（百万美元）	..	..	..
债务还本付息总额（占出口的百分比）	..	..	..
净移民（千人）	278	188	*500*
获得的侨汇（10亿美元）	4.0	8.6	19.3
外国直接投资，净流入额（10亿美元）	13.2	42.4	45.2
获得的净官方发展援助（百万美元）	..	..	..

法属波利尼西亚

高收入经济体

人口（千人）	274	人口增长率（百分比）	1.1
陆地面积（千平方公里）	4.0	每天生活费用不足1.25美元的人口（占人口的百分比）	..
GNI，图表集法（10亿美元）	..	人均GNI，图表集法（美元）	..
PPP衡量的GNI（百万美元）	..	PPP衡量的人均GNI（美元）	..

	1990	**2000**	**2011**
人口			
最贫困的20%人口占国家消费/收入的份额（百分比）	..	..	..
出生时的预期寿命（岁）	69	72	75
总生育率（每个女性生育数）	3.3	2.5	2.1
青年女性生育率（每千名15—19岁女性生育数）	..	58	49
避孕普及率（占15—49岁已婚女性的百分比）	..	..	..
在熟练医护人员护理下的分娩（占总数的百分比）	..	99	..
5岁以下儿童死亡率（每千人）	..	..	..
儿童营养不良，体重不足（占5岁以下儿童的百分比）	..	..	..
儿童麻疹免疫接种率（占12—23个月年龄组的百分比）	..	..	..
小学毕业率，总数（占适龄年龄组的百分比）	..	..	..
中学总入学率，总数（占适龄年龄组的百分比）	67	..	..
小学和中学中女孩与男孩的比率（百分比）	111	..	..
HIV感染率（占15—49岁人口的百分比）	..	..	..
环境			
森林（千平方公里）	0.6	1.1	1.6
森林采伐（1990—2000年和2000—2010年，平均年度百分比）		-6.7	*-4.0*
淡水使用量（占内陆水资源的百分比）	..	..	..
获得改善的水资源的人口（占总人口的百分比）	100	100	100
获得改善的卫生设施的人口（占总人口的百分比）	98	98	*98*
人均能源使用量（千克石油当量）	..	..	..
人均二氧化碳排放量（吨）	3.2	2.7	*3.3*
人均用电量（千瓦时）	..	..	..
经济			
GDP（10亿美元）	3.2	3.4	..
GDP增长率（年度百分比）	2.2	4.0	..
GDP隐含价格平减指数（年度增长百分比）	0.8	1.0	..
农业增加值（占GDP的百分比）	1	5	..
工业增加值（占GDP的百分比）	..	..	..
服务业增加值（占GDP的百分比）	..	..	..
货物和服务出口（占GDP的百分比）	*1*	5	..
货物和服务进口（占GDP的百分比）	*28*	24	..
资本形成总额（占GDP的百分比）	..	..	..
中央政府收入（占GDP的百分比）	..	..	..
中央政府现金盈余/赤字（占GDP的百分比）	..	..	..
政府与市场			
创办企业的时间（天）	..	..	..
股票市场资本总额（占GDP的百分比）	..	..	..
军费支出（占GDP的百分比）	..	..	..
移动电话用户（每100人）	0.0	16.8	81.4
互联网用户（每100人）	0.0	6.4	49.0
铺敷道路（占总数的百分比）	..	..	..
高科技出口（占制成品出口的百分比）	..	8	16
全球联系			
商品贸易（占GDP的百分比）	33	35	..
净易货贸易条件指数（2000年=100）	..	100	83
外债总额（百万美元）	..	..	..
债务还本付息总额（占出口的百分比）	..	..	..
净移民（千人）	-1.1	3.2	*-0.4*
获得的侨汇（百万美元）	..	*408*	700
外国直接投资，净流入额（百万美元）	..	*10.9*	39.9
获得的净官方发展援助（百万美元）	260	*352*	..

加蓬

撒哈拉以南非洲地区 **中高收入经济体**

人口（百万）	1.5	人口增长率（百分比）	1.9
陆地面积（千平方公里）	268	每天生活费用不足1.25美元的人口（占人口的百分比）	*4.8*
GNI，图表集法（10亿美元）	12.4	人均GNI，图表集法（美元）	8,080
PPP衡量的GNI（10亿美元）	21.1	PPP衡量的人均GNI（美元）	13,740

	1990	2000	2011
人口			
最贫困的20%人口占国家消费/收入的份额（百分比）	..	..	..
出生时的预期寿命（岁）	61	60	63
总生育率（每个女性生育数）	5.2	4.1	3.2
青年女性生育率（每千名15—19岁女性生育数）	..	116	83
避孕普及率（占15—49岁已婚女性的百分比）	..	33	..
在熟练医护人员护理下的分娩（占总数的百分比）	..	86	..
5岁以下儿童死亡率（每千人）	94	82	66
儿童营养不良，体重不足（占5岁以下儿童的百分比）	..	8.8	..
儿童麻疹免疫接种率（占12—23个月年龄组的百分比）	76	55	55
小学毕业率，总数（占适龄年龄组的百分比）	*69*	*72*	..
中学总入学率，总数（占适龄年龄组的百分比）	*40*	*52*	..
小学和中学中女孩与男孩的比率（百分比）	*96*	*96*	..
HIV感染率（占15—49岁人口的百分比）	1.2	5.0	5.0
环境			
森林（千平方公里）	220	220	220
森林采伐（1990—2000年和2000—2010年，平均年度百分比）		0.0	*0.0*
淡水使用量（占内陆水资源的百分比）	..	*0.1*	0.1
获得改善的水资源的人口（占总人口的百分比）	..	85	*87*
获得改善的卫生设施的人口（占总人口的百分比）	..	36	*33*
人均能源使用量（千克石油当量）	1,272	1,184	*1,418*
人均二氧化碳排放量（吨）	5.2	0.9	1.1
人均用电量（千瓦时）	940	875	*1,004*
经济			
GDP（10亿美元）	6.0	5.1	17.1
GDP增长率（年度百分比）	5.2	-1.9	4.8
GDP隐含价格平减指数（年度增长百分比）	15.4	28.1	17.4
农业增加值（占GDP的百分比）	7	6	4
工业增加值（占GDP的百分比）	43	56	64
服务业增加值（占GDP的百分比）	50	38	32
货物和服务出口（占GDP的百分比）	46	69	65
货物和服务进口（占GDP的百分比）	31	33	36
资本形成总额（占GDP的百分比）	22	22	27
中央政府收入（占GDP的百分比）	..	..	..
中央政府现金盈余/赤字（占GDP的百分比）	..	..	..
政府与市场			
创办企业的时间（天）	..	..	58
股票市场资本总额（占GDP的百分比）	..	..	..
军费支出（占GDP的百分比）	..	1.8	*0.9*
移动电话用户（每100人）	0.0	9.7	117.3
互联网用户（每100人）	0.0	1.2	8.0
铺敷道路（占总数的百分比）	8.2	9.9	*12.0*
高科技出口（占制成品出口的百分比）	*45*	5	*3*
全球联系			
商品贸易（占GDP的百分比）	52	70	93
净易货贸易条件指数（2000年=100）	157	100	219
外债总额（10亿美元）	4.0	3.9	2.9
债务还本付息总额（占出口的百分比）	6.4	9.9	..
净移民（千人）	20.0	14.4	*5.0*
获得的侨汇（百万美元）	0.9	6.1	..
外国直接投资，净流入额（百万美元）	73	-43	728
获得的净官方发展援助（百万美元）	131	12	76

撒哈拉以南非洲地区 **低收入经济体**

人口（百万）	1.8	人口增长率（百分比）	2.7
陆地面积（千平方公里）	11	每天生活费用不足1.25美元的人口（占人口的百分比）	*29.8*
GNI，图表集法（百万美元）	889.3	人均GNI，图表集法（美元）	500
PPP衡量的GNI（百万美元）	3,102.9	PPP衡量的人均GNI（美元）	1,750

	1990	2000	2011
人口			
最贫困的20%人口占国家消费/收入的份额（百分比）	..	*4.8*	..
出生时的预期寿命（岁）	53	55	58
总生育率（每个女性生育数）	6.1	5.6	4.8
青年女性生育率（每千名15—19岁女性生育数）	..	114	69
避孕普及率（占15—49岁已婚女性的百分比）	12	10	*13*
在熟练医护人员护理下的分娩（占总数的百分比）	44	55	*57*
5岁以下儿童死亡率（每千人）	165	130	101
儿童营养不良，体重不足（占5岁以下儿童的百分比）	..	15.4	*15.8*
儿童麻疹免疫接种率（占12—23个月年龄组的百分比）	86	89	91
小学毕业率，总数（占适龄年龄组的百分比）	*42*	67	66
中学总入学率，总数（占适龄年龄组的百分比）	16	..	*54*
小学和中学中女孩与男孩的比率（百分比）	*58*	..	*99*
HIV感染率（占15—49岁人口的百分比）	0.1	0.7	1.5
环境			
森林（千平方公里）	4.4	4.6	4.8
森林采伐（1990—2000年和2000—2010年，平均年度百分比）		-0.4	*-0.4*
淡水使用量（占内陆水资源的百分比）	..	*2.4*	2.4
获得改善的水资源的人口（占总人口的百分比）	74	83	*89*
获得改善的卫生设施的人口（占总人口的百分比）	*60*	63	*68*
人均能源使用量（千克石油当量）	64	..	..
人均二氧化碳排放量（吨）	0.2	0.2	0.3
人均用电量（千瓦时）	..	..	..
经济			
GDP（百万美元）	317	783	898
GDP增长率（年度百分比）	3.6	5.5	-4.3
GDP隐含价格平减指数（年度增长百分比）	12.0	2.2	3.7
农业增加值（占GDP的百分比）	24	25	19
工业增加值（占GDP的百分比）	11	15	13
服务业增加值（占GDP的百分比）	65	61	68
货物和服务出口（占GDP的百分比）	60	26	29
货物和服务进口（占GDP的百分比）	72	31	47
资本形成总额（占GDP的百分比）	22	5	19
中央政府收入（占GDP的百分比）	19.4	..	..
中央政府现金盈余/赤字（占GDP的百分比）	2.1	..	..
政府与市场			
创办企业的时间（天）	..	..	27
股票市场资本总额（占GDP的百分比）	..	..	..
军费支出（占GDP的百分比）	1.1	0.4	..
移动电话用户（每100人）	0.0	0.4	78.9
互联网用户（每100人）	0.0	0.9	10.9
铺敷道路（占总数的百分比）	..	*19.3*	..
高科技出口（占制成品出口的百分比）	..	3	3
全球联系			
商品贸易（占GDP的百分比）	69	26	49
净易货贸易条件指数（2000年=100）	100	100	92
外债总额（百万美元）	369	490	466
债务还本付息总额（占出口的百分比）	22.2	*14.8*	7.5
净移民（千人）	48.4	-26.4	*-13.7*
获得的侨汇（百万美元）	..	*56.5*	90.7
外国直接投资，净流入额（百万美元）	14.1	*18.3*	36.0
获得的净官方发展援助（百万美元）	97	50	135

格鲁吉亚

欧洲和中亚		中低收入经济体	
人口（百万）	4.5	人口增长率（百分比）	0.7
陆地面积（千平方公里）	70	每天生活费用不足1.25美元的人口（占人口的百分比）	*18.0*
GNI，图表集法（10亿美元）	12.8	人均GNI，图表集法（美元）	2,860
PPP衡量的GNI（10亿美元）	24.0	PPP衡量的人均GNI（美元）	5,350

	1990	2000	2011
人口			
最贫困的20%人口占国家消费/收入的份额（百分比）	..	5.3	*5.3*
出生时的预期寿命（岁）	70	72	*73*
总生育率（每个女性生育数）	2.2	1.6	*1.6*
青年女性生育率（每千名15—19岁女性生育数）	..	53	41
避孕普及率（占15—49岁已婚女性的百分比）	..	41	*53*
在熟练医护人员护理下的分娩（占总数的百分比）	97	96	*100*
5岁以下儿童死亡率（每千人）	47	33	21
儿童营养不良，体重不足（占5岁以下儿童的百分比）	..	2.2	*1.1*
儿童麻疹免疫接种率（占12—23个月年龄组的百分比）	*16*	73	94
小学毕业率，总数（占适龄年龄组的百分比）	..	98	*116*
中学总入学率，总数（占适龄年龄组的百分比）	95	79	*86*
小学和中学中女孩与男孩的比率（百分比）	*98*	98	*97*
HIV感染率（占15—49岁人口的百分比）	0.1	0.1	0.2
环境			
森林（千平方公里）	28	28	27
森林采伐（1990—2000年和2000—2010年，平均年度百分比）		0.0	*0.1*
淡水使用量（占内陆水资源的百分比）	..	..	3.1
获得改善的水资源的人口（占总人口的百分比）	81	89	*98*
获得改善的卫生设施的人口（占总人口的百分比）	96	95	*95*
人均能源使用量（千克石油当量）	2,586	649	*700*
人均二氧化碳排放量（吨）	*3.1*	1.0	1.3
人均用电量（千瓦时）	3,039	1,453	*1,743*
经济			
GDP（10亿美元）	7.7	3.1	14.4
GDP增长率（年度百分比）	-14.8	1.8	7.0
GDP隐含价格平减指数（年度增长百分比）	22.4	4.7	9.2
农业增加值（占GDP的百分比）	32	22	9
工业增加值（占GDP的百分比）	33	22	23
服务业增加值（占GDP的百分比）	35	56	67
货物和服务出口（占GDP的百分比）	40	23	36
货物和服务进口（占GDP的百分比）	46	40	55
资本形成总额（占GDP的百分比）	31	27	26
中央政府收入（占GDP的百分比）	..	10.4	25.3
中央政府现金盈余/赤字（占GDP的百分比）	..	-1.6	-1.2
政府与市场			
创办企业的时间（天）	..	*25*	2
股票市场资本总额（占GDP的百分比）	..	0.8	5.5
军费支出（占GDP的百分比）	..	0.6	3.0
移动电话用户（每100人）	0.0	4.1	102.3
互联网用户（每100人）	0.0	0.5	36.6
铺敷道路（占总数的百分比）	93.8	*93.4*	*36.4*
高科技出口（占制成品出口的百分比）	..	11	*2*
全球联系			
商品贸易（占GDP的百分比）	..	34	64
净易货贸易条件指数（2000年=100）	..	100	134
外债总额（10亿美元）	*0.1*	1.8	11.1
债务还本付息总额（占出口的百分比）	..	12.5	26.9
净移民（千人）	-65	-390	*-150*
获得的侨汇（百万美元）	..	274	1,537
外国直接投资，净流入额（百万美元）	..	131	1,154
获得的净官方发展援助（百万美元）	*0*	169	550

德国

高收入经济体

人口（百万）	81.8	人口增长率（百分比）	0.0
陆地面积（千平方公里）	357	每天生活费用不足1.25美元的人口（占人口的百分比）	..
GNI，图表集法（10亿美元）	3,617.7	人均GNI，图表集法（美元）	44,230
PPP衡量的GNI（10亿美元）	3,287.6	PPP衡量的人均GNI（美元）	40,190

	1990	2000	2011
人口			
最贫困的20%人口占国家消费/收入的份额（百分比）	..	8.5	..
出生时的预期寿命（岁）	75	78	81
总生育率（每个女性生育数）	1.5	1.4	1.4
青年女性生育率（每千名15—19岁女性生育数）	..	11	7
避孕普及率（占15—49岁已婚女性的百分比）	*70*	..	..
在熟练医护人员护理下的分娩（占总数的百分比）	..	..	*100*
5岁以下儿童死亡率（每千人）	9	5	4
儿童营养不良，体重不足（占5岁以下儿童的百分比）	..	..	*1.1*
儿童麻疹免疫接种率（占12—23个月年龄组的百分比）	75	92	99
小学毕业率，总数（占适龄年龄组的百分比）	*101*	102	*101*
中学总入学率，总数（占适龄年龄组的百分比）	*98*	98	*103*
小学和中学中女孩与男孩的比率（百分比）	*99*	99	*96*
HIV感染率（占15—49岁人口的百分比）	0.1	0.1	0.2
环境			
森林（千平方公里）	107	111	111
森林采伐（1990—2000年和2000—2010年，平均年度百分比）		-0.3	*0.0*
淡水使用量（占内陆水资源的百分比）	..	*36.6*	30.2
获得改善的水资源的人口（占总人口的百分比）	100	100	100
获得改善的卫生设施的人口（占总人口的百分比）	100	100	*100*
人均能源使用量（千克石油当量）	4,421	4,094	3,755
人均二氧化碳排放量（吨）	*11.6*	10.1	*9.0*
人均用电量（千瓦时）	6,640	6,635	*7,215*
经济			
GDP（10亿美元）	1,714	1,886	3,601
GDP增长率（年度百分比）	5.3	3.1	3.0
GDP隐含价格平减指数（年度增长百分比）	3.4	-0.7	0.8
农业增加值（占GDP的百分比）	1	1	*1*
工业增加值（占GDP的百分比）	37	30	*28*
服务业增加值（占GDP的百分比）	61	68	*71*
货物和服务出口（占GDP的百分比）	25	33	50
货物和服务进口（占GDP的百分比）	25	33	45
资本形成总额（占GDP的百分比）	23	22	18
中央政府收入（占GDP的百分比）	..	30.3	29.1
中央政府现金盈余/赤字（占GDP的百分比）	..	1.4	-0.4
政府与市场			
创办企业的时间（天）	..	*45*	15
股票市场资本总额（占GDP的百分比）	20.7	67.3	32.9
军费支出（占GDP的百分比）	2.5	1.5	1.3
移动电话用户（每100人）	0.3	58.5	132.3
互联网用户（每100人）	0.1	30.2	83.0
铺敷道路（占总数的百分比）	99.0	*100.0*	..
高科技出口（占制成品出口的百分比）	12	19	15
全球联系			
商品贸易（占GDP的百分比）	45	56	76
净易货贸易条件指数（2000年=100）	..	100	99
外债总额（百万美元）	..	..	..
债务还本付息总额（占出口的百分比）	..	..	..
净移民（千人）	1,621	839	*550*
获得的侨汇（10亿美元）	4.9	3.6	13.2
外国直接投资，净流入额（10亿美元）	3	210	39
获得的净官方发展援助（百万美元）	..	..	..

加纳

撒哈拉以南非洲地区		中低收入经济体	
人口（百万）	25.0	人口增长率（百分比）	2.3
陆地面积（千平方公里）	239	每天生活费用不足1.25美元的人口（占人口的百分比）	*28.6*
GNI，图表集法（10亿美元）	35.1	人均GNI，图表集法（美元）	1,410
PPP衡量的GNI（10亿美元）	45.2	PPP衡量的人均GNI（美元）	1,810

	1990	2000	2011
人口			
最贫困的20%人口占国家消费/收入的份额（百分比）	*7.0*	*5.6*	*5.2*
出生时的预期寿命（岁）	57	58	64
总生育率（每个女性生育数）	5.6	4.7	4.1
青年女性生育率（每千名15—19岁女性生育数）	..	84	64
避孕普及率（占15—49岁已婚女性的百分比）	*17*	*22*	34
在熟练医护人员护理下的分娩（占总数的百分比）	*44*	*47*	68
5岁以下儿童死亡率（每千人）	121	99	78
儿童营养不良，体重不足（占5岁以下儿童的百分比）	*25.1*	*20.3*	*14.3*
儿童麻疹免疫接种率（占12—23个月年龄组的百分比）	61	90	91
小学毕业率，总数（占适龄年龄组的百分比）	65	71	99
中学总入学率，总数（占适龄年龄组的百分比）	36	41	59
小学和中学中女孩与男孩的比率（百分比）	78	90	*93*
HIV感染率（占15—49岁人口的百分比）	1.0	2.2	1.5
环境			
森林（千平方公里）	74	61	48
森林采伐（1990—2000年和2000—2010年，平均年度百分比）		2.0	*2.1*
淡水使用量（占内陆水资源的百分比）	..	*3.2*	3.2
获得改善的水资源的人口（占总人口的百分比）	53	71	*86*
获得改善的卫生设施的人口（占总人口的百分比）	7	10	*14*
人均能源使用量（千克石油当量）	358	404	*382*
人均二氧化碳排放量（吨）	0.3	0.3	0.3
人均用电量（千瓦时）	323	330	*298*
经济			
GDP（10亿美元）	5.9	5.0	39.2
GDP增长率（年度百分比）	3.3	3.7	14.4
GDP隐含价格平减指数（年度增长百分比）	31.2	27.2	12.5
农业增加值（占GDP的百分比）	45	39	26
工业增加值（占GDP的百分比）	17	28	26
服务业增加值（占GDP的百分比）	38	32	49
货物和服务出口（占GDP的百分比）	17	49	38
货物和服务进口（占GDP的百分比）	26	67	51
资本形成总额（占GDP的百分比）	14	24	19
中央政府收入（占GDP的百分比）	12.5	*18.1*	19.6
中央政府现金盈余/赤字（占GDP的百分比）	..	*-6.5*	-4.0
政府与市场			
创办企业的时间（天）	..	*22*	12
股票市场资本总额（占GDP的百分比）	*1.2*	10.1	7.9
军费支出（占GDP的百分比）	0.5	1.0	0.3
移动电话用户（每100人）	0.0	0.7	84.8
互联网用户（每100人）	0.0	0.2	14.1
铺敷道路（占总数的百分比）	19.6	29.6	*12.6*
高科技出口（占制成品出口的百分比）	*2*	2	1
全球联系			
商品贸易（占GDP的百分比）	36	93	73
净易货贸易条件指数（2000年=100）	100	100	185
外债总额（10亿美元）	3.7	6.3	11.3
债务还本付息总额（占出口的百分比）	38.4	16.0	2.4
净移民（千人）	-30.0	-51.3	*-51.3*
获得的侨汇（百万美元）	6	32	152
外国直接投资，净流入额（百万美元）	15	166	3,222
获得的净官方发展援助（百万美元）	560	598	1,815

希腊

高收入经济体

人口（百万）	11.3	人口增长率（百分比）	-0.1
陆地面积（千平方公里）	132	每天生活费用不足1.25美元的人口（占人口的百分比）	..
GNI，图表集法（10亿美元）	276.7	人均GNI，图表集法（美元）	24,490
PPP衡量的GNI（10亿美元）	283.7	PPP衡量的人均GNI（美元）	25,110

	1990	2000	2011
人口			
最贫困的20%人口占国家消费/收入的份额（百分比）	..	6.7	..
出生时的预期寿命（岁）	77	78	81
总生育率（每个女性生育数）	1.4	1.3	1.4
青年女性生育率（每千名15—19岁女性生育数）	..	11	10
避孕普及率（占15—49岁已婚女性的百分比）	..	*76*	..
在熟练医护人员护理下的分娩（占总数的百分比）	..	..	..
5岁以下儿童死亡率（每千人）	13	8	4
儿童营养不良，体重不足（占5岁以下儿童的百分比）	..	..	*1.1*
儿童麻疹免疫接种率（占12—23个月年龄组的百分比）	76	89	99
小学毕业率，总数（占适龄年龄组的百分比）	*98*	..	*99*
中学总入学率，总数（占适龄年龄组的百分比）	94	89	*109*
小学和中学中女孩与男孩的比率（百分比）	99	103	*98*
HIV感染率（占15—49岁人口的百分比）	0.1	0.1	0.2
环境			
森林（千平方公里）	33	36	39
森林采伐（1990—2000年和2000—2010年，平均年度百分比）		-0.9	*-0.8*
淡水使用量（占内陆水资源的百分比）	*12.1*	*17.1*	16.3
获得改善的水资源的人口（占总人口的百分比）	96	99	100
获得改善的卫生设施的人口（占总人口的百分比）	97	98	*98*
人均能源使用量（千克石油当量）	2,111	2,481	2,349
人均二氧化碳排放量（吨）	7.2	8.4	*8.4*
人均用电量（千瓦时）	3,234	4,539	*5,242*
经济			
GDP（10亿美元）	93	124	290
GDP增长率（年度百分比）	0.0	4.5	-7.1
GDP隐含价格平减指数（年度增长百分比）	20.7	3.4	1.0
农业增加值（占GDP的百分比）	..	..	..
工业增加值（占GDP的百分比）	..	..	..
服务业增加值（占GDP的百分比）	..	..	..
货物和服务出口（占GDP的百分比）	18	26	25
货物和服务进口（占GDP的百分比）	31	40	33
资本形成总额（占GDP的百分比）	25	25	16
中央政府收入（占GDP的百分比）	..	41.9	41.0
中央政府现金盈余/赤字（占GDP的百分比）	..	-3.8	-9.8
政府与市场			
创办企业的时间（天）	..	*38*	11
股票市场资本总额（占GDP的百分比）	16.3	89.1	11.6
军费支出（占GDP的百分比）	3.4	3.6	2.8
移动电话用户（每100人）	0.0	54.0	106.5
互联网用户（每100人）	0.0	9.1	53.0
铺敷道路（占总数的百分比）	91.7	91.8	*35.4*
高科技出口（占制成品出口的百分比）	2	14	10
全球联系			
商品贸易（占GDP的百分比）	30	36	32
净易货贸易条件指数（2000年=100）	..	100	94
外债总额（百万美元）	..	..	..
债务还本付息总额（占出口的百分比）	..	..	..
净移民（千人）	155	300	*154*
获得的侨汇（10亿美元）	1.8	2.2	1.2
外国直接投资，净流入额（10亿美元）	1.0	1.1	1.1
获得的净官方发展援助（百万美元）	..	..	..

格陵兰

高收入经济体

人口（千人）	57	人口增长率（百分比）	-0.1
陆地面积（千平方公里）	410	每天生活费用不足1.25美元的人口（占人口的百分比）	..
GNI，图表集法（10亿美元）	*1.5*	人均GNI，图表集法（美元）	*26,020*
PPP衡量的GNI（百万美元）	..	PPP衡量的人均GNI（美元）	..

	1990	2000	2011
人口			
最贫困的20%人口占国家消费/收入的份额（百分比）	..	..	..
出生时的预期寿命（岁）	65	66	*70*
总生育率（每个女性生育数）	2.4	2.3	2.1
青年女性生育率（每千名15—19岁女性生育数）	..	..	..
避孕普及率（占15—49岁已婚女性的百分比）	..	..	..
在熟练医护人员护理下的分娩（占总数的百分比）	..	..	..
5岁以下儿童死亡率（每千人）	..	..	..
儿童营养不良，体重不足（占5岁以下儿童的百分比）	..	..	..
儿童麻疹免疫接种率（占12—23个月年龄组的百分比）	..	..	..
小学毕业率，总数（占适龄年龄组的百分比）	..	..	..
中学总入学率，总数（占适龄年龄组的百分比）	..	..	..
小学和中学中女孩与男孩的比率（百分比）	..	..	..
HIV感染率（占15—49岁人口的百分比）	..	..	..
环境			
森林（平方公里）	2.0	2.0	2.2
森林采伐（1990—2000年和2000—2010年，平均年度百分比）		0.0	*0.0*
淡水使用量（占内陆水资源的百分比）	..	..	..
获得改善的水资源的人口（占总人口的百分比）	100	100	100
获得改善的卫生设施的人口（占总人口的百分比）	100	100	*100*
人均能源使用量（千克石油当量）	..	..	..
人均二氧化碳排放量（吨）	10.0	9.5	*10.2*
人均用电量（千瓦时）	..	..	..
经济			
GDP（百万美元）	1,019	1,068	*1,268*
GDP增长率（年度百分比）	-11.7	7.1	*-5.4*
GDP隐含价格平减指数（年度增长百分比）	5.1	2.1	*-19.0*
农业增加值（占GDP的百分比）	..	..	..
工业增加值（占GDP的百分比）	..	..	..
服务业增加值（占GDP的百分比）	..	..	..
货物和服务出口（占GDP的百分比）	..	..	..
货物和服务进口（占GDP的百分比）	..	..	..
资本形成总额（占GDP的百分比）	..	..	..
中央政府收入（占GDP的百分比）	..	..	..
中央政府现金盈余/赤字（占GDP的百分比）	..	..	..
政府与市场			
创办企业的时间（天）	..	..	..
股票市场资本总额（占GDP的百分比）	..	..	..
军费支出（占GDP的百分比）	..	..	..
移动电话用户（每100人）	0.0	26.9	102.5
互联网用户（每100人）	0.0	31.7	64.0
铺敷道路（占总数的百分比）	..	..	..
高科技出口（占制成品出口的百分比）	10	37	..
全球联系			
商品贸易（占GDP的百分比）	88	60	*86*
净易货贸易条件指数（2000年=100）	..	100	72
外债总额（百万美元）	..	..	..
债务还本付息总额（占出口的百分比）	..	..	..
净移民（千人）	..	..	..
获得的侨汇（百万美元）	..	..	..
外国直接投资，净流入额（百万美元）	..	..	..
获得的净官方发展援助（百万美元）	..	..	..

格林纳达

拉丁美洲和加勒比地区 | **中高收入经济体**

人口（千人）	105	人口增长率（百分比）	0.4
陆地面积（平方公里）	340	每天生活费用不足1.25美元的人口（占人口的百分比）	..
GNI，图表集法（百万美元）	770.9	人均GNI，图表集法（美元）	7,350
PPP衡量的GNI（百万美元）	1,086.0	PPP衡量的人均GNI（美元）	10,350

	1990	2000	2011
人口			
最贫困的20%人口占国家消费/收入的份额（百分比）	..	..	..
出生时的预期寿命（岁）	69	73	76
总生育率（每个女性生育数）	3.8	2.6	2.2
青年女性生育率（每千名15—19岁女性生育数）	..	55	37
避孕普及率（占15—49岁已婚女性的百分比）	54	*54*	*54*
在熟练医护人员护理下的分娩（占总数的百分比）	..	100	*99*
5岁以下儿童死亡率（每千人）	21	16	13
儿童营养不良，体重不足（占5岁以下儿童的百分比）	..	..	..
儿童麻疹免疫接种率（占12—23个月年龄组的百分比）	85	92	95
小学毕业率，总数（占适龄年龄组的百分比）	..	*91*	*112*
中学总入学率，总数（占适龄年龄组的百分比）	91	*108*	*108*
小学和中学中女孩与男孩的比率（百分比）	*104*	*103*	99
HIV感染率（占15—49岁人口的百分比）	..	..	..
环境			
森林（平方公里）	170	170	170
森林采伐（1990—2007年，平均年度百分比）		0.0	*0.0*
淡水使用量（占内陆水资源的百分比）	..	..	..
获得改善的水资源的人口（占总人口的百分比）	*94*	94	..
获得改善的卫生设施的人口（占总人口的百分比）	97	97	*97*
人均能源使用量（千克石油当量）	442	..	..
人均二氧化碳排放量（吨）	1.1	1.9	2.4
人均用电量（千瓦时）	..	..	..
经济			
GDP（百万美元）	221	523	816
GDP增长率（年度百分比）	5.2	2.5	1.0
GDP隐含价格平减指数（年度增长百分比）	-1.4	34.5	3.1
农业增加值（占GDP的百分比）	13	6	5
工业增加值（占GDP的百分比）	18	21	17
服务业增加值（占GDP的百分比）	69	73	78
货物和服务出口（占GDP的百分比）	42	45	23
货物和服务进口（占GDP的百分比）	63	59	48
资本形成总额（占GDP的百分比）	38	38	21
中央政府收入（占GDP的百分比）	..	21.4	19.3
中央政府现金盈余/赤字（占GDP的百分比）	..	-2.1	-3.0
政府与市场			
创办企业的时间（天）	..	..	15
股票市场资本总额（占GDP的百分比）	..	..	..
军费支出（占GDP的百分比）	..	..	..
移动电话用户（每100人）	0.2	4.2	116.7
互联网用户（每100人）	0.0	4.1	*33.5*
铺敷道路（占总数的百分比）	55.4	61.0	..
高科技出口（占制成品出口的百分比）	*4*	30	*11*
全球联系			
商品贸易（占GDP的百分比）	60	55	45
净易货贸易条件指数（2000年=100）	..	100	102
外债总额（百万美元）	112	203	567
债务还本付息总额（占出口的百分比）	4.3	6.0	13.3
净移民（千人）	-14.7	-5.5	*-5.0*
获得的侨汇（百万美元）	18.0	46.4	28.9
外国直接投资，净流入额（百万美元）	12.9	37.4	41.4
获得的净官方发展援助（百万美元）	13.8	16.5	12.8

关岛

高收入经济体

人口（千人）	182	人口增长率（百分比）	1.2
陆地面积（平方公里）	540	每天生活费用不足1.25美元的人口（占人口的百分比）	..
GNI，图表集法（百万美元）	..	人均GNI，图表集法（美元）	..
PPP衡量的GNI（百万美元）	..	PPP衡量的人均GNI（美元）	..

	1990	2000	2011
人口			
最贫困的20%人口占国家消费/收入的份额（百分比）	..	..	..
出生时的预期寿命（岁）	72	74	76
总生育率（每个女性生育数）	3.1	2.9	2.4
青年女性生育率（每千名15—19岁女性生育数）	..	64	50
避孕普及率（占15—49岁已婚女性的百分比）	..	67	..
在熟练医护人员护理下的分娩（占总数的百分比）	..	99	..
5岁以下儿童死亡率（每千人）	..	..	..
儿童营养不良，体重不足（占5岁以下儿童的百分比）	..	..	..
儿童麻疹免疫接种率（占12—23个月年龄组的百分比）	..	..	..
小学毕业率，总数（占适龄年龄组的百分比）	..	..	..
中学总入学率，总数（占适龄年龄组的百分比）	..	..	..
小学和中学中女孩与男孩的比率（百分比）	..	..	..
HIV感染率（占15—49岁人口的百分比）	..	..	..
环境			
森林（平方公里）	259	259	259
森林采伐（1990—2000年和2000—2010年，平均年度百分比）		0.0	*0.0*
淡水使用量（占内陆水资源的百分比）	..	..	..
获得改善的水资源的人口（占总人口的百分比）	100	100	100
获得改善的卫生设施的人口（占总人口的百分比）	99	99	*99*
人均能源使用量（千克石油当量）	..	..	..
人均二氧化碳排放量（吨）	..	..	..
人均用电量（千瓦时）	..	..	..
经济			
GDP（百万美元）	..	..	..
GDP增长率（年度百分比）	..	..	..
GDP隐含价格平减指数（年度增长百分比）	..	..	..
农业增加值（占GDP的百分比）	..	..	..
工业增加值（占GDP的百分比）	..	..	..
服务业增加值（占GDP的百分比）	..	..	..
货物和服务出口（占GDP的百分比）	..	..	..
货物和服务进口（占GDP的百分比）	..	..	..
资本形成总额（占GDP的百分比）	..	..	..
中央政府收入（占GDP的百分比）	..	..	..
中央政府现金盈余/赤字（占GDP的百分比）	..	..	..
政府与市场			
创办企业的时间（天）	..	..	..
股票市场资本总额（占GDP的百分比）	..	..	..
军费支出（占GDP的百分比）	..	..	..
移动电话用户（每100人）	0.0	17.5	..
互联网用户（每100人）	0.0	16.1	*50.6*
铺敷道路（占总数的百分比）	..	..	..
高科技出口（占制成品出口的百分比）	..	..	..
全球联系			
商品贸易（占GDP的百分比）	..	..	..
净易货贸易条件指数（2000年=100）	..	100	85
外债总额（百万美元）	..	..	..
债务还本付息总额（占出口的百分比）	..	..	..
净移民（千人）	0.5	-4.8	*0.0*
获得的侨汇（百万美元）	..	..	..
外国直接投资，净流入额（百万美元）	..	..	..
获得的净官方发展援助（百万美元）	..	..	..

危地马拉

拉丁美洲和加勒比地区			中低收入经济体
人口（百万）	14.8	人口增长率（百分比）	2.5
陆地面积（千平方公里）	109	每天生活费用不足1.25美元的人口（占人口的百分比）	*13.5*
GNI，图表集法（10亿美元）	42.4	人均GNI，图表集法（美元）	2,870
PPP衡量的GNI（10亿美元）	70.3	PPP衡量的人均GNI（美元）	4,760

	1990	2000	2011
人口			
最贫困的20%人口占国家消费/收入的份额（百分比）	*2.2*	3.5	*3.1*
出生时的预期寿命（岁）	62	68	71
总生育率（每个女性生育数）	5.6	4.8	3.9
青年女性生育率（每千名15—19岁女性生育数）	..	118	103
避孕普及率（占15—49岁已婚女性的百分比）	..	*38*	*54*
在熟练医护人员护理下的分娩（占总数的百分比）	..	*41*	*52*
5岁以下儿童死亡率（每千人）	78	48	30
儿童营养不良，体重不足（占5岁以下儿童的百分比）	*20.7*	19.6	*13.0*
儿童麻疹免疫接种率（占12—23个月年龄组的百分比）	68	86	87
小学毕业率，总数（占适龄年龄组的百分比）	..	58	*86*
中学总入学率，总数（占适龄年龄组的百分比）	*23*	38	*64*
小学和中学中女孩与男孩的比率（百分比）	*87*	89	*95*
HIV感染率（占15—49岁人口的百分比）	0.1	0.5	0.8
环境			
森林（千平方公里）	47	42	36
森林采伐（1990—2000年和2000—2010年，平均年度百分比）		1.2	*1.4*
淡水使用量（占内陆水资源的百分比）	..	*2.7*	2.7
获得改善的水资源的人口（占总人口的百分比）	81	87	*92*
获得改善的卫生设施的人口（占总人口的百分比）	62	71	*78*
人均能源使用量（千克石油当量）	495	627	*713*
人均二氧化碳排放量（吨）	0.6	0.9	1.1
人均用电量（千瓦时）	208	343	*567*
经济			
GDP（10亿美元）	7.7	19.3	46.9
GDP增长率（年度百分比）	3.1	3.6	3.9
GDP隐含价格平减指数（年度增长百分比）	40.5	6.8	5.5
农业增加值（占GDP的百分比）	..	*15*	11
工业增加值（占GDP的百分比）	..	*29*	68
服务业增加值（占GDP的百分比）	..	56	20
货物和服务出口（占GDP的百分比）	21	20	27
货物和服务进口（占GDP的百分比）	25	29	38
资本形成总额（占GDP的百分比）	14	18	14
中央政府收入（占GDP的百分比）	7.9	10.2	11.6
中央政府现金盈余/赤字（占GDP的百分比）	-1.9	-1.8	-2.8
政府与市场			
创办企业的时间（天）	..	*39*	40
股票市场资本总额（占GDP的百分比）	..	*0.9*	..
军费支出（占GDP的百分比）	1.5	0.8	0.4
移动电话用户（每100人）	0.0	7.6	140.4
互联网用户（每100人）	0.0	0.7	11.7
铺敷道路（占总数的百分比）	24.9	34.5	*59.1*
高科技出口（占制成品出口的百分比）	*6*	8	4
全球联系			
商品贸易（占GDP的百分比）	37	39	58
净易货贸易条件指数（2000年=100）	115	100	91
外债总额（10亿美元）	2.9	3.9	16.3
债务还本付息总额（占出口的百分比）	15.4	9.7	15.6
净移民（千人）	-300	-390	*-200*
获得的侨汇（百万美元）	119	596	4,508
外国直接投资，净流入额（百万美元）	48	230	1,081
获得的净官方发展援助（百万美元）	201	263	392

几内亚

撒哈拉以南非洲地区		低收入经济体	
人口（百万）	10.2	人口增长率（百分比）	2.4
陆地面积（千平方公里）	246	每天生活费用不足1.25美元的人口（占人口的百分比）	*43.3*
GNI，图表集法（10亿美元）	4.4	人均GNI，图表集法（美元）	430
PPP衡量的GNI（10亿美元）	10.5	PPP衡量的人均GNI（美元）	1,020

	1990	2000	2011
人口			
最贫困的20%人口占国家消费/收入的份额（百分比）	3.1	6.4	6.4
出生时的预期寿命（岁）	44	48	54
总生育率（每个女性生育数）	6.7	6.0	5.2
青年女性生育率（每千名15—19岁女性生育数）	..	169	138
避孕普及率（占15—49岁已婚女性的百分比）	*2*	*6*	..
在熟练医护人员护理下的分娩（占总数的百分比）	31	35	46
5岁以下儿童死亡率（每千人）	228	175	126
儿童营养不良，体重不足（占5岁以下儿童的百分比）	..	29.1	*20.8*
儿童麻疹免疫接种率（占12—23个月年龄组的百分比）	35	42	58
小学毕业率，总数（占适龄年龄组的百分比）	21	32	*64*
中学总入学率，总数（占适龄年龄组的百分比）	11	*19*	42
小学和中学中女孩与男孩的比率（百分比）	44	*64*	79
HIV感染率（占15—49岁人口的百分比）	0.7	1.5	1.4
环境			
森林（千平方公里）	73	69	65
森林采伐（1990—2000年和2000—2010年，平均年度百分比）		0.5	*0.5*
淡水使用量（占内陆水资源的百分比）	..	*0.7*	0.7
获得改善的水资源的人口（占总人口的百分比）	51	63	*74*
获得改善的卫生设施的人口（占总人口的百分比）	10	14	*18*
人均能源使用量（千克石油当量）	..	..	..
人均二氧化碳排放量（吨）	0.2	0.2	0.1
人均用电量（千瓦时）	..	..	..
经济			
GDP（10亿美元）	2.7	3.0	5.1
GDP增长率（年度百分比）	4.3	2.5	3.9
GDP隐含价格平减指数（年度增长百分比）	17.3	6.3	19.6
农业增加值（占GDP的百分比）	24	22	22
工业增加值（占GDP的百分比）	33	33	45
服务业增加值（占GDP的百分比）	43	44	33
货物和服务出口（占GDP的百分比）	31	25	30
货物和服务进口（占GDP的百分比）	33	29	48
资本形成总额（占GDP的百分比）	25	20	18
中央政府收入（占GDP的百分比）	..	*12.0*	..
中央政府现金盈余/赤字（占GDP的百分比）	..	*-2.4*	..
政府与市场			
创办企业的时间（天）	..	*40*	35
股票市场资本总额（占GDP的百分比）	..	..	..
军费支出（占GDP的百分比）	*2.4*	1.5	..
移动电话用户（每100人）	0.0	0.5	44.0
互联网用户（每100人）	0.0	0.1	1.3
铺敷道路（占总数的百分比）	15.2	16.5	..
高科技出口（占制成品出口的百分比）	..	0	*0*
全球联系			
商品贸易（占GDP的百分比）	52	43	73
净易货贸易条件指数（2000年=100）	122	100	110
外债总额（10亿美元）	2.5	3.1	3.1
债务还本付息总额（占出口的百分比）	20.1	20.7	11.2
净移民（千人）	162	-227	*-300*
获得的侨汇（百万美元）	18.0	1.2	64.5
外国直接投资，净流入额（百万美元）	18	10	896
获得的净官方发展援助（百万美元）	292	153	208

几内亚比绍

撒哈拉以南非洲地区 低收入经济体

人口（百万）	1.5	人口增长率（百分比）	2.1
陆地面积（千平方公里）	36	每天生活费用不足1.25美元的人口（占人口的百分比）	*48.9*
GNI，图表集法（百万美元）	925.5	人均GNI，图表集法（美元）	600
PPP衡量的GNI（百万美元）	1,910.6	PPP衡量的人均GNI（美元）	1,230

	1990	2000	2011
人口			
最贫困的20%人口占国家消费/收入的份额（百分比）	*2.1*	7.3	..
出生时的预期寿命（岁）	43	45	48
总生育率（每个女性生育数）	6.6	5.8	5.0
青年女性生育率（每千名15—19岁女性生育数）	..	137	99
避孕普及率（占15—49岁已婚女性的百分比）	..	8	*14*
在熟练医护人员护理下的分娩（占总数的百分比）	..	35	*44*
5岁以下儿童死亡率（每千人）	210	186	161
儿童营养不良，体重不足（占5岁以下儿童的百分比）	..	21.9	*17.2*
儿童麻疹免疫接种率（占12—23个月年龄组的百分比）	53	71	61
小学毕业率，总数（占适龄年龄组的百分比）	6	30	*68*
中学总入学率，总数（占适龄年龄组的百分比）	5	19	..
小学和中学中女孩与男孩的比率（百分比）	55	66	..
HIV感染率（占15—49岁人口的百分比）	0.3	1.2	2.5
环境			
森林（千平方公里）	22	21	20
森林采伐（1990—2000年和2000—2010年，平均年度百分比）		0.4	*0.5*
淡水使用量（占内陆水资源的百分比）	*0.1*	*1.1*	1.1
获得改善的水资源的人口（占总人口的百分比）	36	50	*64*
获得改善的卫生设施的人口（占总人口的百分比）	..	14	*20*
人均能源使用量（千克石油当量）	73	..	..
人均二氧化碳排放量（吨）	0.2	0.2	0.2
人均用电量（千瓦时）	..	..	..
经济			
GDP（百万美元）	244	215	968
GDP增长率（年度百分比）	6.1	3.6	5.7
GDP隐含价格平减指数（年度增长百分比）	30.2	7.1	4.4
农业增加值（占GDP的百分比）	61	56	..
工业增加值（占GDP的百分比）	19	13	..
服务业增加值（占GDP的百分比）	21	31	..
货物和服务出口（占GDP的百分比）	10	32	..
货物和服务进口（占GDP的百分比）	37	52	..
资本形成总额（占GDP的百分比）	30	11	..
中央政府收入（占GDP的百分比）	..	..	..
中央政府现金盈余/赤字（占GDP的百分比）	..	..	..
政府与市场			
创办企业的时间（天）	..	..	9
股票市场资本总额（占GDP的百分比）	..	..	..
军费支出（占GDP的百分比）	*2.1*	4.4	..
移动电话用户（每100人）	0.0	0.0	56.2
互联网用户（每100人）	0.0	0.2	2.7
铺敷道路（占总数的百分比）	8.3	*27.9*	..
高科技出口（占制成品出口的百分比）	..	..	..
全球联系			
商品贸易（占GDP的百分比）	43	56	55
净易货贸易条件指数（2000年=100）	146	100	81
外债总额（百万美元）	695	949	284
债务还本付息总额（占出口的百分比）	32.3	*7.1*	*6.4*
净移民（千人）	-20.0	-20.0	*-10.0*
获得的侨汇（百万美元）	1.0	8.0	45.9
外国直接投资，净流入额（百万美元）	2.0	0.7	19.4
获得的净官方发展援助（百万美元）	126	81	119

圭亚那

拉丁美洲和加勒比地区 **中低收入经济体**

人口（千人）	756	人口增长率（百分比）	0.2
陆地面积（千平方公里）	215	每天生活费用不足1.25美元的人口（占人口的百分比）	..
GNI，图表集法（10亿美元）	2.2	人均GNI，图表集法（美元）	*2,900*
PPP衡量的GNI（10亿美元）	2.6	PPP衡量的人均GNI（美元）	*3,460*

	1990	2000	2011
人口			
最贫困的20%人口占国家消费/收入的份额（百分比）	*4.3*	*4.5*	..
出生时的预期寿命（岁）	61	64	70
总生育率（每个女性生育数）	2.6	2.5	2.2
青年女性生育率（每千名15—19岁女性生育数）	..	79	57
避孕普及率（占15—49岁已婚女性的百分比）	*38*	37	*43*
在熟练医护人员护理下的分娩（占总数的百分比）	..	86	*92*
5岁以下儿童死亡率（每千人）	63	49	36
儿童营养不良，体重不足（占5岁以下儿童的百分比）	*16.1*	11.9	*11.1*
儿童麻疹免疫接种率（占12—23个月年龄组的百分比）	73	86	98
小学毕业率，总数（占适龄年龄组的百分比）	*97*	103	85
中学总入学率，总数（占适龄年龄组的百分比）	..	*98*	93
小学和中学中女孩与男孩的比率（百分比）	..	*98*	107
HIV感染率（占15—49岁人口的百分比）	0.6	1.9	1.1
环境			
森林（千平方公里）	152	152	152
森林采伐（1990—2000年和2000—2010年，平均年度百分比）		0.0	*0.0*
淡水使用量（占内陆水资源的百分比）	*0.6*	*0.7*	0.7
获得改善的水资源的人口（占总人口的百分比）	..	89	*94*
获得改善的卫生设施的人口（占总人口的百分比）	..	79	*84*
人均能源使用量（千克石油当量）	527	..	..
人均二氧化碳排放量（吨）	1.6	2.2	2.1
人均用电量（千瓦时）	..	..	..
经济			
GDP（百万美元）	397	713	2,577
GDP增长率（年度百分比）	-3.0	-1.4	4.4
GDP隐含价格平减指数（年度增长百分比）	56.4	6.6	*6.7*
农业增加值（占GDP的百分比）	38	31	21
工业增加值（占GDP的百分比）	25	29	34
服务业增加值（占GDP的百分比）	37	40	45
货物和服务出口（占GDP的百分比）	63	96	..
货物和服务进口（占GDP的百分比）	80	111	..
资本形成总额（占GDP的百分比）	31	24	24
中央政府收入（占GDP的百分比）	..	..	..
中央政府现金盈余/赤字（占GDP的百分比）	..	..	..
政府与市场			
创办企业的时间（天）	..	*46*	20
股票市场资本总额（占GDP的百分比）	..	*12.7*	17.1
军费支出（占GDP的百分比）	0.9	1.5	1.2
移动电话用户（每100人）	0.0	5.4	69.9
互联网用户（每100人）	0.0	6.6	32.0
铺敷道路（占总数的百分比）	6.6	7.4	..
高科技出口（占制成品出口的百分比）	..	2	0
全球联系			
商品贸易（占GDP的百分比）	143	150	113
净易货贸易条件指数（2000年=100）	..	100	130
外债总额（10亿美元）	2.0	1.4	1.8
债务还本付息总额（占出口的百分比）	*18.7*	10.2	*2.7*
净移民（千人）	-88.0	-42.5	*-40.0*
获得的侨汇（百万美元）	*1*	27	373
外国直接投资，净流入额（百万美元）	8	67	165
获得的净官方发展援助（百万美元）	168	116	159

海地

拉丁美洲和加勒比地区			低收入经济体
人口（百万）	10.1	人口增长率（百分比）	1.3
陆地面积（千平方公里）	28	每天生活费用不足1.25美元的人口（占人口的百分比）	*61.7*
GNI，图表集法（10亿美元）	7.1	人均GNI，图表集法（美元）	700
PPP衡量的GNI（10亿美元）	11.9	PPP衡量的人均GNI（美元）	1,180

	1990	2000	2011
人口			
最贫困的20%人口占国家消费/收入的份额（百分比）	..	*2.4*	..
出生时的预期寿命（岁）	55	58	62
总生育率（每个女性生育数）	5.4	4.3	3.3
青年女性生育率（每千名15—19岁女性生育数）	..	56	42
避孕普及率（占15—49岁已婚女性的百分比）	*10*	28	*32*
在熟练医护人员护理下的分娩（占总数的百分比）	*23*	24	*26*
5岁以下儿童死亡率（每千人）	143	102	70
儿童营养不良，体重不足（占5岁以下儿童的百分比）	23.7	13.9	*18.9*
儿童麻疹免疫接种率（占12—23个月年龄组的百分比）	31	55	59
小学毕业率，总数（占适龄年龄组的百分比）	..	..	..
中学总入学率，总数（占适龄年龄组的百分比）	..	..	..
小学和中学中女孩与男孩的比率（百分比）	..	..	..
HIV感染率（占15—49岁人口的百分比）	2.9	2.7	1.8
环境			
森林（千平方公里）	1.2	1.1	1.0
森林采伐（1990—2000年和2000—2010年，平均年度百分比）		0.6	*0.8*
淡水使用量（占内陆水资源的百分比）	*7.5*	*9.2*	9.2
获得改善的水资源的人口（占总人口的百分比）	59	62	*69*
获得改善的卫生设施的人口（占总人口的百分比）	26	22	*17*
人均能源使用量（千克石油当量）	219	233	*229*
人均二氧化碳排放量（吨）	0.1	0.2	0.2
人均用电量（千瓦时）	58	35	*24*
经济			
GDP（10亿美元）	*3.5*	3.7	7.3
GDP增长率（年度百分比）	*-5.3*	0.9	5.6
GDP隐含价格平减指数（年度增长百分比）	*20.9*	11.1	6.8
农业增加值（占GDP的百分比）	..	..	..
工业增加值（占GDP的百分比）	..	..	..
服务业增加值（占GDP的百分比）	..	..	..
货物和服务出口（占GDP的百分比）	*10*	13	14
货物和服务进口（占GDP的百分比）	*29*	33	55
资本形成总额（占GDP的百分比）	*24*	27	28
中央政府收入（占GDP的百分比）	..	..	..
中央政府现金盈余/赤字（占GDP的百分比）	..	..	..
政府与市场			
创办企业的时间（天）	..	*202*	105
股票市场资本总额（占GDP的百分比）	..	..	..
军费支出（占GDP的百分比）	*0.1*	..	..
移动电话用户（每100人）	0.0	0.6	41.5
互联网用户（每100人）	0.0	0.2	*8.4*
铺敷道路（占总数的百分比）	21.9	24.3	..
高科技出口（占制成品出口的百分比）	14	..	..
全球联系			
商品贸易（占GDP的百分比）	*16*	37	50
净易货贸易条件指数（2000年=100）	132	100	65
外债总额（百万美元）	939	1,203	783
债务还本付息总额（占出口的百分比）	11.9	9.2	0.5
净移民（千人）	-131	-136	*-240*
获得的侨汇（百万美元）	*123*	578	1,551
外国直接投资，净流入额（百万美元）	8	13	181
获得的净官方发展援助（百万美元）	167	208	1,712

洪都拉斯

拉丁美洲和加勒比地区		中低收入经济体	
人口（百万）	7.8	人口增长率（百分比）	2.0
陆地面积（千平方公里）	112	每天生活费用不足1.25美元的人口（占人口的百分比）	*17.9*
GNI，图表集法（10亿美元）	15.4	人均GNI，图表集法（美元）	1,980
PPP衡量的GNI（10亿美元）	29.7	PPP衡量的人均GNI（美元）	3,820

	1990	2000	2011
人口			
最贫困的20%人口占国家消费/收入的份额（百分比）	2.8	*2.7*	*2.0*
出生时的预期寿命（岁）	66	70	73
总生育率（每个女性生育数）	5.1	4.0	3.1
青年女性生育率（每千名15—19岁女性生育数）	..	107	87
避孕普及率（占15—49岁已婚女性的百分比）	*47*	*62*	*65*
在熟练医护人员护理下的分娩（占总数的百分比）	*47*	*56*	*67*
5岁以下儿童死亡率（每千人）	55	35	21
儿童营养不良，体重不足（占5岁以下儿童的百分比）	*15.8*	*12.5*	*8.6*
儿童麻疹免疫接种率（占12—23个月年龄组的百分比）	90	98	99
小学毕业率，总数（占适龄年龄组的百分比）	*65*	..	101
中学总入学率，总数（占适龄年龄组的百分比）	*33*	..	74
小学和中学中女孩与男孩的比率（百分比）	*104*	..	107
HIV感染率（占15—49岁人口的百分比）	..	..	..
环境			
森林（千平方公里）	81	64	51
森林采伐（1990—2000年和2000—2010年，平均年度百分比）		2.4	*2.1*
淡水使用量（占内陆水资源的百分比）	..	*1.2*	1.2
获得改善的水资源的人口（占总人口的百分比）	76	82	*87*
获得改善的卫生设施的人口（占总人口的百分比）	50	64	*77*
人均能源使用量（千克石油当量）	487	481	*601*
人均二氧化碳排放量（吨）	0.5	0.8	1.0
人均用电量（千瓦时）	373	516	*671*
经济			
GDP（10亿美元）	3.0	7.1	17.4
GDP增长率（年度百分比）	0.1	5.7	3.6
GDP隐含价格平减指数（年度增长百分比）	21.2	30.8	9.3
农业增加值（占GDP的百分比）	22	16	15
工业增加值（占GDP的百分比）	26	32	27
服务业增加值（占GDP的百分比）	51	52	58
货物和服务出口（占GDP的百分比）	37	54	48
货物和服务进口（占GDP的百分比）	40	66	69
资本形成总额（占GDP的百分比）	23	28	27
中央政府收入（占GDP的百分比）	..	*20.0*	21.2
中央政府现金盈余/赤字（占GDP的百分比）	..	*-3.0*	-2.6
政府与市场			
创办企业的时间（天）	..	*62*	14
股票市场资本总额（占GDP的百分比）	*1.3*	*8.8*	..
军费支出（占GDP的百分比）	..	0.7	1.1
移动电话用户（每100人）	0.0	2.5	104.0
互联网用户（每100人）	0.0	1.2	15.9
铺敷道路（占总数的百分比）	21.1	20.4	..
高科技出口（占制成品出口的百分比）	*1*	0	*1*
全球联系			
商品贸易（占GDP的百分比）	61	103	101
净易货贸易条件指数（2000年=100）	78	100	90
外债总额（10亿美元）	3.8	5.5	4.6
债务还本付息总额（占出口的百分比）	38.3	9.9	16.0
净移民（千人）	-70	-180	*-100*
获得的侨汇（百万美元）	63	484	2,811
外国直接投资，净流入额（百万美元）	44	382	1,043
获得的净官方发展援助（百万美元）	448	448	624

中国香港

高收入经济体

人口（百万）	7.1	人口增长率（百分比）	0.1
陆地面积（千平方公里）	1.1	每天生活费用不足1.25美元的人口（占人口的百分比）	..
GNI，图表集法（10亿美元）	254.6	人均GNI，图表集法（美元）	36,010
PPP衡量的GNI（10亿美元）	370.2	PPP衡量的人均GNI（美元）	52,350

	1990	2000	2011
人口			
最贫困的20%人口占国家消费/收入的份额（百分比）	..	..	..
出生时的预期寿命（岁）	77	81	83
总生育率（每个女性生育数）	1.3	1.0	1.2
青年女性生育率（每千名15—19岁女性生育数）	..	4	4
避孕普及率（占15—49岁已婚女性的百分比）	*86*	*86*	*80*
在熟练医护人员护理下的分娩（占总数的百分比）	..	..	..
5岁以下儿童死亡率（每千人）	..	..	..
儿童营养不良，体重不足（占5岁以下儿童的百分比）	..	..	..
儿童麻疹免疫接种率（占12—23个月年龄组的百分比）	..	..	..
小学毕业率，总数（占适龄年龄组的百分比）	102	*97*	91
中学总入学率，总数（占适龄年龄组的百分比）	*76*	*77*	80
小学和中学中女孩与男孩的比率（百分比）	*102*	98	103
HIV感染率（占15—49岁人口的百分比）	..	..	..
环境			
森林（平方公里）	..	..	..
森林采伐（1990—2000年和2000—2010年，平均年度百分比）		..	..
淡水使用量（占内陆水资源的百分比）	..	..	..
获得改善的水资源的人口（占总人口的百分比）	..	..	..
获得改善的卫生设施的人口（占总人口的百分比）	..	..	..
人均能源使用量（千克石油当量）	1,518	2,009	*1,951*
人均二氧化碳排放量（吨）	4.8	6.1	*5.3*
人均用电量（千瓦时）	4,178	5,447	*5,923*
经济			
GDP（10亿美元）	77	172	249
GDP增长率（年度百分比）	3.8	7.7	4.9
GDP隐含价格平减指数（年度增长百分比）	7.6	-3.4	3.8
农业增加值（占GDP的百分比）	..	0	*0*
工业增加值（占GDP的百分比）	..	12	*7*
服务业增加值（占GDP的百分比）	..	88	*93*
货物和服务出口（占GDP的百分比）	131	142	225
货物和服务进口（占GDP的百分比）	122	137	222
资本形成总额（占GDP的百分比）	27	28	23
中央政府收入（占GDP的百分比）	..	*14.7*	*22.3*
中央政府现金盈余/赤字（占GDP的百分比）	..	*-6.7*	*4.1*
政府与市场			
创办企业的时间（天）	..	*11*	3
股票市场资本总额（占GDP的百分比）	108.4	363.1	357.8
军费支出（占GDP的百分比）	..	..	..
移动电话用户（每100人）	2.3	80.3	214.7
互联网用户（每100人）	0.0	27.8	74.5
铺敷道路（占总数的百分比）	100.0	*100.0*	*100.0*
高科技出口（占制成品出口的百分比）	*17*	23	14
全球联系			
商品贸易（占GDP的百分比）	217	243	389
净易货贸易条件指数（2000年=100）	100	100	96
外债总额（百万美元）	..	..	..
债务还本付息总额（占出口的百分比）	..	..	..
净移民（千人）	160	551	*176*
获得的侨汇（百万美元）	..	136	357
外国直接投资，净流入额（10亿美元）	..	61.9	95.4
获得的净官方发展援助（百万美元）	38.2	..	..

匈牙利

高收入经济体

人口（百万）	10.0	人口增长率（百分比）	-0.3
陆地面积（千平方公里）	93	每天生活费用不足1.25美元的人口（占人口的百分比）	<2
GNI，图表集法（10亿美元）	126.9	人均GNI，图表集法（美元）	12,730
PPP衡量的GNI（10亿美元）	202.5	PPP衡量的人均GNI（美元）	20,310

	1990	2000	2011
人口			
最贫困的20%人口占国家消费/收入的份额（百分比）	*10.4*	9.6	*8.4*
出生时的预期寿命（岁）	69	71	75
总生育率（每个女性生育数）	1.8	1.3	1.2
青年女性生育率（每千名15--19岁女性生育数）	..	22	14
避孕普及率（占15—49岁已婚女性的百分比）	*81*	..	..
在熟练医护人员护理下的分娩（占总数的百分比）	99	100	*100*
5岁以下儿童死亡率（每千人）	19	11	6
儿童营养不良，体重不足（占5岁以下儿童的百分比）	*2.3*	..	..
儿童麻疹免疫接种率（占12—23个月年龄组的百分比）	99	99	99
小学毕业率，总数（占适龄年龄组的百分比）	86	97	*98*
中学总入学率，总数（占适龄年龄组的百分比）	88	95	*100*
小学和中学中女孩与男孩的比率（百分比）	100	100	*98*
HIV感染率（占15—49岁人口的百分比）	0.1	0.1	0.1
环境			
森林（千平方公里）	18	19	20
森林采伐（1990—2000年和2000—2010年，平均年度百分比）		-0.6	*-0.6*
淡水使用量（占内陆水资源的百分比）	..	*97.3*	93.2
获得改善的水资源的人口（占总人口的百分比）	96	99	100
获得改善的卫生设施的人口（占总人口的百分比）	100	100	*100*
人均能源使用量（千克石油当量）	2,772	2,448	2,514
人均二氧化碳排放量（吨）	6.1	5.6	*4.9*
人均用电量（千瓦时）	3,427	3,309	*3,876*
经济			
GDP（10亿美元）	33.1	46.4	140.0
GDP增长率（年度百分比）	-3.5	4.2	1.7
GDP隐含价格平减指数（年度增长百分比）	25.7	9.7	3.5
农业增加值（占GDP的百分比）	15	6	*4*
工业增加值（占GDP的百分比）	39	32	*31*
服务业增加值（占GDP的百分比）	46	62	*65*
货物和服务出口（占GDP的百分比）	31	75	92
货物和服务进口（占GDP的百分比）	29	78	85
资本形成总额（占GDP的百分比）	25	27	19
中央政府收入（占GDP的百分比）	..	38.5	47.3
中央政府现金盈余/赤字（占GDP的百分比）	..	-2.8	3.6
政府与市场			
创办企业的时间（天）	..	*52*	5
股票市场资本总额（占GDP的百分比）	*1.5*	25.9	13.4
军费支出（占GDP的百分比）	2.8	1.7	1.0
移动电话用户（每100人）	0.0	30.1	117.3
互联网用户（每100人）	0.0	7.0	59.0
铺敷道路（占总数的百分比）	*44.1*	*43.7*	*38.1*
高科技出口（占制成品出口的百分比）	*4*	27	23
全球联系			
商品贸易（占GDP的百分比）	62	130	153
净易货贸易条件指数（2000年=100）	..	100	94
外债总额（百万美元）	..	..	..
债务还本付息总额（占出口的百分比）	..	..	..
净移民（千人）	-77.1	81.7	*75.0*
获得的侨汇（百万美元）	..	281	2,441
外国直接投资，净流入额（10亿美元）	0.6	2.8	9.6
获得的净官方发展援助（百万美元）	..	..	..

冰岛

高收入经济体

人口（千人）	319	人口增长率（百分比）	0.3
陆地面积（千平方公里）	103[d]	每天生活费用不足1.25美元的人口（占人口的百分比）	..
GNI，图表集法（10亿美元）	11.1	人均GNI，图表集法（美元）	34,820
PPP衡量的GNI（10亿美元）	9.9	PPP衡量的人均GNI（美元）	31,020

	1990	2000	2011
人口			
最贫困的20%人口占国家消费/收入的份额（百分比）	..	..	..
出生时的预期寿命（岁）	78	80	82
总生育率（每个女性生育数）	2.3	2.1	2.0
青年女性生育率（每千名15—19岁女性生育数）	..	20	12
避孕普及率（占15—49岁已婚女性的百分比）	..	..	..
在熟练医护人员护理下的分娩（占总数的百分比）	..	..	..
5岁以下儿童死亡率（每千人）	6	4	3
儿童营养不良，体重不足（占5岁以下儿童的百分比）	..	..	..
儿童麻疹免疫接种率（占12—23个月年龄组的百分比）	99	91	93
小学毕业率，总数（占适龄年龄组的百分比）	..	98	98
中学总入学率，总数（占适龄年龄组的百分比）	98	107	*108*
小学和中学中女孩与男孩的比率（百分比）	*98*	102	*101*
HIV感染率（占15—49岁人口的百分比）	0.1	0.2	0.3
环境			
森林（平方公里）	87	184	308
森林采伐（1990—2000年和2000—2010年，平均年度百分比）		-7.8	*-5.0*
淡水使用量（占内陆水资源的百分比）	*0.1*	*0.1*	0.1
获得改善的水资源的人口（占总人口的百分比）	100	100	*100*
获得改善的卫生设施的人口（占总人口的百分比）	100	100	*100*
人均能源使用量（千克石油当量）	8,196	11,023	17,983
人均二氧化碳排放量（吨）	7.8	7.7	*6.4*
人均用电量（千瓦时）	16,148	26,202	*51,440*
经济			
GDP（10亿美元）	6.4	8.7	14.0
GDP增长率（年度百分比）	1.2	4.3	2.6
GDP隐含价格平减指数（年度增长百分比）	15.2	3.6	3.2
农业增加值（占GDP的百分比）	12	9	*7*
工业增加值（占GDP的百分比）	31	26	*25*
服务业增加值（占GDP的百分比）	57	65	*68*
货物和服务出口（占GDP的百分比）	34	34	59
货物和服务进口（占GDP的百分比）	32	41	51
资本形成总额（占GDP的百分比）	19	23	14
中央政府收入（占GDP的百分比）	..	33.3	30.0
中央政府现金盈余/赤字（占GDP的百分比）	..	2.7	-5.3
政府与市场			
创办企业的时间（天）	..	5	5
股票市场资本总额（占GDP的百分比）	..	51.0	14.4
军费支出（占GDP的百分比）	..	..	*0.1*
移动电话用户（每100人）	3.9	76.4	106.1
互联网用户（每100人）	0.0	44.5	95.0
铺敷道路（占总数的百分比）	19.9	29.5	*39.9*
高科技出口（占制成品出口的百分比）	10	13	21
全球联系			
商品贸易（占GDP的百分比）	51	52	73
净易货贸易条件指数（2000年=100）	..	100	90
外债总额（百万美元）	..	..	..
债务还本付息总额（占出口的百分比）	..	..	..
净移民（千人）	0.3	2.0	*10.4*
获得的侨汇（百万美元）	62.3	87.6	21.1
外国直接投资，净流入额（百万美元）	22	155	1,107
获得的净官方发展援助（百万美元）	..	..	..

印度

南亚			中低收入经济体
人口（百万）	1,241.5	人口增长率（百分比）	1.4
陆地面积（千平方公里）	3,287	每天生活费用不足1.25美元的人口（占人口的百分比）	*32.7*
GNI，图表集法（10亿美元）	1,766.2	人均GNI，图表集法（美元）	1,420
PPP衡量的GNI（10亿美元）	4,524.6	PPP衡量的人均GNI（美元）	3,640

	1990	**2000**	**2011**
人口			
最贫困的20%人口占国家消费/收入的份额（百分比）	*8.8*	..	..
出生时的预期寿命（岁）	58	62	65
总生育率（每个女性生育数）	3.9	3.1	2.6
青年女性生育率（每千名15—19岁女性生育数）	..	106	77
避孕普及率（占15—49岁已婚女性的百分比）	*41*	47	*55*
在熟练医护人员护理下的分娩（占总数的百分比）	*34*	43	*52*
5岁以下儿童死亡率（每千人）	114	88	61
儿童营养不良，体重不足（占5岁以下儿童的百分比）	59.5	*44.4*	*43.5*
儿童麻疹免疫接种率（占12—23个月年龄组的百分比）	56	55	74
小学毕业率，总数（占适龄年龄组的百分比）	*63*	71	*96*
中学总入学率，总数（占适龄年龄组的百分比）	*37*	45	*63*
小学和中学中女孩与男孩的比率（百分比）	*67*	79	*95*
HIV感染率（占15—49岁人口的百分比）	..	..	..
环境			
森林（千平方公里）	639	654	686
森林采伐（1990—2000年和2000—2010年，平均年度百分比）		-0.2	*-0.5*
淡水使用量（占内陆水资源的百分比）	*34.6*	*42.2*	52.6
获得改善的水资源的人口（占总人口的百分比）	69	81	*92*
获得改善的卫生设施的人口（占总人口的百分比）	18	25	*34*
人均能源使用量（千克石油当量）	362	434	*566*
人均二氧化碳排放量（吨）	0.8	1.1	1.6
人均用电量（千瓦时）	268	387	*616*
经济			
GDP（10亿美元）	327	475	1,873
GDP增长率（年度百分比）	5.5	4.0	6.3
GDP隐含价格平减指数（年度增长百分比）	10.7	3.7	8.3
农业增加值（占GDP的百分比）	29	23	18
工业增加值（占GDP的百分比）	26	26	27
服务业增加值（占GDP的百分比）	44	51	56
货物和服务出口（占GDP的百分比）	7	13	24
货物和服务进口（占GDP的百分比）	8	14	30
资本形成总额（占GDP的百分比）	25	24	35
中央政府收入（占GDP的百分比）	12.2	11.5	11.8
中央政府现金盈余/赤字（占GDP的百分比）	-3.3	-3.8	-3.7
政府与市场			
创办企业的时间（天）	..	*89*	27
股票市场资本总额（占GDP的百分比）	11.8	31.2	54.2
军费支出（占GDP的百分比）	3.1	3.0	2.5
移动电话用户（每100人）	0.0	0.3	72.0
互联网用户（每100人）	0.0	0.5	10.1
铺敷道路（占总数的百分比）	*47.3*	47.5	*49.5*
高科技出口（占制成品出口的百分比）	4	6	7
全球联系			
商品贸易（占GDP的百分比）	13	20	41
净易货贸易条件指数（2000年=100）	86	100	136
外债总额（10亿美元）	86	101	334
债务还本付息总额（占出口的百分比）	34.9	17.5	6.5
净移民（千人）	-14	-513	*-3,000*
获得的侨汇（10亿美元）	2.4	12.9	63.8
外国直接投资，净流入额（10亿美元）	0.2	3.6	32.2
获得的净官方发展援助（10亿美元）	1.4	1.4	3.2

印度尼西亚

东亚和太平洋地区		中低收入经济体	
人口（百万）	242.3	人口增长率（百分比）	1.0
陆地面积（千平方公里）	1,905	每天生活费用不足1.25美元的人口（占人口的百分比）	*18.1*
GNI，图表集法（10亿美元）	712.7	人均GNI，图表集法（美元）	2,940
PPP衡量的GNI（10亿美元）	1,091.4	PPP衡量的人均GNI（美元）	4,500

	1990	2000	2011
人口			
最贫困的20%人口占国家消费/收入的份额（百分比）	9.4	*9.6*	..
出生时的预期寿命（岁）	62	66	69
总生育率（每个女性生育数）	3.1	2.5	2.1
青年女性生育率（每千名15—19岁女性生育数）	..	49	43
避孕普及率（占15—49岁已婚女性的百分比）	*50*	55	*61*
在熟练医护人员护理下的分娩（占总数的百分比）	41	67	*82*
5岁以下儿童死亡率（每千人）	82	53	32
儿童营养不良，体重不足（占5岁以下儿童的百分比）	*31.0*	24.8	*18.6*
儿童麻疹免疫接种率（占12—23个月年龄组的百分比）	58	74	89
小学毕业率，总数（占适龄年龄组的百分比）	92	*93*	*109*
中学总入学率，总数（占适龄年龄组的百分比）	46	53	*77*
小学和中学中女孩与男孩的比率（百分比）	92	96	*101*
HIV感染率（占15—49岁人口的百分比）	0.1	0.1	0.3
环境			
森林（千平方公里）	1,185	994	937
森林采伐（1990—2000年和2000—2010年，平均年度百分比）		1.8	*0.5*
淡水使用量（占内陆水资源的百分比）	*3.7*	*5.6*	5.6
获得改善的水资源的人口（占总人口的百分比）	70	78	*82*
获得改善的卫生设施的人口（占总人口的百分比）	32	44	*54*
人均能源使用量（千克石油当量）	535	727	*867*
人均二氧化碳排放量（吨）	0.8	1.2	1.9
人均用电量（千瓦时）	160	387	*641*
经济			
GDP（10亿美元）	114	165	847
GDP增长率（年度百分比）	9.0	4.9	6.5
GDP隐含价格平减指数（年度增长百分比）	7.7	20.4	8.4
农业增加值（占GDP的百分比）	19	16	15
工业增加值（占GDP的百分比）	39	46	47
服务业增加值（占GDP的百分比）	41	38	38
货物和服务出口（占GDP的百分比）	25	41	26
货物和服务进口（占GDP的百分比）	24	30	25
资本形成总额（占GDP的百分比）	31	22	33
中央政府收入（占GDP的百分比）	*16.6*	*18.3*	16.2
中央政府现金盈余/赤字（占GDP的百分比）	*0.7*	*-3.7*	-1.1
政府与市场			
创办企业的时间（天）	..	*168*	47
股票市场资本总额（占GDP的百分比）	7.1	16.3	46.1
军费支出（占GDP的百分比）	0.9	*0.5*	0.7
移动电话用户（每100人）	0.0	1.7	103.1
互联网用户（每100人）	0.0	0.9	18.0
铺敷道路（占总数的百分比）	45.1	57.1	56.9
高科技出口（占制成品出口的百分比）	2	16	8
全球联系			
商品贸易（占GDP的百分比）	42	66	45
净易货贸易条件指数（2000年=100）	95	100	134
外债总额（10亿美元）	70	144	214
债务还本付息总额（占出口的百分比）	33.5	22.8	14.5
净移民（千人）	-264	-776	*-1,293*
获得的侨汇（10亿美元）	0.2	1.2	6.9
外国直接投资，净流入额（10亿美元）	1.1	-4.6	18.2
获得的净官方发展援助（10亿美元）	1.7	1.7	0.4

伊朗

中东和北非			中高收入经济体
人口（百万）	74.8	人口增长率（百分比）	1.1
陆地面积（千平方公里）	1,745	每天生活费用不足1.25美元的人口（占人口的百分比）	<2
GNI，图表集法（10亿美元）	*330.4*	人均GNI，图表集法（美元）	*4,520*
PPP衡量的GNI（10亿美元）	*835.5*	PPP衡量的人均GNI（美元）	*11,420*

	1990	2000	2011
人口			
最贫困的20%人口占国家消费/收入的份额（百分比）	5.2	5.2	..
出生时的预期寿命（岁）	62	70	73
总生育率（每个女性生育数）	4.8	2.2	1.6
青年女性生育率（每千名15—19岁女性生育数）	..	39	26
避孕普及率（占15—49岁已婚女性的百分比）	*49*	74	..
在熟练医护人员护理下的分娩（占总数的百分比）	..	90	..
5岁以下儿童死亡率（每千人）	61	44	25
儿童营养不良，体重不足（占5岁以下儿童的百分比）	..	*4.6*	..
儿童麻疹免疫接种率（占12—23个月年龄组的百分比）	85	99	99
小学毕业率，总数（占适龄年龄组的百分比）	87	93	106
中学总入学率，总数（占适龄年龄组的百分比）	54	80	86
小学和中学中女孩与男孩的比率（百分比）	82	94	97
HIV感染率（占15—49岁人口的百分比）	0.1	0.1	0.2
环境			
森林（千平方公里）	111	111	111
森林采伐（1990—2000年和2000—2010年，平均年度百分比）		0.0	*0.0*
淡水使用量（占内陆水资源的百分比）	..	*69.8*	72.6
获得改善的水资源的人口（占总人口的百分比）	90	93	*96*
获得改善的卫生设施的人口（占总人口的百分比）	79	90	*100*
人均能源使用量（千克石油当量）	1,264	1,882	*2,817*
人均二氧化碳排放量（吨）	3.8	5.7	8.2
人均用电量（千瓦时）	967	1,553	*2,652*
经济			
GDP（10亿美元）	116	101	*331*
GDP增长率（年度百分比）	13.7	5.1	*1.8*
GDP隐含价格平减指数（年度增长百分比）	20.6	26.4	*0.6*
农业增加值（占GDP的百分比）	19	14	..
工业增加值（占GDP的百分比）	29	37	..
服务业增加值（占GDP的百分比）	52	50	..
货物和服务出口（占GDP的百分比）	15	23	..
货物和服务进口（占GDP的百分比）	23	17	..
资本形成总额（占GDP的百分比）	37	33	..
中央政府收入（占GDP的百分比）	18.7	23.4	*31.9*
中央政府现金盈余/赤字（占GDP的百分比）	-1.9	1.8	*0.5*
政府与市场			
创办企业的时间（天）	..	*29*	13
股票市场资本总额（占GDP的百分比）	*2.2*	7.3	*19.1*
军费支出（占GDP的百分比）	2.1	3.7	*1.9*
移动电话用户（每100人）	0.0	1.5	74.9
互联网用户（每100人）	0.0	0.9	21.0
铺敷道路（占总数的百分比）	..	*64.8*	*80.6*
高科技出口（占制成品出口的百分比）	..	1	*4*
全球联系			
商品贸易（占GDP的百分比）	34	42	*39*
净易货贸易条件指数（2000年=100）	..	100	181
外债总额（10亿美元）	9.0	8.0	19.1
债务还本付息总额（占出口的百分比）	3.2	9.7	1.4
净移民（千人）	1,344	687	*-186*
获得的侨汇（百万美元）	*1,200*	536	1,330
外国直接投资，净流入额（百万美元）	-362	39	4,150
获得的净官方发展援助（百万美元）	106	130	102

伊拉克

中东和北非		中低收入经济体	
人口（百万）	33.0	人口增长率（百分比）	2.9
陆地面积（千平方公里）	435	每天生活费用不足1.25美元的人口（占人口的百分比）	*2.8*
GNI，图表集法（10亿美元）	87.0	人均GNI，图表集法（美元）	2,640
PPP衡量的GNI（10亿美元）	123.5	PPP衡量的人均GNI（美元）	3,750

	1990	2000	2011
人口			
最贫困的20%人口占国家消费/收入的份额（百分比）	..	..	*8.7*
出生时的预期寿命（岁）	68	71	69
总生育率（每个女性生育数）	6.0	5.3	4.6
青年女性生育率（每千名15—19岁女性生育数）	..	66	88
避孕普及率（占15—49岁已婚女性的百分比）	*14*	44	*50*
在熟练医护人员护理下的分娩（占总数的百分比）	*54*	72	*80*
5岁以下儿童死亡率（每千人）	46	43	38
儿童营养不良，体重不足（占5岁以下儿童的百分比）	*10.4*	12.9	*7.1*
儿童麻疹免疫接种率（占12—23个月年龄组的百分比）	75	87	76
小学毕业率，总数（占适龄年龄组的百分比）	*59*	56	..
中学总入学率，总数（占适龄年龄组的百分比）	*47*	38	..
小学和中学中女孩与男孩的比率（百分比）	*77*	77	..
HIV感染率（占15—49岁人口的百分比）	..	..	..
环境			
森林（千平方公里）	8.0	8.2	8.3
森林采伐（1990—2000年和2000—2010年，平均年度百分比）		-0.2	*-0.1*
淡水使用量（占内陆水资源的百分比）	*121.6*	*187.5*	187.5
获得改善的水资源的人口（占总人口的百分比）	81	80	*79*
获得改善的卫生设施的人口（占总人口的百分比）	*67*	69	*73*
人均能源使用量（千克石油当量）	1,083	1,067	*1,180*
人均二氧化碳排放量（吨）	2.9	3.0	3.5
人均用电量（千瓦时）	1,253	1,199	*1,183*
经济			
GDP（10亿美元）	*48.4*	25.9	115.4
GDP增长率（年度百分比）	..	-4.3	9.9
GDP隐含价格平减指数（年度增长百分比）	..	47.4	29.4
农业增加值（占GDP的百分比）	..	5	..
工业增加值（占GDP的百分比）	..	84	..
服务业增加值（占GDP的百分比）	..	10	..
货物和服务出口（占GDP的百分比）	..	..	..
货物和服务进口（占GDP的百分比）	..	..	..
资本形成总额（占GDP的百分比）	..	..	..
中央政府收入（占GDP的百分比）	..	..	..
中央政府现金盈余/赤字（占GDP的百分比）	..	..	..
政府与市场			
创办企业的时间（天）	..	..	74
股票市场资本总额（占GDP的百分比）	..	..	..
军费支出（占GDP的百分比）	..	..	5.1
移动电话用户（每100人）	0.0	0.0	78.1
互联网用户（每100人）	0.0	*0.1*	5.0
铺敷道路（占总数的百分比）	77.9	84.3	..
高科技出口（占制成品出口的百分比）	..	..	..
全球联系			
商品贸易（占GDP的百分比）	55	131	119
净易货贸易条件指数（2000年=100）	..	100	212
外债总额（百万美元）	..	..	..
债务还本付息总额（占出口的百分比）	..	..	..
净移民（千人）	-630	-18	*-150*
获得的侨汇（百万美元）	..	..	386
外国直接投资，净流入额（百万美元）	0	-3	1,396
获得的净官方发展援助（百万美元）	63	102	1,904

爱尔兰

高收入经济体

人口（百万）	4.6	人口增长率（百分比）	2.3
陆地面积（千平方公里）	70	每天生活费用不足1.25美元的人口（占人口的百分比）	..
GNI，图表集法（10亿美元）	179.2	人均GNI，图表集法（美元）	39,150
PPP衡量的GNI（10亿美元）	153.4	PPP衡量的人均GNI（美元）	33,520

	1990	2000	2011
人口			
最贫困的20%人口占国家消费/收入的份额（百分比）	..	7.4	..
出生时的预期寿命（岁）	75	77	80
总生育率（每个女性生育数）	2.1	1.9	2.1
青年女性生育率（每千名15—19岁女性生育数）	..	19	11
避孕普及率（占15—49岁已婚女性的百分比）	..	*75*	..
在熟练医护人员护理下的分娩（占总数的百分比）	..	*100*	..
5岁以下儿童死亡率（每千人）	9	7	4
儿童营养不良，体重不足（占5岁以下儿童的百分比）	..	..	..
儿童麻疹免疫接种率（占12—23个月年龄组的百分比）	78	79	92
小学毕业率，总数（占适龄年龄组的百分比）	*103*	95	*103*
中学总入学率，总数（占适龄年龄组的百分比）	99	105	*121*
小学和中学中女孩与男孩的比率（百分比）	105	103	*102*
HIV感染率（占15—49岁人口的百分比）	0.1	0.2	0.3
环境			
森林（千平方公里）	4.7	6.4	7.5
森林采伐（1990—2000年和2000—2010年，平均年度百分比）		-3.2	*-1.5*
淡水使用量（占内陆水资源的百分比）	..	*1.6*	1.6
获得改善的水资源的人口（占总人口的百分比）	100	100	100
获得改善的卫生设施的人口（占总人口的百分比）	99	99	99
人均能源使用量（千克石油当量）	2,842	3,608	2,953
人均二氧化碳排放量（吨）	8.9	10.8	*9.3*
人均用电量（千瓦时）	3,768	5,796	*6,025*
经济			
GDP（10亿美元）	48	98	217
GDP增长率（年度百分比）	8.5	9.3	0.7
GDP隐含价格平减指数（年度增长百分比）	-0.7	7.0	-0.4
农业增加值（占GDP的百分比）	9	3	*1*
工业增加值（占GDP的百分比）	35	42	*32*
服务业增加值（占GDP的百分比）	57	55	*67*
货物和服务出口（占GDP的百分比）	57	97	107
货物和服务进口（占GDP的百分比）	52	84	84
资本形成总额（占GDP的百分比）	21	24	10
中央政府收入（占GDP的百分比）	..	33.0	32.8
中央政府现金盈余/赤字（占GDP的百分比）	..	4.9	-13.5
政府与市场			
创办企业的时间（天）	..	*18*	10
股票市场资本总额（占GDP的百分比）	..	84.0	16.3
军费支出（占GDP的百分比）	1.3	0.7	0.6
移动电话用户（每100人）	0.7	64.7	108.4
互联网用户（每100人）	0.0	17.9	76.8
铺敷道路（占总数的百分比）	94.0	100.0	*100.0*
高科技出口（占制成品出口的百分比）	41	48	*21*
全球联系			
商品贸易（占GDP的百分比）	93	132	89
净易货贸易条件指数（2000年=100）	..	100	86
外债总额（百万美元）	..	..	..
债务还本付息总额（占出口的百分比）	..	..	..
净移民（千人）	-115	83	*100*
获得的侨汇（百万美元）	286	252	755
外国直接投资，净流入额（10亿美元）	0.6	25.5	11.5
获得的净官方发展援助（百万美元）	..	..	..

马恩岛

高收入经济体

人口（千人）	83	人口增长率（百分比）	0.6
陆地面积（平方公里）	570	每天生活费用不足1.25美元的人口（占人口的百分比）	..
GNI，图表集法（10亿美元）	..	人均GNI，图表集法（美元）	..
PPP衡量的GNI（百万美元）	..	PPP衡量的人均GNI（美元）	..

	1990	2000	2011
人口			
最贫困的20%人口占国家消费/收入的份额（百分比）	..	..	..
出生时的预期寿命（岁）	..	*78*	..
总生育率（每个女性生育数）	..	*1.7*	..
青年女性生育率（每千名15—19岁女性生育数）	..	..	..
避孕普及率（占15—49岁已婚女性的百分比）	..	..	..
在熟练医护人员护理下的分娩（占总数的百分比）	..	..	..
5岁以下儿童死亡率（每千人）	..	..	..
儿童营养不良，体重不足（占5岁以下儿童的百分比）	..	..	..
儿童麻疹免疫接种率（占12—23个月年龄组的百分比）	..	..	..
小学毕业率，总数（占适龄年龄组的百分比）	..	..	..
中学总入学率，总数（占适龄年龄组的百分比）	..	..	..
小学和中学中女孩与男孩的比率（百分比）	..	..	..
HIV感染率（占15—49岁人口的百分比）	..	..	..
环境			
森林（平方公里）	35	35	35
森林采伐（1990—2007年，平均年度百分比）		0.0	*0.0*
淡水使用量（占内陆水资源的百分比）	..	..	..
获得改善的水资源的人口（占总人口的百分比）	..	..	..
获得改善的卫生设施的人口（占总人口的百分比）	..	..	..
人均能源使用量（千克石油当量）	..	..	..
人均二氧化碳排放量（吨）	..	..	..
人均用电量（千瓦时）	..	..	..
经济			
GDP（百万美元）	..	1,564	..
GDP增长率（年度百分比）	4.2	5.3	..
GDP隐含价格平减指数（年度增长百分比）	9.0	3.3	..
农业增加值（占GDP的百分比）	..	..	..
工业增加值（占GDP的百分比）	..	..	..
服务业增加值（占GDP的百分比）	..	..	..
货物和服务出口（占GDP的百分比）	..	..	..
货物和服务进口（占GDP的百分比）	..	..	..
资本形成总额（占GDP的百分比）	..	..	..
中央政府收入（占GDP的百分比）	..	..	..
中央政府现金盈余/赤字（占GDP的百分比）	..	..	..
政府与市场			
创办企业的时间（天）	..	..	..
股票市场资本总额（占GDP的百分比）	..	..	..
军费支出（占GDP的百分比）	..	..	..
移动电话用户（每100人）	..	..	..
互联网用户（每100人）	..	..	..
铺敷道路（占总数的百分比）	..	..	..
高科技出口（占制成品出口的百分比）	..	..	..
全球联系			
商品贸易（占GDP的百分比）	..	..	..
净易货贸易条件指数（2000年=100）	..	..	..
外债总额（百万美元）	..	..	..
债务还本付息总额（占出口的百分比）	..	..	..
净移民（千人）	..	..	..
获得的侨汇（百万美元）	..	..	..
外国直接投资，净流入额（百万美元）	..	..	..
获得的净官方发展援助（百万美元）	..	..	..

以色列

高收入经济体

人口（百万）	7.8	人口增长率（百分比）	1.8
陆地面积（千平方公里）	22	每天生活费用不足1.25美元的人口（占人口的百分比）	..
GNI，图表集法（10亿美元）	224.7	人均GNI，图表集法（美元）	28,930
PPP衡量的GNI（10亿美元）	210.5	PPP衡量的人均GNI（美元）	27,110

	1990	2000	2011
人口			
最贫困的20%人口占国家消费/收入的份额（百分比）	..	5.7	..
出生时的预期寿命（岁）	77	79	82
总生育率（每个女性生育数）	2.8	3.0	3.0
青年女性生育率（每千名15—19岁女性生育数）	..	17	14
避孕普及率（占15—49岁已婚女性的百分比）	*68*	..	..
在熟练医护人员护理下的分娩（占总数的百分比）	..	..	..
5岁以下儿童死亡率（每千人）	12	7	4
儿童营养不良，体重不足（占5岁以下儿童的百分比）	..	..	..
儿童麻疹免疫接种率（占12—23个月年龄组的百分比）	91	97	98
小学毕业率，总数（占适龄年龄组的百分比）	..	*104*	*102*
中学总入学率，总数（占适龄年龄组的百分比）	89	103	*102*
小学和中学中女孩与男孩的比率（百分比）	104	100	*101*
HIV感染率（占15—49岁人口的百分比）	0.1	0.2	0.2
环境			
森林（千平方公里）	1.3	1.5	1.5
森林采伐（1990—2000年和2000—2010年，平均年度百分比）		-1.5	*-0.1*
淡水使用量（占内陆水资源的百分比）	*240.5*	*244.1*	260.5
获得改善的水资源的人口（占总人口的百分比）	100	100	100
获得改善的卫生设施的人口（占总人口的百分比）	100	100	*100*
人均能源使用量（千克石油当量）	2,463	2,902	3,133
人均二氧化碳排放量（吨）	7.2	10.0	*9.0*
人均用电量（千瓦时）	4,176	6,323	*6,856*
经济			
GDP（10亿美元）	52	125	243
GDP增长率（年度百分比）	6.8	9.3	4.7
GDP隐含价格平减指数（年度增长百分比）	15.9	1.6	2.1
农业增加值（占GDP的百分比）	..	..	..
工业增加值（占GDP的百分比）	..	..	..
服务业增加值（占GDP的百分比）	..	..	..
货物和服务出口（占GDP的百分比）	35	37	37
货物和服务进口（占GDP的百分比）	45	37	38
资本形成总额（占GDP的百分比）	25	20	15
中央政府收入（占GDP的百分比）	..	40.6	35.1
中央政府现金盈余/赤字（占GDP的百分比）	..	-3.6	-4.4
政府与市场			
创办企业的时间（天）	..	*20*	21
股票市场资本总额（占GDP的百分比）	6.3	51.3	59.7
军费支出（占GDP的百分比）	12.9	8.0	6.8
移动电话用户（每100人）	0.3	73.2	121.7
互联网用户（每100人）	0.1	20.9	70.0
铺敷道路（占总数的百分比）	100.0	100.0	*100.0*
高科技出口（占制成品出口的百分比）	11	19	14
全球联系			
商品贸易（占GDP的百分比）	55	55	59
净易货贸易条件指数（2000年=100）	..	100	95
外债总额（百万美元）	..	..	..
债务还本付息总额（占出口的百分比）	..	..	..
净移民（千人）	65	245	*274*
获得的侨汇（百万美元）	812	400	595
外国直接投资，净流入额（10亿美元）	0.2	8.0	11.4
获得的净官方发展援助（10亿美元）	1.4	..	..

意大利

高收入经济体

人口（百万）	60.7	人口增长率（百分比）	0.4
陆地面积（千平方公里）	301	每天生活费用不足1.25美元的人口（占人口的百分比）	..
GNI，图表集法（10亿美元）	2,144.7	人均GNI，图表集法（美元）	35,320
PPP衡量的GNI（10亿美元）	1,968.9	PPP衡量的人均GNI（美元）	32,420

	1990	2000	2011
人口			
最贫困的20%人口占国家消费/收入的份额（百分比）	..	6.5	..
出生时的预期寿命（岁）	77	79	82
总生育率（每个女性生育数）	1.3	1.3	1.4
青年女性生育率（每千名15—19岁女性生育数）	..	7	5
避孕普及率（占15—49岁已婚女性的百分比）	..	..	..
在熟练医护人员护理下的分娩（占总数的百分比）	..	*99*	..
5岁以下儿童死亡率（每千人）	10	6	4
儿童营养不良，体重不足（占5岁以下儿童的百分比）	..	..	..
儿童麻疹免疫接种率（占12—23个月年龄组的百分比）	43	74	90
小学毕业率，总数（占适龄年龄组的百分比）	100	102	*103*
中学总入学率，总数（占适龄年龄组的百分比）	79	93	*100*
小学和中学中女孩与男孩的比率（百分比）	100	98	*99*
HIV感染率（占15—49岁人口的百分比）	0.4	0.4	0.4
环境			
森林（千平方公里）	76	84	92
森林采伐（1990—2000年和2000—2010年，平均年度百分比）		-1.0	*-0.9*
淡水使用量（占内陆水资源的百分比）	..	*24.9*	24.9
获得改善的水资源的人口（占总人口的百分比）	100	100	100
获得改善的卫生设施的人口（占总人口的百分比）	..	..	..
人均能源使用量（千克石油当量）	2,584	3,012	2,720
人均二氧化碳排放量（吨）	7.5	7.9	*6.7*
人均用电量（千瓦时）	4,145	5,300	*5,384*
经济			
GDP（10亿美元）	1,138	1,104	2,194
GDP增长率（年度百分比）	2.0	3.7	0.4
GDP隐含价格平减指数（年度增长百分比）	8.9	1.9	1.3
农业增加值（占GDP的百分比）	3	3	*2*
工业增加值（占GDP的百分比）	32	28	*25*
服务业增加值（占GDP的百分比）	65	69	*73*
货物和服务出口（占GDP的百分比）	19	27	29
货物和服务进口（占GDP的百分比）	19	26	30
资本形成总额（占GDP的百分比）	23	21	20
中央政府收入（占GDP的百分比）	..	36.9	37.6
中央政府现金盈余/赤字（占GDP的百分比）	..	-0.8	-3.5
政府与市场			
创办企业的时间（天）	..	*23*	6
股票市场资本总额（占GDP的百分比）	13.1	69.6	19.7
军费支出（占GDP的百分比）	2.1	2.0	1.6
移动电话用户（每100人）	0.5	74.1	157.9
互联网用户（每100人）	0.0	23.1	56.8
铺敷道路（占总数的百分比）	100.0	100.0	..
高科技出口（占制成品出口的百分比）	8	9	7
全球联系			
商品贸易（占GDP的百分比）	31	43	49
净易货贸易条件指数（2000年=100）	..	100	96
外债总额（百万美元）	..	..	..
债务还本付息总额（占出口的百分比）	..	..	..
净移民（千人）	-10	225	*1,999*
获得的侨汇（10亿美元）	5.1	1.9	7.0
外国直接投资，净流入额（10亿美元）	6.4	13.2	28.0
获得的净官方发展援助（百万美元）	..	..	..

牙买加

拉丁美洲和加勒比地区			中高收入经济体
人口（百万）	2.7	人口增长率（百分比）	0.3
陆地面积（千平方公里）	11	每天生活费用不足1.25美元的人口（占人口的百分比）	<2
GNI，图表集法（10亿美元）	..	人均GNI，图表集法（美元）	..
PPP衡量的GNI（10亿美元）	..	PPP衡量的人均GNI（美元）	..

	1990	2000	2011
人口			
最贫困的20%人口占国家消费/收入的份额（百分比）	5.9	*5.5*	..
出生时的预期寿命（岁）	71	70	73
总生育率（每个女性生育数）	2.9	2.6	2.3
青年女性生育率（每千名15—19岁女性生育数）	..	89	71
避孕普及率（占15—49岁已婚女性的百分比）	*55*	*69*	*72*
在熟练医护人员护理下的分娩（占总数的百分比）	*92*	*96*	*98*
5岁以下儿童死亡率（每千人）	35	26	18
儿童营养不良，体重不足（占5岁以下儿童的百分比）	*4.0*	3.8	*1.9*
儿童麻疹免疫接种率（占12—23个月年龄组的百分比）	74	88	88
小学毕业率，总数（占适龄年龄组的百分比）	97	88	*73*
中学总入学率，总数（占适龄年龄组的百分比）	*70*	87	*93*
小学和中学中女孩与男孩的比率（百分比）	*102*	100	*99*
HIV感染率（占15—49岁人口的百分比）	0.9	2.5	1.8
环境			
森林（千平方公里）	3.4	3.4	3.4
森林采伐（1990—2000年和2000—2010年，平均年度百分比）		0.1	*0.1*
淡水使用量（占内陆水资源的百分比）	..	*6.2*	6.2
获得改善的水资源的人口（占总人口的百分比）	93	93	*93*
获得改善的卫生设施的人口（占总人口的百分比）	80	80	*80*
人均能源使用量（千克石油当量）	1,166	1,478	*1,131*
人均二氧化碳排放量（吨）	3.3	4.0	3.2
人均用电量（千瓦时）	879	2,334	*1,223*
经济			
GDP（10亿美元）	4.6	9.0	14.4
GDP增长率（年度百分比）	4.2	0.9	..
GDP隐含价格平减指数（年度增长百分比）	25.1	10.6	..
农业增加值（占GDP的百分比）	*8*	7	7
工业增加值（占GDP的百分比）	*37*	26	22
服务业增加值（占GDP的百分比）	55	67	72
货物和服务出口（占GDP的百分比）	48	*33*	31
货物和服务进口（占GDP的百分比）	52	*49*	54
资本形成总额（占GDP的百分比）	26	*27*	21
中央政府收入（占GDP的百分比）	..	*31.8*	30.2
中央政府现金盈余/赤字（占GDP的百分比）	..	*-2.4*	-5.1
政府与市场			
创办企业的时间（天）	..	*31*	7
股票市场资本总额（占GDP的百分比）	19.8	39.8	50.0
军费支出（占GDP的百分比）	0.6	0.5	*0.8*
移动电话用户（每100人）	0.0	14.2	108.1
互联网用户（每100人）	0.0	3.1	31.5
铺敷道路（占总数的百分比）	64.0	70.1	..
高科技出口（占制成品出口的百分比）	*0*	0	*1*
全球联系			
商品贸易（占GDP的百分比）	67	51	57
净易货贸易条件指数（2000年=100）	..	100	69
外债总额（百万美元）	4.8	4.8	14.3
债务还本付息总额（占出口的百分比）	28.6	18.7	36.5
净移民（千人）	-161	-73	*-100*
获得的侨汇（百万美元）	229	892	2,106
外国直接投资，净流入额（百万美元）	138	468	173
获得的净官方发展援助（百万美元）	271	9	54

日本

高收入经济体

人口（百万）	127.8	人口增长率（百分比）	0.3
陆地面积（千平方公里）	378	每天生活费用不足1.25美元的人口（占人口的百分比）	..
GNI，图表集法（10亿美元）	5,739.5	人均GNI，图表集法（美元）	44,900
PPP衡量的GNI（10亿美元）	4,516.3	PPP衡量的人均GNI（美元）	35,330

	1990	2000	2011
人口			
最贫困的20%人口占国家消费/收入的份额（百分比）	*10.6*	..	..
出生时的预期寿命（岁）	79	81	83
总生育率（每个女性生育数）	1.5	1.4	1.4
青年女性生育率（每千名15—19岁女性生育数）	..	5	6
避孕普及率（占15—49岁已婚女性的百分比）	58	56	..
在熟练医护人员护理下的分娩（占总数的百分比）	100	*100*	..
5岁以下儿童死亡率（每千人）	6	5	3
儿童营养不良，体重不足（占5岁以下儿童的百分比）	..	..	..
儿童麻疹免疫接种率（占12—23个月年龄组的百分比）	73	96	94
小学毕业率，总数（占适龄年龄组的百分比）	103	*103*	*102*
中学总入学率，总数（占适龄年龄组的百分比）	96	102	*102*
小学和中学中女孩与男孩的比率（百分比）	101	101	*100*
HIV感染率（占15—49岁人口的百分比）	0.1	0.1	0.1
环境			
森林（千平方公里）	250	249	250
森林采伐（1990—2000年和2000—2010年，平均年度百分比）		0.0	*-0.0*
淡水使用量（占内陆水资源的百分比）	*21.3*	*20.9*	20.9
获得改善的水资源的人口（占总人口的百分比）	100	100	100
获得改善的卫生设施的人口（占总人口的百分比）	100	100	*100*
人均能源使用量（千克石油当量）	3,556	4,091	3,584
人均二氧化碳排放量（吨）	8.9	9.6	*8.6*
人均用电量（千瓦时）	6,486	7,974	*8,394*
经济			
GDP（10亿美元）	3,104	4,731	5,867
GDP增长率（年度百分比）	5.6	2.3	-0.7
GDP隐含价格平减指数（年度增长百分比）	2.3	-1.2	-2.1
农业增加值（占GDP的百分比）	2	2	*1*
工业增加值（占GDP的百分比）	38	31	*27*
服务业增加值（占GDP的百分比）	60	67	*71*
货物和服务出口（占GDP的百分比）	10	11	15
货物和服务进口（占GDP的百分比）	9	9	16
资本形成总额（占GDP的百分比）	32	25	20
中央政府收入（占GDP的百分比）	..	..	11.4
中央政府现金盈余/赤字（占GDP的百分比）	..	..	-8.3
政府与市场			
创办企业的时间（天）	..	*31*	23
股票市场资本总额（占GDP的百分比）	94.1	66.7	60.3
军费支出（占GDP的百分比）	0.9	1.0	1.0
移动电话用户（每100人）	0.7	53.1	105.0
互联网用户（每100人）	0.0	30.0	79.5
铺敷道路（占总数的百分比）	69.2	76.6	..
高科技出口（占制成品出口的百分比）	24	29	17
全球联系			
商品贸易（占GDP的百分比）	17	18	29
净易货贸易条件指数（2000年=100）	..	100	60
外债总额（百万美元）	..	..	..
债务还本付息总额（占出口的百分比）	..	..	..
净移民（千人）	-628	18	*270*
获得的侨汇（10亿美元）	*0.5*	1.4	2.1
外国直接投资，净流入额（10亿美元）	1.8	8.2	0.1
获得的净官方发展援助（百万美元）	..	..	..

约 旦

中东和北非			中高收入经济体
人口（百万）	6.2	人口增长率（百分比）	2.2
陆地面积（千平方公里）	89	每天生活费用不足1.25美元的人口（占人口的百分比）	<2
GNI，图表集法（10亿美元）	27.1	人均GNI，图表集法（美元）	4,380
PPP衡量的GNI（10亿美元）	36.6	PPP衡量的人均GNI（美元）	5,930

	1990	2000	2011
人口			
最贫困的20%人口占国家消费/收入的份额（百分比）	*6.0*	6.7	*7.7*
出生时的预期寿命（岁）	70	72	73
总生育率（每个女性生育数）	5.8	3.9	3.7
青年女性生育率（每千名15—19岁女性生育数）	..	35	24
避孕普及率（占15—49岁已婚女性的百分比）	40	*56*	59
在熟练医护人员护理下的分娩（占总数的百分比）	87	*100*	99
5岁以下儿童死亡率（每千人）	37	28	21
儿童营养不良，体重不足（占5岁以下儿童的百分比）	4.8	*3.6*	*1.9*
儿童麻疹免疫接种率（占12—23个月年龄组的百分比）	87	94	98
小学毕业率，总数（占适龄年龄组的百分比）	95	94	*101*
中学总入学率，总数（占适龄年龄组的百分比）	76	84	*87*
小学和中学中女孩与男孩的比率（百分比）	101	102	*102*
HIV感染率（占15—49岁人口的百分比）	..	..	..
环境			
森林（平方公里）	975	975	975
森林采伐（1990—2000年和2000—2010年，平均年度百分比）		0.0	*0.0*
淡水使用量（占内陆水资源的百分比）	*144.3*	*144.3*	138.0
获得改善的水资源的人口（占总人口的百分比）	97	96	*97*
获得改善的卫生设施的人口（占总人口的百分比）	97	98	*98*
人均能源使用量（千克石油当量）	1,033	1,014	*1,191*
人均二氧化碳排放量（吨）	3.3	3.2	3.8
人均用电量（千瓦时）	1,050	1,377	*2,226*
经济			
GDP（10亿美元）	4.0	8.5	28.8
GDP增长率（年度百分比）	1.0	4.2	2.6
GDP隐含价格平减指数（年度增长百分比）	11.4	-0.4	6.4
农业增加值（占GDP的百分比）	8	2	3
工业增加值（占GDP的百分比）	28	26	31
服务业增加值（占GDP的百分比）	64	72	66
货物和服务出口（占GDP的百分比）	62	42	46
货物和服务进口（占GDP的百分比）	93	68	74
资本形成总额（占GDP的百分比）	32	22	25
中央政府收入（占GDP的百分比）	26.1	25.1	20.5
中央政府现金盈余/赤字（占GDP的百分比）	-3.5	-2.0	-6.8
政府与市场			
创办企业的时间（天）	..	*79*	12
股票市场资本总额（占GDP的百分比）	49.7	58.4	94.3
军费支出（占GDP的百分比）	8.0	6.2	4.7
移动电话用户（每100人）	0.0	8.1	118.2
互联网用户（每100人）	0.0	2.6	34.9
铺敷道路（占总数的百分比）	100.0	*100.0*	*100.0*
高科技出口（占制成品出口的百分比）	2	8	3
全球联系			
商品贸易（占GDP的百分比）	91	77	91
净易货贸易条件指数（2000年=100）	94	100	76
外债总额（10亿美元）	8.3	11.1	17.6
债务还本付息总额（占出口的百分比）	24.4	20.1	6.7
净移民（千人）	118	-188	*203*
获得的侨汇（10亿美元）	0.5	1.8	3.5
外国直接投资，净流入额（百万美元）	38	913	1,469
获得的净官方发展援助（百万美元）	952	553	959

哈萨克斯坦

欧洲和中亚 **中高收入经济体**

人口（百万）	16.6	人口增长率（百分比）	1.4
陆地面积（千平方公里）	2,725	每天生活费用不足1.25美元的人口（占人口的百分比）	<2
GNI，图表集法（10亿美元）	136.7	人均GNI，图表集法（美元）	8,260
PPP衡量的GNI（10亿美元）	186.4	PPP衡量的人均GNI（美元）	11,250

	1990	2000	2011
人口			
最贫困的20%人口占国家消费/收入的份额（百分比）	*7.5*	5.5	*9.1*
出生时的预期寿命（岁）	68	66	69
总生育率（每个女性生育数）	2.7	1.8	2.6
青年女性生育率（每千名15—19岁女性生育数）	..	33	26
避孕普及率（占15—49岁已婚女性的百分比）	..	*66*	*51*
在熟练医护人员护理下的分娩（占总数的百分比）	99	98	*100*
5岁以下儿童死亡率（每千人）	57	42	28
儿童营养不良，体重不足（占5岁以下儿童的百分比）	..	*3.8*	*4.9*
儿童麻疹免疫接种率（占12—23个月年龄组的百分比）	*89*	99	99
小学毕业率，总数（占适龄年龄组的百分比）	..	93	*108*
中学总入学率，总数（占适龄年龄组的百分比）	100	94	*102*
小学和中学中女孩与男孩的比率（百分比）	..	102	*98*
HIV感染率（占15—49岁人口的百分比）	0.1	0.1	0.2
环境			
森林（千平方公里）	34	34	33
森林采伐（1990—2000年和2000—2010年，平均年度百分比）		0.2	*0.2*
淡水使用量（占内陆水资源的百分比）	..	*30.6*	32.9
获得改善的水资源的人口（占总人口的百分比）	96	96	95
获得改善的卫生设施的人口（占总人口的百分比）	96	97	97
人均能源使用量（千克石油当量）	4,493	2,397	*4,595*
人均二氧化碳排放量（吨）	*15.9*	8.6	14.0
人均用电量（千瓦时）	5,905	3,170	*4,728*
经济			
GDP（10亿美元）	26.9	18.3	188.0
GDP增长率（年度百分比）	*-11.0*	9.8	7.5
GDP隐含价格平减指数（年度增长百分比）	*96.4*	17.4	17.6
农业增加值（占GDP的百分比）	*27*	9	6
工业增加值（占GDP的百分比）	*45*	40	40
服务业增加值（占GDP的百分比）	*29*	51	54
货物和服务出口（占GDP的百分比）	*74*	57	49
货物和服务进口（占GDP的百分比）	*75*	49	28
资本形成总额（占GDP的百分比）	*32*	18	22
中央政府收入（占GDP的百分比）	..	11.3	23.9
中央政府现金盈余/赤字（占GDP的百分比）	..	0.1	7.7
政府与市场			
创办企业的时间（天）	..	*26*	19
股票市场资本总额（占GDP的百分比）	..	7.3	23.0
军费支出（占GDP的百分比）	*1.0*	0.8	1.0
移动电话用户（每100人）	0.0	1.3	155.7
互联网用户（每100人）	0.0	0.7	45.0
铺敷道路（占总数的百分比）	55.1	*94.0*	*89.5*
高科技出口（占制成品出口的百分比）	..	4	*30*
全球联系			
商品贸易（占GDP的百分比）	..	76	67
净易货贸易条件指数（2000年=100）	..	100	220
外债总额（10亿美元）	0	13	124
债务还本付息总额（占出口的百分比）	..	32.4	34.6
净移民（千人）	-595	-1,320	*7*
获得的侨汇（百万美元）	..	122	180
外国直接投资，净流入额（10亿美元）	*0.1*	1.3	13.2
获得的净官方发展援助（百万美元）	*112*	189	214

肯尼亚

撒哈拉以南非洲地区			低收入经济体
人口（百万）	41.6	人口增长率（百分比）	2.7
陆地面积（千平方公里）	580	每天生活费用不足1.25美元的人口（占人口的百分比）	*43.4*
GNI，图表集法（10亿美元）	34.1	人均GNI，图表集法（美元）	820
PPP衡量的GNI（10亿美元）	71.1	PPP衡量的人均GNI（美元）	1,710

	1990	2000	2011
人口			
最贫困的20%人口占国家消费/收入的份额（百分比）	*3.4*	..	..
出生时的预期寿命（岁）	59	52	57
总生育率（每个女性生育数）	6.0	5.0	4.7
青年女性生育率（每千名15—19岁女性生育数）	..	105	99
避孕普及率（占15—49岁已婚女性的百分比）	*27*	*39*	*46*
在熟练医护人员护理下的分娩（占总数的百分比）	*50*	*42*	*44*
5岁以下儿童死亡率（每千人）	98	113	73
儿童营养不良，体重不足（占5岁以下儿童的百分比）	*20.1*	17.5	*16.4*
儿童麻疹免疫接种率（占12—23个月年龄组的百分比）	78	78	87
小学毕业率，总数（占适龄年龄组的百分比）	..	..	..
中学总入学率，总数（占适龄年龄组的百分比）	*41*	39	*60*
小学和中学中女孩与男孩的比率（百分比）	*92*	98	*95*
HIV感染率（占15—49岁人口的百分比）	2.5	8.9	6.2
环境			
森林（千平方公里）	37	36	35
森林采伐（1990—2000年和2000—2010年，平均年度百分比）		0.4	*0.3*
淡水使用量（占内陆水资源的百分比）	9.9	9.9	13.2
获得改善的水资源的人口（占总人口的百分比）	44	52	*59*
获得改善的卫生设施的人口（占总人口的百分比）	25	28	*32*
人均能源使用量（千克石油当量）	455	439	*483*
人均二氧化碳排放量（吨）	0.2	0.3	0.3
人均用电量（千瓦时）	125	113	*156*
经济			
GDP（10亿美元）	8.6	12.7	33.6
GDP增长率（年度百分比）	4.2	0.6	4.4
GDP隐含价格平减指数（年度增长百分比）	10.6	6.1	12.1
农业增加值（占GDP的百分比）	30	32	28
工业增加值（占GDP的百分比）	19	17	18
服务业增加值（占GDP的百分比）	51	51	54
货物和服务出口（占GDP的百分比）	26	22	29
货物和服务进口（占GDP的百分比）	31	32	46
资本形成总额（占GDP的百分比）	24	17	21
中央政府收入（占GDP的百分比）	*19.5*	19.7	20.7
中央政府现金盈余/赤字（占GDP的百分比）	*-2.8*	2.0	-4.6
政府与市场			
创办企业的时间（天）	..	*60*	32
股票市场资本总额（占GDP的百分比）	5.3	10.1	30.3
军费支出（占GDP的百分比）	2.9	1.3	1.5
移动电话用户（每100人）	0.0	0.4	67.5
互联网用户（每100人）	0.0	0.3	28.0
铺敷道路（占总数的百分比）	12.8	12.1	*14.3*
高科技出口（占制成品出口的百分比）	4	4	6
全球联系			
商品贸易（占GDP的百分比）	38	38	61
净易货贸易条件指数（2000年=100）	70	100	91
外债总额（10亿美元）	7.1	6.2	10.3
债务还本付息总额（占出口的百分比）	35.4	21.0	4.2
净移民（千人）	5	*-21*	*-189*
获得的侨汇（百万美元）	139	538	934
外国直接投资，净流入额（百万美元）	57	111	335
获得的净官方发展援助（10亿美元）	1.2	0.5	2.5

基里巴斯

东亚和太平洋地区 | **中低收入经济体**

人口（千人）	101	人口增长率（百分比）	1.5
陆地面积（平方公里）	810	每天生活费用不足1.25美元的人口（占人口的百分比）	..
GNI，图表集法（百万美元）	204.8	人均GNI，图表集法（美元）	2,030
PPP衡量的GNI（百万美元）	333.9	PPP衡量的人均GNI（美元）	3,300

	1990	2000	2011
人口			
最贫困的20%人口占国家消费/收入的份额（百分比）	..	..	..
出生时的预期寿命（岁）	*58*	60	..
总生育率（每个女性生育数）	*3.8*	*3.6*	..
青年女性生育率（每千名15—19岁女性生育数）	..	..	..
避孕普及率（占15—49岁已婚女性的百分比）	..	36	*22*
在熟练医护人员护理下的分娩（占总数的百分比）	..	*89*	*80*
5岁以下儿童死亡率（每千人）	88	65	47
儿童营养不良，体重不足（占5岁以下儿童的百分比）	..	..	..
儿童麻疹免疫接种率（占12—23个月年龄组的百分比）	75	80	90
小学毕业率，总数（占适龄年龄组的百分比）	101	99	*112*
中学总入学率，总数（占适龄年龄组的百分比）	38	64	*86*
小学和中学中女孩与男孩的比率（百分比）	99	106	*107*
HIV感染率（占15—49岁人口的百分比）	..	..	..
环境			
森林（平方公里）	122	122	122
森林采伐（1990—2000年和2000—2010年，平均年度百分比）		0.0	*0.0*
淡水使用量（占内陆水资源的百分比）	..	..	..
获得改善的水资源的人口（占总人口的百分比）	48	62	..
获得改善的卫生设施的人口（占总人口的百分比）	26	33	..
人均能源使用量（千克石油当量）	99	..	..
人均二氧化碳排放量（吨）	0.3	0.4	0.5
人均用电量（千瓦时）	..	..	..
经济			
GDP（百万美元）	28.4	68.2	166.7
GDP增长率（年度百分比）	2.1	7.2	1.8
GDP隐含价格平减指数（年度增长百分比）	-4.7	0.3	2.8
农业增加值（占GDP的百分比）	19	22	*25*
工业增加值（占GDP的百分比）	8	12	*8*
服务业增加值（占GDP的百分比）	74	66	*67*
货物和服务出口（占GDP的百分比）	12	7	..
货物和服务进口（占GDP的百分比）	147	47	..
资本形成总额（占GDP的百分比）	93	..	..
中央政府收入（占GDP的百分比）	..	..	..
中央政府现金盈余/赤字（占GDP的百分比）	..	..	..
政府与市场			
创办企业的时间（天）	..	*21*	31
股票市场资本总额（占GDP的百分比）	..	..	..
军费支出（占GDP的百分比）	..	..	..
移动电话用户（每100人）	0.0	0.4	13.6
互联网用户（每100人）	0.0	1.8	10.0
铺敷道路（占总数的百分比）	..	..	..
高科技出口（占制成品出口的百分比）	..	..	*43*
全球联系			
商品贸易（占GDP的百分比）	105	64	78
净易货贸易条件指数（2000年=100）	..	100	90
外债总额（百万美元）	..	..	..
债务还本付息总额（占出口的百分比）	..	..	..
净移民（千人）	..	..	..
获得的侨汇（百万美元）	5.1	..	..
外国直接投资，净流入额（百万美元）	0.3	0.7	3.9
获得的净官方发展援助（百万美元）	20.2	17.9	64.0

朝鲜

东亚和太平洋地区 **低收入经济体**

人口（百万）	24.5	人口增长率（百分比）	0.4
陆地面积（千平方公里）	121	每天生活费用不足1.25美元的人口（占人口的百分比）	..
GNI，图表集法（百万美元）	..	人均GNI，图表集法（美元）	..
PPP衡量的GNI（百万美元）	..	PPP衡量的人均GNI（美元）	..

	1990	2000	2011
人口			
最贫困的20%人口占国家消费/收入的份额（百分比）	..	..	..
出生时的预期寿命（岁）	70	65	69
总生育率（每个女性生育数）	2.4	2.1	2.0
青年女性生育率（每千名15—19岁女性生育数）	..	1	1
避孕普及率（占15—49岁已婚女性的百分比）	*62*	69	..
在熟练医护人员护理下的分娩（占总数的百分比）	..	97	*100*
5岁以下儿童死亡率（每千人）	45	58	33
儿童营养不良，体重不足（占5岁以下儿童的百分比）	..	24.7	*18.8*
儿童麻疹免疫接种率（占12—23个月年龄组的百分比）	98	78	99
小学毕业率，总数（占适龄年龄组的百分比）	..	..	..
中学总入学率，总数（占适龄年龄组的百分比）	..	..	..
小学和中学中女孩与男孩的比率（百分比）	..	..	..
HIV感染率（占15—49岁人口的百分比）	..	..	..
环境			
森林（千平方公里）	82	69	55
森林采伐（1990—2000年和2000—2010年，平均年度百分比）		1.7	*2.0*
淡水使用量（占内陆水资源的百分比）	..	..	12.9
获得改善的水资源的人口（占总人口的百分比）	100	100	*98*
获得改善的卫生设施的人口（占总人口的百分比）	*53*	61	*80*
人均能源使用量（千克石油当量）	1,649	861	*761*
人均二氧化碳排放量（吨）	..	3.4	3.1
人均用电量（千瓦时）	1,247	713	*749*
经济			
GDP（百万美元）	..	..	..
GDP增长率（年度百分比）	..	..	..
GDP隐含价格平减指数（年度增长百分比）	..	..	..
农业增加值（占GDP的百分比）	..	..	..
工业增加值（占GDP的百分比）	..	..	..
服务业增加值（占GDP的百分比）	..	..	..
货物和服务出口（占GDP的百分比）	..	..	..
货物和服务进口（占GDP的百分比）	..	..	..
资本形成总额（占GDP的百分比）	..	..	..
中央政府收入（占GDP的百分比）	..	..	..
中央政府现金盈余/赤字（占GDP的百分比）	..	..	..
政府与市场			
创办企业的时间（天）	..	..	..
股票市场资本总额（占GDP的百分比）	..	..	..
军费支出（占GDP的百分比）	..	..	..
移动电话用户（每100人）	0.0	0.0	4.1
互联网用户（每100人）	0.0	0.0	*0.0*
铺敷道路（占总数的百分比）	5.7	6.4	*2.8*
高科技出口（占制成品出口的百分比）	..	..	..
全球联系			
商品贸易（占GDP的百分比）	..	..	..
净易货贸易条件指数（2000年=100）	..	100	80
外债总额（百万美元）	..	..	..
债务还本付息总额（占出口的百分比）	..	..	..
净移民（千人）	0.0	0.0	*0.0*
获得的侨汇（百万美元）	..	..	..
外国直接投资，净流入额（百万美元）	-60.8	3.4	55.0
获得的净官方发展援助（百万美元）	8	73	118

韩国

高收入经济体

人口（百万）	49.8	人口增长率（百分比）	0.7
陆地面积（千平方公里）	100	每天生活费用不足1.25美元的人口（占人口的百分比）	..
GNI，图表集法（10亿美元）	1,039.0	人均GNI，图表集法（美元）	20,870
PPP衡量的GNI（10亿美元）	1,511.7	PPP衡量的人均GNI（美元）	30,370

	1990	2000	2011
人口			
最贫困的20%人口占国家消费/收入的份额（百分比）	..	*7.9*	..
出生时的预期寿命（岁）	71	76	81
总生育率（每个女性生育数）	1.6	1.5	1.2
青年女性生育率（每千名15—19岁女性生育数）	..	3	5
避孕普及率（占15—49岁已婚女性的百分比）	*79*	*79*	*80*
在熟练医护人员护理下的分娩（占总数的百分比）	..	*100*	..
5岁以下儿童死亡率（每千人）	8	6	5
儿童营养不良，体重不足（占5岁以下儿童的百分比）	..	*0.9*	..
儿童麻疹免疫接种率（占12—23个月年龄组的百分比）	93	95	99
小学毕业率，总数（占适龄年龄组的百分比）	99	104	*101*
中学总入学率，总数（占适龄年龄组的百分比）	93	99	*97*
小学和中学中女孩与男孩的比率（百分比）	98	100	*99*
HIV感染率（占15—49岁人口的百分比）	0.1	0.1	0.1
环境			
森林（千平方公里）	64	63	62
森林采伐（1990—2000年和2000—2010年，平均年度百分比）		0.1	*0.1*
淡水使用量（占内陆水资源的百分比）	..	*39.3*	39.3
获得改善的水资源的人口（占总人口的百分比）	*90*	93	98
获得改善的卫生设施的人口（占总人口的百分比）	100	100	*100*
人均能源使用量（千克石油当量）	2,171	4,003	5,175
人均二氧化碳排放量（吨）	5.8	9.5	*10.4*
人均用电量（千瓦时）	2,373	5,907	*9,744*
经济			
GDP（10亿美元）	264	533	1,116
GDP增长率（年度百分比）	9.2	8.5	3.6
GDP隐含价格平减指数（年度增长百分比）	10.5	5.0	1.7
农业增加值（占GDP的百分比）	9	5	3
工业增加值（占GDP的百分比）	42	38	39
服务业增加值（占GDP的百分比）	49	57	58
货物和服务出口（占GDP的百分比）	28	39	56
货物和服务进口（占GDP的百分比）	29	36	54
资本形成总额（占GDP的百分比）	38	31	29
中央政府收入（占GDP的百分比）	16.8	22.3	23.2
中央政府现金盈余/赤字（占GDP的百分比）	1.7	4.4	1.8
政府与市场			
创办企业的时间（天）	..	*17*	7
股票市场资本总额（占GDP的百分比）	42.1	32.2	89.1
军费支出（占GDP的百分比）	3.8	2.6	2.8
移动电话用户（每100人）	0.2	58.3	108.5
互联网用户（每100人）	0.0	44.7	83.8
铺敷道路（占总数的百分比）	71.5	74.5	*79.3*
高科技出口（占制成品出口的百分比）	18	35	26
全球联系			
商品贸易（占GDP的百分比）	51	62	97
净易货贸易条件指数（2000年=100）	133	100	63
外债总额（百万美元）	..	..	..
债务还本付息总额（占出口的百分比）	..	..	..
净移民（千人）	435	-515	*-30*
获得的侨汇（10亿美元）	2.4	4.9	8.5
外国直接投资，净流入额（10亿美元）	0.8	9.3	4.7
获得的净官方发展援助（百万美元）	52.0	*-55.1*	..

科索沃

欧洲和中亚		中低收入经济体	
人口（百万）	1.8	人口增长率（百分比）	1.5
陆地面积（千平方公里）	11	每天生活费用不足1.25美元的人口（占人口的百分比）	..
GNI，图表集法（10亿美元）	6.3	人均GNI，图表集法（美元）	3,510
PPP衡量的GNI（百万美元）	..	PPP衡量的人均GNI（美元）	..

	1990	2000	2011
人口			
最贫困的20%人口占国家消费/收入的份额（百分比）	..	..	..
出生时的预期寿命（岁）	68	68	70
总生育率（每个女性生育数）	3.9	3.0	2.2
青年女性生育率（每千名15—19岁女性生育数）	..	..	..
避孕普及率（占15—49岁已婚女性的百分比）	..	..	..
在熟练医护人员护理下的分娩（占总数的百分比）	..	..	..
5岁以下儿童死亡率（每千人）	..	..	..
儿童营养不良，体重不足（占5岁以下儿童的百分比）	..	..	..
儿童麻疹免疫接种率（占12—23个月年龄组的百分比）	..	..	..
小学毕业率，总数（占适龄年龄组的百分比）	..	..	..
中学总入学率，总数（占适龄年龄组的百分比）	..	..	..
小学和中学中女孩与男孩的比率（百分比）	..	..	..
HIV感染率（占15—49岁人口的百分比）	..	..	..
环境			
森林（平方公里）	..	..	..
森林采伐（1990—2000年和2000—2010年，平均年度百分比）		..	..
淡水使用量（占内陆水资源的百分比）	..	..	..
获得改善的水资源的人口（占总人口的百分比）	..	..	..
获得改善的卫生设施的人口（占总人口的百分比）	..	..	..
人均能源使用量（千克石油当量）	..	870	*1,372*
人均二氧化碳排放量（吨）	..	..	..
人均用电量（千瓦时）	..	1,557	*2,650*
经济			
GDP（百万美元）	..	1,849	6,453
GDP增长率（年度百分比）	..	*27.0*	5.0
GDP隐含价格平减指数（年度增长百分比）	..	*11.4*	4.8
农业增加值（占GDP的百分比）	..	..	12
工业增加值（占GDP的百分比）	..	..	20
服务业增加值（占GDP的百分比）	..	..	68
货物和服务出口（占GDP的百分比）	..	..	20
货物和服务进口（占GDP的百分比）	..	..	61
资本形成总额（占GDP的百分比）	..	..	31
中央政府收入（占GDP的百分比）	..	..	..
中央政府现金盈余/赤字（占GDP的百分比）	..	..	..
政府与市场			
创办企业的时间（天）	..	..	52
股票市场资本总额（占GDP的百分比）	..	..	..
军费支出（占GDP的百分比）	..	..	..
移动电话用户（每100人）	..	..	..
互联网用户（每100人）	..	..	..
铺敷道路（占总数的百分比）	..	..	*26.0*
高科技出口（占制成品出口的百分比）	..	..	..
全球联系			
商品贸易（占GDP的百分比）	..	..	..
净易货贸易条件指数（2000年=100）	..	..	..
外债总额（百万美元）	..	72	1,531
债务还本付息总额（占出口的百分比）	..	..	8.9
净移民（千人）	..	..	..
获得的侨汇（百万美元）	..	..	1,122
外国直接投资，净流入额（百万美元）	..	..	546
获得的净官方发展援助（百万美元）	..	..	657

科威特

高收入经济体

人口（百万）	2.8	人口增长率（百分比）	2.9
陆地面积（千平方公里）	18	每天生活费用不足1.25美元的人口（占人口的百分比）	..
GNI，图表集法（10亿美元）	*133.8*	人均GNI，图表集法（美元）	*48,900*
PPP衡量的GNI（10亿美元）	*147.0*	PPP衡量的人均GNI（美元）	*53,720*

	1990	2000	2011
人口			
最贫困的20%人口占国家消费/收入的份额（百分比）	..	..	..
出生时的预期寿命（岁）	73	74	75
总生育率（每个女性生育数）	2.6	2.6	2.3
青年女性生育率（每千名15—19岁女性生育数）	..	20	14
避孕普及率（占15—49岁已婚女性的百分比）	..	*52*	..
在熟练医护人员护理下的分娩（占总数的百分比）	..	*100*	*100*
5岁以下儿童死亡率（每千人）	17	13	11
儿童营养不良，体重不足（占5岁以下儿童的百分比）	..	*2.2*	*1.7*
儿童麻疹免疫接种率（占12—23个月年龄组的百分比）	66	99	99
小学毕业率，总数（占适龄年龄组的百分比）	56	103	..
中学总入学率，总数（占适龄年龄组的百分比）	76	108	*101*
小学和中学中女孩与男孩的比率（百分比）	93	103	*105*
HIV感染率（占15—49岁人口的百分比）	..	..	..
环境			
森林（平方公里）	35	49	64
森林采伐（1990—2000年和2000—2010年，平均年度百分比）		-3.5	*-2.6*
淡水使用量（占内陆水资源的百分比）	..	..	..
获得改善的水资源的人口（占总人口的百分比）	99	99	99
获得改善的卫生设施的人口（占总人口的百分比）	100	100	*100*
人均能源使用量（千克石油当量）	4,364	9,690	*12,204*
人均二氧化碳排放量（吨）	23.1	28.4	*30.3*
人均用电量（千瓦时）	8,253	14,822	*18,320*
经济			
GDP（10亿美元）	18.4	37.7	176.6
GDP增长率（年度百分比）	*25.9*	4.7	8.2
GDP隐含价格平减指数（年度增长百分比）	*-1.7*	20.5	26.4
农业增加值（占GDP的百分比）	1	0	..
工业增加值（占GDP的百分比）	52	59	..
服务业增加值（占GDP的百分比）	47	40	..
货物和服务出口（占GDP的百分比）	45	56	66
货物和服务进口（占GDP的百分比）	58	30	21
资本形成总额（占GDP的百分比）	18	11	18
中央政府收入（占GDP的百分比）	58.7	*48.3*	61.4
中央政府现金盈余/赤字（占GDP的百分比）	6.1	*4.9*	25.0
政府与市场			
创办企业的时间（天）	..	*35*	32
股票市场资本总额（占GDP的百分比）	*40.8*	55.1	57.1
军费支出（占GDP的百分比）	48.7	7.1	3.2
移动电话用户（每100人）	1.0	24.5	175.1
互联网用户（每100人）	0.0	6.7	74.2
铺敷道路（占总数的百分比）	72.9	80.6	..
高科技出口（占制成品出口的百分比）	3	0	*1*
全球联系			
商品贸易（占GDP的百分比）	60	71	73
净易货贸易条件指数（2000年=100）	..	100	219
外债总额（百万美元）	..	..	..
债务还本付息总额（占出口的百分比）	..	..	..
净移民（千人）	119	125	*278*
获得的侨汇（百万美元）	..	..	..
外国直接投资，净流入额（百万美元）	6	16	400
获得的净官方发展援助（百万美元）	12.9	..	..

吉尔吉斯斯坦

欧洲和中亚			低收入经济体
人口（百万）	5.5	人口增长率（百分比）	1.2
陆地面积（千平方公里）	200	每天生活费用不足1.25美元的人口（占人口的百分比）	*6.7*
GNI，图表集法（10亿美元）	5.0	人均GNI，图表集法（美元）	900
PPP衡量的GNI（10亿美元）	12.7	PPP衡量的人均GNI（美元）	2,290

	1990	2000	2011
人口			
最贫困的20%人口占国家消费/收入的份额（百分比）	*2.5*	*8.4*	*6.8*
出生时的预期寿命（岁）	68	69	70
总生育率（每个女性生育数）	3.7	2.4	3.1
青年女性生育率（每千名15—19岁女性生育数）	..	34	33
避孕普及率（占15—49岁已婚女性的百分比）	..	..	*48*
在熟练医护人员护理下的分娩（占总数的百分比）	99	99	99
5岁以下儿童死亡率（每千人）	70	47	31
儿童营养不良，体重不足（占5岁以下儿童的百分比）	..	..	*2.7*
儿童麻疹免疫接种率（占12—23个月年龄组的百分比）	*94*	98	97
小学毕业率，总数（占适龄年龄组的百分比）	..	93	96
中学总入学率，总数（占适龄年龄组的百分比）	102	84	88
小学和中学中女孩与男孩的比率（百分比）	100	101	99
HIV感染率（占15—49岁人口的百分比）	0.1	0.1	0.4
环境			
森林（千平方公里）	8.4	8.6	9.7
森林采伐（1990—2000年和2000—2010年，平均年度百分比）		-0.3	*-1.1*
淡水使用量（占内陆水资源的百分比）	..	*20.6*	20.6
获得改善的水资源的人口（占总人口的百分比）	*78*	82	*90*
获得改善的卫生设施的人口（占总人口的百分比）	*93*	93	*93*
人均能源使用量（千克石油当量）	1,705	490	*536*
人均二氧化碳排放量（吨）	*2.4*	0.9	1.2
人均用电量（千瓦时）	2,331	1,911	*1,375*
经济			
GDP（10亿美元）	2.7	1.4	6.2
GDP增长率（年度百分比）	5.7	5.4	6.0
GDP隐含价格平减指数（年度增长百分比）	7.9	27.2	22.5
农业增加值（占GDP的百分比）	34	37	19
工业增加值（占GDP的百分比）	35	31	31
服务业增加值（占GDP的百分比）	31	32	51
货物和服务出口（占GDP的百分比）	29	42	55
货物和服务进口（占GDP的百分比）	50	48	82
资本形成总额（占GDP的百分比）	24	20	24
中央政府收入（占GDP的百分比）	*15.5*	14.2	21.1
中央政府现金盈余/赤字（占GDP的百分比）	..	-2.9	-4.8
政府与市场			
创办企业的时间（天）	..	*21*	10
股票市场资本总额（占GDP的百分比）	..	0.3	2.7
军费支出（占GDP的百分比）	*1.6*	2.9	*4.2*
移动电话用户（每100人）	0.0	0.2	116.4
互联网用户（每100人）	0.0	1.0	20.0
铺敷道路（占总数的百分比）	90.0	91.1	..
高科技出口（占制成品出口的百分比）	..	15	3
全球联系			
商品贸易（占GDP的百分比）	..	77	101
净易货贸易条件指数（2000年=100）	..	100	109
外债总额（10亿美元）	0.0	1.9	5.5
债务还本付息总额（占出口的百分比）	*0.4*	30.2	11.8
净移民（千人）	-155	-27	*-132*
获得的侨汇（百万美元）	*2*	9	1,709
外国直接投资，净流入额（百万美元）	*10*	-2	694
获得的净官方发展援助（百万美元）	*21*	215	523

老挝

东亚和太平洋地区		中低收入经济体	
人口（百万）	6.3	人口增长率（百分比）	1.4
陆地面积（千平方公里）	237	每天生活费用不足1.25美元的人口（占人口的百分比）	*33.9*
GNI，图表集法（10亿美元）	7.1	人均GNI，图表集法（美元）	1,130
PPP衡量的GNI（10亿美元）	16.2	PPP衡量的人均GNI（美元）	2,580

	1990	2000	2011
人口			
最贫困的20%人口占国家消费/收入的份额（百分比）	*9.3*	*8.6*	*7.6*
出生时的预期寿命（岁）	54	61	67
总生育率（每个女性生育数）	6.2	4.2	2.7
青年女性生育率（每千名15—19岁女性生育数）	..	53	32
避孕普及率（占15—49岁已婚女性的百分比）	*19*	32	..
在熟练医护人员护理下的分娩（占总数的百分比）	..	*19*	*37*
5岁以下儿童死亡率（每千人）	148	81	42
儿童营养不良，体重不足（占5岁以下儿童的百分比）	*39.8*	36.4	*31.6*
儿童麻疹免疫接种率（占12—23个月年龄组的百分比）	32	42	69
小学毕业率，总数（占适龄年龄组的百分比）	44	69	93
中学总入学率，总数（占适龄年龄组的百分比）	24	35	46
小学和中学中女孩与男孩的比率（百分比）	77	81	91
HIV感染率（占15—49岁人口的百分比）	0.1	0.1	0.3
环境			
森林（千平方公里）	173	165	157
森林采伐（1990—2000年和2000—2010年，平均年度百分比）		0.5	*0.5*
淡水使用量（占内陆水资源的百分比）	..	..	2.2
获得改善的水资源的人口（占总人口的百分比）	..	45	*67*
获得改善的卫生设施的人口（占总人口的百分比）	..	26	*63*
人均能源使用量（千克石油当量）	..	..	..
人均二氧化碳排放量（吨）	0.06	0.18	0.30
人均用电量（千瓦时）	..	..	..
经济			
GDP（百万美元）	866	1,731	8,298
GDP增长率（年度百分比）	6.7	5.8	8.0
GDP隐含价格平减指数（年度增长百分比）	37.9	24.8	4.4
农业增加值（占GDP的百分比）	61	45	31
工业增加值（占GDP的百分比）	15	17	35
服务业增加值（占GDP的百分比）	24	38	35
货物和服务出口（占GDP的百分比）	11	30	38
货物和服务进口（占GDP的百分比）	25	44	44
资本形成总额（占GDP的百分比）	*14*	14	27
中央政府收入（占GDP的百分比）	..	..	15.0
中央政府现金盈余/赤字（占GDP的百分比）	..	..	-0.9
政府与市场			
创办企业的时间（天）	..	*153*	92
股票市场资本总额（占GDP的百分比）	..	..	..
军费支出（占GDP的百分比）	*9.0*	0.8	*0.2*
移动电话用户（每100人）	0.0	0.2	87.2
互联网用户（每100人）	0.0	0.1	9.0
铺敷道路（占总数的百分比）	24.0	*14.1*	*13.7*
高科技出口（占制成品出口的百分比）	..	..	..
全球联系			
商品贸易（占GDP的百分比）	31	50	61
净易货贸易条件指数（2000年=100）	..	100	125
外债总额（10亿美元）	1.8	2.5	6.2
债务还本付息总额（占出口的百分比）	8.5	8.0	*13.2*
净移民（千人）	0.1	-87.5	*-75.0*
获得的侨汇（百万美元）	11	1	110
外国直接投资，净流入额（百万美元）	6	34	301
获得的净官方发展援助（百万美元）	149	281	397

拉脱维亚

欧洲和中亚		中高收入经济体	
人口（百万）	2.1	人口增长率（百分比）	-8.4
陆地面积（千平方公里）	64	每天生活费用不足1.25美元的人口（占人口的百分比）	<2
GNI，图表集法（10亿美元）	27.4	人均GNI，图表集法（美元）	13,320
PPP衡量的GNI（10亿美元）	39.3	PPP衡量的人均GNI（美元）	19,090

	1990	2000	2011
人口			
最贫困的20%人口占国家消费/收入的份额（百分比）	*9.6*	*6.9*	*6.6*
出生时的预期寿命（岁）	69	70	74
总生育率（每个女性生育数）	2.0	1.2	1.3
青年女性生育率（每千名15—19岁女性生育数）	..	19	14
避孕普及率（占15—49岁已婚女性的百分比）	..	..	..
在熟练医护人员护理下的分娩（占总数的百分比）	100	100	*100*
5岁以下儿童死亡率（每千人）	21	17	8
儿童营养不良，体重不足（占5岁以下儿童的百分比）	..	..	..
儿童麻疹免疫接种率（占12—23个月年龄组的百分比）	*95*	97	99
小学毕业率，总数（占适龄年龄组的百分比）	..	92	93
中学总入学率，总数（占适龄年龄组的百分比）	95	91	96
小学和中学中女孩与男孩的比率（百分比）	*101*	101	98
HIV感染率（占15—49岁人口的百分比）	0.1	0.3	0.7
环境			
森林（千平方公里）	32	32	34
森林采伐（1990—2000年和2000—2010年，平均年度百分比）		-0.2	*-0.3*
淡水使用量（占内陆水资源的百分比）	..	*2.5*	2.5
获得改善的水资源的人口（占总人口的百分比）	99	99	*99*
获得改善的卫生设施的人口（占总人口的百分比）	..	78	*78*
人均能源使用量（千克石油当量）	2,958	1,565	*1,971*
人均二氧化碳排放量（吨）	*5.2*	2.6	3.0
人均用电量（千瓦时）	3,397	2,078	*3,026*
经济			
GDP（10亿美元）	7.4	7.8	28.3
GDP增长率（年度百分比）	-7.9	6.9	5.5
GDP隐含价格平减指数（年度增长百分比）	24.1	4.2	5.4
农业增加值（占GDP的百分比）	22	5	*4*
工业增加值（占GDP的百分比）	46	24	*22*
服务业增加值（占GDP的百分比）	32	72	*74*
货物和服务出口（占GDP的百分比）	48	42	59
货物和服务进口（占GDP的百分比）	49	49	63
资本形成总额（占GDP的百分比）	40	24	26
中央政府收入（占GDP的百分比）	..	26.1	25.0
中央政府现金盈余/赤字（占GDP的百分比）	..	-2.2	-2.9
政府与市场			
创办企业的时间（天）	..	*16*	16
股票市场资本总额（占GDP的百分比）	..	7.2	3.8
军费支出（占GDP的百分比）	*0.8*	0.9	1.0
移动电话用户（每100人）	0.0	16.8	102.9
互联网用户（每100人）	0.0	6.3	71.7
铺敷道路（占总数的百分比）	..	*100.0*	*20.9*
高科技出口（占制成品出口的百分比）	..	4	8
全球联系			
商品贸易（占GDP的百分比）	..	65	104
净易货贸易条件指数（2000年=100）	..	100	110
外债总额（10亿美元）	*0.0*	5.0	38.3
债务还本付息总额（占出口的百分比）	..	17.6	47.0
净移民（千人）	41.8	-40.0	*-10.0*
获得的侨汇（百万美元）	..	72	695
外国直接投资，净流入额（百万美元）	*29*	413	1,502
获得的净官方发展援助（百万美元）	..	..	..

黎巴嫩

中东和北非			中高收入经济体
人口（百万）	4.3	人口增长率（百分比）	0.7
陆地面积（千平方公里）	10	每天生活费用不足1.25美元的人口（占人口的百分比）	..
GNI，图表集法（10亿美元）	38.9	人均GNI，图表集法（美元）	9,140
PPP衡量的GNI（10亿美元）	61.6	PPP衡量的人均GNI（美元）	14,470

	1990	2000	2011
人口			
最贫困的20%人口占国家消费/收入的份额（百分比）	..	..	..
出生时的预期寿命（岁）	69	71	73
总生育率（每个女性生育数）	3.1	2.4	1.8
青年女性生育率（每千名15—19岁女性生育数）	..	25	16
避孕普及率（占15—49岁已婚女性的百分比）	..	63	*54*
在熟练医护人员护理下的分娩（占总数的百分比）	..	*98*	..
5岁以下儿童死亡率（每千人）	33	19	9
儿童营养不良，体重不足（占5岁以下儿童的百分比）	..	*4.2*	*5.2*
儿童麻疹免疫接种率（占12—23个月年龄组的百分比）	61	71	79
小学毕业率，总数（占适龄年龄组的百分比）	..	*102*	87
中学总入学率，总数（占适龄年龄组的百分比）	*61*	*77*	83
小学和中学中女孩与男孩的比率（百分比）	*101*	*102*	103
HIV感染率（占15—49岁人口的百分比）	0.1	0.1	0.1
环境			
森林（千平方公里）	1.3	1.3	1.4
森林采伐（1990—2000年和2000—2010年，平均年度百分比）		0.0	*-0.4*
淡水使用量（占内陆水资源的百分比）	..	*29.9*	27.3
获得改善的水资源的人口（占总人口的百分比）	100	100	*100*
获得改善的卫生设施的人口（占总人口的百分比）	*98*	98	..
人均能源使用量（千克石油当量）	663	1,311	*1,526*
人均二氧化碳排放量（吨）	3.1	4.1	5.0
人均用电量（千瓦时）	475	2,610	*3,569*
经济			
GDP（10亿美元）	2.8	17.3	40.1
GDP增长率（年度百分比）	26.5	1.3	3.0
GDP隐含价格平减指数（年度增长百分比）	15.5	-2.1	4.9
农业增加值（占GDP的百分比）	..	7	6
工业增加值（占GDP的百分比）	..	23	21
服务业增加值（占GDP的百分比）	..	70	74
货物和服务出口（占GDP的百分比）	18	14	24
货物和服务进口（占GDP的百分比）	100	36	50
资本形成总额（占GDP的百分比）	18	20	33
中央政府收入（占GDP的百分比）	..	16.0	23.3
中央政府现金盈余/赤字（占GDP的百分比）	..	-18.4	-5.9
政府与市场			
创办企业的时间（天）	..	*46*	9
股票市场资本总额（占GDP的百分比）	..	9.2	25.3
军费支出（占GDP的百分比）	7.6	5.4	4.4
移动电话用户（每100人）	0.0	19.9	78.6
互联网用户（每100人）	0.0	8.0	52.0
铺敷道路（占总数的百分比）	95.0	*84.9*	..
高科技出口（占制成品出口的百分比）	..	2	2
全球联系			
商品贸易（占GDP的百分比）	107	40	66
净易货贸易条件指数（2000年=100）	..	100	98
外债总额（10亿美元）	1.8	10.2	24.8
债务还本付息总额（占出口的百分比）	..	*35.6*	19.9
净移民（千人）	-220	0	*-13*
获得的侨汇（百万美元）	..	*2,544*	7,322
外国直接投资，净流入额（百万美元）	..	*1,336*	3,476
获得的净官方发展援助（百万美元）	286	200	432

莱索托

撒哈拉以南非洲地区 | 中低收入经济体

人口（百万）	2.2	人口增长率（百分比）	1.0
陆地面积（千平方公里）	30	每天生活费用不足1.25美元的人口（占人口的百分比）	*43.4*
GNI，图表集法（10亿美元）	2.7	人均GNI，图表集法（美元）	1,210
PPP衡量的GNI（10亿美元）	4.5	PPP衡量的人均GNI（美元）	2,050

	1990	2000	2011
人口			
最贫困的20%人口占国家消费/收入的份额（百分比）	*2.6*	*3.0*	..
出生时的预期寿命（岁）	59	48	48
总生育率（每个女性生育数）	4.9	4.1	3.1
青年女性生育率（每千名15—19岁女性生育数）	..	91	63
避孕普及率（占15—49岁已婚女性的百分比）	*23*	30	*47*
在熟练医护人员护理下的分娩（占总数的百分比）	*61*	60	*62*
5岁以下儿童死亡率（每千人）	88	117	86
儿童营养不良，体重不足（占5岁以下儿童的百分比）	*13.8*	15.0	*13.5*
儿童麻疹免疫接种率（占12—23个月年龄组的百分比）	80	74	85
小学毕业率，总数（占适龄年龄组的百分比）	58	60	68
中学总入学率，总数（占适龄年龄组的百分比）	25	30	49
小学和中学中女孩与男孩的比率（百分比）	124	107	106
HIV感染率（占15—49岁人口的百分比）	0.8	23.4	23.3
环境			
森林（平方公里）	400	420	442
森林采伐（1990—2000年和2000—2010年，平均年度百分比）		-0.5	*-0.5*
淡水使用量（占内陆水资源的百分比）	..	*1.0*	1.0
获得改善的水资源的人口（占总人口的百分比）	80	80	*78*
获得改善的卫生设施的人口（占总人口的百分比）	..	25	*26*
人均能源使用量（千克石油当量）	..	..	..
人均二氧化碳排放量（吨）	..	..	..
人均用电量（千瓦时）	..	..	..
经济			
GDP（百万美元）	545	771	2,426
GDP增长率（年度百分比）	5.6	5.1	4.2
GDP隐含价格平减指数（年度增长百分比）	12.6	3.9	6.0
农业增加值（占GDP的百分比）	25	12	8
工业增加值（占GDP的百分比）	34	30	34
服务业增加值（占GDP的百分比）	41	58	59
货物和服务出口（占GDP的百分比）	18	35	46
货物和服务进口（占GDP的百分比）	122	135	113
资本形成总额（占GDP的百分比）	56	41	35
中央政府收入（占GDP的百分比）	44.5	49.0	*65.2*
中央政府现金盈余/赤字（占GDP的百分比）	-0.6	*-2.8*	*5.6*
政府与市场			
创办企业的时间（天）	..	*93*	24
股票市场资本总额（占GDP的百分比）	..	..	..
军费支出（占GDP的百分比）	5.1	4.0	2.4
移动电话用户（每100人）	0.0	1.1	56.2
互联网用户（每100人）	0.0	0.2	4.2
铺敷道路（占总数的百分比）	18.0	18.3	..
高科技出口（占制成品出口的百分比）	..	0	*0*
全球联系			
商品贸易（占GDP的百分比）	135	133	153
净易货贸易条件指数（2000年=100）	100	100	74
外债总额（百万美元）	396	677	792
债务还本付息总额（占出口的百分比）	4.2	7.5	*1.9*
净移民（千人）	-50.9	-20.9	*-20.0*
获得的侨汇（百万美元）	428	478	649
外国直接投资，净流入额（百万美元）	17	32	132
获得的净官方发展援助（百万美元）	139	37	265

利比里亚

撒哈拉以南非洲地区 **低收入经济体**

人口（百万）	4.1	人口增长率（百分比）	3.3
陆地面积（千平方公里）	111	每天生活费用不足1.25美元的人口（占人口的百分比）	*83.8*
GNI，图表集法（10亿美元）	1.4	人均GNI，图表集法（美元）	330
PPP衡量的GNI（10亿美元）	2.2	PPP衡量的人均GNI（美元）	540

	1990	2000	2011
人口			
最贫困的20%人口占国家消费/收入的份额（百分比）	..	..	*6.4*
出生时的预期寿命（岁）	42	46	57
总生育率（每个女性生育数）	6.5	5.8	5.2
青年女性生育率（每千名15—19岁女性生育数）	..	149	127
避孕普及率（占15—49岁已婚女性的百分比）	..	10	*11*
在熟练医护人员护理下的分娩（占总数的百分比）	..	51	*46*
5岁以下儿童死亡率（每千人）	241	164	78
儿童营养不良，体重不足（占5岁以下儿童的百分比）	..	22.8	*20.4*
儿童麻疹免疫接种率（占12—23个月年龄组的百分比）	..	63	40
小学毕业率，总数（占适龄年龄组的百分比）	..	..	66
中学总入学率，总数（占适龄年龄组的百分比）	..	35	45
小学和中学中女孩与男孩的比率（百分比）	..	73	88
HIV感染率（占15—49岁人口的百分比）	0.7	2.5	1.0
环境			
森林（千平方公里）	49	46	43
森林采伐（1990—2000年和2000—2010年，平均年度百分比）		0.6	*0.7*
淡水使用量（占内陆水资源的百分比）	..	*0.1*	0.1
获得改善的水资源的人口（占总人口的百分比）	..	61	*73*
获得改善的卫生设施的人口（占总人口的百分比）	..	12	*18*
人均能源使用量（千克石油当量）	..	..	..
人均二氧化碳排放量（吨）	0.2	0.2	0.1
人均用电量（千瓦时）	..	..	..
经济			
GDP（百万美元）	384	529	1,545
GDP增长率（年度百分比）	-51.0	25.7	9.4
GDP隐含价格平减指数（年度增长百分比）	-0.2	-6.9	10.5
农业增加值（占GDP的百分比）	54	76	53
工业增加值（占GDP的百分比）	17	4	10
服务业增加值（占GDP的百分比）	29	20	37
货物和服务出口（占GDP的百分比）	..	26	27
货物和服务进口（占GDP的百分比）	..	27	93
资本形成总额（占GDP的百分比）	..	7	25
中央政府收入（占GDP的百分比）	..	..	0.3
中央政府现金盈余/赤字（占GDP的百分比）	..	..	0.0
政府与市场			
创办企业的时间（天）	..	..	6
股票市场资本总额（占GDP的百分比）	..	..	..
军费支出（占GDP的百分比）	3.7	*0.2*	*0.7*
移动电话用户（每100人）	0.0	0.1	49.2
互联网用户（每100人）	0.0	0.0	3.0
铺敷道路（占总数的百分比）	5.5	6.2	..
高科技出口（占制成品出口的百分比）	..	..	..
全球联系			
商品贸易（占GDP的百分比）	374	188	91
净易货贸易条件指数（2000年=100）	..	100	162
外债总额（10亿美元）	2.1	2.8	0.4
债务还本付息总额（占出口的百分比）	..	..	*1.4*
净移民（千人）	-368	453	*300*
获得的侨汇（百万美元）	..	..	360
外国直接投资，净流入额（百万美元）	225	21	1,313
获得的净官方发展援助（百万美元）	114	67	765

利比亚

中东和北非 **中高收入经济体**

人口（百万）	6.4	人口增长率（百分比）	1.1
陆地面积（千平方公里）	1,760	每天生活费用不足1.25美元的人口（占人口的百分比）	..
GNI，图表集法（10亿美元）	*77.1*	人均GNI，图表集法（美元）	*12,320*
PPP衡量的GNI（10亿美元）	*105.2*	PPP衡量的人均GNI（美元）	*16,800*

	1990	2000	2011
人口			
最贫困的20%人口占国家消费/收入的份额（百分比）	..	..	..
出生时的预期寿命（岁）	68	73	75
总生育率（每个女性生育数）	4.8	3.1	2.5
青年女性生育率（每千名15—19岁女性生育数）	..	4	3
避孕普及率（占15—49岁已婚女性的百分比）	..	..	..
在熟练医护人员护理下的分娩（占总数的百分比）	..	99	*100*
5岁以下儿童死亡率（每千人）	44	27	16
儿童营养不良，体重不足（占5岁以下儿童的百分比）	..	..	*5.6*
儿童麻疹免疫接种率（占12—23个月年龄组的百分比）	89	93	98
小学毕业率，总数（占适龄年龄组的百分比）	..	..	..
中学总入学率，总数（占适龄年龄组的百分比）	..	*110*	..
小学和中学中女孩与男孩的比率（百分比）	..	*103*	..
HIV感染率（占15—49岁人口的百分比）	..	..	..
环境			
森林（千平方公里）	2.2	2.2	2.2
森林采伐（1990—2000年和2000—2010年，平均年度百分比）		0.0	*0.0*
淡水使用量（占内陆水资源的百分比）	*680.0*	*618.0*	618.0
获得改善的水资源的人口（占总人口的百分比）	54	54	..
获得改善的卫生设施的人口（占总人口的百分比）	97	97	*97*
人均能源使用量（千克石油当量）	2,614	3,560	*3,013*
人均二氧化碳排放量（吨）	8.5	9.0	10.0
人均用电量（千瓦时）	1,614	2,276	*4,270*
经济			
GDP（10亿美元）	28.9	33.9	*62.4*
GDP增长率（年度百分比）	..	3.7	2.1
GDP隐含价格平减指数（年度增长百分比）	..	18.4	*-32.8*
农业增加值（占GDP的百分比）	..	5	*2*
工业增加值（占GDP的百分比）	..	66	*78*
服务业增加值（占GDP的百分比）	..	*29*	*20*
货物和服务出口（占GDP的百分比）	40	36	*67*
货物和服务进口（占GDP的百分比）	31	15	*27*
资本形成总额（占GDP的百分比）	19	13	*28*
中央政府收入（占GDP的百分比）	..	..	..
中央政府现金盈余/赤字（占GDP的百分比）	..	..	..
政府与市场			
创办企业的时间（天）	..	..	..
股票市场资本总额（占GDP的百分比）	..	..	..
军费支出（占GDP的百分比）	..	3.2	*1.2*
移动电话用户（每100人）	0.0	0.8	155.7
互联网用户（每100人）	0.0	0.2	17.0
铺敷道路（占总数的百分比）	51.7	57.2	..
高科技出口（占制成品出口的百分比）	..	..	..
全球联系			
商品贸易（占GDP的百分比）	64	50	*76*
净易货贸易条件指数（2000年=100）	..	100	185
外债总额（百万美元）	..	..	..
债务还本付息总额（占出口的百分比）	..	..	..
净移民（千人）	-20.3	-20.3	*-20.3*
获得的侨汇（百万美元）	..	9.0	..
外国直接投资，净流入额（百万美元）	159	141	200
获得的净官方发展援助（百万美元）	8	5	642

列支敦士登

高收入经济体

人口（千人）	36	人口增长率（百分比）	0.8
陆地面积（平方公里）	160	每天生活费用不足1.25美元的人口（占人口的百分比）	..
GNI，图表集法（10亿美元）	*4.9*	人均GNI，图表集法（美元）	*137,070*
PPP衡量的GNI（10亿美元）	..	PPP衡量的人均GNI（美元）	..

	1990	2000	2011
人口			
最贫困的20%人口占国家消费/收入的份额（百分比）	..	..	..
出生时的预期寿命（岁）	..	..	..
总生育率（每个女性生育数）	..	1.6	1.7
青年女性生育率（每千名15—19岁女性生育数）	..	..	..
避孕普及率（占15—49岁已婚女性的百分比）	..	..	..
在熟练医护人员护理下的分娩（占总数的百分比）	..	..	..
5岁以下儿童死亡率（每千人）	10	6	2
儿童营养不良，体重不足（占5岁以下儿童的百分比）	..	..	..
儿童麻疹免疫接种率（占12—23个月年龄组的百分比）	..	..	..
小学毕业率，总数（占适龄年龄组的百分比）	..	*90*	101
中学总入学率，总数（占适龄年龄组的百分比）	..	*112*	111
小学和中学中女孩与男孩的比率（百分比）	..	*92*	89
HIV感染率（占15—49岁人口的百分比）	..	..	..
环境			
森林（平方公里）	65	69	69
森林采伐（1990—2000年和2000—2010年，平均年度百分比）		-0.6	*0.0*
淡水使用量（占内陆水资源的百分比）	..	..	..
获得改善的水资源的人口（占总人口的百分比）	..	..	..
获得改善的卫生设施的人口（占总人口的百分比）	..	..	..
人均能源使用量（千克石油当量）	..	..	..
人均二氧化碳排放量（吨）	..	..	..
人均用电量（千瓦时）	..	..	..
经济			
GDP（10亿美元）	1.4	2.5	*4.8*
GDP增长率（年度百分比）	2.3	3.2	*-1.2*
GDP隐含价格平减指数（年度增长百分比）	5.4	1.6	*-0.5*
农业增加值（占GDP的百分比）	..	..	..
工业增加值（占GDP的百分比）	..	..	..
服务业增加值（占GDP的百分比）	..	..	..
货物和服务出口（占GDP的百分比）	..	..	..
货物和服务进口（占GDP的百分比）	..	..	..
资本形成总额（占GDP的百分比）	..	..	..
中央政府收入（占GDP的百分比）	..	..	..
中央政府现金盈余/赤字（占GDP的百分比）	..	..	..
政府与市场			
创办企业的时间（天）	..	..	..
股票市场资本总额（占GDP的百分比）	..	..	..
军费支出（占GDP的百分比）	..	..	..
移动电话用户（每100人）	0.0	30.4	101.8
互联网用户（每100人）	0.0	36.5	85.0
铺敷道路（占总数的百分比）	..	..	..
高科技出口（占制成品出口的百分比）	..	..	..
全球联系			
商品贸易（占GDP的百分比）	..	..	..
净易货贸易条件指数（2000年=100）	..	..	..
外债总额（百万美元）	..	..	..
债务还本付息总额（占出口的百分比）	..	..	..
净移民（千人）	..	..	..
获得的侨汇（百万美元）	..	..	..
外国直接投资，净流入额（百万美元）	..	..	..
获得的净官方发展援助（百万美元）	..	..	..

立陶宛

欧洲和中亚			中高收入经济体
人口（百万）	3.0	人口增长率（百分比）	-8.1
陆地面积（千平方公里）	65	每天生活费用不足1.25美元的人口（占人口的百分比）	<2
GNI，图表集法（10亿美元）	39.3	人均GNI，图表集法（美元）	12,980
PPP衡量的GNI（10亿美元）	62.9	PPP衡量的人均GNI（美元）	20,760

	1990	2000	2011
人口			
最贫困的20%人口占国家消费/收入的份额（百分比）	*8.0*	7.9	6.6
出生时的预期寿命（岁）	71	72	74
总生育率（每个女性生育数）	2.0	1.4	1.8
青年女性生育率（每千名15—19岁女性生育数）	..	25	17
避孕普及率（占15—49岁已婚女性的百分比）	..	..	..
在熟练医护人员护理下的分娩（占总数的百分比）	100	100	*100*
5岁以下儿童死亡率（每千人）	17	12	6
儿童营养不良，体重不足（占5岁以下儿童的百分比）	..	..	..
儿童麻疹免疫接种率（占12—23个月年龄组的百分比）	*89*	97	94
小学毕业率，总数（占适龄年龄组的百分比）	..	97	95
中学总入学率，总数（占适龄年龄组的百分比）	95	98	99
小学和中学中女孩与男孩的比率（百分比）	*96*	99	98
HIV感染率（占15—49岁人口的百分比）	0.1	0.1	0.1
环境			
森林（千平方公里）	19	20	22
森林采伐（1990—2000年和2000—2010年，平均年度百分比）		-0.4	*-0.7*
淡水使用量（占内陆水资源的百分比）	..	*17.7*	15.3
获得改善的水资源的人口（占总人口的百分比）	..	92	*92*
获得改善的卫生设施的人口（占总人口的百分比）	..	86	*86*
人均能源使用量（千克石油当量）	4,345	2,037	*2,107*
人均二氧化碳排放量（吨）	*6.0*	3.5	3.8
人均用电量（千瓦时）	4,023	2,517	*3,271*
经济			
GDP（10亿美元）	10.5	11.4	42.7
GDP增长率（年度百分比）	*-5.7*	3.3	5.9
GDP隐含价格平减指数（年度增长百分比）	*228.3*	0.9	5.8
农业增加值（占GDP的百分比）	27	6	*4*
工业增加值（占GDP的百分比）	31	30	*28*
服务业增加值（占GDP的百分比）	42	64	*68*
货物和服务出口（占GDP的百分比）	52	45	78
货物和服务进口（占GDP的百分比）	61	51	79
资本形成总额（占GDP的百分比）	33	19	19
中央政府收入（占GDP的百分比）	..	25.9	26.4
中央政府现金盈余/赤字（占GDP的百分比）	..	-2.8	-5.2
政府与市场			
创办企业的时间（天）	..	*26*	20
股票市场资本总额（占GDP的百分比）	..	13.9	9.5
军费支出（占GDP的百分比）	*0.8*	1.7	1.0
移动电话用户（每100人）	0.0	15.0	151.3
互联网用户（每100人）	0.0	6.4	65.1
铺敷道路（占总数的百分比）	..	..	*29.3*
高科技出口（占制成品出口的百分比）	*0*	4	10
全球联系			
商品贸易（占GDP的百分比）	..	81	139
净易货贸易条件指数（2000年=100）	..	100	102
外债总额（10亿美元）	0.0	4.9	30.0
债务还本付息总额（占出口的百分比）	*0.3*	21.1	20.1
净移民（千人）	33	-106	*-35*
获得的侨汇（百万美元）	*0*	50	1,956
外国直接投资，净流入额（百万美元）	*30*	379	1,443
获得的净官方发展援助（百万美元）	..	..	..

卢森堡

高收入经济体

人口（千人）	518	人口增长率（百分比）	2.2
陆地面积（千平方公里）	2.6	每天生活费用不足1.25美元的人口（占人口的百分比）	..
GNI，图表集法（10亿美元）	40.1	人均GNI，图表集法（美元）	77,390
PPP衡量的GNI（10亿美元）	33.2	PPP衡量的人均GNI（美元）	64,110

	1990	2000	2011
人口			
最贫困的20%人口占国家消费/收入的份额（百分比）	..	8.4	..
出生时的预期寿命（岁）	75	78	81
总生育率（每个女性生育数）	1.6	1.8	1.5
青年女性生育率（每千名15—19岁女性生育数）	..	11	9
避孕普及率（占15—49岁已婚女性的百分比）	..	..	..
在熟练医护人员护理下的分娩（占总数的百分比）	..	*100*	..
5岁以下儿童死亡率（每千人）	8	5	3
儿童营养不良，体重不足（占5岁以下儿童的百分比）	..	..	..
儿童麻疹免疫接种率（占12—23个月年龄组的百分比）	80	91	96
小学毕业率，总数（占适龄年龄组的百分比）	..	..	*83*
中学总入学率，总数（占适龄年龄组的百分比）	*69*	97	*101*
小学和中学中女孩与男孩的比率（百分比）	*102*	104	*102*
HIV感染率（占15—49岁人口的百分比）	0.1	0.3	0.3
环境			
森林（平方公里）	860	868	868
森林采伐（1990—2000年和2000—2010年，平均年度百分比）		-0.1	*0.0*
淡水使用量（占内陆水资源的百分比）	*5.9*	*6.0*	6.0
获得改善的水资源的人口（占总人口的百分比）	100	100	100
获得改善的卫生设施的人口（占总人口的百分比）	100	100	*100*
人均能源使用量（千克石油当量）	8,932	7,618	8,008
人均二氧化碳排放量（吨）	26.2	18.9	*20.4*
人均用电量（千瓦时）	13,668	15,668	*16,834*
经济			
GDP（10亿美元）	12.7	20.3	59.2
GDP增长率（年度百分比）	5.3	8.4	1.7
GDP隐含价格平减指数（年度增长百分比）	2.5	2.0	5.1
农业增加值（占GDP的百分比）	1	1	0
工业增加值（占GDP的百分比）	27	18	13
服务业增加值（占GDP的百分比）	71	81	86
货物和服务出口（占GDP的百分比）	102	150	176
货物和服务进口（占GDP的百分比）	88	129	145
资本形成总额（占GDP的百分比）	24	23	21
中央政府收入（占GDP的百分比）	..	39.8	38.7
中央政府现金盈余/赤字（占GDP的百分比）	..	5.5	-0.4
政府与市场			
创办企业的时间（天）	..	..	19
股票市场资本总额（占GDP的百分比）	82.9	167.8	114.2
军费支出（占GDP的百分比）	0.8	0.6	..
移动电话用户（每100人）	0.2	69.6	148.3
互联网用户（每100人）	0.0	22.9	90.9
铺敷道路（占总数的百分比）	99.1	100.0	*100.0*
高科技出口（占制成品出口的百分比）	..	17	10
全球联系			
商品贸易（占GDP的百分比）	..	97	85
净易货贸易条件指数（2000年=100）	..	100	98
外债总额（百万美元）	..	..	..
债务还本付息总额（占出口的百分比）	..	..	..
净移民（千人）	11.9	19.9	*42.5*
获得的侨汇（百万美元）	..	579	1,740
外国直接投资，净流入额（10亿美元）	..	*1.0*	18.4
获得的净官方发展援助（百万美元）	..	..	..

中国澳门

高收入经济体

人口（千人）	556	人口增长率（百分比）	2.2
陆地面积（平方公里）	28	每天生活费用不足1.25美元的人口（占人口的百分比）	..
GNI，图表集法（10亿美元）	*24.7*	人均GNI，图表集法（美元）	*45,460*
PPP衡量的GNI（10亿美元）	*31.0*	PPP衡量的人均GNI（美元）	*56,950*

	1990	2000	2011
人口			
最贫困的20%人口占国家消费/收入的份额（百分比）	..	..	..
出生时的预期寿命（岁）	76	79	81
总生育率（每个女性生育数）	1.7	0.9	1.1
青年女性生育率（每千名15—19岁女性生育数）	..	5	4
避孕普及率（占15—49岁已婚女性的百分比）	..	..	..
在熟练医护人员护理下的分娩（占总数的百分比）	..	*100*	..
5岁以下儿童死亡率（每千人）	..	..	..
儿童营养不良，体重不足（占5岁以下儿童的百分比）	..	..	..
儿童麻疹免疫接种率（占12—23个月年龄组的百分比）	..	..	..
小学毕业率，总数（占适龄年龄组的百分比）	97	99	*97*
中学总入学率，总数（占适龄年龄组的百分比）	61	83	96
小学和中学中女孩与男孩的比率（百分比）	99	100	*97*
HIV感染率（占15—49岁人口的百分比）	..	..	..
环境			
森林（平方公里）	..	..	..
森林采伐（1990—2000年和2000—2010年，平均年度百分比）		..	..
淡水使用量（占内陆水资源的百分比）	..	..	..
获得改善的水资源的人口（占总人口的百分比）	..	..	..
获得改善的卫生设施的人口（占总人口的百分比）	..	..	..
人均能源使用量（千克石油当量）	..	..	..
人均二氧化碳排放量（吨）	2.9	3.8	*2.8*
人均用电量（千瓦时）	..	..	..
经济			
GDP（10亿美元）	3.0	6.1	36.4
GDP增长率（年度百分比）	8.0	5.7	20.7
GDP隐含价格平减指数（年度增长百分比）	11.5	-2.0	6.9
农业增加值（占GDP的百分比）	*0*	0	*0*
工业增加值（占GDP的百分比）	*21*	15	*7*
服务业增加值（占GDP的百分比）	*79*	85	*93*
货物和服务出口（占GDP的百分比）	110	100	112
货物和服务进口（占GDP的百分比）	84	65	54
资本形成总额（占GDP的百分比）	25	12	13
中央政府收入（占GDP的百分比）	..	19.9	40.3
中央政府现金盈余/赤字（占GDP的百分比）	..	1.6	25.0
政府与市场			
创办企业的时间（天）	..	..	..
股票市场资本总额（占GDP的百分比）	..	..	..
军费支出（占GDP的百分比）	..	..	..
移动电话用户（每100人）	0.6	32.7	243.5
互联网用户（每100人）	0.0	13.6	58.0
铺敷道路（占总数的百分比）	100.0	100.0	*100.0*
高科技出口（占制成品出口的百分比）	2	1	*0*
全球联系			
商品贸易（占GDP的百分比）	108	85	24
净易货贸易条件指数（2000年=100）	..	100	87
外债总额（百万美元）	..	..	..
债务还本付息总额（占出口的百分比）	..	..	..
净移民（千人）	36.9	19.8	*50.6*
获得的侨汇（百万美元）	..	*208*	48
外国直接投资，净流入额（百万美元）	0	-1	2,116
获得的净官方发展援助（百万美元）	0.2	*0.3*	..

前南马其顿

欧洲和中亚 **中高收入经济体**

人口（百万）	2.1	人口增长率（百分比）	0.2
陆地面积（千平方公里）	26	每天生活费用不足1.25美元的人口（占人口的百分比）	<2
GNI，图表集法（10亿美元）	9.9	人均GNI，图表集法（美元）	4,810
PPP衡量的GNI（10亿美元）	23.5	PPP衡量的人均GNI（美元）	11,370

	1990	2000	2011
人口			
最贫困的20%人口占国家消费/收入的份额（百分比）	..	6.5	*5.1*
出生时的预期寿命（岁）	71	73	75
总生育率（每个女性生育数）	2.1	1.7	1.4
青年女性生育率（每千名15—19岁女性生育数）	..	29	19
避孕普及率（占15—49岁已婚女性的百分比）	..	..	..
在熟练医护人员护理下的分娩（占总数的百分比）	89	98	*100*
5岁以下儿童死亡率（每千人）	38	16	10
儿童营养不良，体重不足（占5岁以下儿童的百分比）	..	*1.9*	..
儿童麻疹免疫接种率（占12—23个月年龄组的百分比）	*98*	97	98
小学毕业率，总数（占适龄年龄组的百分比）	*98*	100	*92*
中学总入学率，总数（占适龄年龄组的百分比）	*76*	84	*84*
小学和中学中女孩与男孩的比率（百分比）	*99*	98	*100*
HIV感染率（占15—49岁人口的百分比）	..	..	..
环境			
森林（千平方公里）	9	10	10
森林采伐（1990—2000年和2000—2010年，平均年度百分比）		-0.5	*-0.4*
淡水使用量（占内陆水资源的百分比）	..	*12.9*	19.0
获得改善的水资源的人口（占总人口的百分比）	100	100	*100*
获得改善的卫生设施的人口（占总人口的百分比）	..	88	*88*
人均能源使用量（千克石油当量）	1,298	1,327	*1,402*
人均二氧化碳排放量（吨）	*5.6*	6.0	5.5
人均用电量（千瓦时）	2,789	2,933	*3,591*
经济			
GDP（10亿美元）	4.5	3.6	10.4
GDP增长率（年度百分比）	*-6.2*	4.5	2.8
GDP隐含价格平减指数（年度增长百分比）	*93.7*	8.2	3.4
农业增加值（占GDP的百分比）	9	12	11
工业增加值（占GDP的百分比）	44	34	28
服务业增加值（占GDP的百分比）	47	54	61
货物和服务出口（占GDP的百分比）	26	49	55
货物和服务进口（占GDP的百分比）	36	64	74
资本形成总额（占GDP的百分比）	19	22	27
中央政府收入（占GDP的百分比）	..	..	*32.9*
中央政府现金盈余/赤字（占GDP的百分比）	..	..	*-0.8*
政府与市场			
创办企业的时间（天）	..	*48*	2
股票市场资本总额（占GDP的百分比）	..	0.2	24.0
军费支出（占GDP的百分比）	..	1.9	1.3
移动电话用户（每100人）	0.0	5.8	107.2
互联网用户（每100人）	0.0	2.5	56.7
铺敷道路（占总数的百分比）	58.9	*63.8*	*57.6*
高科技出口（占制成品出口的百分比）	..	1	4
全球联系			
商品贸易（占GDP的百分比）	*104*	95	110
净易货贸易条件指数（2000年=100）	..	100	87
外债总额（10亿美元）	*1.0*	1.5	6.3
债务还本付息总额（占出口的百分比）	..	8.3	18.9
净移民（千人）	-15.0	-9.0	*2.0*
获得的侨汇（百万美元）	..	81	434
外国直接投资，净流入额（百万美元）	..	215	495
获得的净官方发展援助（百万美元）	*3*	250	165

马达加斯加

撒哈拉以南非洲地区		低收入经济体	
人口（百万）	21.3	人口增长率（百分比）	2.9
陆地面积（千平方公里）	587	每天生活费用不足1.25美元的人口（占人口的百分比）	*81.3*
GNI，图表集法（10亿美元）	9.1	人均GNI，图表集法（美元）	430
PPP衡量的GNI（10亿美元）	20.2	PPP衡量的人均GNI（美元）	950

	1990	2000	2011
人口			
最贫困的20%人口占国家消费/收入的份额（百分比）	*5.1*	*4.9*	*5.4*
出生时的预期寿命（岁）	51	60	67
总生育率（每个女性生育数）	6.3	5.5	4.6
青年女性生育率（每千名15—19岁女性生育数）	..	152	125
避孕普及率（占15—49岁已婚女性的百分比）	*17*	19	*40*
在熟练医护人员护理下的分娩（占总数的百分比）	*57*	46	*44*
5岁以下儿童死亡率（每千人）	161	104	62
儿童营养不良，体重不足（占5岁以下儿童的百分比）	*35.5*	*36.8*	..
儿童麻疹免疫接种率（占12—23个月年龄组的百分比）	47	56	70
小学毕业率，总数（占适龄年龄组的百分比）	36	37	73
中学总入学率，总数（占适龄年龄组的百分比）	19	..	*31*
小学和中学中女孩与男孩的比率（百分比）	96	..	*97*
HIV感染率（占15—49岁人口的百分比）	0.1	0.3	0.3
环境			
森林（千平方公里）	137	131	125
森林采伐（1990—2000年和2000—2010年，平均年度百分比）		0.4	*0.4*
淡水使用量（占内陆水资源的百分比）	..	*4.4*	4.4
获得改善的水资源的人口（占总人口的百分比）	29	38	*46*
获得改善的卫生设施的人口（占总人口的百分比）	9	12	*15*
人均能源使用量（千克石油当量）	..	..	..
人均二氧化碳排放量（吨）	0.09	0.12	0.09
人均用电量（千瓦时）	..	..	..
经济			
GDP（10亿美元）	3.1	3.9	9.9
GDP增长率（年度百分比）	3.1	4.8	1.0
GDP隐含价格平减指数（年度增长百分比）	11.5	7.2	7.6
农业增加值（占GDP的百分比）	29	29	*29*
工业增加值（占GDP的百分比）	13	14	*16*
服务业增加值（占GDP的百分比）	59	57	*55*
货物和服务出口（占GDP的百分比）	17	31	26
货物和服务进口（占GDP的百分比）	28	38	37
资本形成总额（占GDP的百分比）	17	15	*33*
中央政府收入（占GDP的百分比）	..	11.7	*14.2*
中央政府现金盈余/赤字（占GDP的百分比）	..	-2.0	*-1.9*
政府与市场			
创办企业的时间（天）	..	*67*	8
股票市场资本总额（占GDP的百分比）	..	..	..
军费支出（占GDP的百分比）	1.2	1.2	0.7
移动电话用户（每100人）	0.0	0.4	40.7
互联网用户（每100人）	0.0	0.2	1.9
铺敷道路（占总数的百分比）	15.4	11.6	*16.3*
高科技出口（占制成品出口的百分比）	8	1	8
全球联系			
商品贸易（占GDP的百分比）	31	50	45
净易货贸易条件指数（2000年=100）	81	100	75
外债总额（10亿美元）	3.7	4.7	2.8
债务还本付息总额（占出口的百分比）	45.9	9.7	2.1
净移民（千人）	-8.0	-6.0	*-5.0*
获得的侨汇（百万美元）	7.9	11.3	..
外国直接投资，净流入额（百万美元）	22	83	907
获得的净官方发展援助（百万美元）	397	320	409

马拉维

撒哈拉以南非洲地区		低收入经济体	
人口（百万）	15.4	人口增长率（百分比）	3.2
陆地面积（千平方公里）	118	每天生活费用不足1.25美元的人口（占人口的百分比）	*73.9*
GNI，图表集法（10亿美元）	5.6	人均GNI，图表集法（美元）	360
PPP衡量的GNI（10亿美元）	13.4	PPP衡量的人均GNI（美元）	870

	1990	**2000**	**2011**
人口			
最贫困的20%人口占国家消费/收入的份额（百分比）	..	*7.0*	..
出生时的预期寿命（岁）	47	46	54
总生育率（每个女性生育数）	6.8	6.1	6.0
青年女性生育率（每千名15—19岁女性生育数）	..	160	108
避孕普及率（占15—49岁已婚女性的百分比）	*13*	31	*46*
在熟练医护人员护理下的分娩（占总数的百分比）	*55*	56	*71*
5岁以下儿童死亡率（每千人）	227	164	83
儿童营养不良，体重不足（占5岁以下儿童的百分比）	*24.4*	21.5	*13.8*
儿童麻疹免疫接种率（占12—23个月年龄组的百分比）	81	73	96
小学毕业率，总数（占适龄年龄组的百分比）	28	65	71
中学总入学率，总数（占适龄年龄组的百分比）	16	32	34
小学和中学中女孩与男孩的比率（百分比）	81	93	102
HIV感染率（占15—49岁人口的百分比）	7.8	13.8	10.0
环境			
森林（千平方公里）	39	36	32
森林采伐（1990—2000年和2000—2010年，平均年度百分比）		0.9	*1.0*
淡水使用量（占内陆水资源的百分比）	..	*6.0*	6.0
获得改善的水资源的人口（占总人口的百分比）	41	62	*83*
获得改善的卫生设施的人口（占总人口的百分比）	39	46	*51*
人均能源使用量（千克石油当量）	..	..	..
人均二氧化碳排放量（吨）	0.07	0.08	0.07
人均用电量（千瓦时）	..	..	..
经济			
GDP（百万美元）	1,881	1,744	5,621
GDP增长率（年度百分比）	5.7	1.6	4.3
GDP隐含价格平减指数（年度增长百分比）	10.7	30.5	3.8
农业增加值（占GDP的百分比）	45	40	30
工业增加值（占GDP的百分比）	29	18	19
服务业增加值（占GDP的百分比）	26	43	50
货物和服务出口（占GDP的百分比）	24	26	30
货物和服务进口（占GDP的百分比）	33	35	39
资本形成总额（占GDP的百分比）	23	14	16
中央政府收入（占GDP的百分比）	..	..	..
中央政府现金盈余/赤字（占GDP的百分比）	..	..	..
政府与市场			
创办企业的时间（天）	..	*45*	39
股票市场资本总额（占GDP的百分比）	..	*3.6*	24.6
军费支出（占GDP的百分比）	1.3	0.7	..
移动电话用户（每100人）	0.0	0.4	25.7
互联网用户（每100人）	0.0	0.1	3.3
铺敷道路（占总数的百分比）	..	*45.0*	..
高科技出口（占制成品出口的百分比）	0	2	3
全球联系			
商品贸易（占GDP的百分比）	53	52	69
净易货贸易条件指数（2000年=100）	148	100	98
外债总额（10亿美元）	1.6	2.7	1.2
债务还本付息总额（占出口的百分比）	29.3	13.5	1.3
净移民（千人）	846	-106	*-20*
获得的侨汇（百万美元）	..	0.7	17.4
外国直接投资，净流入额（百万美元）	23.3	26.0	92.4
获得的净官方发展援助（百万美元）	500	446	798

马来西亚

东亚和太平洋地区			中高收入经济体
人口（百万）	28.9	人口增长率（百分比）	1.6
陆地面积（千平方公里）	331	每天生活费用不足1.25美元的人口（占人口的百分比）	<2
GNI，图表集法（10亿美元）	253.0	人均GNI，图表集法（美元）	8,770
PPP衡量的GNI（10亿美元）	451.7	PPP衡量的人均GNI（美元）	15,650

	1990	**2000**	**2011**
人口			
最贫困的20%人口占国家消费/收入的份额（百分比）	*5.1*	*6.5*	*4.5*
出生时的预期寿命（岁）	70	72	74
总生育率（每个女性生育数）	3.5	3.1	2.6
青年女性生育率（每千名15—19岁女性生育数）	..	15	11
避孕普及率（占15—49岁已婚女性的百分比）	*50*	..	..
在熟练医护人员护理下的分娩（占总数的百分比）	93	97	*99*
5岁以下儿童死亡率（每千人）	17	11	7
儿童营养不良，体重不足（占5岁以下儿童的百分比）	22.1	*16.7*	*12.9*
儿童麻疹免疫接种率（占12—23个月年龄组的百分比）	70	88	95
小学毕业率，总数（占适龄年龄组的百分比）	88	*95*	..
中学总入学率，总数（占适龄年龄组的百分比）	55	66	*69*
小学和中学中女孩与男孩的比率（百分比）	102	104	..
HIV感染率（占15—49岁人口的百分比）	0.1	0.4	0.4
环境			
森林（千平方公里）	224	216	204
森林采伐（1990—2000年和2000—2010年，平均年度百分比）		0.4	*0.5*
淡水使用量（占内陆水资源的百分比）	*1.7*	*1.3*	2.3
获得改善的水资源的人口（占总人口的百分比）	88	97	*100*
获得改善的卫生设施的人口（占总人口的百分比）	84	92	*96*
人均能源使用量（千克石油当量）	1,183	2,012	*2,558*
人均二氧化碳排放量（吨）	3.1	5.4	7.1
人均用电量（千瓦时）	1,146	2,721	*4,117*
经济			
GDP（10亿美元）	44	94	288
GDP增长率（年度百分比）	9.0	8.9	5.1
GDP隐含价格平减指数（年度增长百分比）	3.8	8.9	5.5
农业增加值（占GDP的百分比）	15	9	12
工业增加值（占GDP的百分比）	42	48	40
服务业增加值（占GDP的百分比）	43	43	48
货物和服务出口（占GDP的百分比）	75	120	92
货物和服务进口（占GDP的百分比）	72	101	76
资本形成总额（占GDP的百分比）	32	27	24
中央政府收入（占GDP的百分比）	..	17.5	21.0
中央政府现金盈余/赤字（占GDP的百分比）	..	-4.1	-4.8
政府与市场			
创办企业的时间（天）	..	*37*	6
股票市场资本总额（占GDP的百分比）	110.4	124.7	137.2
军费支出（占GDP的百分比）	2.6	1.6	1.6
移动电话用户（每100人）	0.5	21.9	127.0
互联网用户（每100人）	0.0	21.4	61.0
铺敷道路（占总数的百分比）	70.0	76.2	*80.4*
高科技出口（占制成品出口的百分比）	38	60	43
全球联系			
商品贸易（占GDP的百分比）	133	192	144
净易货贸易条件指数（2000年=100）	103	100	101
外债总额（10亿美元）	15.3	41.9	94.5
债务还本付息总额（占出口的百分比）	12.6	5.6	3.9
净移民（千人）	461	422	*84*
获得的侨汇（百万美元）	185	342	1,198
外国直接投资，净流入额（10亿美元）	2.3	3.8	12.0
获得的净官方发展援助（百万美元）	468	46	31

马尔代夫

南亚 **中高收入经济体**

人口（千人）	320	人口增长率（百分比）	1.3
陆地面积（平方公里）	300	每天生活费用不足1.25美元的人口（占人口的百分比）	<2
GNI，图表集法（10亿美元）	1.8	人均GNI，图表集法（美元）	5,720
PPP衡量的GNI（10亿美元）	2.4	PPP衡量的人均GNI（美元）	7,430

	1990	2000	2011
人口			
最贫困的20%人口占国家消费/收入的份额（百分比）	..	*6.5*	..
出生时的预期寿命（岁）	61	70	77
总生育率（每个女性生育数）	6.1	2.9	1.7
青年女性生育率（每千名15—19岁女性生育数）	..	32	11
避孕普及率（占15—49岁已婚女性的百分比）	*29*	*42*	*35*
在熟练医护人员护理下的分娩（占总数的百分比）	..	*70*	*95*
5岁以下儿童死亡率（每千人）	105	53	11
儿童营养不良，体重不足（占5岁以下儿童的百分比）	..	*25.7*	*17.8*
儿童麻疹免疫接种率（占12—23个月年龄组的百分比）	96	99	96
小学毕业率，总数（占适龄年龄组的百分比）	..	..	107
中学总入学率，总数（占适龄年龄组的百分比）	..	53	..
小学和中学中女孩与男孩的比率（百分比）	..	101	..
HIV感染率（占15—49岁人口的百分比）	0.1	0.1	0.1
环境			
森林（平方公里）	9.0	9.0	9.0
森林采伐（1990—2007年，平均年度百分比）		0.0	*0.0*
淡水使用量（占内陆水资源的百分比）	..	*11.3*	19.7
获得改善的水资源的人口（占总人口的百分比）	93	95	*98*
获得改善的卫生设施的人口（占总人口的百分比）	68	79	*97*
人均能源使用量（千克石油当量）	232	..	..
人均二氧化碳排放量（吨）	0.7	1.8	3.3
人均用电量（千瓦时）	..	..	..
经济			
GDP（百万美元）	215	624	2,050
GDP增长率（年度百分比）	..	4.8	7.5
GDP隐含价格平减指数（年度增长百分比）	..	1.1	4.9
农业增加值（占GDP的百分比）	..	9	6
工业增加值（占GDP的百分比）	..	15	13
服务业增加值（占GDP的百分比）	..	76	82
货物和服务出口（占GDP的百分比）	85	89	114
货物和服务进口（占GDP的百分比）	83	72	110
资本形成总额（占GDP的百分比）	..	26	..
中央政府收入（占GDP的百分比）	22.1	30.0	*23.9*
中央政府现金盈余/赤字（占GDP的百分比）	-7.5	-5.0	*-16.7*
政府与市场			
创办企业的时间（天）	..	*13*	9
股票市场资本总额（占GDP的百分比）	..	..	..
军费支出（占GDP的百分比）	..	..	..
移动电话用户（每100人）	0.0	2.8	165.7
互联网用户（每100人）	0.0	2.2	34.0
铺敷道路（占总数的百分比）	..	..	..
高科技出口（占制成品出口的百分比）	..	..	..
全球联系			
商品贸易（占GDP的百分比）	100	80	88
净易货贸易条件指数（2000年=100）	..	100	100
外债总额（百万美元）	78	206	983
债务还本付息总额（占出口的百分比）	4.8	4.2	*8.9*
净移民（千人）	-2.6	-1.1	*-0.1*
获得的侨汇（百万美元）	1.7	2.2	3.0
外国直接投资，净流入额（百万美元）	6	22	282
获得的净官方发展援助（百万美元）	20.9	19.2	46.0

马 里

撒哈拉以南非洲地区 **低收入经济体**

人口（百万）	15.8	人口增长率（百分比）	3.0
陆地面积（千平方公里）	1,240	每天生活费用不足1.25美元的人口（占人口的百分比）	*50.4*
GNI，图表集法（10亿美元）	9.7	人均GNI，图表集法（美元）	610
PPP衡量的GNI（10亿美元）	16.8	PPP衡量的人均GNI（美元）	1,060

	1990	2000	2011
人口			
最贫困的20%人口占国家消费/收入的份额（百分比）	..	*6.1*	*8.0*
出生时的预期寿命（岁）	44	47	51
总生育率（每个女性生育数）	7.1	6.8	6.2
青年女性生育率（每千名15—19岁女性生育数）	..	190	172
避孕普及率（占15—49岁已婚女性的百分比）	..	*8*	*8*
在熟练医护人员护理下的分娩（占总数的百分比）	..	*41*	*49*
5岁以下儿童死亡率（每千人）	257	214	176
儿童营养不良，体重不足（占5岁以下儿童的百分比）	..	*30.1*	*27.9*
儿童麻疹免疫接种率（占12—23个月年龄组的百分比）	43	49	56
小学毕业率，总数（占适龄年龄组的百分比）	*9*	29	55
中学总入学率，总数（占适龄年龄组的百分比）	7	17	39
小学和中学中女孩与男孩的比率（百分比）	59	71	83
HIV感染率（占15—49岁人口的百分比）	1.1	1.7	1.1
环境			
森林（千平方公里）	141	133	124
森林采伐（1990—2000年和2000—2010年，平均年度百分比）		0.6	*0.6*
淡水使用量（占内陆水资源的百分比）	..	*10.9*	10.9
获得改善的水资源的人口（占总人口的百分比）	28	46	*64*
获得改善的卫生设施的人口（占总人口的百分比）	15	18	*22*
人均能源使用量（千克石油当量）	..	..	..
人均二氧化碳排放量（吨）	0.05	0.05	0.04
人均用电量（千瓦时）	..	..	..
经济			
GDP（10亿美元）	2.4	2.4	10.8
GDP增长率（年度百分比）	-1.9	3.2	2.7
GDP隐含价格平减指数（年度增长百分比）	4.9	5.6	6.6
农业增加值（占GDP的百分比）	46	42	*39*
工业增加值（占GDP的百分比）	16	21	*21*
服务业增加值（占GDP的百分比）	39	38	*40*
货物和服务出口（占GDP的百分比）	17	27	25
货物和服务进口（占GDP的百分比）	34	39	36
资本形成总额（占GDP的百分比）	23	25	22
中央政府收入（占GDP的百分比）	..	13.4	*17.3*
中央政府现金盈余/赤字（占GDP的百分比）	..	-3.4	*-2.5*
政府与市场			
创办企业的时间（天）	..	*41*	8
股票市场资本总额（占GDP的百分比）	..	..	..
军费支出（占GDP的百分比）	2.2	2.4	1.8
移动电话用户（每100人）	0.0	0.1	68.3
互联网用户（每100人）	0.0	0.1	2.0
铺敷道路（占总数的百分比）	10.9	12.1	*24.6*
高科技出口（占制成品出口的百分比）	..	15	*2*
全球联系			
商品贸易（占GDP的百分比）	40	56	52
净易货贸易条件指数（2000年=100）	135	100	177
外债总额（10亿美元）	2.5	3.0	2.9
债务还本付息总额（占出口的百分比）	15.3	14.1	*2.5*
净移民（千人）	-481	-142	*-101*
获得的侨汇（百万美元）	107	73	473
外国直接投资，净流入额（百万美元）	6	82	178
获得的净官方发展援助（百万美元）	479	288	1,271

马耳他

高收入经济体

人口（千人）	416	人口增长率（百分比）	-0.1
陆地面积（平方公里）	320	每天生活费用不足1.25美元的人口（占人口的百分比）	..
GNI，图表集法（10亿美元）	*7.7*	人均GNI，图表集法（美元）	*18,620*
PPP衡量的GNI（10亿美元）	*10.2*	PPP衡量的人均GNI（美元）	*24,480*

	1990	2000	2011
人口			
最贫困的20%人口占国家消费/收入的份额（百分比）	..	..	..
出生时的预期寿命（岁）	75	78	82
总生育率（每个女性生育数）	2.1	1.7	1.4
青年女性生育率（每千名15—19岁女性生育数）	..	16	13
避孕普及率（占15—49岁已婚女性的百分比）	*86*	..	..
在熟练医护人员护理下的分娩（占总数的百分比）	*98*	..	*100*
5岁以下儿童死亡率（每千人）	11	8	6
儿童营养不良，体重不足（占5岁以下儿童的百分比）	..	..	..
儿童麻疹免疫接种率（占12—23个月年龄组的百分比）	80	74	84
小学毕业率，总数（占适龄年龄组的百分比）	98	100	*97*
中学总入学率，总数（占适龄年龄组的百分比）	83	85	*101*
小学和中学中女孩与男孩的比率（百分比）	95	100	*94*
HIV感染率（占15—49岁人口的百分比）	0.1	0.1	0.1
环境			
森林（平方公里）	3.0	3.0	3.0
森林采伐（1990—2000年和2000—2010年，平均年度百分比）		0.0	*0.0*
淡水使用量（占内陆水资源的百分比）	..	*106.7*	106.7
获得改善的水资源的人口（占总人口的百分比）	100	100	100
获得改善的卫生设施的人口（占总人口的百分比）	100	100	*100*
人均能源使用量（千克石油当量）	1,962	1,771	*2,013*
人均二氧化碳排放量（吨）	6.2	5.4	*6.0*
人均用电量（千瓦时）	2,824	4,410	*4,151*
经济			
GDP（10亿美元）	2.5	4.0	8.9
GDP增长率（年度百分比）	6.3	6.8	2.1
GDP隐含价格平减指数（年度增长百分比）	3.2	4.2	1.6
农业增加值（占GDP的百分比）	3	2	*2*
工业增加值（占GDP的百分比）	56	51	*33*
服务业增加值（占GDP的百分比）	41	47	*65*
货物和服务出口（占GDP的百分比）	76	91	98
货物和服务进口（占GDP的百分比）	89	98	93
资本形成总额（占GDP的百分比）	31	25	13
中央政府收入（占GDP的百分比）	..	*36.3*	38.3
中央政府现金盈余/赤字（占GDP的百分比）	..	*-9.6*	-2.8
政府与市场			
创办企业的时间（天）	..	..	40
股票市场资本总额（占GDP的百分比）	..	51.7	38.5
军费支出（占GDP的百分比）	0.8	0.6	0.7
移动电话用户（每100人）	0.0	28.8	124.9
互联网用户（每100人）	0.0	13.1	69.2
铺敷道路（占总数的百分比）	..	88.0	*87.5*
高科技出口（占制成品出口的百分比）	45	72	47
全球联系			
商品贸易（占GDP的百分比）	122	148	120
净易货贸易条件指数（2000年=100）	..	100	54
外债总额（百万美元）	..	..	..
债务还本付息总额（占出口的百分比）	..	..	..
净移民（千人）	2.3	2.2	*5.0*
获得的侨汇（百万美元）	58.2	20.0	36.7
外国直接投资，净流入额（百万美元）	46	601	467
获得的净官方发展援助（百万美元）	5.3	21.2	..

马绍尔群岛

东亚和太平洋地区 **中低收入经济体**

人口（千人）	55	人口增长率（百分比）	1.4
陆地面积（平方公里）	180	每天生活费用不足1.25美元的人口（占人口的百分比）	..
GNI，图表集法（百万美元）	214.3	人均GNI，图表集法（美元）	3,910
PPP衡量的GNI（百万美元）	..	PPP衡量的人均GNI（美元）	..

	1990	2000	2011
人口			
最贫困的20%人口占国家消费/收入的份额（百分比）	..	..	..
出生时的预期寿命（岁）	..	65	..
总生育率（每个女性生育数）	..	*5.7*	..
青年女性生育率（每千名15—19岁女性生育数）	..	..	..
避孕普及率（占15—49岁已婚女性的百分比）	..	*34*	*45*
在熟练医护人员护理下的分娩（占总数的百分比）	..	*95*	*99*
5岁以下儿童死亡率（每千人）	52	38	26
儿童营养不良，体重不足（占5岁以下儿童的百分比）	..	..	..
儿童麻疹免疫接种率（占12—23个月年龄组的百分比）	52	94	97
小学毕业率，总数（占适龄年龄组的百分比）	..	*93*	97
中学总入学率，总数（占适龄年龄组的百分比）	..	*68*	*99*
小学和中学中女孩与男孩的比率（百分比）	..	*102*	*101*
HIV感染率（占15—49岁人口的百分比）	..	..	..
环境			
森林（平方公里）	130	126	126
森林采伐（1990—2007年，平均年度百分比）		0.0	*0.0*
淡水使用量（占内陆水资源的百分比）	..	..	..
获得改善的水资源的人口（占总人口的百分比）	95	95	*94*
获得改善的卫生设施的人口（占总人口的百分比）	64	70	*75*
人均能源使用量（千克石油当量）	..	..	..
人均二氧化碳排放量（吨）	1.0	1.5	1.9
人均用电量（千瓦时）	..	..	..
经济			
GDP（百万美元）	78.5	110.9	173.7
GDP增长率（年度百分比）	2.7	5.9	5.0
GDP隐含价格平减指数（年度增长百分比）	5.0	-3.0	1.5
农业增加值（占GDP的百分比）	..	..	..
工业增加值（占GDP的百分比）	..	..	..
服务业增加值（占GDP的百分比）	..	..	..
货物和服务出口（占GDP的百分比）	..	..	..
货物和服务进口（占GDP的百分比）	..	..	..
资本形成总额（占GDP的百分比）	..	..	..
中央政府收入（占GDP的百分比）	..	..	..
中央政府现金盈余/赤字（占GDP的百分比）	..	..	..
政府与市场			
创办企业的时间（天）	..	*17*	17
股票市场资本总额（占GDP的百分比）	..	..	..
军费支出（占GDP的百分比）	..	..	..
移动电话用户（每100人）	0.0	0.9	..
互联网用户（每100人）	0.0	1.5	*3.5*
铺敷道路（占总数的百分比）	..	..	..
高科技出口（占制成品出口的百分比）	..	..	..
全球联系			
商品贸易（占GDP的百分比）	..	58	101
净易货贸易条件指数（2000年=100）	..	100	107
外债总额（百万美元）	..	..	..
债务还本付息总额（占出口的百分比）	..	..	..
净移民（千人）	..	..	..
获得的侨汇（百万美元）	..	..	..
外国直接投资，净流入额（百万美元）	1	125	7
获得的净官方发展援助（百万美元）	*0.3*	57.2	82.3

毛里塔尼亚

撒哈拉以南非洲地区 **低收入经济体**

人口（百万）	3.5	人口增长率（百分比）	2.3
陆地面积（千平方公里）	1,031	每天生活费用不足1.25美元的人口（占人口的百分比）	*23.4*
GNI，图表集法（10亿美元）	3.6	人均GNI，图表集法（美元）	1,030
PPP衡量的GNI（10亿美元）	8.9	PPP衡量的人均GNI（美元）	2,530

	1990	2000	2011
人口			
最贫困的20%人口占国家消费/收入的份额（百分比）	*5.2*	6.2	*6.0*
出生时的预期寿命（岁）	56	57	59
总生育率（每个女性生育数）	5.9	5.2	4.5
青年女性生育率（每千名15—19岁女性生育数）	..	91	73
避孕普及率（占15—49岁已婚女性的百分比）	*4*	*8*	*9*
在熟练医护人员护理下的分娩（占总数的百分比）	*40*	*57*	*61*
5岁以下儿童死亡率（每千人）	125	118	112
儿童营养不良，体重不足（占5岁以下儿童的百分比）	43.3	30.4	*15.9*
儿童麻疹免疫接种率（占12—23个月年龄组的百分比）	38	62	67
小学毕业率，总数（占适龄年龄组的百分比）	29	*46*	*70*
中学总入学率，总数（占适龄年龄组的百分比）	13	18	27
小学和中学中女孩与男孩的比率（百分比）	67	93	101
HIV感染率（占15—49岁人口的百分比）	0.3	0.6	1.1
环境			
森林（千平方公里）	4.2	3.2	2.4
森林采伐（1990—2000年和2000—2010年，平均年度百分比）		2.7	*2.7*
淡水使用量（占内陆水资源的百分比）	..	*400.3*	400.3
获得改善的水资源的人口（占总人口的百分比）	30	40	*50*
获得改善的卫生设施的人口（占总人口的百分比）	16	21	*26*
人均能源使用量（千克石油当量）	..	..	..
人均二氧化碳排放量（吨）	1.3	0.5	0.6
人均用电量（千瓦时）	..	..	..
经济			
GDP（百万美元）	1,020	1,294	4,213
GDP增长率（年度百分比）	-1.8	-0.4	4.0
GDP隐含价格平减指数（年度增长百分比）	2.6	5.4	12.1
农业增加值（占GDP的百分比）	30	37	13
工业增加值（占GDP的百分比）	29	28	50
服务业增加值（占GDP的百分比）	42	35	37
货物和服务出口（占GDP的百分比）	46	30	66
货物和服务进口（占GDP的百分比）	61	45	59
资本形成总额（占GDP的百分比）	20	21	31
中央政府收入（占GDP的百分比）	..	..	..
中央政府现金盈余/赤字（占GDP的百分比）	..	..	..
政府与市场			
创办企业的时间（天）	..	*82*	19
股票市场资本总额（占GDP的百分比）	..	..	..
军费支出（占GDP的百分比）	3.9	2.9	*3.8*
移动电话用户（每100人）	0.0	0.6	93.6
互联网用户（每100人）	0.0	0.2	4.5
铺敷道路（占总数的百分比）	..	*32.6*	*29.7*
高科技出口（占制成品出口的百分比）	..	..	..
全球联系			
商品贸易（占GDP的百分比）	84	63	124
净易货贸易条件指数（2000年=100）	97	100	131
外债总额（10亿美元）	2.1	2.4	2.7
债务还本付息总额（占出口的百分比）	30.7	*27.8*	3.6
净移民（千人）	-30.3	9.9	*9.9*
获得的侨汇（百万美元）	13.7	*2.2*	..
外国直接投资，净流入额（百万美元）	6.7	40.1	45.2
获得的净官方发展援助（百万美元）	236	223	370

毛里求斯

撒哈拉以南非洲地区		中高收入经济体	
人口（百万）	1.3	人口增长率（百分比）	0.4
陆地面积（千平方公里）	2.0	每天生活费用不足1.25美元的人口（占人口的百分比）	..
GNI，图表集法（10亿美元）	10.3	人均GNI，图表集法（美元）	8,040
PPP衡量的GNI（10亿美元）	18.4	PPP衡量的人均GNI（美元）	14,330

	1990	2000	2011
人口			
最贫困的20%人口占国家消费/收入的份额（百分比）	..	..	..
出生时的预期寿命（岁）	69	72	73
总生育率（每个女性生育数）	2.3	2.0	1.5
青年女性生育率（每千名15—19岁女性生育数）	..	36	33
避孕普及率（占15—49岁已婚女性的百分比）	75	76	..
在熟练医护人员护理下的分娩（占总数的百分比）	91	99	..
5岁以下儿童死亡率（每千人）	24	19	15
儿童营养不良，体重不足（占5岁以下儿童的百分比）	..	..	..
儿童麻疹免疫接种率（占12—23个月年龄组的百分比）	76	84	99
小学毕业率，总数（占适龄年龄组的百分比）	111	*88*	..
中学总入学率，总数（占适龄年龄组的百分比）	52	75	91
小学和中学中女孩与男孩的比率（百分比）	101	*101*	..
HIV感染率（占15—49岁人口的百分比）	0.1	0.8	1.0
环境			
森林（平方公里）	388	387	350
森林采伐（1990—2000年和2000—2010年，平均年度百分比）		0.0	*1.0*
淡水使用量（占内陆水资源的百分比）	*20.6*	*22.2*	26.4
获得改善的水资源的人口（占总人口的百分比）	99	99	*99*
获得改善的卫生设施的人口（占总人口的百分比）	89	89	*89*
人均能源使用量（千克石油当量）	453	..	..
人均二氧化碳排放量（吨）	1.4	2.3	3.0
人均用电量（千瓦时）	..	..	..
经济			
GDP（10亿美元）	2.7	4.6	11.3
GDP增长率（年度百分比）	7.2	9.0	4.1
GDP隐含价格平减指数（年度增长百分比）	10.1	2.1	3.9
农业增加值（占GDP的百分比）	13	7	4
工业增加值（占GDP的百分比）	33	31	26
服务业增加值（占GDP的百分比）	54	62	70
货物和服务出口（占GDP的百分比）	65	61	54
货物和服务进口（占GDP的百分比）	72	62	66
资本形成总额（占GDP的百分比）	30	26	25
中央政府收入（占GDP的百分比）	..	..	22.4
中央政府现金盈余/赤字（占GDP的百分比）	..	..	-1.1
政府与市场			
创办企业的时间（天）	..	*46*	6
股票市场资本总额（占GDP的百分比）	10.1	29.0	58.1
军费支出（占GDP的百分比）	0.3	0.2	0.1
移动电话用户（每100人）	0.2	15.0	99.0
互联网用户（每100人）	0.0	7.3	35.0
铺敷道路（占总数的百分比）	93.0	97.0	*98.0*
高科技出口（占制成品出口的百分比）	1	1	1
全球联系			
商品贸易（占GDP的百分比）	106	80	69
净易货贸易条件指数（2000年=100）	93	100	71
外债总额（百万美元）	932	967	1,435
债务还本付息总额（占出口的百分比）	8.5	17.0	1.4
净移民（千人）	-35.9	-8.8	*0.0*
获得的侨汇（百万美元）	..	177	1
外国直接投资，净流入额（百万美元）	41	266	273
获得的净官方发展援助（百万美元）	88	20	192

墨西哥

拉丁美洲和加勒比地区		中高收入经济体	
人口（百万）	114.8	人口增长率（百分比）	1.2
陆地面积（千平方公里）	1,964	每天生活费用不足1.25美元的人口（占人口的百分比）	<2
GNI，图表集法（10亿美元）	1,081.8	人均GNI，图表集法（美元）	9,420
PPP衡量的GNI（10亿美元）	1,766.4	PPP衡量的人均GNI（美元）	15,390

	1990	2000	2011
人口			
最贫困的20%人口占国家消费/收入的份额（百分比）	*6.4*	4.0	*4.7*
出生时的预期寿命（岁）	71	74	77
总生育率（每个女性生育数）	3.4	2.6	2.3
青年女性生育率（每千名15—19岁女性生育数）	..	76	67
避孕普及率（占15—49岁已婚女性的百分比）	*63*	70	*73*
在熟练医护人员护理下的分娩（占总数的百分比）	84	*95*	*95*
5岁以下儿童死亡率（每千人）	49	29	16
儿童营养不良，体重不足（占5岁以下儿童的百分比）	*13.9*	*6.0*	*3.4*
儿童麻疹免疫接种率（占12—23个月年龄组的百分比）	75	96	98
小学毕业率，总数（占适龄年龄组的百分比）	89	99	104
中学总入学率，总数（占适龄年龄组的百分比）	55	73	91
小学和中学中女孩与男孩的比率（百分比）	97	100	102
HIV感染率（占15—49岁人口的百分比）	0.2	0.2	0.3
环境			
森林（千平方公里）	703	668	646
森林采伐（1990—2000年和2000—2010年，平均年度百分比）		0.5	*0.3*
淡水使用量（占内陆水资源的百分比）	..	*17.8*	19.5
获得改善的水资源的人口（占总人口的百分比）	85	90	*96*
获得改善的卫生设施的人口（占总人口的百分比）	64	75	*85*
人均能源使用量（千克石油当量）	1,453	1,452	1,629
人均二氧化碳排放量（吨）	3.7	3.8	4.0
人均用电量（千瓦时）	1,180	1,766	*1,990*
经济			
GDP（10亿美元）	263	581	1,153
GDP增长率（年度百分比）	5.1	6.6	3.9
GDP隐含价格平减指数（年度增长百分比）	28.1	12.1	5.6
农业增加值（占GDP的百分比）	8	4	4
工业增加值（占GDP的百分比）	28	28	37
服务业增加值（占GDP的百分比）	64	68	60
货物和服务出口（占GDP的百分比）	19	31	32
货物和服务进口（占GDP的百分比）	20	33	33
资本形成总额（占GDP的百分比）	23	24	25
中央政府收入（占GDP的百分比）	15.3	14.7	..
中央政府现金盈余/赤字（占GDP的百分比）	-2.5	-1.2	..
政府与市场			
创办企业的时间（天）	..	*58*	9
股票市场资本总额（占GDP的百分比）	12.4	21.5	35.4
军费支出（占GDP的百分比）	0.5	0.6	0.5
移动电话用户（每100人）	0.1	14.1	82.4
互联网用户（每100人）	0.0	5.1	36.2
铺敷道路（占总数的百分比）	35.1	32.8	*36.4*
高科技出口（占制成品出口的百分比）	8	22	17
全球联系			
商品贸易（占GDP的百分比）	32	59	62
净易货贸易条件指数（2000年=100）	102	100	108
外债总额（10亿美元）	105	152	287
债务还本付息总额（占出口的百分比）	21.8	31.6	11.2
净移民（百万）	-1.3	-1.4	*-1.8*
获得的侨汇（10亿美元）	3.1	7.5	23.6
外国直接投资，净流入额（10亿美元）	2.5	18.1	20.8
获得的净官方发展援助（百万美元）	156	-58	882

密克罗尼西亚联邦

东亚和太平洋地区 **中低收入经济体**

人口（千人）	112	人口增长率（百分比）	0.4
陆地面积（平方公里）	700	每天生活费用不足1.25美元的人口（占人口的百分比）	*31.2*
GNI，图表集法（百万美元）	318.6	人均GNI，图表集法（美元）	2,860
PPP衡量的GNI（百万美元）	398.9	PPP衡量的人均GNI（美元）	3,580

	1990	2000	2011
人口			
最贫困的20%人口占国家消费/收入的份额（百分比）	..	1.6	..
出生时的预期寿命（岁）	66	67	69
总生育率（每个女性生育数）	5.0	4.3	3.4
青年女性生育率（每千名15—19岁女性生育数）	..	38	20
避孕普及率（占15—49岁已婚女性的百分比）	..	*23*	*55*
在熟练医护人员护理下的分娩（占总数的百分比）	..	*88*	*100*
5岁以下儿童死亡率（每千人）	56	49	42
儿童营养不良，体重不足（占5岁以下儿童的百分比）	..	..	..
儿童麻疹免疫接种率（占12—23个月年龄组的百分比）	81	85	92
小学毕业率，总数（占适龄年龄组的百分比）	..	..	..
中学总入学率，总数（占适龄年龄组的百分比）	..	..	..
小学和中学中女孩与男孩的比率（百分比）	..	..	..
HIV感染率（占15—49岁人口的百分比）	..	..	..
环境			
森林（平方公里）	640	639	642
森林采伐（1990—2007年，平均年度百分比）		0.0	*0.0*
淡水使用量（占内陆水资源的百分比）	..	..	..
获得改善的水资源的人口（占总人口的百分比）	89	92	..
获得改善的卫生设施的人口（占总人口的百分比）	29	26	..
人均能源使用量（千克石油当量）	..	..	..
人均二氧化碳排放量（吨）	..	0.5	0.6
人均用电量（千瓦时）	..	..	..
经济			
GDP（百万美元）	147	233	310
GDP增长率（年度百分比）	3.7	4.6	2.1
GDP隐含价格平减指数（年度增长百分比）	4.9	1.1	3.4
农业增加值（占GDP的百分比）	..	..	..
工业增加值（占GDP的百分比）	..	..	..
服务业增加值（占GDP的百分比）	..	..	..
货物和服务出口（占GDP的百分比）	..	..	..
货物和服务进口（占GDP的百分比）	..	..	..
资本形成总额（占GDP的百分比）	..	..	..
中央政府收入（占GDP的百分比）	..	..	..
中央政府现金盈余/赤字（占GDP的百分比）	..	..	..
政府与市场			
创办企业的时间（天）	..	*16*	16
股票市场资本总额（占GDP的百分比）	..	..	..
军费支出（占GDP的百分比）	..	..	..
移动电话用户（每100人）	0.0	0.0	24.8
互联网用户（每100人）	0.0	3.7	*20.0*
铺敷道路（占总数的百分比）	15.9	17.5	..
高科技出口（占制成品出口的百分比）	..	..	..
全球联系			
商品贸易（占GDP的百分比）	..	55	63
净易货贸易条件指数（2000年=100）	..	100	97
外债总额（百万美元）	..	..	..
债务还本付息总额（占出口的百分比）	..	..	..
净移民（千人）	-2.5	-13.6	*-9.0*
获得的侨汇（百万美元）	..	..	..
外国直接投资，净流入额（百万美元）	..	*-0.2*	7.8
获得的净官方发展援助（百万美元）	*0*	102	134

摩尔多瓦

欧洲和中亚		中低收入经济体	
人口（百万）	3.6	人口增长率（百分比）	-0.1
陆地面积（千平方公里）	34	每天生活费用不足1.25美元的人口（占人口的百分比）	<2
GNI，图表集法（10亿美元）	7.1	人均GNI，图表集法（美元）	1,980
PPP衡量的GNI（10亿美元）	13.0	PPP衡量的人均GNI（美元）	3,640

	1990	2000	2011
人口			
最贫困的20%人口占国家消费/收入的份额（百分比）	6.9	*6.7*	*7.8*
出生时的预期寿命（岁）	67	67	69
总生育率（每个女性生育数）	2.4	1.6	1.5
青年女性生育率（每千名15—19岁女性生育数）	..	46	30
避孕普及率（占15—49岁已婚女性的百分比）	..	62	..
在熟练医护人员护理下的分娩（占总数的百分比）	100	98	*100*
5岁以下儿童死亡率（每千人）	35	24	16
儿童营养不良，体重不足（占5岁以下儿童的百分比）	..	..	..
儿童麻疹免疫接种率（占12—23个月年龄组的百分比）	*73*	89	91
小学毕业率，总数（占适龄年龄组的百分比）	..	98	91
中学总入学率，总数（占适龄年龄组的百分比）	94	82	88
小学和中学中女孩与男孩的比率（百分比）	105	101	101
HIV感染率（占15—49岁人口的百分比）	0.1	0.4	0.5
环境			
森林（千平方公里）	3.2	3.2	3.9
森林采伐（1990—2000年和2000—2010年，平均年度百分比）		-0.2	*-1.8*
淡水使用量（占内陆水资源的百分比）	*296.3*	*191.5*	191.5
获得改善的水资源的人口（占总人口的百分比）	*93*	93	*96*
获得改善的卫生设施的人口（占总人口的百分比）	*76*	79	*85*
人均能源使用量（千克石油当量）	2,669	688	*731*
人均二氧化碳排放量（吨）	*5.7*	1.0	1.3
人均用电量（千瓦时）	3,235	1,005	*1,049*
经济			
GDP（10亿美元）	3.6	1.3	7.0
GDP增长率（年度百分比）	-2.4	2.1	6.4
GDP隐含价格平减指数（年度增长百分比）	13.5	27.3	7.4
农业增加值（占GDP的百分比）	36	29	15
工业增加值（占GDP的百分比）	37	22	14
服务业增加值（占GDP的百分比）	27	49	71
货物和服务出口（占GDP的百分比）	48	50	45
货物和服务进口（占GDP的百分比）	51	75	86
资本形成总额（占GDP的百分比）	25	24	24
中央政府收入（占GDP的百分比）	..	24.5	30.8
中央政府现金盈余/赤字（占GDP的百分比）	..	-1.5	-1.8
政府与市场			
创办企业的时间（天）	..	*42*	9
股票市场资本总额（占GDP的百分比）	..	*3.2*	..
军费支出（占GDP的百分比）	*0.5*	0.4	0.3
移动电话用户（每100人）	0.0	3.4	104.8
互联网用户（每100人）	0.0	1.3	38.0
铺敷道路（占总数的百分比）	87.1	86.1	*86.2*
高科技出口（占制成品出口的百分比）	..	3	6
全球联系			
商品贸易（占GDP的百分比）	..	97	106
净易货贸易条件指数（2000年=100）	..	100	106
外债总额（10亿美元）	0.0	1.8	5.5
债务还本付息总额（占出口的百分比）	..	20.0	12.8
净移民（千人）	-89	-253	*-172*
获得的侨汇（百万美元）	..	179	1,600
外国直接投资，净流入额（百万美元）	*17*	128	294
获得的净官方发展援助（百万美元）	..	123	451

摩纳哥

高收入经济体

人口（千人）	35	人口增长率（百分比）	0.1
陆地面积（平方公里）	2.0	每天生活费用不足1.25美元的人口（占人口的百分比）	..
GNI，图表集法（10亿美元）	*6.5*	人均GNI，图表集法（美元）	*183,150*
PPP衡量的GNI（百万美元）	..	PPP衡量的人均GNI（美元）	..

	1990	**2000**	**2011**
人口			
最贫困的20%人口占国家消费/收入的份额（百分比）	..	..	..
出生时的预期寿命（岁）	..	..	..
总生育率（每个女性生育数）	..	..	..
青年女性生育率（每千名15—19岁女性生育数）	..	..	..
避孕普及率（占15—49岁已婚女性的百分比）	..	..	..
在熟练医护人员护理下的分娩（占总数的百分比）	..	..	..
5岁以下儿童死亡率（每千人）	8	5	4
儿童营养不良，体重不足（占5岁以下儿童的百分比）	..	..	..
儿童麻疹免疫接种率（占12—23个月年龄组的百分比）	99	99	99
小学毕业率，总数（占适龄年龄组的百分比）	..	..	..
中学总入学率，总数（占适龄年龄组的百分比）	..	..	..
小学和中学中女孩与男孩的比率（百分比）	..	..	..
HIV感染率（占15—49岁人口的百分比）	..	..	..
环境			
森林（平方公里）	0.0	0.0	*0.0*
森林采伐（1990—2000年和2000—2010年，平均年度百分比）		0.0	*0.0*
淡水使用量（占内陆水资源的百分比）	..	..	..
获得改善的水资源的人口（占总人口的百分比）	100	100	100
获得改善的卫生设施的人口（占总人口的百分比）	100	100	*100*
人均能源使用量（千克石油当量）	..	..	..
人均二氧化碳排放量（吨）	..	..	..
人均用电量（千瓦时）	..	..	..
经济			
GDP（10亿美元）	2.5	2.6	*6.1*
GDP增长率（年度百分比）	2.6	3.9	*-2.6*
GDP隐含价格平减指数（年度增长百分比）	2.6	1.4	*0.5*
农业增加值（占GDP的百分比）	..	..	..
工业增加值（占GDP的百分比）	..	..	..
服务业增加值（占GDP的百分比）	..	..	..
货物和服务出口（占GDP的百分比）	..	..	..
货物和服务进口（占GDP的百分比）	..	..	..
资本形成总额（占GDP的百分比）	..	..	..
中央政府收入（占GDP的百分比）	..	..	..
中央政府现金盈余/赤字（占GDP的百分比）	..	..	..
政府与市场			
创办企业的时间（天）	..	..	..
股票市场资本总额（占GDP的百分比）	..	..	..
军费支出（占GDP的百分比）	..	..	..
移动电话用户（每100人）	0.0	39.6	89.7
互联网用户（每100人）	0.0	42.2	*75.0*
铺敷道路（占总数的百分比）	100.0	100.0	*100.0*
高科技出口（占制成品出口的百分比）	..	..	..
全球联系			
商品贸易（占GDP的百分比）	..	..	..
净易货贸易条件指数（2000年=100）	..	..	..
外债总额（百万美元）	..	..	..
债务还本付息总额（占出口的百分比）	..	..	..
净移民（千人）	..	..	..
获得的侨汇（百万美元）	..	..	..
外国直接投资，净流入额（百万美元）	..	..	..
获得的净官方发展援助（百万美元）	..	..	..

蒙古

东亚和太平洋地区 **中低收入经济体**

人口（百万）	2.8	人口增长率（百分比）	1.6
陆地面积（千平方公里）	1,564	每天生活费用不足1.25美元的人口（占人口的百分比）	..
GNI，图表集法（10亿美元）	6.5	人均GNI，图表集法（美元）	2,310
PPP衡量的GNI（10亿美元）	12.0	PPP衡量的人均GNI（美元）	4,290

	1990	2000	2011
人口			
最贫困的20%人口占国家消费/收入的份额（百分比）	..	*7.5*	*7.1*
出生时的预期寿命（岁）	61	63	68
总生育率（每个女性生育数）	4.1	2.2	2.5
青年女性生育率（每千名15—19岁女性生育数）	..	26	19
避孕普及率（占15—49岁已婚女性的百分比）	..	67	55
在熟练医护人员护理下的分娩（占总数的百分比）	..	97	*99*
5岁以下儿童死亡率（每千人）	107	63	31
儿童营养不良，体重不足（占5岁以下儿童的百分比）	*10.8*	11.6	..
儿童麻疹免疫接种率（占12—23个月年龄组的百分比）	92	92	98
小学毕业率，总数（占适龄年龄组的百分比）	..	86	115
中学总入学率，总数（占适龄年龄组的百分比）	89	65	93
小学和中学中女孩与男孩的比率（百分比）	*106*	111	102
HIV感染率（占15—49岁人口的百分比）	0.1	0.1	0.1
环境			
森林（千平方公里）	125	117	108
森林采伐（1990—2000年和2000—2010年，平均年度百分比）		0.7	*0.7*
淡水使用量（占内陆水资源的百分比）	..	*1.2*	1.2
获得改善的水资源的人口（占总人口的百分比）	54	65	*82*
获得改善的卫生设施的人口（占总人口的百分比）	..	49	*51*
人均能源使用量（千克石油当量）	1,558	994	*1,189*
人均二氧化碳排放量（吨）	4.6	3.1	5.3
人均用电量（千瓦时）	1,540	1,070	*1,530*
经济			
GDP（10亿美元）	2.6	1.1	8.8
GDP增长率（年度百分比）	-3.2	1.1	17.5
GDP隐含价格平减指数（年度增长百分比）	23.2	12.0	12.1
农业增加值（占GDP的百分比）	13	31	14
工业增加值（占GDP的百分比）	42	25	36
服务业增加值（占GDP的百分比）	45	44	49
货物和服务出口（占GDP的百分比）	18	54	62
货物和服务进口（占GDP的百分比）	40	68	87
资本形成总额（占GDP的百分比）	29	29	63
中央政府收入（占GDP的百分比）	*15.4*	24.4	34.0
中央政府现金盈余/赤字（占GDP的百分比）	*-0.5*	0.2	-3.1
政府与市场			
创办企业的时间（天）	..	*20*	12
股票市场资本总额（占GDP的百分比）	..	3.2	18.0
军费支出（占GDP的百分比）	4.6	2.1	0.9
移动电话用户（每100人）	0.0	6.4	105.1
互联网用户（每100人）	0.0	1.3	20.0
铺敷道路（占总数的百分比）	..	3.5	..
高科技出口（占制成品出口的百分比）	..	0	..
全球联系			
商品贸易（占GDP的百分比）	62	101	129
净易货贸易条件指数（2000年=100）	..	100	227
外债总额（百万美元）	25	960	2,564
债务还本付息总额（占出口的百分比）	*17.3*	6.6	2.1
净移民（千人）	0.0	-57.7	*-15.0*
获得的侨汇（百万美元）	..	12	279
外国直接投资，净流入额（百万美元）	*11*	54	4,715
获得的净官方发展援助（百万美元）	13	217	340

黑山

欧洲和中亚		中高收入经济体	
人口（千人）	632	人口增长率（百分比）	0.1
陆地面积（千平方公里）	14	每天生活费用不足1.25美元的人口（占人口的百分比）	<2
GNI，图表集法（10亿美元）	4.5	人均GNI，图表集法（美元）	7,140
PPP衡量的GNI（10亿美元）	8.7	PPP衡量的人均GNI（美元）	13,700

	1990	2000	2011
人口			
最贫困的20%人口占国家消费/收入的份额（百分比）	..	..	*8.5*
出生时的预期寿命（岁）	75	75	75
总生育率（每个女性生育数）	1.9	1.8	1.6
青年女性生育率（每千名15—19岁女性生育数）	..	22	15
避孕普及率（占15—49岁已婚女性的百分比）	..	53	*39*
在熟练医护人员护理下的分娩（占总数的百分比）	..	99	*100*
5岁以下儿童死亡率（每千人）	18	13	7
儿童营养不良，体重不足（占5岁以下儿童的百分比）	..	..	..
儿童麻疹免疫接种率（占12—23个月年龄组的百分比）	..	..	91
小学毕业率，总数（占适龄年龄组的百分比）	..	..	*99*
中学总入学率，总数（占适龄年龄组的百分比）	..	*86*	*95*
小学和中学中女孩与男孩的比率（百分比）	..	*100*	*101*
HIV感染率（占15—49岁人口的百分比）	..	..	..
环境			
森林（千平方公里）	5.4	5.4	5.4
森林采伐（1990—2007年，平均年度百分比）		0.0	*0.0*
淡水使用量（占内陆水资源的百分比）	..	..	..
获得改善的水资源的人口（占总人口的百分比）	97	98	*98*
获得改善的卫生设施的人口（占总人口的百分比）	..	90	*90*
人均能源使用量（千克石油当量）	..	..	*1,303*
人均二氧化碳排放量（吨）	..	..	4.8
人均用电量（千瓦时）	..	..	*5,547*
经济			
GDP（百万美元）	..	984	4,496
GDP增长率（年度百分比）	..	3.1	3.2
GDP隐含价格平减指数（年度增长百分比）	..	*20.2*	1.0
农业增加值（占GDP的百分比）	..	12	9
工业增加值（占GDP的百分比）	..	23	19
服务业增加值（占GDP的百分比）	..	64	71
货物和服务出口（占GDP的百分比）	..	37	40
货物和服务进口（占GDP的百分比）	..	51	66
资本形成总额（占GDP的百分比）	..	22	20
中央政府收入（占GDP的百分比）	..	..	..
中央政府现金盈余/赤字（占GDP的百分比）	..	..	..
政府与市场			
创办企业的时间（天）	..	..	10
股票市场资本总额（占GDP的百分比）	..	..	73.9
军费支出（占GDP的百分比）	..	..	2.0
移动电话用户（每100人）	..	..	185.3
互联网用户（每100人）	..	..	40.0
铺敷道路（占总数的百分比）	..	..	*69.1*
高科技出口（占制成品出口的百分比）	..	..	..
全球联系			
商品贸易（占GDP的百分比）	..	..	71
净易货贸易条件指数（2000年=100）	..	..	..
外债总额（百万美元）	0	34	2,093
债务还本付息总额（占出口的百分比）	..	..	10.2
净移民（千人）	17.7	-32.5	*-2.5*
获得的侨汇（百万美元）	..	..	343
外国直接投资，净流入额（百万美元）	..	..	558
获得的净官方发展援助（百万美元）	..	*8.1*	73.7

摩洛哥

中东和北非			中低收入经济体
人口（百万）	32.3	人口增长率（百分比）	1.0
陆地面积（千平方公里）	447	每天生活费用不足1.25美元的人口（占人口的百分比）	*2.5*
GNI，图表集法（10亿美元）	97.6	人均GNI，图表集法（美元）	2,970
PPP衡量的GNI（10亿美元）	160.1	PPP衡量的人均GNI（美元）	4,880

	1990	2000	2011
人口			
最贫困的20%人口占国家消费/收入的份额（百分比）	*6.6*	*6.5*	*6.5*
出生时的预期寿命（岁）	64	69	72
总生育率（每个女性生育数）	4.0	2.7	2.2
青年女性生育率（每千名15—19岁女性生育数）	..	23	12
避孕普及率（占15—49岁已婚女性的百分比）	*42*	*63*	67
在熟练医护人员护理下的分娩（占总数的百分比）	*31*	*63*	74
5岁以下儿童死亡率（每千人）	81	53	33
儿童营养不良，体重不足（占5岁以下儿童的百分比）	*8.1*	*9.9*	3.1
儿童麻疹免疫接种率（占12—23个月年龄组的百分比）	79	93	95
小学毕业率，总数（占适龄年龄组的百分比）	52	57	*99*
中学总入学率，总数（占适龄年龄组的百分比）	37	38	*70*
小学和中学中女孩与男孩的比率（百分比）	69	83	*91*
HIV感染率（占15—49岁人口的百分比）	0.1	0.1	0.2
环境			
森林（千平方公里）	50	50	51
森林采伐（1990—2000年和2000—2010年，平均年度百分比）		0.1	*-0.2*
淡水使用量（占内陆水资源的百分比）	*38.1*	*43.5*	43.5
获得改善的水资源的人口（占总人口的百分比）	73	78	*83*
获得改善的卫生设施的人口（占总人口的百分比）	53	64	*70*
人均能源使用量（千克石油当量）	280	356	*517*
人均二氧化碳排放量（吨）	1.0	1.2	1.5
人均用电量（千瓦时）	360	490	*781*
经济			
GDP（10亿美元）	25.8	37.0	100.2
GDP增长率（年度百分比）	4.0	1.6	4.5
GDP隐含价格平减指数（年度增长百分比）	5.5	-0.6	1.5
农业增加值（占GDP的百分比）	18	15	15
工业增加值（占GDP的百分比）	33	29	30
服务业增加值（占GDP的百分比）	48	56	55
货物和服务出口（占GDP的百分比）	26	28	35
货物和服务进口（占GDP的百分比）	32	33	48
资本形成总额（占GDP的百分比）	25	26	35
中央政府收入（占GDP的百分比）	..	*30.0*	33.1
中央政府现金盈余/赤字（占GDP的百分比）	..	*-3.1*	-4.1
政府与市场			
创办企业的时间（天）	..	*36*	12
股票市场资本总额（占GDP的百分比）	3.7	29.4	60.0
军费支出（占GDP的百分比）	4.1	2.3	3.3
移动电话用户（每100人）	0.0	8.1	113.3
互联网用户（每100人）	0.0	0.7	51.0
铺敷道路（占总数的百分比）	49.1	56.4	*70.4*
高科技出口（占制成品出口的百分比）	*3*	11	*8*
全球联系			
商品贸易（占GDP的百分比）	43	51	66
净易货贸易条件指数（2000年=100）	85	100	141
外债总额（10亿美元）	25.0	20.8	29.0
债务还本付息总额（占出口的百分比）	28.4	25.3	9.9
净移民（千人）	-250	-500	*-675*
获得的侨汇（10亿美元）	2.0	2.2	7.3
外国直接投资，净流入额（百万美元）	165	221	2,521
获得的净官方发展援助（10亿美元）	1.2	0.4	1.2

莫桑比克

撒哈拉以南非洲地区		低收入经济体	
人口（百万）	23.9	人口增长率（百分比）	2.3
陆地面积（千平方公里）	799	每天生活费用不足1.25美元的人口（占人口的百分比）	*59.6*
GNI，图表集法（10亿美元）	11.1	人均GNI，图表集法（美元）	460
PPP衡量的GNI（10亿美元）	22.9	PPP衡量的人均GNI（美元）	960

	1990	2000	2011
人口			
最贫困的20%人口占国家消费/收入的份额（百分比）	..	*5.4*	5.2
出生时的预期寿命（岁）	43	47	50
总生育率（每个女性生育数）	6.2	5.7	4.8
青年女性生育率（每千名15—19岁女性生育数）	..	153	129
避孕普及率（占15—49岁已婚女性的百分比）	..	*17*	12
在熟练医护人员护理下的分娩（占总数的百分比）	..	*48*	*55*
5岁以下儿童死亡率（每千人）	226	172	103
儿童营养不良，体重不足（占5岁以下儿童的百分比）	..	*23.0*	*18.3*
儿童麻疹免疫接种率（占12—23个月年龄组的百分比）	59	71	82
小学毕业率，总数（占适龄年龄组的百分比）	27	16	56
中学总入学率，总数（占适龄年龄组的百分比）	7	6	26
小学和中学中女孩与男孩的比率（百分比）	73	75	90
HIV感染率（占15—49岁人口的百分比）	0.4	9.0	11.3
环境			
森林（千平方公里）	434	412	388
森林采伐（1990—2000年和2000—2010年，平均年度百分比）		0.5	*0.5*
淡水使用量（占内陆水资源的百分比）	*0.6*	*0.7*	0.7
获得改善的水资源的人口（占总人口的百分比）	36	42	*47*
获得改善的卫生设施的人口（占总人口的百分比）	11	14	*18*
人均能源使用量（千克石油当量）	437	394	*436*
人均二氧化碳排放量（吨）	0.07	0.07	0.11
人均用电量（千瓦时）	40	122	*444*
经济			
GDP（10亿美元）	2.5	4.3	12.8
GDP增长率（年度百分比）	1.0	1.1	7.1
GDP隐含价格平减指数（年度增长百分比）	34.1	12.0	10.7
农业增加值（占GDP的百分比）	37	24	30
工业增加值（占GDP的百分比）	18	25	23
服务业增加值（占GDP的百分比）	44	51	47
货物和服务出口（占GDP的百分比）	8	16	29
货物和服务进口（占GDP的百分比）	36	37	46
资本形成总额（占GDP的百分比）	22	31	24
中央政府收入（占GDP的百分比）	..	..	..
中央政府现金盈余/赤字（占GDP的百分比）	..	..	..
政府与市场			
创办企业的时间（天）	..	*153*	13
股票市场资本总额（占GDP的百分比）	..	..	..
军费支出（占GDP的百分比）	3.4	1.3	*0.9*
移动电话用户（每100人）	0.0	0.3	32.8
互联网用户（每100人）	0.0	0.1	4.3
铺敷道路（占总数的百分比）	16.8	18.7	*20.8*
高科技出口（占制成品出口的百分比）	..	9	26
全球联系			
商品贸易（占GDP的百分比）	40	35	78
净易货贸易条件指数（2000年=100）	175	100	107
外债总额（10亿美元）	4.6	7.3	4.1
债务还本付息总额（占出口的百分比）	26.2	13.4	1.6
净移民（千人）	-1,300	75	*-20*
获得的侨汇（百万美元）	70	37	157
外国直接投资，净流入额（百万美元）	9	139	2,079
获得的净官方发展援助（百万美元）	998	906	2,047

缅 甸

东亚和太平洋地区 **低收入经济体**

人口（百万）	48.3	人口增长率（百分比）	0.8
陆地面积（千平方公里）	677	每天生活费用不足1.25美元的人口（占人口的百分比）	..
GNI，图表集法（百万美元）	..	人均GNI，图表集法（美元）	..
PPP衡量的GNI（百万美元）	..	PPP衡量的人均GNI（美元）	..

	1990	2000	2011
人口			
最贫困的20%人口占国家消费/收入的份额（百分比）	..	..	..
出生时的预期寿命（岁）	57	62	65
总生育率（每个女性生育数）	3.4	2.4	2.0
青年女性生育率（每千名15—19岁女性生育数）	..	21	13
避孕普及率（占15—49岁已婚女性的百分比）	*17*	*37*	*46*
在熟练医护人员护理下的分娩（占总数的百分比）	*46*	*57*	*71*
5岁以下儿童死亡率（每千人）	107	84	62
儿童营养不良，体重不足（占5岁以下儿童的百分比）	28.8	30.1	*22.6*
儿童麻疹免疫接种率（占12—23个月年龄组的百分比）	68	84	99
小学毕业率，总数（占适龄年龄组的百分比）	..	81	*104*
中学总入学率，总数（占适龄年龄组的百分比）	21	40	*54*
小学和中学中女孩与男孩的比率（百分比）	94	101	*102*
HIV感染率（占15—49岁人口的百分比）	0.2	0.7	0.6
环境			
森林（千平方公里）	392	349	315
森林采伐（1990—2000年和2000—2010年，平均年度百分比）		1.2	*0.9*
淡水使用量（占内陆水资源的百分比）	..	*3.3*	3.3
获得改善的水资源的人口（占总人口的百分比）	56	67	*83*
获得改善的卫生设施的人口（占总人口的百分比）	*54*	62	*76*
人均能源使用量（千克石油当量）	272	286	*292*
人均二氧化碳排放量（吨）	0.1	0.2	0.2
人均用电量（千瓦时）	46	78	*131*
经济			
GDP（百万美元）	..	..	..
GDP增长率（年度百分比）	2.8	13.7	..
GDP隐含价格平减指数（年度增长百分比）	18.5	2.5	..
农业增加值（占GDP的百分比）	57	57	..
工业增加值（占GDP的百分比）	11	10	..
服务业增加值（占GDP的百分比）	32	33	..
货物和服务出口（占GDP的百分比）	2	0	..
货物和服务进口（占GDP的百分比）	4	1	..
资本形成总额（占GDP的百分比）	13	12	..
中央政府收入（占GDP的百分比）	10.5	5.3	..
中央政府现金盈余/赤字（占GDP的百分比）	..	*-2.7*	..
政府与市场			
创办企业的时间（天）	..	..	..
股票市场资本总额（占GDP的百分比）	..	..	..
军费支出（占GDP的百分比）	3.4	2.3	..
移动电话用户（每100人）	0.0	0.0	2.6
互联网用户（每100人）	0.0	*0.0*	1.0
铺敷道路（占总数的百分比）	10.9	11.4	..
高科技出口（占制成品出口的百分比）	*0*	..	*0*
全球联系			
商品贸易（占GDP的百分比）	..	..	..
净易货贸易条件指数（2000年=100）	252	100	105
外债总额（10亿美元）	4.7	5.8	7.8
债务还本付息总额（占出口的百分比）	18.2	1.2	*7.1*
净移民（千人）	-137	4	*-500*
获得的侨汇（百万美元）	6	104	127
外国直接投资，净流入额（百万美元）	163	258	1,001
获得的净官方发展援助（百万美元）	161	106	376

纳米比亚

撒哈拉以南非洲地区 **中高收入经济体**

人口（百万）	2.3	人口增长率（百分比）	1.8
陆地面积（千平方公里）	824	每天生活费用不足1.25美元的人口（占人口的百分比）	*31.9*
GNI，图表集法（10亿美元）	10.9	人均GNI，图表集法（美元）	4,700
PPP衡量的GNI（10亿美元）	15.4	PPP衡量的人均GNI（美元）	6,610

	1990	2000	2011
人口			
最贫困的20%人口占国家消费/收入的份额（百分比）	*1.5*	*3.2*	..
出生时的预期寿命（岁）	61	58	62
总生育率（每个女性生育数）	5.2	4.0	3.2
青年女性生育率（每千名15—19岁女性生育数）	..	85	58
避孕普及率（占15—49岁已婚女性的百分比）	*41*	44	*55*
在熟练医护人员护理下的分娩（占总数的百分比）	*68*	76	*81*
5岁以下儿童死亡率（每千人）	73	74	42
儿童营养不良，体重不足（占5岁以下儿童的百分比）	*21.5*	20.3	*17.5*
儿童麻疹免疫接种率（占12—23个月年龄组的百分比）	57	69	74
小学毕业率，总数（占适龄年龄组的百分比）	*74*	91	*81*
中学总入学率，总数（占适龄年龄组的百分比）	38	60	..
小学和中学中女孩与男孩的比率（百分比）	111	104	..
HIV感染率（占15—49岁人口的百分比）	1.8	14.6	13.4
环境			
森林（千平方公里）	88	80	72
森林采伐（1990—2000年和2000—2010年，平均年度百分比）		0.9	*1.0*
淡水使用量（占内陆水资源的百分比）	*4.0*	*4.9*	4.9
获得改善的水资源的人口（占总人口的百分比）	64	81	*93*
获得改善的卫生设施的人口（占总人口的百分比）	24	28	*32*
人均能源使用量（千克石油当量）	*426*	516	*702*
人均二氧化碳排放量（吨）	0.01	0.93	1.60
人均用电量（千瓦时）	*1,050*	1,179	*1,479*
经济			
GDP（10亿美元）	2.4	3.9	12.5
GDP增长率（年度百分比）	2.5	3.5	4.8
GDP隐含价格平减指数（年度增长百分比）	4.3	26.7	6.8
农业增加值（占GDP的百分比）	12	12	8
工业增加值（占GDP的百分比）	38	28	31
服务业增加值（占GDP的百分比）	50	60	61
货物和服务出口（占GDP的百分比）	52	41	45
货物和服务进口（占GDP的百分比）	67	45	52
资本形成总额（占GDP的百分比）	34	17	20
中央政府收入（占GDP的百分比）	31.3	30.1	..
中央政府现金盈余/赤字（占GDP的百分比）	*-2.6*	-1.6	..
政府与市场			
创办企业的时间（天）	..	*85*	66
股票市场资本总额（占GDP的百分比）	*0.7*	8.0	9.2
军费支出（占GDP的百分比）	8.4	2.4	3.4
移动电话用户（每100人）	0.0	4.3	96.4
互联网用户（每100人）	0.0	1.6	12.0
铺敷道路（占总数的百分比）	10.8	*13.6*	*14.5*
高科技出口（占制成品出口的百分比）	..	2	2
全球联系			
商品贸易（占GDP的百分比）	96	73	86
净易货贸易条件指数（2000年=100）	93	100	117
外债总额（百万美元）	..	..	..
债务还本付息总额（占出口的百分比）	..	..	..
净移民（千人）	74.8	35.5	*-1.5*
获得的侨汇（百万美元）	13.5	9.5	15.5
外国直接投资，净流入额（百万美元）	30	119	969
获得的净官方发展援助（百万美元）	120	152	285

尼泊尔

南亚			低收入经济体
人口（百万）	30.5	人口增长率（百分比）	1.7
陆地面积（千平方公里）	147	每天生活费用不足1.25美元的人口（占人口的百分比）	*24.8*
GNI，图表集法（10亿美元）	16.6	人均GNI，图表集法（美元）	540
PPP衡量的GNI（10亿美元）	38.4	PPP衡量的人均GNI（美元）	1,260

	1990	2000	2011
人口			
最贫困的20%人口占国家消费/收入的份额（百分比）	..	*6.5*	*8.3*
出生时的预期寿命（岁）	54	62	69
总生育率（每个女性生育数）	5.2	4.1	2.7
青年女性生育率（每千名15—19岁女性生育数）	..	124	90
避孕普及率（占15—49岁已婚女性的百分比）	*24*	37	50
在熟练医护人员护理下的分娩（占总数的百分比）	*7*	12	36
5岁以下儿童死亡率（每千人）	135	83	48
儿童营养不良，体重不足（占5岁以下儿童的百分比）	..	*43.0*	29.1
儿童麻疹免疫接种率（占12—23个月年龄组的百分比）	57	71	88
小学毕业率，总数（占适龄年龄组的百分比）	*52*	66	..
中学总入学率，总数（占适龄年龄组的百分比）	32	35	..
小学和中学中女孩与男孩的比率（百分比）	57	77	..
HIV感染率（占15—49岁人口的百分比）	0.1	0.3	0.3
环境			
森林（千平方公里）	48	39	36
森林采伐（1990—2000年和2000—2010年，平均年度百分比）		2.1	*0.7*
淡水使用量（占内陆水资源的百分比）	..	*5.0*	4.9
获得改善的水资源的人口（占总人口的百分比）	76	83	*89*
获得改善的卫生设施的人口（占总人口的百分比）	10	20	*31*
人均能源使用量（千克石油当量）	303	332	*341*
人均二氧化碳排放量（吨）	0.03	0.13	0.12
人均用电量（千瓦时）	35	58	*93*
经济			
GDP（10亿美元）	3.6	5.5	18.9
GDP增长率（年度百分比）	4.6	6.2	3.9
GDP隐含价格平减指数（年度增长百分比）	10.7	4.5	10.4
农业增加值（占GDP的百分比）	52	41	32
工业增加值（占GDP的百分比）	16	22	15
服务业增加值（占GDP的百分比）	32	37	53
货物和服务出口（占GDP的百分比）	11	23	9
货物和服务进口（占GDP的百分比）	22	32	33
资本形成总额（占GDP的百分比）	18	24	33
中央政府收入（占GDP的百分比）	8.4	10.6	14.9
中央政府现金盈余/赤字（占GDP的百分比）	..	..	-1.0
政府与市场			
创办企业的时间（天）	..	*31*	29
股票市场资本总额（占GDP的百分比）	..	14.4	24.0
军费支出（占GDP的百分比）	1.1	1.0	1.4
移动电话用户（每100人）	0.0	0.0	43.8
互联网用户（每100人）	0.0	0.2	9.0
铺敷道路（占总数的百分比）	37.5	*53.9*	*53.9*
高科技出口（占制成品出口的百分比）	..	0	0
全球联系			
商品贸易（占GDP的百分比）	24	43	35
净易货贸易条件指数（2000年=100）	..	100	78
外债总额（10亿美元）	1.6	2.9	4.0
债务还本付息总额（占出口的百分比）	15.2	7.5	9.5
净移民（千人）	-145	-99	*-100*
获得的侨汇（百万美元）	55	111	4,217
外国直接投资，净流入额（百万美元）	5.9	-0.5	94.0
获得的净官方发展援助（百万美元）	423	386	892

荷 兰

高收入经济体

人口（百万）	16.7	人口增长率（百分比）	0.5
陆地面积（千平方公里）	42	每天生活费用不足1.25美元的人口（占人口的百分比）	..
GNI，图表集法（10亿美元）	829.0	人均GNI，图表集法（美元）	49,660
PPP衡量的GNI（10亿美元）	720.3	PPP衡量的人均GNI（美元）	43,150

	1990	2000	2011
人口			
最贫困的20%人口占国家消费/收入的份额（百分比）	..	*7.6*	..
出生时的预期寿命（岁）	77	78	81
总生育率（每个女性生育数）	1.6	1.7	1.8
青年女性生育率（每千名15—19岁女性生育数）	..	7	4
避孕普及率（占15—49岁已婚女性的百分比）	*79*	*67*	*69*
在熟练医护人员护理下的分娩（占总数的百分比）	..	*100*	..
5岁以下儿童死亡率（每千人）	8	6	4
儿童营养不良，体重不足（占5岁以下儿童的百分比）	..	..	..
儿童麻疹免疫接种率（占12—23个月年龄组的百分比）	94	96	96
小学毕业率，总数（占适龄年龄组的百分比）	..	98	..
中学总入学率，总数（占适龄年龄组的百分比）	116	123	*121*
小学和中学中女孩与男孩的比率（百分比）	97	97	99
HIV感染率（占15—49岁人口的百分比）	0.1	0.2	0.2
环境			
森林（千平方公里）	3.5	3.6	3.7
森林采伐（1990—2000年和2000—2010年，平均年度百分比）		-0.4	*-0.1*
淡水使用量（占内陆水资源的百分比）	*72.6*	*81.3*	96.5
获得改善的水资源的人口（占总人口的百分比）	100	100	100
获得改善的卫生设施的人口（占总人口的百分比）	100	100	*100*
人均能源使用量（千克石油当量）	4,393	4,598	4,646
人均二氧化碳排放量（吨）	11.0	10.4	*10.3*
人均用电量（千瓦时）	5,218	6,560	*7,010*
经济			
GDP（10亿美元）	295	385	836
GDP增长率（年度百分比）	4.2	3.9	1.0
GDP隐含价格平减指数（年度增长百分比）	1.6	4.1	1.2
农业增加值（占GDP的百分比）	4	3	*2*
工业增加值（占GDP的百分比）	29	25	*24*
服务业增加值（占GDP的百分比）	66	72	*74*
货物和服务出口（占GDP的百分比）	56	70	83
货物和服务进口（占GDP的百分比）	53	65	74
资本形成总额（占GDP的百分比）	23	22	18
中央政府收入（占GDP的百分比）	..	40.7	40.6
中央政府现金盈余/赤字（占GDP的百分比）	..	2.0	-3.9
政府与市场			
创办企业的时间（天）	..	9	5
股票市场资本总额（占GDP的百分比）	40.7	166.3	71.1
军费支出（占GDP的百分比）	2.5	1.6	1.4
移动电话用户（每100人）	0.5	67.8	*115.4*
互联网用户（每100人）	0.3	44.0	92.3
铺敷道路（占总数的百分比）	88.0	90.0	..
高科技出口（占制成品出口的百分比）	16	36	20
全球联系			
商品贸易（占GDP的百分比）	87	117	151
净易货贸易条件指数（2000年=100）	..	100	102
外债总额（百万美元）	..	..	..
债务还本付息总额（占出口的百分比）	..	..	..
净移民（千人）	134	154	*50*
获得的侨汇（10亿美元）	0.7	1.2	1.8
外国直接投资，净流入额（10亿美元）	10.7	63.1	13.9
获得的净官方发展援助（百万美元）	..	..	..

新喀里多尼亚

高收入经济体

人口（千人）	254	人口增长率（百分比）	1.6
陆地面积（千平方公里）	19	每天生活费用不足1.25美元的人口（占人口的百分比）	..
GNI，图表集法（10亿美元）	..	人均GNI，图表集法（美元）	..
PPP衡量的GNI（百万美元）	..	PPP衡量的人均GNI（美元）	..

	1990	2000	2011
人口			
最贫困的20%人口占国家消费/收入的份额（百分比）	..	..	..
出生时的预期寿命（岁）	70	75	77
总生育率（每个女性生育数）	3.2	2.6	2.1
青年女性生育率（每千名15—19岁女性生育数）	..	18	20
避孕普及率（占15—49岁已婚女性的百分比）	..	..	..
在熟练医护人员护理下的分娩（占总数的百分比）	..	..	..
5岁以下儿童死亡率（每千人）	..	..	..
儿童营养不良，体重不足（占5岁以下儿童的百分比）	..	..	..
儿童麻疹免疫接种率（占12—23个月年龄组的百分比）	..	..	..
小学毕业率，总数（占适龄年龄组的百分比）	..	..	..
中学总入学率，总数（占适龄年龄组的百分比）	..	..	..
小学和中学中女孩与男孩的比率（百分比）	..	..	..
HIV感染率（占15—49岁人口的百分比）	..	..	..
环境			
森林（千平方公里）	8.4	8.4	8.4
森林采伐（1990—2000年和2000—2010年，平均年度百分比）		0.0	*0.0*
淡水使用量（占内陆水资源的百分比）	..	..	..
获得改善的水资源的人口（占总人口的百分比）	..	..	..
获得改善的卫生设施的人口（占总人口的百分比）	..	..	..
人均能源使用量（千克石油当量）	..	..	..
人均二氧化碳排放量（吨）	9.7	10.8	*12.1*
人均用电量（千瓦时）	..	..	..
经济			
GDP（10亿美元）	2.5	2.7	..
GDP增长率（年度百分比）	3.6	2.1	..
GDP隐含价格平减指数（年度增长百分比）	-4.6	-0.6	..
农业增加值（占GDP的百分比）	4	..	..
工业增加值（占GDP的百分比）	23	..	..
服务业增加值（占GDP的百分比）	73	..	..
货物和服务出口（占GDP的百分比）	18	*13*	..
货物和服务进口（占GDP的百分比）	35	*33*	..
资本形成总额（占GDP的百分比）	31	..	..
中央政府收入（占GDP的百分比）	..	..	..
中央政府现金盈余/赤字（占GDP的百分比）	..	..	..
政府与市场			
创办企业的时间（天）	..	..	..
股票市场资本总额（占GDP的百分比）	..	..	..
军费支出（占GDP的百分比）	..	..	..
移动电话用户（每100人）	0.0	23.6	89.2
互联网用户（每100人）	0.0	13.9	50.0
铺敷道路（占总数的百分比）	..	..	..
高科技出口（占制成品出口的百分比）	..	1	15
全球联系			
商品贸易（占GDP的百分比）	53	57	..
净易货贸易条件指数（2000年=100）	..	100	230
外债总额（百万美元）	..	..	..
债务还本付息总额（占出口的百分比）	..	..	..
净移民（千人）	0.6	6.2	*6.4*
获得的侨汇（百万美元）	..	*333*	519
外国直接投资，净流入额（百万美元）	31	-41	1,745
获得的净官方发展援助（百万美元）	302	*315*	..

新西兰

高收入经济体

人口（百万）	4.4	人口增长率（百分比）	0.9
陆地面积（千平方公里）	268	每天生活费用不足1.25美元的人口（占人口的百分比）	..
GNI，图表集法（10亿美元）	*127.3*	人均GNI，图表集法（美元）	*29,140*
PPP衡量的GNI（10亿美元）	*126.3*	PPP衡量的人均GNI（美元）	*28,930*

	1990	2000	2011
人口			
最贫困的20%人口占国家消费/收入的份额（百分比）	..	..	..
出生时的预期寿命（岁）	75	79	81
总生育率（每个女性生育数）	2.2	2.0	2.1
青年女性生育率（每千名15—19岁女性生育数）	..	29	21
避孕普及率（占15—49岁已婚女性的百分比）	..	..	..
在熟练医护人员护理下的分娩（占总数的百分比）	..	*97*	..
5岁以下儿童死亡率（每千人）	11	7	6
儿童营养不良，体重不足（占5岁以下儿童的百分比）	..	..	..
儿童麻疹免疫接种率（占12—23个月年龄组的百分比）	90	85	93
小学毕业率，总数（占适龄年龄组的百分比）	..	..	..
中学总入学率，总数（占适龄年龄组的百分比）	89	111	*119*
小学和中学中女孩与男孩的比率（百分比）	99	103	*103*
HIV感染率（占15—49岁人口的百分比）	0.1	0.1	0.1
环境			
森林（千平方公里）	77	83	83
森林采伐（1990—2000年和2000—2010年，平均年度百分比）		-0.7	*0.0*
淡水使用量（占内陆水资源的百分比）	..	*1.5*	1.5
获得改善的水资源的人口（占总人口的百分比）	100	100	100
获得改善的卫生设施的人口（占总人口的百分比）	..	..	..
人均能源使用量（千克石油当量）	3,865	4,422	4,086
人均二氧化碳排放量（吨）	7.1	8.5	*7.4*
人均用电量（千瓦时）	8,972	9,384	*9,566*
经济			
GDP（10亿美元）	44.5	51.6	159.7
GDP增长率（年度百分比）	0.0	2.6	1.0
GDP隐含价格平减指数（年度增长百分比）	2.5	3.0	2.1
农业增加值（占GDP的百分比）	7	9	..
工业增加值（占GDP的百分比）	28	25	..
服务业增加值（占GDP的百分比）	65	66	..
货物和服务出口（占GDP的百分比）	27	35	30
货物和服务进口（占GDP的百分比）	26	33	29
资本形成总额（占GDP的百分比）	20	21	19
中央政府收入（占GDP的百分比）	..	*33.7*	35.6
中央政府现金盈余/赤字（占GDP的百分比）	..	*1.7*	-7.3
政府与市场			
创办企业的时间（天）	..	*12*	1
股票市场资本总额（占GDP的百分比）	19.9	36.6	44.9
军费支出（占GDP的百分比）	1.8	1.2	1.1
移动电话用户（每100人）	1.6	40.0	109.2
互联网用户（每100人）	0.0	47.4	86.0
铺敷道路（占总数的百分比）	57.0	62.8	*66.2*
高科技出口（占制成品出口的百分比）	4	10	9
全球联系			
商品贸易（占GDP的百分比）	42	53	47
净易货贸易条件指数（2000年=100）	..	100	133
外债总额（百万美元）	..	..	..
债务还本付息总额（占出口的百分比）	..	..	..
净移民（千人）	-8.6	43.0	*65.0*
获得的侨汇（百万美元）	762	236	875
外国直接投资，净流入额（10亿美元）	1.7	3.8	4.3
获得的净官方发展援助（百万美元）	..	..	..

尼加拉瓜

拉丁美洲和加勒比地区 **中低收入经济体**

人口（百万）	5.9	人口增长率（百分比）	1.4
陆地面积（千平方公里）	130	每天生活费用不足1.25美元的人口（占人口的百分比）	*11.9*
GNI，图表集法（10亿美元）	8.9	人均GNI，图表集法（美元）	1,510
PPP衡量的GNI（10亿美元）	21.9	PPP衡量的人均GNI（美元）	3,730

	1990	2000	2011
人口			
最贫困的20%人口占国家消费/收入的份额（百分比）	*4.2*	*5.6*	..
出生时的预期寿命（岁）	64	70	74
总生育率（每个女性生育数）	4.8	3.3	2.6
青年女性生育率（每千名15—19岁女性生育数）	..	125	106
避孕普及率（占15—49岁已婚女性的百分比）	*49*	*69*	*72*
在熟练医护人员护理下的分娩（占总数的百分比）	*61*	*67*	*74*
5岁以下儿童死亡率（每千人）	66	42	26
儿童营养不良，体重不足（占5岁以下儿童的百分比）	*9.6*	*7.8*	*5.7*
儿童麻疹免疫接种率（占12—23个月年龄组的百分比）	82	86	99
小学毕业率，总数（占适龄年龄组的百分比）	40	66	*81*
中学总入学率，总数（占适龄年龄组的百分比）	37	53	69
小学和中学中女孩与男孩的比率（百分比）	*119*	105	*102*
HIV感染率（占15—49岁人口的百分比）	0.1	0.1	0.2
环境			
森林（千平方公里）	45	38	30
森林采伐（1990—2000年和2000—2010年，平均年度百分比）		1.7	*2.0*
淡水使用量（占内陆水资源的百分比）	..	*0.7*	0.7
获得改善的水资源的人口（占总人口的百分比）	74	80	*85*
获得改善的卫生设施的人口（占总人口的百分比）	43	48	*52*
人均能源使用量（千克石油当量）	508	536	*542*
人均二氧化碳排放量（吨）	0.6	0.7	0.8
人均用电量（千瓦时）	310	345	*473*
经济			
GDP（10亿美元）	1.0	5.1	9.3
GDP增长率（年度百分比）	-0.1	4.1	5.1
GDP隐含价格平减指数（年度增长百分比）	5,018.1	8.6	10.5
农业增加值（占GDP的百分比）	..	19	20
工业增加值（占GDP的百分比）	..	22	26
服务业增加值（占GDP的百分比）	..	58	54
货物和服务出口（占GDP的百分比）	25	20	41
货物和服务进口（占GDP的百分比）	46	41	60
资本形成总额（占GDP的百分比）	19	30	28
中央政府收入（占GDP的百分比）	30.0	11.6	16.5
中央政府现金盈余/赤字（占GDP的百分比）	-34.2	-2.8	0.5
政府与市场			
创办企业的时间（天）	..	*46*	39
股票市场资本总额（占GDP的百分比）	..	..	..
军费支出（占GDP的百分比）	*4.0*	0.6	0.6
移动电话用户（每100人）	0.0	1.8	82.2
互联网用户（每100人）	0.0	1.0	10.6
铺敷道路（占总数的百分比）	10.5	11.1	*12.9*
高科技出口（占制成品出口的百分比）	6	5	5
全球联系			
商品贸易（占GDP的百分比）	96	48	80
净易货贸易条件指数（2000年=100）	155	100	83
外债总额（10亿美元）	10.8	6.8	7.1
债务还本付息总额（占出口的百分比）	5.0	25.6	14.8
净移民（千人）	-156	-158	*-200*
获得的侨汇（百万美元）	*10*	320	914
外国直接投资，净流入额（百万美元）	1	267	968
获得的净官方发展援助（百万美元）	330	560	695

尼日尔

撒哈拉以南非洲地区		低收入经济体	
人口（百万）	16.1	人口增长率（百分比）	3.5
陆地面积（千平方公里）	1,267	每天生活费用不足1.25美元的人口（占人口的百分比）	*43.6*
GNI，图表集法（10亿美元）	5.8	人均GNI，图表集法（美元）	360
PPP衡量的GNI（10亿美元）	11.6	PPP衡量的人均GNI（美元）	720

	1990	2000	2011
人口			
最贫困的20%人口占国家消费/收入的份额（百分比）	*7.5*	..	*8.1*
出生时的预期寿命（岁）	41	48	55
总生育率（每个女性生育数）	7.8	7.5	7.0
青年女性生育率（每千名15—19岁女性生育数）	..	216	196
避孕普及率（占15—49岁已婚女性的百分比）	*4*	14	*18*
在熟练医护人员护理下的分娩（占总数的百分比）	*15*	16	*18*
5岁以下儿童死亡率（每千人）	314	216	125
儿童营养不良，体重不足（占5岁以下儿童的百分比）	*41.0*	43.6	*39.9*
儿童麻疹免疫接种率（占12—23个月年龄组的百分比）	25	37	76
小学毕业率，总数（占适龄年龄组的百分比）	17	19	46
中学总入学率，总数（占适龄年龄组的百分比）	6	7	14
小学和中学中女孩与男孩的比率（百分比）	53	65	79
HIV感染率（占15—49岁人口的百分比）	0.4	0.8	0.8
环境			
森林（千平方公里）	19	13	12
森林采伐（1990—2000年和2000—2010年，平均年度百分比）		3.7	*1.0*
淡水使用量（占内陆水资源的百分比）	*14.3*	*67.5*	67.5
获得改善的水资源的人口（占总人口的百分比）	35	42	*49*
获得改善的卫生设施的人口（占总人口的百分比）	5	7	*9*
人均能源使用量（千克石油当量）	..	..	..
人均二氧化碳排放量（吨）	0.11	0.07	0.08
人均用电量（千瓦时）	..	..	..
经济			
GDP（10亿美元）	2.5	1.8	6.0
GDP增长率（年度百分比）	-1.3	-1.4	2.3
GDP隐含价格平减指数（年度增长百分比）	-1.6	4.5	3.6
农业增加值（占GDP的百分比）	35	38	..
工业增加值（占GDP的百分比）	16	18	..
服务业增加值（占GDP的百分比）	49	44	..
货物和服务出口（占GDP的百分比）	15	18	..
货物和服务进口（占GDP的百分比）	22	26	..
资本形成总额（占GDP的百分比）	8	11	..
中央政府收入（占GDP的百分比）	..	..	..
中央政府现金盈余/赤字（占GDP的百分比）	..	..	..
政府与市场			
创办企业的时间（天）	..	*35*	17
股票市场资本总额（占GDP的百分比）	..	..	..
军费支出（占GDP的百分比）	..	1.1	*0.9*
移动电话用户（每100人）	0.0	0.0	29.5
互联网用户（每100人）	0.0	0.0	1.3
铺敷道路（占总数的百分比）	29.0	*25.7*	*20.6*
高科技出口（占制成品出口的百分比）	..	*16*	5
全球联系			
商品贸易（占GDP的百分比）	27	38	61
净易货贸易条件指数（2000年=100）	165	100	164
外债总额（10亿美元）	1.8	1.7	1.4
债务还本付息总额（占出口的百分比）	17.8	8.0	*3.8*
净移民（千人）	-91.9	24.1	*-28.5*
获得的侨汇（百万美元）	14	14	102
外国直接投资，净流入额（百万美元）	41	8	1,014
获得的净官方发展援助（百万美元）	388	209	649

尼日利亚

撒哈拉以南非洲地区 **中低收入经济体**

人口（百万）	162.5	人口增长率（百分比）	2.5
陆地面积（千平方公里）	924	每天生活费用不足1.25美元的人口（占人口的百分比）	*68.0*
GNI，图表集法（10亿美元）	207.3	人均GNI，图表集法（美元）	1,280
PPP衡量的GNI（10亿美元）	372.8	PPP衡量的人均GNI（美元）	2,290

	1990	**2000**	**2011**
人口			
最贫困的20%人口占国家消费/收入的份额（百分比）	*4.0*	*5.1*	*4.4*
出生时的预期寿命（岁）	46	46	52
总生育率（每个女性生育数）	6.4	5.9	5.5
青年女性生育率（每千名15—19岁女性生育数）	..	130	113
避孕普及率（占15—49岁已婚女性的百分比）	6	*15*	*15*
在熟练医护人员护理下的分娩（占总数的百分比）	31	*42*	*39*
5岁以下儿童死亡率（每千人）	214	188	124
儿童营养不良，体重不足（占5岁以下儿童的百分比）	35.1	*27.3*	*26.7*
儿童麻疹免疫接种率（占12—23个月年龄组的百分比）	54	33	71
小学毕业率，总数（占适龄年龄组的百分比）	..	..	*74*
中学总入学率，总数（占适龄年龄组的百分比）	24	24	*44*
小学和中学中女孩与男孩的比率（百分比）	79	82	*90*
HIV感染率（占15—49岁人口的百分比）	0.5	3.7	3.7
环境			
森林（千平方公里）	172	131	86
森林采伐（1990—2000年和2000—2010年，平均年度百分比）		2.7	*3.7*
淡水使用量（占内陆水资源的百分比）	..	*4.7*	4.7
获得改善的水资源的人口（占总人口的百分比）	47	53	*58*
获得改善的卫生设施的人口（占总人口的百分比）	37	34	*31*
人均能源使用量（千克石油当量）	724	732	*714*
人均二氧化碳排放量（吨）	0.5	0.6	0.5
人均用电量（千瓦时）	85	74	*136*
经济			
GDP（10亿美元）	28	46	244
GDP增长率（年度百分比）	8.2	5.4	7.4
GDP隐含价格平减指数（年度增长百分比）	7.2	38.2	2.3
农业增加值（占GDP的百分比）	..	*49*	..
工业增加值（占GDP的百分比）	..	*31*	..
服务业增加值（占GDP的百分比）	..	*21*	..
货物和服务出口（占GDP的百分比）	43	54	40
货物和服务进口（占GDP的百分比）	29	32	36
资本形成总额（占GDP的百分比）	..	..	..
中央政府收入（占GDP的百分比）	..	..	*9.7*
中央政府现金盈余/赤字（占GDP的百分比）	..	..	*-1.7*
政府与市场			
创办企业的时间（天）	..	*44*	34
股票市场资本总额（占GDP的百分比）	4.8	9.2	16.1
军费支出（占GDP的百分比）	0.8	0.8	1.0
移动电话用户（每100人）	0.0	0.0	58.6
互联网用户（每100人）	0.0	0.1	28.4
铺敷道路（占总数的百分比）	..	*15.0*	..
高科技出口（占制成品出口的百分比）	..	1	*1*
全球联系			
商品贸易（占GDP的百分比）	68	65	70
净易货贸易条件指数（2000年=100）	89	100	211
外债总额（10亿美元）	33.4	31.6	13.1
债务还本付息总额（占出口的百分比）	22.6	8.8	0.4
净移民（千人）	-91	-95	*-300*
获得的侨汇（10亿美元）	0.0	1.4	20.6
外国直接投资，净流入额（10亿美元）	0.6	1.1	8.8
获得的净官方发展援助（百万美元）	255	174	1,813

北马里亚纳群岛

高收入经济体

人口（千人）	61	人口增长率（百分比）	0.4
陆地面积（平方公里）	460	每天生活费用不足1.25美元的人口（占人口的百分比）	..
GNI，图表集法（百万美元）	..	人均GNI，图表集法（美元）	..
PPP衡量的GNI（百万美元）	..	PPP衡量的人均GNI（美元）	..

	1990	2000	2011
人口			
最贫困的20%人口占国家消费/收入的份额（百分比）	..	..	..
出生时的预期寿命（岁）	..	..	..
总生育率（每个女性生育数）	..	..	..
青年女性生育率（每千名15—19岁女性生育数）	..	..	..
避孕普及率（占15—49岁已婚女性的百分比）	..	..	..
在熟练医护人员护理下的分娩（占总数的百分比）	..	100	..
5岁以下儿童死亡率（每千人）	..	..	..
儿童营养不良，体重不足（占5岁以下儿童的百分比）	..	..	..
儿童麻疹免疫接种率（占12—23个月年龄组的百分比）	..	..	..
小学毕业率，总数（占适龄年龄组的百分比）	..	..	..
中学总入学率，总数（占适龄年龄组的百分比）	..	..	..
小学和中学中女孩与男孩的比率（百分比）	..	..	..
HIV感染率（占15—49岁人口的百分比）	..	..	..
环境			
森林（平方公里）	340	320	302
森林采伐（1990—2000年和2000—2010年，平均年度百分比）		0.5	*0.5*
淡水使用量（占内陆水资源的百分比）	..	..	..
获得改善的水资源的人口（占总人口的百分比）	98	98	98
获得改善的卫生设施的人口（占总人口的百分比）	84	92	..
人均能源使用量（千克石油当量）	..	..	..
人均二氧化碳排放量（吨）	..	..	..
人均用电量（千瓦时）	..	..	..
经济			
GDP（百万美元）	..	..	..
GDP增长率（年度百分比）	..	..	..
GDP隐含价格平减指数（年度增长百分比）	..	..	..
农业增加值（占GDP的百分比）	..	..	..
工业增加值（占GDP的百分比）	..	..	..
服务业增加值（占GDP的百分比）	..	..	..
货物和服务出口（占GDP的百分比）	..	..	..
货物和服务进口（占GDP的百分比）	..	..	..
资本形成总额（占GDP的百分比）	..	..	..
中央政府收入（占GDP的百分比）	..	..	..
中央政府现金盈余/赤字（占GDP的百分比）	..	..	..
政府与市场			
创办企业的时间（天）	..	..	..
股票市场资本总额（占GDP的百分比）	..	..	..
军费支出（占GDP的百分比）	..	..	..
移动电话用户（每100人）	0.0	4.4	..
互联网用户（每100人）	0.0	..	..
铺敷道路（占总数的百分比）	..	..	..
高科技出口（占制成品出口的百分比）	..	..	..
全球联系			
商品贸易（占GDP的百分比）	..	..	..
净易货贸易条件指数（2000年=100）	..	100	86
外债总额（百万美元）	..	..	..
债务还本付息总额（占出口的百分比）	..	..	..
净移民（千人）	..	..	..
获得的侨汇（百万美元）	..	..	..
外国直接投资，净流入额（百万美元）	124	12	0
获得的净官方发展援助（百万美元）	63.1	*0.1*	..

挪 威

高收入经济体

人口（百万）	5.0	人口增长率（百分比）	1.3
陆地面积（千平方公里）	324	每天生活费用不足1.25美元的人口（占人口的百分比）	..
GNI，图表集法（10亿美元）	440.2	人均GNI，图表集法（美元）	88,870
PPP衡量的GNI（10亿美元）	304.4	PPP衡量的人均GNI（美元）	61,450

	1990	2000	2011
人口			
最贫困的20%人口占国家消费/收入的份额（百分比）	..	9.6	..
出生时的预期寿命（岁）	77	79	81
总生育率（每个女性生育数）	1.9	1.9	1.9
青年女性生育率（每千名15—19岁女性生育数）	..	11	8
避孕普及率（占15—49岁已婚女性的百分比）	*74*	*87*	..
在熟练医护人员护理下的分娩（占总数的百分比）	*100*	..	..
5岁以下儿童死亡率（每千人）	8	5	3
儿童营养不良，体重不足（占5岁以下儿童的百分比）	..	..	..
儿童麻疹免疫接种率（占12—23个月年龄组的百分比）	87	88	93
小学毕业率，总数（占适龄年龄组的百分比）	95	98	*99*
中学总入学率，总数（占适龄年龄组的百分比）	101	116	*111*
小学和中学中女孩与男孩的比率（百分比）	102	101	*99*
HIV感染率（占15—49岁人口的百分比）	0.1	0.1	0.2
环境			
森林（千平方公里）	91	93	101
森林采伐（1990—2000年和2000—2010年，平均年度百分比）		-0.2	*-0.8*
淡水使用量（占内陆水资源的百分比）	..	*0.6*	0.8
获得改善的水资源的人口（占总人口的百分比）	100	100	100
获得改善的卫生设施的人口（占总人口的百分比）	100	100	*100*
人均能源使用量（千克石油当量）	4,952	5,810	6,032
人均二氧化碳排放量（吨）	7.4	8.6	*9.7*
人均用电量（千瓦时）	23,354	24,994	*25,175*
经济			
GDP（10亿美元）	118	168	486
GDP增长率（年度百分比）	1.9	3.3	1.4
GDP隐含价格平减指数（年度增长百分比）	3.8	15.7	6.3
农业增加值（占GDP的百分比）	3	2	*2*
工业增加值（占GDP的百分比）	34	42	*40*
服务业增加值（占GDP的百分比）	63	56	*58*
货物和服务出口（占GDP的百分比）	40	47	42
货物和服务进口（占GDP的百分比）	34	29	28
资本形成总额（占GDP的百分比）	23	20	23
中央政府收入（占GDP的百分比）	..	48.4	50.0
中央政府现金盈余/赤字（占GDP的百分比）	..	15.7	14.7
政府与市场			
创办企业的时间（天）	..	*18*	7
股票市场资本总额（占GDP的百分比）	22.2	38.6	45.1
军费支出（占GDP的百分比）	2.9	1.7	1.6
移动电话用户（每100人）	4.6	71.8	115.6
互联网用户（每100人）	0.7	52.0	94.0
铺敷道路（占总数的百分比）	69.0	76.0	*80.7*
高科技出口（占制成品出口的百分比）	11	17	18
全球联系			
商品贸易（占GDP的百分比）	52	56	51
净易货贸易条件指数（2000年=100）	..	100	157
外债总额（百万美元）	..	..	..
债务还本付息总额（占出口的百分比）	..	..	..
净移民（千人）	34	59	*171*
获得的侨汇（百万美元）	158	270	765
外国直接投资，净流入额（10亿美元）	1.0	7.0	7.3
获得的净官方发展援助（百万美元）	..	..	..

阿 曼

高收入经济体

人口（百万）	2.8	人口增长率（百分比）	2.3
陆地面积（千平方公里）	310	每天生活费用不足1.25美元的人口（占人口的百分比）	..
GNI，图表集法（10亿美元）	*53.6*	人均GNI，图表集法（美元）	*19,260*
PPP衡量的GNI（10亿美元）	*71.6*	PPP衡量的人均GNI（美元）	*25,720*

	1990	2000	2011
人口			
最贫困的20%人口占国家消费/收入的份额（百分比）	..	..	..
出生时的预期寿命（岁）	71	74	73
总生育率（每个女性生育数）	7.2	3.6	2.2
青年女性生育率（每千名15—19岁女性生育数）	..	28	9
避孕普及率（占15—49岁已婚女性的百分比）	9	32	*24*
在熟练医护人员护理下的分娩（占总数的百分比）	..	95	*99*
5岁以下儿童死亡率（每千人）	48	22	9
儿童营养不良，体重不足（占5岁以下儿童的百分比）	*21.4*	*11.3*	*8.6*
儿童麻疹免疫接种率（占12—23个月年龄组的百分比）	98	99	99
小学毕业率，总数（占适龄年龄组的百分比）	62	78	107
中学总入学率，总数（占适龄年龄组的百分比）	40	75	104
小学和中学中女孩与男孩的比率（百分比）	85	99	98
HIV感染率（占15—49岁人口的百分比）	..	..	..
环境			
森林（平方公里）	20	20	20
森林采伐（1990—2000年和2000—2010年，平均年度百分比）		0.0	*0.0*
淡水使用量（占内陆水资源的百分比）	*87.4*	*97.1*	94.4
获得改善的水资源的人口（占总人口的百分比）	80	83	89
获得改善的卫生设施的人口（占总人口的百分比）	82	90	99
人均能源使用量（千克石油当量）	2,258	3,570	*7,188*
人均二氧化碳排放量（吨）	6.1	10.0	*15.2*
人均用电量（千瓦时）	2,121	3,207	*5,933*
经济			
GDP（10亿美元）	11.7	19.9	71.8
GDP增长率（年度百分比）	-0.1	5.4	5.5
GDP隐含价格平减指数（年度增长百分比）	24.8	20.0	17.6
农业增加值（占GDP的百分比）	3	2	..
工业增加值（占GDP的百分比）	54	57	..
服务业增加值（占GDP的百分比）	43	41	..
货物和服务出口（占GDP的百分比）	47	59	53
货物和服务进口（占GDP的百分比）	28	31	*41*
资本形成总额（占GDP的百分比）	12	12	30
中央政府收入（占GDP的百分比）	35.0	29.4	38.3
中央政府现金盈余/赤字（占GDP的百分比）	-0.3	-5.2	-0.8
政府与市场			
创办企业的时间（天）	..	*35*	8
股票市场资本总额（占GDP的百分比）	*8.5*	17.4	27.5
军费支出（占GDP的百分比）	16.5	10.6	6.0
移动电话用户（每100人）	0.1	7.2	169.0
互联网用户（每100人）	0.0	3.5	68.0
铺敷道路（占总数的百分比）	21.0	30.0	*46.0*
高科技出口（占制成品出口的百分比）	15	3	3
全球联系			
商品贸易（占GDP的百分比）	71	83	99
净易货贸易条件指数（2000年=100）	..	100	231
外债总额（百万美元）	..	..	..
债务还本付息总额（占出口的百分比）	..	..	..
净移民（千人）	9	-229	*153*
获得的侨汇（百万美元）	39.0	39.0	39.0
外国直接投资，净流入额（百万美元）	142	82	788
获得的净官方发展援助（百万美元）	68.2	79.7	*-40.3*

巴基斯坦

南亚 **中低收入经济体**

人口（百万）	176.7	人口增长率（百分比）	1.8
陆地面积（千平方公里）	796	每天生活费用不足1.25美元的人口（占人口的百分比）	*21.0*
GNI，图表集法（10亿美元）	198.0	人均GNI，图表集法（美元）	1,120
PPP衡量的GNI（10亿美元）	507.2	PPP衡量的人均GNI（美元）	2,870

	1990	2000	2011
人口			
最贫困的20%人口占国家消费/收入的份额（百分比）	*8.1*	*8.7*	*9.6*
出生时的预期寿命（岁）	61	63	65
总生育率（每个女性生育数）	6.0	4.5	3.3
青年女性生育率（每千名15—19岁女性生育数）	..	49	29
避孕普及率（占15—49岁已婚女性的百分比）	15	*28*	*27*
在熟练医护人员护理下的分娩（占总数的百分比）	*19*	*23*	43
5岁以下儿童死亡率（每千人）	122	95	72
儿童营养不良，体重不足（占5岁以下儿童的百分比）	*39.0*	*31.3*	30.9
儿童麻疹免疫接种率（占12—23个月年龄组的百分比）	50	59	80
小学毕业率，总数（占适龄年龄组的百分比）	..	..	67
中学总入学率，总数（占适龄年龄组的百分比）	21	*28*	35
小学和中学中女孩与男孩的比率（百分比）	49	*73*	79
HIV感染率（占15—49岁人口的百分比）	0.1	0.1	0.1
环境			
森林（千平方公里）	25	21	16
森林采伐（1990—2000年和2000—2010年，平均年度百分比）		1.8	*2.2*
淡水使用量（占内陆水资源的百分比）	*282.9*	*313.8*	*333.6*
获得改善的水资源的人口（占总人口的百分比）	85	89	*92*
获得改善的卫生设施的人口（占总人口的百分比）	27	37	*48*
人均能源使用量（千克石油当量）	381	439	*487*
人均二氧化碳排放量（吨）	0.6	0.7	0.9
人均用电量（千瓦时）	267	357	*457*
经济			
GDP（10亿美元）	40	74	210
GDP增长率（年度百分比）	4.5	4.3	3.0
GDP隐含价格平减指数（年度增长百分比）	6.5	24.9	18.3
农业增加值（占GDP的百分比）	26	26	22
工业增加值（占GDP的百分比）	25	23	25
服务业增加值（占GDP的百分比）	49	51	53
货物和服务出口（占GDP的百分比）	16	13	14
货物和服务进口（占GDP的百分比）	23	15	19
资本形成总额（占GDP的百分比）	19	17	13
中央政府收入（占GDP的百分比）	19.1	13.9	12.4
中央政府现金盈余/赤字（占GDP的百分比）	-2.5	-4.1	-6.5
政府与市场			
创办企业的时间（天）	..	*24*	21
股票市场资本总额（占GDP的百分比）	7.1	8.9	15.6
军费支出（占GDP的百分比）	6.8	4.0	3.0
移动电话用户（每100人）	0.0	0.2	61.6
互联网用户（每100人）	0.0	*1.3*	9.0
铺敷道路（占总数的百分比）	54.0	56.0	*72.2*
高科技出口（占制成品出口的百分比）	0	0	2
全球联系			
商品贸易（占GDP的百分比）	33	27	33
净易货贸易条件指数（2000年=100）	109	100	52
外债总额（10亿美元）	20.6	33.0	60.2
债务还本付息总额（占出口的百分比）	27.4	28.0	9.2
净移民（千人）	140	-187	*-2,000*
获得的侨汇（10亿美元）	2.0	1.1	12.3
外国直接投资，净流入额（百万美元）	245	308	1,309
获得的净官方发展援助（10亿美元）	1.1	0.7	3.5

帕劳

东亚和太平洋地区			中高收入经济体
人口（千人）	21	人口增长率（百分比）	0.7
陆地面积（平方公里）	460	每天生活费用不足1.25美元的人口（占人口的百分比）	..
GNI，图表集法（百万美元）	134.2	人均GNI，图表集法（美元）	6,510
PPP衡量的GNI（百万美元）	228.4	PPP衡量的人均GNI（美元）	11,080

	1990	2000	2011
人口			
最贫困的20%人口占国家消费/收入的份额（百分比）	..	..	..
出生时的预期寿命（岁）	69	70	..
总生育率（每个女性生育数）	2.8	1.5	..
青年女性生育率（每千名15—19岁女性生育数）	..	..	..
避孕普及率（占15—49岁已婚女性的百分比）	..	17	*22*
在熟练医护人员护理下的分娩（占总数的百分比）	99	*100*	*100*
5岁以下儿童死亡率（每千人）	32	25	19
儿童营养不良，体重不足（占5岁以下儿童的百分比）	..	..	..
儿童麻疹免疫接种率（占12—23个月年龄组的百分比）	98	83	85
小学毕业率，总数（占适龄年龄组的百分比）	..	99	..
中学总入学率，总数（占适龄年龄组的百分比）	..	86	..
小学和中学中女孩与男孩的比率（百分比）	..	100	..
HIV感染率（占15—49岁人口的百分比）	..	..	..
环境			
森林（平方公里）	380	396	403
森林采伐（1990—2000年和2000—2010年，平均年度百分比）		-0.4	*-0.2*
淡水使用量（占内陆水资源的百分比）	..	..	..
获得改善的水资源的人口（占总人口的百分比）	80	83	*85*
获得改善的卫生设施的人口（占总人口的百分比）	65	84	*100*
人均能源使用量（千克石油当量）	4,869	..	..
人均二氧化碳排放量（吨）	15.6	6.1	10.3
人均用电量（千瓦时）	..	..	..
经济			
GDP（百万美元）	76.9	119.9	165.5
GDP增长率（年度百分比）	*-6.4*	0.3	5.8
GDP隐含价格平减指数（年度增长百分比）	*5.0*	5.3	0.2
农业增加值（占GDP的百分比）	*19*	4	..
工业增加值（占GDP的百分比）	*13*	15	..
服务业增加值（占GDP的百分比）	*69*	81	..
货物和服务出口（占GDP的百分比）	*20*	10	103
货物和服务进口（占GDP的百分比）	*39*	106	94
资本形成总额（占GDP的百分比）	..	..	..
中央政府收入（占GDP的百分比）	..	..	..
中央政府现金盈余/赤字（占GDP的百分比）	..	..	..
政府与市场			
创办企业的时间（天）	..	*24*	28
股票市场资本总额（占GDP的百分比）	..	..	..
军费支出（占GDP的百分比）	..	..	..
移动电话用户（每100人）	..	*12.6*	74.9
互联网用户（每100人）	0.0	*20.2*	..
铺敷道路（占总数的百分比）	..	..	..
高科技出口（占制成品出口的百分比）	..	..	..
全球联系			
商品贸易（占GDP的百分比）	..	113	76
净易货贸易条件指数（2000年=100）	..	100	104
外债总额（百万美元）	..	..	..
债务还本付息总额（占出口的百分比）	..	..	..
净移民（千人）	..	..	..
获得的侨汇（百万美元）	..	..	..
外国直接投资，净流入额（百万美元）	1.0	14.9	2.0
获得的净官方发展援助（百万美元）	*0.0*	39.1	27.6

巴拿马

拉丁美洲和加勒比地区 **中高收入经济体**

人口（百万）	3.6	人口增长率（百分比）	1.5
陆地面积（千平方公里）	75	每天生活费用不足1.25美元的人口（占人口的百分比）	*6.6*
GNI，图表集法（10亿美元）	26.7	人均GNI，图表集法（美元）	7,470
PPP衡量的GNI（10亿美元）	51.8	PPP衡量的人均GNI（美元）	14,510

	1990	2000	2011
人口			
最贫困的20%人口占国家消费/收入的份额（百分比）	*1.2*	*1.9*	*3.3*
出生时的预期寿命（岁）	72	74	76
总生育率（每个女性生育数）	3.0	2.7	2.5
青年女性生育率（每千名15—19岁女性生育数）	..	91	77
避孕普及率（占15—49岁已婚女性的百分比）	..	..	52
在熟练医护人员护理下的分娩（占总数的百分比）	*86*	*93*	*89*
5岁以下儿童死亡率（每千人）	33	26	20
儿童营养不良，体重不足（占5岁以下儿童的百分比）	..	*5.1*	*3.9*
儿童麻疹免疫接种率（占12—23个月年龄组的百分比）	73	97	97
小学毕业率，总数（占适龄年龄组的百分比）	*86*	94	101
中学总入学率，总数（占适龄年龄组的百分比）	61	67	74
小学和中学中女孩与男孩的比率（百分比）	99	100	102
HIV感染率（占15—49岁人口的百分比）	0.8	1.5	0.8
环境			
森林（千平方公里）	38	34	32
森林采伐（1990—2000年和2000—2010年，平均年度百分比）		1.2	*0.4*
淡水使用量（占内陆水资源的百分比）	*1.1*	*0.3*	0.3
获得改善的水资源的人口（占总人口的百分比）	84	90	*93*
获得改善的卫生设施的人口（占总人口的百分比）	58	65	69
人均能源使用量（千克石油当量）	617	872	*1,073*
人均二氧化碳排放量（吨）	1.3	2.0	2.3
人均用电量（千瓦时）	852	1,298	*1,832*
经济			
GDP（10亿美元）	5.3	11.6	26.8
GDP增长率（年度百分比）	8.1	2.7	10.6
GDP隐含价格平减指数（年度增长百分比）	0.6	-1.2	-9.6
农业增加值（占GDP的百分比）	10	7	4
工业增加值（占GDP的百分比）	15	19	17
服务业增加值（占GDP的百分比）	75	74	79
货物和服务出口（占GDP的百分比）	87	73	81
货物和服务进口（占GDP的百分比）	79	70	84
资本形成总额（占GDP的百分比）	17	24	28
中央政府收入（占GDP的百分比）	25.6	23.1	..
中央政府现金盈余/赤字（占GDP的百分比）	2.0	-0.8	..
政府与市场			
创办企业的时间（天）	..	*18*	7
股票市场资本总额（占GDP的百分比）	*3.4*	24.0	39.9
军费支出（占GDP的百分比）	1.4	*1.0*	..
移动电话用户（每100人）	0.0	13.9	188.6
互联网用户（每100人）	0.0	6.6	42.7
铺敷道路（占总数的百分比）	32.0	34.6	*42.0*
高科技出口（占制成品出口的百分比）	..	1	35
全球联系			
商品贸易（占GDP的百分比）	35	36	136
净易货贸易条件指数（2000年=100）	69	100	86
外债总额（10亿美元）	6.5	6.6	12.6
债务还本付息总额（占出口的百分比）	6.2	9.4	3.6
净移民（千人）	-15.0	11.0	*11.0*
获得的侨汇（百万美元）	110	16	388
外国直接投资，净流入额（百万美元）	136	624	3,223
获得的净官方发展援助（百万美元）	99.3	15.4	97.9

巴布亚新几内亚

东亚和太平洋地区		中低收入经济体	
人口（百万）	7.0	人口增长率（百分比）	2.2
陆地面积（千平方公里）	463	每天生活费用不足1.25美元的人口（占人口的百分比）	..
GNI，图表集法（10亿美元）	10.4	人均GNI，图表集法（美元）	1,480
PPP衡量的GNI（10亿美元）	18.0	PPP衡量的人均GNI（美元）	2,570

	1990	2000	2011
人口			
最贫困的20%人口占国家消费/收入的份额（百分比）	..	..	..
出生时的预期寿命（岁）	56	59	63
总生育率（每个女性生育数）	4.8	4.5	3.9
青年女性生育率（每千名15—19岁女性生育数）	..	73	63
避孕普及率（占15—49岁已婚女性的百分比）	..	..	*32*
在熟练医护人员护理下的分娩（占总数的百分比）	..	41	*53*
5岁以下儿童死亡率（每千人）	88	72	58
儿童营养不良，体重不足（占5岁以下儿童的百分比）	..	..	..
儿童麻疹免疫接种率（占12—23个月年龄组的百分比）	67	62	60
小学毕业率，总数（占适龄年龄组的百分比）	45	55	..
中学总入学率，总数（占适龄年龄组的百分比）	11	*19*	..
小学和中学中女孩与男孩的比率（百分比）	82	*84*	..
HIV感染率（占15—49岁人口的百分比）	0.2	0.8	0.7
环境			
森林（千平方公里）	315	301	286
森林采伐（1990—2000年和2000—2010年，平均年度百分比）		0.5	*0.5*
淡水使用量（占内陆水资源的百分比）	..	*0.0*	0.0
获得改善的水资源的人口（占总人口的百分比）	41	39	*40*
获得改善的卫生设施的人口（占总人口的百分比）	47	46	*45*
人均能源使用量（千克石油当量）	..	..	..
人均二氧化碳排放量（吨）	0.5	0.5	0.5
人均用电量（千瓦时）	..	..	..
经济			
GDP（10亿美元）	3.2	3.5	12.9
GDP增长率（年度百分比）	-3.0	-2.5	9.0
GDP隐含价格平减指数（年度增长百分比）	4.1	13.1	9.2
农业增加值（占GDP的百分比）	31	36	36
工业增加值（占GDP的百分比）	32	41	45
服务业增加值（占GDP的百分比）	37	23	20
货物和服务出口（占GDP的百分比）	41	66	51
货物和服务进口（占GDP的百分比）	49	49	48
资本形成总额（占GDP的百分比）	24	22	16
中央政府收入（占GDP的百分比）	25.2	24.2	..
中央政府现金盈余/赤字（占GDP的百分比）	-2.2	-1.9	..
政府与市场			
创办企业的时间（天）	..	*51*	51
股票市场资本总额（占GDP的百分比）	..	*49.3*	69.6
军费支出（占GDP的百分比）	2.1	0.9	0.5
移动电话用户（每100人）	0.0	0.2	34.2
互联网用户（每100人）	0.0	0.8	2.0
铺敷道路（占总数的百分比）	3.2	3.5	..
高科技出口（占制成品出口的百分比）	..	19	..
全球联系			
商品贸易（占GDP的百分比）	74	92	88
净易货贸易条件指数（2000年=100）	..	100	166
外债总额（10亿美元）	2.6	2.3	12.6
债务还本付息总额（占出口的百分比）	37.2	12.9	15.8
净移民（千人）	0.0	0.0	*0.0*
获得的侨汇（百万美元）	5.4	7.2	10.8
外国直接投资，净流入额（百万美元）	155	96	-309
获得的净官方发展援助（百万美元）	412	275	612

巴拉圭

拉丁美洲和加勒比地区 **中低收入经济体**

人口（百万）	6.6	人口增长率（百分比）	1.7
陆地面积（千平方公里）	407	每天生活费用不足1.25美元的人口（占人口的百分比）	*7.2*
GNI，图表集法（10亿美元）	19.8	人均GNI，图表集法（美元）	3,020
PPP衡量的GNI（10亿美元）	35.4	PPP衡量的人均GNI（美元）	5,390

	1990	2000	2011
人口			
最贫困的20%人口占国家消费/收入的份额（百分比）	5.8	*2.7*	*3.3*
出生时的预期寿命（岁）	68	70	72
总生育率（每个女性生育数）	4.5	3.7	2.9
青年女性生育率（每千名15—19岁女性生育数）	..	86	68
避孕普及率（占15—49岁已婚女性的百分比）	48	*73*	*79*
在熟练医护人员护理下的分娩（占总数的百分比）	66	*77*	*82*
5岁以下儿童死亡率（每千人）	53	35	22
儿童营养不良，体重不足（占5岁以下儿童的百分比）	2.8	..	..
儿童麻疹免疫接种率（占12—23个月年龄组的百分比）	69	92	93
小学毕业率，总数（占适龄年龄组的百分比）	65	92	*91*
中学总入学率，总数（占适龄年龄组的百分比）	31	61	*68*
小学和中学中女孩与男孩的比率（百分比）	97	98	*99*
HIV感染率（占15—49岁人口的百分比）	0.1	0.1	0.3
环境			
森林（千平方公里）	212	194	174
森林采伐（1990—2000年和2000—2010年，平均年度百分比）		0.9	*1.0*
淡水使用量（占内陆水资源的百分比）	..	*0.5*	0.5
获得改善的水资源的人口（占总人口的百分比）	52	74	*86*
获得改善的卫生设施的人口（占总人口的百分比）	37	58	*71*
人均能源使用量（千克石油当量）	724	721	*742*
人均二氧化碳排放量（吨）	0.5	0.7	0.7
人均用电量（千瓦时）	502	881	*1,134*
经济			
GDP（10亿美元）	5.3	7.1	23.8
GDP增长率（年度百分比）	3.1	-3.3	6.9
GDP隐含价格平减指数（年度增长百分比）	36.3	12.1	7.5
农业增加值（占GDP的百分比）	28	17	23
工业增加值（占GDP的百分比）	25	23	20
服务业增加值（占GDP的百分比）	47	60	57
货物和服务出口（占GDP的百分比）	33	38	49
货物和服务进口（占GDP的百分比）	39	46	57
资本形成总额（占GDP的百分比）	23	18	18
中央政府收入（占GDP的百分比）	12.3	17.0	18.1
中央政府现金盈余/赤字（占GDP的百分比）	2.9	-3.9	1.1
政府与市场			
创办企业的时间（天）	..	*74*	35
股票市场资本总额（占GDP的百分比）	*0.3*	*3.5*	4.0
军费支出（占GDP的百分比）	1.2	1.1	1.1
移动电话用户（每100人）	0.0	15.4	99.4
互联网用户（每100人）	0.0	0.7	23.9
铺敷道路（占总数的百分比）	..	50.8	*15.2*
高科技出口（占制成品出口的百分比）	0	3	7
全球联系			
商品贸易（占GDP的百分比）	44	43	75
净易货贸易条件指数（2000年=100）	103	100	107
外债总额（10亿美元）	2.2	3.1	6.0
债务还本付息总额（占出口的百分比）	8.4	11.2	3.6
净移民（千人）	-16.9	-43.0	*-40.0*
获得的侨汇（百万美元）	34	278	893
外国直接投资，净流入额（百万美元）	77	104	412
获得的净官方发展援助（百万美元）	57.2	81.6	93.7

秘 鲁

拉丁美洲和加勒比地区 **中高收入经济体**

人口（百万）	29.4	人口增长率（百分比）	1.1
陆地面积（千平方公里）	1,285	每天生活费用不足1.25美元的人口（占人口的百分比）	*4.9*
GNI，图表集法（10亿美元）	151.4	人均GNI，图表集法（美元）	5,150
PPP衡量的GNI（10亿美元）	277.6	PPP衡量的人均GNI（美元）	9,440

	1990	2000	2011
人口			
最贫困的20%人口占国家消费/收入的份额（百分比）	..	3.4	*3.9*
出生时的预期寿命（岁）	66	70	74
总生育率（每个女性生育数）	3.8	2.9	2.5
青年女性生育率（每千名15—19岁女性生育数）	..	65	50
避孕普及率（占15—49岁已婚女性的百分比）	*59*	69	75
在熟练医护人员护理下的分娩（占总数的百分比）	*53*	59	85
5岁以下儿童死亡率（每千人）	75	39	18
儿童营养不良，体重不足（占5岁以下儿童的百分比）	*8.8*	5.2	*4.5*
儿童麻疹免疫接种率（占12—23个月年龄组的百分比）	64	97	96
小学毕业率，总数（占适龄年龄组的百分比）	..	103	97
中学总入学率，总数（占适龄年龄组的百分比）	68	86	91
小学和中学中女孩与男孩的比率（百分比）	*96*	97	99
HIV感染率（占15—49岁人口的百分比）	0.2	0.5	0.4
环境			
森林（千平方公里）	702	692	678
森林采伐（1990—2000年和2000—2010年，平均年度百分比）		0.1	*0.2*
淡水使用量（占内陆水资源的百分比）	*1.2*	*1.2*	1.2
获得改善的水资源的人口（占总人口的百分比）	75	81	*85*
获得改善的卫生设施的人口（占总人口的百分比）	54	63	*71*
人均能源使用量（千克石油当量）	449	473	*667*
人均二氧化碳排放量（吨）	1.0	1.2	1.6
人均用电量（千瓦时）	550	682	*1,106*
经济			
GDP（10亿美元）	26.3	53.3	176.9
GDP增长率（年度百分比）	-5.1	3.0	6.8
GDP隐含价格平减指数（年度增长百分比）	6,836.9	3.7	4.8
农业增加值（占GDP的百分比）	9	8	6
工业增加值（占GDP的百分比）	27	30	36
服务业增加值（占GDP的百分比）	64	62	57
货物和服务出口（占GDP的百分比）	16	16	29
货物和服务进口（占GDP的百分比）	14	18	25
资本形成总额（占GDP的百分比）	16	20	25
中央政府收入（占GDP的百分比）	12.5	17.4	20.0
中央政府现金盈余/赤字（占GDP的百分比）	-8.1	-2.1	1.3
政府与市场			
创办企业的时间（天）	..	*98*	26
股票市场资本总额（占GDP的百分比）	3.1	19.8	44.8
军费支出（占GDP的百分比）	0.1	1.8	1.2
移动电话用户（每100人）	0.0	4.9	110.4
互联网用户（每100人）	0.0	3.1	36.5
铺敷道路（占总数的百分比）	9.9	13.4	*13.9*
高科技出口（占制成品出口的百分比）	*1*	4	6
全球联系			
商品贸易（占GDP的百分比）	22	27	48
净易货贸易条件指数（2000年=100）	114	100	159
外债总额（10亿美元）	20.2	28.8	44.9
债务还本付息总额（占出口的百分比）	11.1	27.9	6.5
净移民（千人）	-180	-350	*-725*
获得的侨汇（百万美元）	87	718	2,697
外国直接投资，净流入额（百万美元）	41	810	8,233
获得的净官方发展援助（百万美元）	397	397	624

菲律宾

东亚和太平洋地区			中低收入经济体
人口（百万）	94.9	人口增长率（百分比）	1.7
陆地面积（千平方公里）	300	每天生活费用不足1.25美元的人口（占人口的百分比）	*18.4*
GNI，图表集法（10亿美元）	209.7	人均GNI，图表集法（美元）	2,210
PPP衡量的GNI（10亿美元）	393.0	PPP衡量的人均GNI（美元）	4,140

	1990	2000	2011
人口			
最贫困的20%人口占国家消费/收入的份额（百分比）	*5.9*	5.4	*6.0*
出生时的预期寿命（岁）	65	67	69
总生育率（每个女性生育数）	4.3	3.8	3.1
青年女性生育率（每千名15—19岁女性生育数）	..	52	48
避孕普及率（占15—49岁已婚女性的百分比）	*40*	47	49
在熟练医护人员护理下的分娩（占总数的百分比）	*53*	58	72
5岁以下儿童死亡率（每千人）	57	39	25
儿童营养不良，体重不足（占5岁以下儿童的百分比）	29.9	*20.7*	*20.7*
儿童麻疹免疫接种率（占12—23个月年龄组的百分比）	85	78	79
小学毕业率，总数（占适龄年龄组的百分比）	89	*101*	*92*
中学总入学率，总数（占适龄年龄组的百分比）	72	*75*	*85*
小学和中学中女孩与男孩的比率（百分比）	100	*103*	*101*
HIV感染率（占15—49岁人口的百分比）	0.1	0.1	0.1
环境			
森林（千平方公里）	66	71	77
森林采伐（1990—2000年和2000—2010年，平均年度百分比）		-0.8	*-0.7*
淡水使用量（占内陆水资源的百分比）	..	..	17.0
获得改善的水资源的人口（占总人口的百分比）	85	89	*92*
获得改善的卫生设施的人口（占总人口的百分比）	57	65	*74*
人均能源使用量（千克石油当量）	464	516	*434*
人均二氧化碳排放量（吨）	0.7	0.9	0.7
人均用电量（千瓦时）	363	504	*643*
经济			
GDP（10亿美元）	44	81	225
GDP增长率（年度百分比）	3.0	4.4	3.9
GDP隐含价格平减指数（年度增长百分比）	13.0	5.7	4.1
农业增加值（占GDP的百分比）	22	14	13
工业增加值（占GDP的百分比）	34	34	31
服务业增加值（占GDP的百分比）	44	52	56
货物和服务出口（占GDP的百分比）	28	51	31
货物和服务进口（占GDP的百分比）	33	53	36
资本形成总额（占GDP的百分比）	24	18	22
中央政府收入（占GDP的百分比）	16.2	14.2	14.0
中央政府现金盈余/赤字（占GDP的百分比）	-2.8	-3.7	-1.8
政府与市场			
创办企业的时间（天）	..	*49*	36
股票市场资本总额（占GDP的百分比）	13.4	32.0	73.6
军费支出（占GDP的百分比）	2.1	1.6	1.1
移动电话用户（每100人）	0.0	8.3	99.3
互联网用户（每100人）	0.0	2.0	29.0
铺敷道路（占总数的百分比）	..	*20.0*	..
高科技出口（占制成品出口的百分比）	*32*	73	46
全球联系			
商品贸易（占GDP的百分比）	48	95	50
净易货贸易条件指数（2000年=100）	87	100	65
外债总额（10亿美元）	30.6	58.5	76.0
债务还本付息总额（占出口的百分比）	27.6	16.0	17.6
净移民（千人）	-299	-776	*-1,233*
获得的侨汇（10亿美元）	1.5	7.0	23.0
外国直接投资，净流入额（10亿美元）	0.5	2.2	1.9
获得的净官方发展援助（百万美元）	1,271	572	-192

波兰

高收入经济体

人口（百万）	38.5	人口增长率（百分比）	0.9
陆地面积（千平方公里）	313	每天生活费用不足1.25美元的人口（占人口的百分比）	<2
GNI，图表集法（10亿美元）	477.0	人均GNI，图表集法（美元）	12,380
PPP衡量的GNI（10亿美元）	780.8	PPP衡量的人均GNI（美元）	20,260

	1990	2000	2011
人口			
最贫困的20%人口占国家消费/收入的份额（百分比）	*9.2*	7.8	7.7
出生时的预期寿命（岁）	71	74	77
总生育率（每个女性生育数）	2.0	1.4	1.3
青年女性生育率（每千名15—19岁女性生育数）	..	17	13
避孕普及率（占15—49岁已婚女性的百分比）	*73*	..	..
在熟练医护人员护理下的分娩（占总数的百分比）	100	100	..
5岁以下儿童死亡率（每千人）	17	10	6
儿童营养不良，体重不足（占5岁以下儿童的百分比）	..	..	..
儿童麻疹免疫接种率（占12—23个月年龄组的百分比）	95	97	98
小学毕业率，总数（占适龄年龄组的百分比）	98	95	*95*
中学总入学率，总数（占适龄年龄组的百分比）	88	101	*97*
小学和中学中女孩与男孩的比率（百分比）	101	98	*99*
HIV感染率（占15—49岁人口的百分比）	0.1	0.1	0.1
环境			
森林（千平方公里）	89	91	94
森林采伐（1990—2000年和2000—2010年，平均年度百分比）		-0.2	*-0.3*
淡水使用量（占内陆水资源的百分比）	*28.3*	*23.9*	22.3
获得改善的水资源的人口（占总人口的百分比）	..	..	..
获得改善的卫生设施的人口（占总人口的百分比）	..	90	*90*
人均能源使用量（千克石油当量）	2,705	2,317	2,663
人均二氧化碳排放量（吨）	9.6	7.8	*7.8*
人均用电量（千瓦时）	3,272	3,240	*3,783*
经济			
GDP（10亿美元）	65	171	514
GDP增长率（年度百分比）	*-7.0*	4.3	4.3
GDP隐含价格平减指数（年度增长百分比）	*55.3*	7.3	3.2
农业增加值（占GDP的百分比）	8	5	*4*
工业增加值（占GDP的百分比）	50	32	*32*
服务业增加值（占GDP的百分比）	42	63	*65*
货物和服务出口（占GDP的百分比）	26	27	*42*
货物和服务进口（占GDP的百分比）	20	34	*43*
资本形成总额（占GDP的百分比）	24	25	21
中央政府收入（占GDP的百分比）	..	*31.5*	30.6
中央政府现金盈余/赤字（占GDP的百分比）	..	*-2.8*	-4.3
政府与市场			
创办企业的时间（天）	..	*31*	32
股票市场资本总额（占GDP的百分比）	*0.2*	18.3	26.9
军费支出（占GDP的百分比）	2.4	1.8	1.9
移动电话用户（每100人）	0.0	17.6	131.0
互联网用户（每100人）	0.0	7.3	64.9
铺敷道路（占总数的百分比）	61.6	68.3	*69.9*
高科技出口（占制成品出口的百分比）	*3*	3	6
全球联系			
商品贸易（占GDP的百分比）	40	47	77
净易货贸易条件指数（2000年=100）	..	100	100
外债总额（百万美元）	..	..	..
债务还本付息总额（占出口的百分比）	..	..	..
净移民（千人）	-250	-199	*56*
获得的侨汇（10亿美元）	..	1.5	7.6
外国直接投资，净流入额（10亿美元）	0.1	9.3	15.3
获得的净官方发展援助（百万美元）	..	..	..

葡萄牙

高收入经济体

人口（百万）	10.6	人口增长率（百分比）	-0.8
陆地面积（千平方公里）	92	每天生活费用不足1.25美元的人口（占人口的百分比）	..
GNI，图表集法（10亿美元）	225.6	人均GNI，图表集法（美元）	21,370
PPP衡量的GNI（10亿美元）	259.9	PPP衡量的人均GNI（美元）	24,620

	1990	2000	2011
人口			
最贫困的20%人口占国家消费/收入的份额（百分比）	..	..	..
出生时的预期寿命（岁）	74	76	81
总生育率（每个女性生育数）	1.4	1.6	1.4
青年女性生育率（每千名15—19岁女性生育数）	..	20	13
避孕普及率（占15—49岁已婚女性的百分比）	..	..	*67*
在熟练医护人员护理下的分娩（占总数的百分比）	*98*	100	..
5岁以下儿童死亡率（每千人）	15	7	3
儿童营养不良，体重不足（占5岁以下儿童的百分比）	..	*0.1*	..
儿童麻疹免疫接种率（占12—23个月年龄组的百分比）	85	87	96
小学毕业率，总数（占适龄年龄组的百分比）	..	..	..
中学总入学率，总数（占适龄年龄组的百分比）	60	105	*109*
小学和中学中女孩与男孩的比率（百分比）	97	101	*100*
HIV感染率（占15—49岁人口的百分比）	0.1	0.6	0.7
环境			
森林（千平方公里）	33	34	35
森林采伐（1990—2000年和2000—2010年，平均年度百分比）		-0.3	*-0.1*
淡水使用量（占内陆水资源的百分比）	..	*22.3*	22.3
获得改善的水资源的人口（占总人口的百分比）	96	99	99
获得改善的卫生设施的人口（占总人口的百分比）	92	98	*100*
人均能源使用量（千克石油当量）	1,677	2,413	2,193
人均二氧化碳排放量（吨）	4.2	6.2	*5.4*
人均用电量（千瓦时）	2,542	4,014	*4,929*
经济			
GDP（10亿美元）	78	117	237
GDP增长率（年度百分比）	4.0	3.9	-1.7
GDP隐含价格平减指数（年度增长百分比）	13.1	3.3	0.7
农业增加值（占GDP的百分比）	9	4	*2*
工业增加值（占GDP的百分比）	29	28	*23*
服务业增加值（占GDP的百分比）	63	68	*74*
货物和服务出口（占GDP的百分比）	30	29	36
货物和服务进口（占GDP的百分比）	37	40	39
资本形成总额（占GDP的百分比）	27	28	17
中央政府收入（占GDP的百分比）	..	34.6	39.9
中央政府现金盈余/赤字（占GDP的百分比）	..	-2.6	-4.0
政府与市场			
创办企业的时间（天）	..	*78*	5
股票市场资本总额（占GDP的百分比）	11.8	51.7	26.0
军费支出（占GDP的百分比）	2.4	1.9	2.0
移动电话用户（每100人）	0.1	64.5	115.4
互联网用户（每100人）	0.0	16.4	55.3
铺敷道路（占总数的百分比）	..	86.0	..
高科技出口（占制成品出口的百分比）	4	6	4
全球联系			
商品贸易（占GDP的百分比）	54	55	59
净易货贸易条件指数（2000年=100）	..	100	87
外债总额（百万美元）	..	..	..
债务还本付息总额（占出口的百分比）	..	..	..
净移民（千人）	-148	174	*150*
获得的侨汇（10亿美元）	4.5	3.5	3.8
外国直接投资，净流入额（10亿美元）	2.6	6.7	13.1
获得的净官方发展援助（百万美元）	..	..	..

波多黎各

高收入经济体

人口（百万）	3.7	人口增长率（百分比）	-0.4
陆地面积（千平方公里）	8.9	每天生活费用不足1.25美元的人口（占人口的百分比）	..
GNI，图表集法（10亿美元）	*61.6*	人均GNI，图表集法（美元）	*16,560*
PPP衡量的GNI（10亿美元）	..	PPP衡量的人均GNI（美元）	..

	1990	2000	2011
人口			
最贫困的20%人口占国家消费/收入的份额（百分比）	..	..	..
出生时的预期寿命（岁）	74	77	79
总生育率（每个女性生育数）	2.2	2.0	1.8
青年女性生育率（每千名15—19岁女性生育数）	..	68	51
避孕普及率（占15—49岁已婚女性的百分比）	..	*84*	..
在熟练医护人员护理下的分娩（占总数的百分比）	..	*100*	..
5岁以下儿童死亡率（每千人）	..	..	..
儿童营养不良，体重不足（占5岁以下儿童的百分比）	..	..	..
儿童麻疹免疫接种率（占12—23个月年龄组的百分比）	..	..	..
小学毕业率，总数（占适龄年龄组的百分比）	..	..	..
中学总入学率，总数（占适龄年龄组的百分比）	..	..	77
小学和中学中女孩与男孩的比率（百分比）	..	..	104
HIV感染率（占15—49岁人口的百分比）	..	..	..
环境			
森林（千平方公里）	2.9	4.6	5.6
森林采伐（1990—2000年和2000—2010年，平均年度百分比）		-4.9	*-1.8*
淡水使用量（占内陆水资源的百分比）	*11.2*	*12.1*	14.0
获得改善的水资源的人口（占总人口的百分比）	..	..	..
获得改善的卫生设施的人口（占总人口的百分比）	..	..	..
人均能源使用量（千克石油当量）	..	..	..
人均二氧化碳排放量（吨）	..	..	..
人均用电量（千瓦时）	..	..	..
经济			
GDP（10亿美元）	30.6	61.7	*96.3*
GDP增长率（年度百分比）	3.8	3.3	*-2.1*
GDP隐含价格平减指数（年度增长百分比）	4.3	3.3	*3.2*
农业增加值（占GDP的百分比）	1	1	*1*
工业增加值（占GDP的百分比）	42	42	*50*
服务业增加值（占GDP的百分比）	57	57	*49*
货物和服务出口（占GDP的百分比）	*72*	75	*78*
货物和服务进口（占GDP的百分比）	*70*	98	*92*
资本形成总额（占GDP的百分比）	17	*18*	*9*
中央政府收入（占GDP的百分比）	..	..	..
中央政府现金盈余/赤字（占GDP的百分比）	..	..	..
政府与市场			
创办企业的时间（天）	..	*7*	6
股票市场资本总额（占GDP的百分比）	..	..	..
军费支出（占GDP的百分比）	..	..	..
移动电话用户（每100人）	0.6	34.6	83.0
互联网用户（每100人）	0.0	10.5	48.0
铺敷道路（占总数的百分比）	..	94.0	..
高科技出口（占制成品出口的百分比）	..	..	..
全球联系			
商品贸易（占GDP的百分比）	..	..	..
净易货贸易条件指数（2000年=100）	..	..	..
外债总额（百万美元）	..	..	..
债务还本付息总额（占出口的百分比）	..	..	..
净移民（千人）	-55	-25	*-145*
获得的侨汇（百万美元）	..	..	..
外国直接投资，净流入额（百万美元）	..	..	..
获得的净官方发展援助（百万美元）	..	..	..

卡塔尔

高收入经济体

人口（百万）	1.9	人口增长率（百分比）	6.1
陆地面积（千平方公里）	12	每天生活费用不足1.25美元的人口（占人口的百分比）	..
GNI，图表集法（10亿美元）	150.4	人均GNI，图表集法（美元）	80,440
PPP衡量的GNI（10亿美元）	161.6	PPP衡量的人均GNI（美元）	86,440

	1990	2000	2011
人口			
最贫困的20%人口占国家消费/收入的份额（百分比）	..	..	*3.9*
出生时的预期寿命（岁）	74	76	78
总生育率（每个女性生育数）	4.2	3.1	2.2
青年女性生育率（每千名15—19岁女性生育数）	..	21	16
避孕普及率（占15—49岁已婚女性的百分比）	..	*43*	..
在熟练医护人员护理下的分娩（占总数的百分比）	..	*100*	*100*
5岁以下儿童死亡率（每千人）	20	13	8
儿童营养不良，体重不足（占5岁以下儿童的百分比）	..	..	..
儿童麻疹免疫接种率（占12—23个月年龄组的百分比）	79	91	99
小学毕业率，总数（占适龄年龄组的百分比）	74	*93*	96
中学总入学率，总数（占适龄年龄组的百分比）	81	88	102
小学和中学中女孩与男孩的比率（百分比）	106	109	103
HIV感染率（占15—49岁人口的百分比）	0.1	0.1	*0.1*
环境			
森林（平方公里）	0.0	0.0	0.0
森林采伐（1990—2000年和2000—2010年，平均年度百分比）		0.0	*0.0*
淡水使用量（占内陆水资源的百分比）	..	*524.8*	792.9
获得改善的水资源的人口（占总人口的百分比）	100	100	100
获得改善的卫生设施的人口（占总人口的百分比）	100	100	*100*
人均能源使用量（千克石油当量）	13,020	17,620	*12,799*
人均二氧化碳排放量（吨）	24.9	58.8	*44.0*
人均用电量（千瓦时）	9,643	14,385	*14,997*
经济			
GDP（10亿美元）	7.4	17.8	173.0
GDP增长率（年度百分比）	..	*3.3*	18.8
GDP隐含价格平减指数（年度增长百分比）	..	*-4.4*	14.4
农业增加值（占GDP的百分比）	..	..	..
工业增加值（占GDP的百分比）	..	..	..
服务业增加值（占GDP的百分比）	..	..	..
货物和服务出口（占GDP的百分比）	..	67	*47*
货物和服务进口（占GDP的百分比）	..	22	*31*
资本形成总额（占GDP的百分比）	..	20	39
中央政府收入（占GDP的百分比）	..	..	*33.6*
中央政府现金盈余/赤字（占GDP的百分比）	..	..	*2.9*
政府与市场			
创办企业的时间（天）	..	..	9
股票市场资本总额（占GDP的百分比）	..	29.0	72.5
军费支出（占GDP的百分比）	..	*4.7*	*2.2*
移动电话用户（每100人）	0.8	20.5	123.1
互联网用户（每100人）	0.0	4.9	86.2
铺敷道路（占总数的百分比）	85.6	90.0	..
高科技出口（占制成品出口的百分比）	*0*	0	*0*
全球联系			
商品贸易（占GDP的百分比）	76	84	83
净易货贸易条件指数（2000年=100）	..	100	213
外债总额（百万美元）	..	..	..
债务还本付息总额（占出口的百分比）	..	..	..
净移民（千人）	58	43	*857*
获得的侨汇（百万美元）	..	..	574
外国直接投资，净流入额（百万美元）	5	252	-87
获得的净官方发展援助（百万美元）	3.0	..	..

罗马尼亚

欧洲和中亚		中高收入经济体	
人口（百万）	21.4	人口增长率（百分比）	-0.2
陆地面积（千平方公里）	238	每天生活费用不足1.25美元的人口（占人口的百分比）	<2
GNI，图表集法（10亿美元）	174.0	人均GNI，图表集法（美元）	8,140
PPP衡量的GNI（10亿美元）	337.4	PPP衡量的人均GNI（美元）	15,780

	1990	2000	2011
人口			
最贫困的20%人口占国家消费/收入的份额（百分比）	*9.9*	8.2	*8.3*
出生时的预期寿命（岁）	70	71	75
总生育率（每个女性生育数）	1.8	1.3	1.3
青年女性生育率（每千名15—19岁女性生育数）	..	38	29
避孕普及率（占15—49岁已婚女性的百分比）	*57*	*64*	..
在熟练医护人员护理下的分娩（占总数的百分比）	100	99	*99*
5岁以下儿童死亡率（每千人）	37	27	13
儿童营养不良，体重不足（占5岁以下儿童的百分比）	*5.0*	3.7	..
儿童麻疹免疫接种率（占12—23个月年龄组的百分比）	92	98	93
小学毕业率，总数（占适龄年龄组的百分比）	92	95	*92*
中学总入学率，总数（占适龄年龄组的百分比）	103	82	*97*
小学和中学中女孩与男孩的比率（百分比）	98	100	*99*
HIV感染率（占15—49岁人口的百分比）	0.1	0.1	0.1
环境			
森林（千平方公里）	64	64	66
森林采伐（1990—2000年和2000—2010年，平均年度百分比）		0.0	*-0.3*
淡水使用量（占内陆水资源的百分比）	*48.3*	*21.2*	16.3
获得改善的水资源的人口（占总人口的百分比）	75	84	*89*
获得改善的卫生设施的人口（占总人口的百分比）	71	72	*73*
人均能源使用量（千克石油当量）	2,682	1,613	*1,632*
人均二氧化碳排放量（吨）	6.8	4.0	3.7
人均用电量（千瓦时）	2,925	1,988	*2,392*
经济			
GDP（10亿美元）	38.3	37.1	189.8
GDP增长率（年度百分比）	-5.6	2.1	2.5
GDP隐含价格平减指数（年度增长百分比）	13.6	44.3	8.1
农业增加值（占GDP的百分比）	24	13	7
工业增加值（占GDP的百分比）	50	36	41
服务业增加值（占GDP的百分比）	26	51	52
货物和服务出口（占GDP的百分比）	17	33	38
货物和服务进口（占GDP的百分比）	26	38	43
资本形成总额（占GDP的百分比）	30	20	29
中央政府收入（占GDP的百分比）	..	*25.8*	29.0
中央政府现金盈余/赤字（占GDP的百分比）	..	*-2.0*	-4.9
政府与市场			
创办企业的时间（天）	..	*29*	10
股票市场资本总额（占GDP的百分比）	..	2.9	11.2
军费支出（占GDP的百分比）	4.5	2.5	1.1
移动电话用户（每100人）	0.0	11.3	109.2
互联网用户（每100人）	0.0	3.6	44.0
铺敷道路（占总数的百分比）	*51.0*	49.5	*56.5*
高科技出口（占制成品出口的百分比）	3	6	10
全球联系			
商品贸易（占GDP的百分比）	33	64	73
净易货贸易条件指数（2000年=100）	..	100	98
外债总额（10亿美元）	1	11	130
债务还本付息总额（占出口的百分比）	0.3	20.1	27.5
净移民（千人）	-121	-300	*-100*
获得的侨汇（百万美元）	..	96	3,889
外国直接投资，净流入额（10亿美元）	0.0	1.0	2.6
获得的净官方发展援助（百万美元）	..	..	..

俄罗斯联邦

欧洲和中亚		中高收入经济体	
人口（百万）	143.0	人口增长率（百分比）	0.4
陆地面积（千平方公里）	17,098	每天生活费用不足1.25美元的人口（占人口的百分比）	<2
GNI，图表集法（10亿美元）	1,522.3	人均GNI，图表集法（美元）	10,650
PPP衡量的GNI（10亿美元）	2,917.7	PPP衡量的人均GNI（美元）	20,410

	1990	2000	2011
人口			
最贫困的20%人口占国家消费/收入的份额（百分比）	*4.4*	*6.1*	*6.5*
出生时的预期寿命（岁）	69	65	69
总生育率（每个女性生育数）	1.9	1.2	1.5
青年女性生育率（每千名15—19岁女性生育数）	..	31	25
避孕普及率（占15—49岁已婚女性的百分比）	*63*	*84*	*80*
在熟练医护人员护理下的分娩（占总数的百分比）	99	99	*100*
5岁以下儿童死亡率（每千人）	27	21	12
儿童营养不良，体重不足（占5岁以下儿童的百分比）	..	*2.9*	..
儿童麻疹免疫接种率（占12—23个月年龄组的百分比）	*83*	97	98
小学毕业率，总数（占适龄年龄组的百分比）	..	91	*98*
中学总入学率，总数（占适龄年龄组的百分比）	96	*92*	*89*
小学和中学中女孩与男孩的比率（百分比）	..	*100*	*98*
HIV感染率（占15—49岁人口的百分比）	..	..	..
环境			
森林（千平方公里）	8,090	8,093	8,092
森林采伐（1990—2000年和2000—2010年，平均年度百分比）		0.0	*0.0*
淡水使用量（占内陆水资源的百分比）	..	*1.5*	1.5
获得改善的水资源的人口（占总人口的百分比）	93	95	*97*
获得改善的卫生设施的人口（占总人口的百分比）	74	72	*70*
人均能源使用量（千克石油当量）	5,929	4,233	*4,927*
人均二氧化碳排放量（吨）	*14.4*	10.6	11.1
人均用电量（千瓦时）	6,673	5,209	*6,431*
经济			
GDP（10亿美元）	517	260	1,858
GDP增长率（年度百分比）	-3.0	10.0	4.3
GDP隐含价格平减指数（年度增长百分比）	15.9	37.7	15.8
农业增加值（占GDP的百分比）	17	6	4
工业增加值（占GDP的百分比）	48	38	37
服务业增加值（占GDP的百分比）	35	56	59
货物和服务出口（占GDP的百分比）	18	44	31
货物和服务进口（占GDP的百分比）	18	24	22
资本形成总额（占GDP的百分比）	30	19	25
中央政府收入（占GDP的百分比）	..	*31.8*	32.1
中央政府现金盈余/赤字（占GDP的百分比）	..	*7.0*	3.4
政府与市场			
创办企业的时间（天）	..	*43*	18
股票市场资本总额（占GDP的百分比）	*0.0*	15.0	42.9
军费支出（占GDP的百分比）	19.1	3.7	3.9
移动电话用户（每100人）	0.0	2.2	179.3
互联网用户（每100人）	0.0	2.0	49.0
铺敷道路（占总数的百分比）	74.2	*67.4*	..
高科技出口（占制成品出口的百分比）	..	16	8
全球联系			
商品贸易（占GDP的百分比）	..	58	46
净易货贸易条件指数（2000年=100）	..	100	234
外债总额（10亿美元）	59	147	543
债务还本付息总额（占出口的百分比）	..	9.7	10.5
净移民（百万）	0.9	2.2	*1.1*
获得的侨汇（10亿美元）	..	1.3	5.0
外国直接投资，净流入额（10亿美元）	*1.2*	2.7	52.9
获得的净官方发展援助（百万美元）	..	..	..

卢旺达

撒哈拉以南非洲地区 **低收入经济体**

人口（百万）	10.9	人口增长率（百分比）	3.0
陆地面积（千平方公里）	26	每天生活费用不足1.25美元的人口（占人口的百分比）	63.2
GNI，图表集法（10亿美元）	6.2	人均GNI，图表集法（美元）	570
PPP衡量的GNI（10亿美元）	13.9	PPP衡量的人均GNI（美元）	1,270

	1990	2000	2011
人口			
最贫困的20%人口占国家消费/收入的份额（百分比）	..	4.8	5.2
出生时的预期寿命（岁）	33	47	55
总生育率（每个女性生育数）	7.0	5.8	5.3
青年女性生育率（每千名15—19岁女性生育数）	..	48	36
避孕普及率（占15—49岁已婚女性的百分比）	*21*	13	*52*
在熟练医护人员护理下的分娩（占总数的百分比）	*26*	31	*69*
5岁以下儿童死亡率（每千人）	156	183	54
儿童营养不良，体重不足（占5岁以下儿童的百分比）	*24.3*	20.3	*11.7*
儿童麻疹免疫接种率（占12—23个月年龄组的百分比）	83	74	95
小学毕业率，总数（占适龄年龄组的百分比）	45	23	*70*
中学总入学率，总数（占适龄年龄组的百分比）	16	11	36
小学和中学中女孩与男孩的比率（百分比）	95	97	103
HIV感染率（占15—49岁人口的百分比）	5.8	4.4	2.9
环境			
森林（千平方公里）	3.2	3.4	4.5
森林采伐（1990—2000年和2000—2010年，平均年度百分比）		-0.8	*-2.4*
淡水使用量（占内陆水资源的百分比）	..	*1.6*	1.6
获得改善的水资源的人口（占总人口的百分比）	66	66	65
获得改善的卫生设施的人口（占总人口的百分比）	36	47	55
人均能源使用量（千克石油当量）	..	..	..
人均二氧化碳排放量（吨）	0.10	0.08	0.07
人均用电量（千瓦时）	..	..	..
经济			
GDP（10亿美元）	2.6	1.7	6.4
GDP增长率（年度百分比）	-2.4	8.3	8.3
GDP隐含价格平减指数（年度增长百分比）	13.5	2.8	7.8
农业增加值（占GDP的百分比）	33	37	32
工业增加值（占GDP的百分比）	25	14	16
服务业增加值（占GDP的百分比）	43	49	52
货物和服务出口（占GDP的百分比）	6	6	13
货物和服务进口（占GDP的百分比）	14	25	32
资本形成总额（占GDP的百分比）	15	13	21
中央政府收入（占GDP的百分比）	10.8	..	..
中央政府现金盈余/赤字（占GDP的百分比）	-5.4	..	..
政府与市场			
创办企业的时间（天）	..	*18*	3
股票市场资本总额（占GDP的百分比）	..	..	..
军费支出（占GDP的百分比）	3.7	3.5	1.2
移动电话用户（每100人）	0.0	0.5	40.6
互联网用户（每100人）	0.0	0.1	7.0
铺数道路（占总数的百分比）	9.0	*19.0*	..
高科技出口（占制成品出口的百分比）	..	*2*	3
全球联系			
商品贸易（占GDP的百分比）	16	15	35
净易货贸易条件指数（2000年=100）	40	100	226
外债总额（10亿美元）	0.7	1.3	1.1
债务还本付息总额（占出口的百分比）	14.3	25.7	*2.4*
净移民（千人）	15	1,816	*15*
获得的侨汇（百万美元）	3	7	103
外国直接投资，净流入额（百万美元）	8	8	106
获得的净官方发展援助（百万美元）	288	321	1,278

萨摩亚

东亚和太平洋地区 **中低收入经济体**

人口（千人）	184	人口增长率（百分比）	0.4
陆地面积（千平方公里）	2.8	每天生活费用不足1.25美元的人口（占人口的百分比）	..
GNI，图表集法（百万美元）	580.5	人均GNI，图表集法（美元）	3,160
PPP衡量的GNI（百万美元）	784.2	PPP衡量的人均GNI（美元）	4,270

	1990	2000	2011
人口			
最贫困的20%人口占国家消费/收入的份额（百分比）	..	..	..
出生时的预期寿命（岁）	65	69	73
总生育率（每个女性生育数）	4.8	4.6	3.8
青年女性生育率（每千名15—19岁女性生育数）	..	40	26
避孕普及率（占15—49岁已婚女性的百分比）	..	*25*	*29*
在熟练医护人员护理下的分娩（占总数的百分比）	76	*100*	*81*
5岁以下儿童死亡率（每千人）	30	23	19
儿童营养不良，体重不足（占5岁以下儿童的百分比）	..	*1.7*	..
儿童麻疹免疫接种率（占12—23个月年龄组的百分比）	89	93	67
小学毕业率，总数（占适龄年龄组的百分比）	..	94	98
中学总入学率，总数（占适龄年龄组的百分比）	..	78	82
小学和中学中女孩与男孩的比率（百分比）	..	106	109
HIV感染率（占15—49岁人口的百分比）	..	..	..
环境			
森林（千平方公里）	1.3	1.7	1.7
森林采伐（1990—2000年和2000—2010年，平均年度百分比）		-2.8	*0.0*
淡水使用量（占内陆水资源的百分比）	..	..	..
获得改善的水资源的人口（占总人口的百分比）	89	92	*96*
获得改善的卫生设施的人口（占总人口的百分比）	99	98	*98*
人均能源使用量（千克石油当量）	268	..	..
人均二氧化碳排放量（吨）	0.8	0.8	0.9
人均用电量（千瓦时）	..	..	..
经济			
GDP（百万美元）	112	246	641
GDP增长率（年度百分比）	-4.4	7.0	2.0
GDP隐含价格平减指数（年度增长百分比）	9.0	2.8	2.2
农业增加值（占GDP的百分比）	..	17	10
工业增加值（占GDP的百分比）	..	26	27
服务业增加值（占GDP的百分比）	..	57	63
货物和服务出口（占GDP的百分比）	..	34	31
货物和服务进口（占GDP的百分比）	..	57	58
资本形成总额（占GDP的百分比）	..	..	..
中央政府收入（占GDP的百分比）	..	..	..
中央政府现金盈余/赤字（占GDP的百分比）	..	..	..
政府与市场			
创办企业的时间（天）	..	*42*	9
股票市场资本总额（占GDP的百分比）	..	..	..
军费支出（占GDP的百分比）	..	..	..
移动电话用户（每100人）	0.0	1.4	91.4
互联网用户（每100人）	0.0	0.6	*7.0*
铺敷道路（占总数的百分比）	..	*14.2*	..
高科技出口（占制成品出口的百分比）	..	*1*	0
全球联系			
商品贸易（占GDP的百分比）	80	70	62
净易货贸易条件指数（2000年=100）	..	100	78
外债总额（百万美元）	92	139	368
债务还本付息总额（占出口的百分比）	10.6	5.7	5.8
净移民（千人）	-16.4	-15.0	*-15.7*
获得的侨汇（百万美元）	43	45	139
外国直接投资，净流入额（百万美元）	6.6	-1.5	14.9
获得的净官方发展援助（百万美元）	48	27	101

圣马力诺

高收入经济体

人口（千人）	32	人口增长率（百分比）	0.6
陆地面积（平方公里）	60	每天生活费用不足1.25美元的人口（占人口的百分比）	..
GNI，图表集法（10亿美元）	*1.6*	人均GNI，图表集法（美元）	*50,400*
PPP衡量的GNI（百万美元）	..	PPP衡量的人均GNI（美元）	..

	1990	2000	2011
人口			
最贫困的20%人口占国家消费/收入的份额（百分比）	..	..	..
出生时的预期寿命（岁）	..	81	83
总生育率（每个女性生育数）	..	..	..
青年女性生育率（每千名15—19岁女性生育数）	..	..	..
避孕普及率（占15—49岁已婚女性的百分比）	..	..	..
在熟练医护人员护理下的分娩（占总数的百分比）	..	..	..
5岁以下儿童死亡率（每千人）	12	5	2
儿童营养不良，体重不足（占5岁以下儿童的百分比）	..	..	..
儿童麻疹免疫接种率（占12—23个月年龄组的百分比）	99	74	83
小学毕业率，总数（占适龄年龄组的百分比）	..	..	93
中学总入学率，总数（占适龄年龄组的百分比）	..	..	95
小学和中学中女孩与男孩的比率（百分比）	..	..	100
HIV感染率（占15—49岁人口的百分比）	..	..	..
环境			
森林（平方公里）	0.0	0.0	0.0
森林采伐（1990—2000年和2000—2010年，平均年度百分比）		0.0	*0.0*
淡水使用量（占内陆水资源的百分比）	..	..	..
获得改善的水资源的人口（占总人口的百分比）	..	..	..
获得改善的卫生设施的人口（占总人口的百分比）	..	..	..
人均能源使用量（千克石油当量）	..	..	..
人均二氧化碳排放量（吨）	..	..	..
人均用电量（千瓦时）	..	..	..
经济			
GDP（百万美元）	..	774	*1,900*
GDP增长率（年度百分比）	2.1	2.2	*1.9*
GDP隐含价格平减指数（年度增长百分比）	8.4	2.6	*3.2*
农业增加值（占GDP的百分比）	..	..	..
工业增加值（占GDP的百分比）	..	..	..
服务业增加值（占GDP的百分比）	..	..	..
货物和服务出口（占GDP的百分比）	..	..	..
货物和服务进口（占GDP的百分比）	..	..	..
资本形成总额（占GDP的百分比）	..	..	..
中央政府收入（占GDP的百分比）	..	*46.4*	*45.6*
中央政府现金盈余/赤字（占GDP的百分比）	..	*1.3*	*6.9*
政府与市场			
创办企业的时间（天）	..	..	..
股票市场资本总额（占GDP的百分比）	..	..	..
军费支出（占GDP的百分比）	..	..	..
移动电话用户（每100人）	0.0	53.8	111.8
互联网用户（每100人）	0.0	48.8	49.6
铺敷道路（占总数的百分比）	..	..	..
高科技出口（占制成品出口的百分比）	..	..	..
全球联系			
商品贸易（占GDP的百分比）	..	..	..
净易货贸易条件指数（2000年=100）	..	..	..
外债总额（百万美元）	..	..	..
债务还本付息总额（占出口的百分比）	..	..	..
净移民（千人）	..	..	..
获得的侨汇（百万美元）	..	..	..
外国直接投资，净流入额（百万美元）	..	..	..
获得的净官方发展援助（百万美元）	..	..	..

圣多美和普林西比

撒哈拉以南非洲地区		中低收入经济体	
人口（千人）	169	人口增长率（百分比）	1.9
陆地面积（平方公里）	960	每天生活费用不足1.25美元的人口（占人口的百分比）	*28.2*
GNI，图表集法（百万美元）	226.9	人均GNI，图表集法（美元）	1,350
PPP衡量的GNI（百万美元）	350.3	PPP衡量的人均GNI（美元）	2,080

	1990	2000	2011
人口			
最贫困的20%人口占国家消费/收入的份额（百分比）	..	*5.2*	..
出生时的预期寿命（岁）	61	62	65
总生育率（每个女性生育数）	5.4	4.6	3.6
青年女性生育率（每千名15—19岁女性生育数）	..	86	58
避孕普及率（占15—49岁已婚女性的百分比）	..	29	*38*
在熟练医护人员护理下的分娩（占总数的百分比）	..	79	*82*
5岁以下儿童死亡率（每千人）	96	93	89
儿童营养不良，体重不足（占5岁以下儿童的百分比）	..	10.1	*14.4*
儿童麻疹免疫接种率（占12—23个月年龄组的百分比）	71	69	91
小学毕业率，总数（占适龄年龄组的百分比）	79	*46*	115
中学总入学率，总数（占适龄年龄组的百分比）	*36*	*38*	69
小学和中学中女孩与男孩的比率（百分比）	*96*	*100*	*102*
HIV感染率（占15—49岁人口的百分比）	0.2	0.8	1.0
环境			
森林（平方公里）	270	270	270
森林采伐（1990—2007年，平均年度百分比）		0.0	*0.0*
淡水使用量（占内陆水资源的百分比）	..	*0.3*	0.3
获得改善的水资源的人口（占总人口的百分比）	..	79	*89*
获得改善的卫生设施的人口（占总人口的百分比）	..	21	*26*
人均能源使用量（千克石油当量）	202	..	..
人均二氧化碳排放量（吨）	0.6	0.6	0.8
人均用电量（千瓦时）	..	..	..
经济			
GDP（百万美元）	..	77	248
GDP增长率（年度百分比）	..	*2.0*	4.9
GDP隐含价格平减指数（年度增长百分比）	..	*19.6*	12.1
农业增加值（占GDP的百分比）	..	12	..
工业增加值（占GDP的百分比）	..	10	..
服务业增加值（占GDP的百分比）	..	77	..
货物和服务出口（占GDP的百分比）	..	21	11
货物和服务进口（占GDP的百分比）	..	57	57
资本形成总额（占GDP的百分比）	..	..	..
中央政府收入（占GDP的百分比）	..	..	..
中央政府现金盈余/赤字（占GDP的百分比）	..	..	..
政府与市场			
创办企业的时间（天）	..	*192*	7
股票市场资本总额（占GDP的百分比）	..	..	..
军费支出（占GDP的百分比）	..	..	..
移动电话用户（每100人）	0.0	0.0	68.3
互联网用户（每100人）	0.0	4.6	20.2
铺敷道路（占总数的百分比）	61.6	68.1	..
高科技出口（占制成品出口的百分比）	..	*1*	*14*
全球联系			
商品贸易（占GDP的百分比）	..	43	55
净易货贸易条件指数（2000年=100）	101	100	120
外债总额（百万美元）	150	305	231
债务还本付息总额（占出口的百分比）	34.8	25.4	5.4
净移民（千人）	-3.2	-4.9	-6.5
获得的侨汇（百万美元）	0.3	0.5	6.9
外国直接投资，净流入额（百万美元）	*-0.1*	3.8	35.0
获得的净官方发展援助（百万美元）	54.1	34.9	75.1

沙特阿拉伯

高收入经济体

人口（百万）	28.1	人口增长率（百分比）	2.3
陆地面积（千平方公里）	2,150	每天生活费用不足1.25美元的人口（占人口的百分比）	..
GNI，图表集法（10亿美元）	500.5	人均GNI，图表集法（美元）	17,820
PPP衡量的GNI（10亿美元）	693.7	PPP衡量的人均GNI（美元）	24,700

	1990	2000	2011
人口			
最贫困的20%人口占国家消费/收入的份额（百分比）	..	..	..
出生时的预期寿命（岁）	69	71	74
总生育率（每个女性生育数）	5.8	4.0	2.7
青年女性生育率（每千名15—19岁女性生育数）	..	27	20
避孕普及率（占15—49岁已婚女性的百分比）	..	*21*	*24*
在熟练医护人员护理下的分娩（占总数的百分比）	..	*96*	*97*
5岁以下儿童死亡率（每千人）	43	21	9
儿童营养不良，体重不足（占5岁以下儿童的百分比）	..	..	..
儿童麻疹免疫接种率（占12—23个月年龄组的百分比）	88	94	98
小学毕业率，总数（占适龄年龄组的百分比）	..	..	106
中学总入学率，总数（占适龄年龄组的百分比）	..	..	*97*
小学和中学中女孩与男孩的比率（百分比）	..	..	*94*
HIV感染率（占15—49岁人口的百分比）	..	..	..
环境			
森林（千平方公里）	9.8	9.8	9.8
森林采伐（1990—2000年和2000—2010年，平均年度百分比）		0.0	*0.0*
淡水使用量（占内陆水资源的百分比）	*709.2*	*709.2*	986.3
获得改善的水资源的人口（占总人口的百分比）	89	*90*	..
获得改善的卫生设施的人口（占总人口的百分比）	..	..	..
人均能源使用量（千克石油当量）	3,703	5,055	*6,168*
人均二氧化碳排放量（吨）	13.5	14.8	*16.1*
人均用电量（千瓦时）	4,041	5,840	*7,967*
经济			
GDP（10亿美元）	117	188	577
GDP增长率（年度百分比）	8.3	4.9	6.8
GDP隐含价格平减指数（年度增长百分比）	13.1	11.6	19.8
农业增加值（占GDP的百分比）	6	5	*2*
工业增加值（占GDP的百分比）	49	54	*60*
服务业增加值（占GDP的百分比）	45	41	*38*
货物和服务出口（占GDP的百分比）	41	44	62
货物和服务进口（占GDP的百分比）	32	25	31
资本形成总额（占GDP的百分比）	15	19	19
中央政府收入（占GDP的百分比）	..	..	..
中央政府现金盈余/赤字（占GDP的百分比）	..	..	..
政府与市场			
创办企业的时间（天）	..	*74*	21
股票市场资本总额（占GDP的百分比）	*36.7*	35.6	58.7
军费支出（占GDP的百分比）	14.0	10.6	8.4
移动电话用户（每100人）	0.1	6.9	191.2
互联网用户（每100人）	0.0	2.2	47.5
铺敷道路（占总数的百分比）	40.6	29.9	..
高科技出口（占制成品出口的百分比）	*0*	0	*1*
全球联系			
商品贸易（占GDP的百分比）	59	57	86
净易货贸易条件指数（2000年=100）	..	100	216
外债总额（百万美元）	..	..	..
债务还本付息总额（占出口的百分比）	..	..	..
净移民（千人）	538	-877	*1,056*
获得的侨汇（百万美元）	..	..	244
外国直接投资，净流入额（10亿美元）	1.9	-1.9	16.3
获得的净官方发展援助（百万美元）	14.7	22.0	..

塞内加尔

撒哈拉以南非洲地区		中低收入经济体	
人口（百万）	12.8	人口增长率（百分比）	2.6
陆地面积（千平方公里）	197	每天生活费用不足1.25美元的人口（占人口的百分比）	29.6
GNI，图表集法（10亿美元）	13.7	人均GNI，图表集法（美元）	1,070
PPP衡量的GNI（10亿美元）	24.8	PPP衡量的人均GNI（美元）	1,940

	1990	2000	2011
人口			
最贫困的20%人口占国家消费/收入的份额（百分比）	*3.5*	*6.6*	..
出生时的预期寿命（岁）	53	56	59
总生育率（每个女性生育数）	6.6	5.5	4.7
青年女性生育率（每千名15—19岁女性生育数）	..	110	93
避孕普及率（占15—49岁已婚女性的百分比）	*7*	*11*	13
在熟练医护人员护理下的分娩（占总数的百分比）	*47*	58	65
5岁以下儿童死亡率（每千人）	136	130	65
儿童营养不良，体重不足（占5岁以下儿童的百分比）	*19.0*	20.3	19.2
儿童麻疹免疫接种率（占12—23个月年龄组的百分比）	51	48	82
小学毕业率，总数（占适龄年龄组的百分比）	43	40	63
中学总入学率，总数（占适龄年龄组的百分比）	15	16	42
小学和中学中女孩与男孩的比率（百分比）	68	82	102
HIV感染率（占15—49岁人口的百分比）	0.1	0.4	0.7
环境			
森林（千平方公里）	93	89	84
森林采伐（1990—2000年和2000—2010年，平均年度百分比）		0.5	*0.5*
淡水使用量（占内陆水资源的百分比）	..	*8.6*	8.6
获得改善的水资源的人口（占总人口的百分比）	61	66	*72*
获得改善的卫生设施的人口（占总人口的百分比）	38	45	*52*
人均能源使用量（千克石油当量）	233	252	*272*
人均二氧化碳排放量（吨）	0.4	0.4	0.4
人均用电量（千瓦时）	108	106	*195*
经济			
GDP（10亿美元）	5.7	4.7	14.3
GDP增长率（年度百分比）	-0.7	3.2	2.6
GDP隐含价格平减指数（年度增长百分比）	0.0	1.9	3.2
农业增加值（占GDP的百分比）	20	19	15
工业增加值（占GDP的百分比）	22	23	24
服务业增加值（占GDP的百分比）	58	58	61
货物和服务出口（占GDP的百分比）	25	28	25
货物和服务进口（占GDP的百分比）	32	37	44
资本形成总额（占GDP的百分比）	9	20	31
中央政府收入（占GDP的百分比）	..	16.9	..
中央政府现金盈余/赤字（占GDP的百分比）	..	-0.9	..
政府与市场			
创办企业的时间（天）	..	*58*	5
股票市场资本总额（占GDP的百分比）	..	..	..
军费支出（占GDP的百分比）	2.0	1.3	*1.6*
移动电话用户（每100人）	0.0	2.6	73.3
互联网用户（每100人）	0.0	0.4	17.5
铺敷道路（占总数的百分比）	27.2	29.3	*35.5*
高科技出口（占制成品出口的百分比）	..	7	1
全球联系			
商品贸易（占GDP的百分比）	35	52	59
净易货贸易条件指数（2000年=100）	172	100	105
外债总额（10亿美元）	3.8	3.7	4.3
债务还本付息总额（占出口的百分比）	21.1	16.3	*6.1*
净移民（千人）	-48	-168	*-133*
获得的侨汇（百万美元）	142	233	1,478
外国直接投资，净流入额（百万美元）	57	63	286
获得的净官方发展援助（百万美元）	812	431	1,052

塞尔维亚

欧洲和中亚		中高收入经济体	
人口（百万）	7.3	人口增长率（百分比）	-0.4
陆地面积（千平方公里）	88	每天生活费用不足1.25美元的人口（占人口的百分比）	<2
GNI，图表集法（10亿美元）	41.3	人均GNI，图表集法（美元）	5,690
PPP衡量的GNI（10亿美元）	83.8	PPP衡量的人均GNI（美元）	11,550

	1990	2000	2011
人口			
最贫困的20%人口占国家消费/收入的份额（百分比）	..	*8.0*	*8.9*
出生时的预期寿命（岁）	*71*	72	75
总生育率（每个女性生育数）	*1.8*	1.5	1.4
青年女性生育率（每千名15—19岁女性生育数）	..	27	20
避孕普及率（占15—49岁已婚女性的百分比）	..	59	*61*
在熟练医护人员护理下的分娩（占总数的百分比）	..	98	*100*
5岁以下儿童死亡率（每千人）	29	13	7
儿童营养不良，体重不足（占5岁以下儿童的百分比）	..	..	..
儿童麻疹免疫接种率（占12—23个月年龄组的百分比）	83	89	95
小学毕业率，总数（占适龄年龄组的百分比）	..	..	99
中学总入学率，总数（占适龄年龄组的百分比）	..	90	91
小学和中学中女孩与男孩的比率（百分比）	..	101	101
HIV感染率（占15—49岁人口的百分比）	0.1	0.1	0.1
环境			
森林（千平方公里）	23	25	28
森林采伐（1990—2000年和2000—2010年，平均年度百分比）		-0.6	*-1.0*
淡水使用量（占内陆水资源的百分比）	..	..	49.0
获得改善的水资源的人口（占总人口的百分比）	99	99	*99*
获得改善的卫生设施的人口（占总人口的百分比）	..	92	*92*
人均能源使用量（千克石油当量）	2,550	1,771	*2,141*
人均二氧化碳排放量（吨）	..	..	6.3
人均用电量（千瓦时）	4,629	4,199	*4,359*
经济			
GDP（10亿美元）	..	6.1	45.8
GDP增长率（年度百分比）	-8.0	5.3	2.0
GDP隐含价格平减指数（年度增长百分比）	..	77.4	10.3
农业增加值（占GDP的百分比）	..	20	9
工业增加值（占GDP的百分比）	..	30	27
服务业增加值（占GDP的百分比）	..	50	64
货物和服务出口（占GDP的百分比）	..	24	36
货物和服务进口（占GDP的百分比）	..	40	51
资本形成总额（占GDP的百分比）	..	9	25
中央政府收入（占GDP的百分比）	..	..	35.5
中央政府现金盈余/赤字（占GDP的百分比）	..	..	-4.2
政府与市场			
创办企业的时间（天）	..	*56*	12
股票市场资本总额（占GDP的百分比）	..	*4.9*	18.3
军费支出（占GDP的百分比）	..	5.5	2.1
移动电话用户（每100人）	..	..	125.4
互联网用户（每100人）	..	..	42.2
铺敷道路（占总数的百分比）	..	62.7	*63.3*
高科技出口（占制成品出口的百分比）	..	..	..
全球联系			
商品贸易（占GDP的百分比）	..	..	70
净易货贸易条件指数（2000年=100）	..	..	..
外债总额（10亿美元）	17.8[e]	11.6[e]	31.6
债务还本付息总额（占出口的百分比）	..	..	31.5
净移民（千人）	27	-148	*0*
获得的侨汇（百万美元）	..	..	3,271
外国直接投资，净流入额（百万美元）	*126*[e]	52[e]	2,700
获得的净官方发展援助（百万美元）	..	1,134[e]	596

塞舌尔

撒哈拉以南非洲地区		中高收入经济体	
人口（千人）	86	人口增长率（百分比）	-0.6
陆地面积（平方公里）	460	每天生活费用不足1.25美元的人口（占人口的百分比）	<2
GNI，图表集法（百万美元）	969.3	人均GNI，图表集法（美元）	11,270
PPP衡量的GNI（百万美元）	2,260.1	PPP衡量的人均GNI（美元）	26,280

	1990	2000	2011
人口			
最贫困的20%人口占国家消费/收入的份额（百分比）	..	5.7	*3.7*
出生时的预期寿命（岁）	*71*	*73*	73
总生育率（每个女性生育数）	*2.7*	2.1	2.1
青年女性生育率（每千名15—19岁女性生育数）	..	..	..
避孕普及率（占15—49岁已婚女性的百分比）	..	..	..
在熟练医护人员护理下的分娩（占总数的百分比）	..	..	..
5岁以下儿童死亡率（每千人）	17	14	14
儿童营养不良，体重不足（占5岁以下儿童的百分比）	*5.0*	..	..
儿童麻疹免疫接种率（占12—23个月年龄组的百分比）	86	97	99
小学毕业率，总数（占适龄年龄组的百分比）	*114*	107	125
中学总入学率，总数（占适龄年龄组的百分比）	*122*	105	124
小学和中学中女孩与男孩的比率（百分比）	*98*	103	105
HIV感染率（占15—49岁人口的百分比）	..	..	..
环境			
森林（平方公里）	407	407	407
森林采伐（1990—2000年和2000—2010年，平均年度百分比）		0.0	*0.0*
淡水使用量（占内陆水资源的百分比）	..	..	..
获得改善的水资源的人口（占总人口的百分比）	..	..	..
获得改善的卫生设施的人口（占总人口的百分比）	..	..	..
人均能源使用量（千克石油当量）	537	..	..
人均二氧化碳排放量（吨）	1.6	7.0	8.4
人均用电量（千瓦时）	..	..	..
经济			
GDP（百万美元）	369	615	1,060
GDP增长率（年度百分比）	7.5	4.2	5.0
GDP隐含价格平减指数（年度增长百分比）	6.4	1.3	6.4
农业增加值（占GDP的百分比）	5	3	2
工业增加值（占GDP的百分比）	16	29	14
服务业增加值（占GDP的百分比）	79	68	84
货物和服务出口（占GDP的百分比）	15	32	46
货物和服务进口（占GDP的百分比）	51	55	99
资本形成总额（占GDP的百分比）	..	..	..
中央政府收入（占GDP的百分比）	*51.6*	38.7	35.7
中央政府现金盈余/赤字（占GDP的百分比）	*-4.9*	-13.9	5.6
政府与市场			
创办企业的时间（天）	..	..	39
股票市场资本总额（占GDP的百分比）	..	..	..
军费支出（占GDP的百分比）	4.0	1.7	0.9
移动电话用户（每100人）	0.0	33.0	145.7
互联网用户（每100人）	0.0	7.4	43.2
铺敷道路（占总数的百分比）	56.9	*96.0*	*96.5*
高科技出口（占制成品出口的百分比）	*1*	2	*3*
全球联系			
商品贸易（占GDP的百分比）	66	87	116
净易货贸易条件指数（2000年=100）	78	100	75
外债总额（百万美元）	185	304	1,779
债务还本付息总额（占出口的百分比）	9.1	4.2	3.2
净移民（千人）	..	..	..
获得的侨汇（百万美元）	7.5	3.2	25.5
外国直接投资，净流入额（百万美元）	20	24	139
获得的净官方发展援助（百万美元）	35.6	23.1	21.3

塞拉利昂

撒哈拉以南非洲地区 **低收入经济体**

人口（百万）	6.0	人口增长率（百分比）	2.2
陆地面积（千平方公里）	72	每天生活费用不足1.25美元的人口（占人口的百分比）	*53.4*
GNI，图表集法（10亿美元）	2.8	人均GNI，图表集法（美元）	460
PPP衡量的GNI（10亿美元）	6.8	PPP衡量的人均GNI（美元）	1,140

	1990	2000	2011
人口			
最贫困的20%人口占国家消费/收入的份额（百分比）	..	*6.1*	..
出生时的预期寿命（岁）	39	40	48
总生育率（每个女性生育数）	5.7	5.7	4.9
青年女性生育率（每千名15—19岁女性生育数）	..	146	112
避孕普及率（占15—49岁已婚女性的百分比）	*3*	4	*11*
在熟练医护人员护理下的分娩（占总数的百分比）	..	42	*63*
5岁以下儿童死亡率（每千人）	267	241	185
儿童营养不良，体重不足（占5岁以下儿童的百分比）	25.4	24.7	*21.3*
儿童麻疹免疫接种率（占12—23个月年龄组的百分比）	..	37	80
小学毕业率，总数（占适龄年龄组的百分比）	..	..	74
中学总入学率，总数（占适龄年龄组的百分比）	17	*28*	..
小学和中学中女孩与男孩的比率（百分比）	62	*68*	..
HIV感染率（占15—49岁人口的百分比）	0.1	0.8	1.6
环境			
森林（千平方公里）	31	29	27
森林采伐（1990—2000年和2000—2010年，平均年度百分比）		0.7	*0.7*
淡水使用量（占内陆水资源的百分比）	..	*0.3*	0.3
获得改善的水资源的人口（占总人口的百分比）	38	46	*55*
获得改善的卫生设施的人口（占总人口的百分比）	11	11	*13*
人均能源使用量（千克石油当量）	..	..	..
人均二氧化碳排放量（吨）	0.10	0.10	0.25
人均用电量（千瓦时）	..	..	..
经济			
GDP（百万美元）	650	636	2,973
GDP增长率（年度百分比）	3.3	6.7	6.0
GDP隐含价格平减指数（年度增长百分比）	70.6	3.3	17.7
农业增加值（占GDP的百分比）	47	58	58
工业增加值（占GDP的百分比）	19	28	8
服务业增加值（占GDP的百分比）	34	13	34
货物和服务出口（占GDP的百分比）	35	18	17
货物和服务进口（占GDP的百分比）	34	39	54
资本形成总额（占GDP的百分比）	13	1	41
中央政府收入（占GDP的百分比）	5.6	11.4	11.6
中央政府现金盈余/赤字（占GDP的百分比）	..	-9.3	-4.6
政府与市场			
创办企业的时间（天）	..	*26*	12
股票市场资本总额（占GDP的百分比）	..	..	..
军费支出（占GDP的百分比）	1.4	3.7	0.9
移动电话用户（每100人）	0.0	0.3	35.6
互联网用户（每100人）	0.0	0.1	*0.3*
铺敷道路（占总数的百分比）	10.6	7.9	..
高科技出口（占制成品出口的百分比）	..	28	..
全球联系			
商品贸易（占GDP的百分比）	44	25	69
净易货贸易条件指数（2000年=100）	..	100	62
外债总额（10亿美元）	1.2	1.2	1.0
债务还本付息总额（占出口的百分比）	10.0	76.4	3.8
净移民（千人）	63	-150	*60*
获得的侨汇（百万美元）	0.0	7.1	58.8
外国直接投资，净流入额（百万美元）	32	39	715
获得的净官方发展援助（百万美元）	59	181	429

新加坡

高收入经济体

人口（百万）	5.2	人口增长率（百分比）	2.1
陆地面积（平方公里）	710	每天生活费用不足1.25美元的人口（占人口的百分比）	..
GNI，图表集法（10亿美元）	222.6	人均GNI，图表集法（美元）	42,930
PPP衡量的GNI（10亿美元）	307.8	PPP衡量的人均GNI（美元）	59,380

	1990	2000	2011
人口			
最贫困的20%人口占国家消费/收入的份额（百分比）	..	*5.0*	..
出生时的预期寿命（岁）	76	78	82
总生育率（每个女性生育数）	1.9	*1.4*	1.2
青年女性生育率（每千名15—19岁女性生育数）	..	7	6
避孕普及率（占15—49岁已婚女性的百分比）	*65*	..	..
在熟练医护人员护理下的分娩（占总数的百分比）	..	*100*	..
5岁以下儿童死亡率（每千人）	8	4	3
儿童营养不良，体重不足（占5岁以下儿童的百分比）	..	3.3	..
儿童麻疹免疫接种率（占12—23个月年龄组的百分比）	84	96	95
小学毕业率，总数（占适龄年龄组的百分比）	..	..	..
中学总入学率，总数（占适龄年龄组的百分比）	..	..	..
小学和中学中女孩与男孩的比率（百分比）	..	..	..
HIV感染率（占15—49岁人口的百分比）	0.1	0.1	0.1
环境			
森林（平方公里）	23	23	23
森林采伐（1990—2000年和2000—2010年，平均年度百分比）		0.0	*0.0*
淡水使用量（占内陆水资源的百分比）	..	*31.7*	31.7
获得改善的水资源的人口（占总人口的百分比）	100	100	100
获得改善的卫生设施的人口（占总人口的百分比）	99	100	*100*
人均能源使用量（千克石油当量）	3,779	4,647	*6,456*
人均二氧化碳排放量（吨）	15.4	11.8	*6.4*
人均用电量（千瓦时）	4,983	7,575	*8,307*
经济			
GDP（10亿美元）	36	96	240
GDP增长率（年度百分比）	10.1	9.0	4.9
GDP隐含价格平减指数（年度增长百分比）	4.4	3.6	0.5
农业增加值（占GDP的百分比）	0	0	0
工业增加值（占GDP的百分比）	32	35	27
服务业增加值（占GDP的百分比）	68	65	73
货物和服务出口（占GDP的百分比）	177	192	209
货物和服务进口（占GDP的百分比）	167	179	182
资本形成总额（占GDP的百分比）	35	33	22
中央政府收入（占GDP的百分比）	25.4	26.2	18.3
中央政府现金盈余/赤字（占GDP的百分比）	10.5	11.2	9.8
政府与市场			
创办企业的时间（天）	..	*8*	3
股票市场资本总额（占GDP的百分比）	95.0	159.3	128.6
军费支出（占GDP的百分比）	4.6	4.6	3.6
移动电话用户（每100人）	1.7	70.1	150.2
互联网用户（每100人）	0.0	36.0	71.0
铺敷道路（占总数的百分比）	97.1	100.0	*100.0*
高科技出口（占制成品出口的百分比）	40	63	45
全球联系			
商品贸易（占GDP的百分比）	314	284	323
净易货贸易条件指数（2000年=100）	116	100	81
外债总额（百万美元）	..	..	..
债务还本付息总额（占出口的百分比）	..	..	..
净移民（千人）	121	254	*722*
获得的侨汇（百万美元）	..	..	..
外国直接投资，净流入额（10亿美元）	5.6	16.5	64.0
获得的净官方发展援助（百万美元）	-3.1	..	..

荷属圣马丁

高收入经济体

人口（千人）	37	人口增长率（百分比）	-3.3
陆地面积（平方公里）	..	每天生活费用不足1.25美元的人口（占人口的百分比）	..
GNI，图表集法（百万美元）	..	人均GNI，图表集法（美元）	..
PPP衡量的GNI（百万美元）	..	PPP衡量的人均GNI（美元）	..

	1990	2000	2011
人口			
最贫困的20%人口占国家消费/收入的份额（百分比）	..	..	..
出生时的预期寿命（岁）	..	..	*76*
总生育率（每个女性生育数）	..	..	*1.7*
青年女性生育率（每千名15—19岁女性生育数）	..	..	..
避孕普及率（占15—49岁已婚女性的百分比）	..	..	..
在熟练医护人员护理下的分娩（占总数的百分比）	..	..	..
5岁以下儿童死亡率（每千人）	..	..	..
儿童营养不良，体重不足（占5岁以下儿童的百分比）	..	..	..
儿童麻疹免疫接种率（占12—23个月年龄组的百分比）	..	..	..
小学毕业率，总数（占适龄年龄组的百分比）	..	..	..
中学总入学率，总数（占适龄年龄组的百分比）	..	..	..
小学和中学中女孩与男孩的比率（百分比）	..	..	..
HIV感染率（占15—49岁人口的百分比）	..	..	..
环境			
森林（平方公里）	..	..	..
森林采伐（1990—2000年和2000—2010年，平均年度百分比）		..	..
淡水使用量（占内陆水资源的百分比）	..	..	..
获得改善的水资源的人口（占总人口的百分比）	..	..	..
获得改善的卫生设施的人口（占总人口的百分比）	..	..	..
人均能源使用量（千克石油当量）	..	..	..
人均二氧化碳排放量（吨）	..	..	..
人均用电量（千瓦时）	..	..	..
经济			
GDP（百万美元）	..	..	..
GDP增长率（年度百分比）	..	..	..
GDP隐含价格平减指数（年度增长百分比）	..	..	..
农业增加值（占GDP的百分比）	..	..	..
工业增加值（占GDP的百分比）	..	..	..
服务业增加值（占GDP的百分比）	..	..	..
货物和服务出口（占GDP的百分比）	..	..	..
货物和服务进口（占GDP的百分比）	..	..	..
资本形成总额（占GDP的百分比）	..	..	..
中央政府收入（占GDP的百分比）	..	..	..
中央政府现金盈余/赤字（占GDP的百分比）	..	..	..
政府与市场			
创办企业的时间（天）	..	..	..
股票市场资本总额（占GDP的百分比）	..	..	..
军费支出（占GDP的百分比）	..	..	..
移动电话用户（每100人）	..	..	..
互联网用户（每100人）	..	..	..
铺敷道路（占总数的百分比）	..	..	..
高科技出口（占制成品出口的百分比）	..	..	..
全球联系			
商品贸易（占GDP的百分比）	..	..	..
净易货贸易条件指数（2000年=100）	..	..	..
外债总额（百万美元）	..	..	..
债务还本付息总额（占出口的百分比）	..	..	..
净移民（千人）	..	..	..
获得的侨汇（百万美元）	..	..	11.3
外国直接投资，净流入额（百万美元）	..	..	-48.5
获得的净官方发展援助（百万美元）	..	..	..

斯洛伐克

高收入经济体

人口（百万）	5.4	人口增长率（百分比）	-0.6
陆地面积（千平方公里）	49	每天生活费用不足1.25美元的人口（占人口的百分比）	<2
GNI，图表集法（10亿美元）	87.4	人均GNI，图表集法（美元）	16,190
PPP衡量的GNI（10亿美元）	120.4	PPP衡量的人均GNI（美元）	22,300

	1990	2000	2011
人口			
最贫困的20%人口占国家消费/收入的份额（百分比）	*11.9*	*9.2*	*10.1*
出生时的预期寿命（岁）	71	73	76
总生育率（每个女性生育数）	2.1	1.3	1.5
青年女性生育率（每千名15—19岁女性生育数）	..	23	17
避孕普及率（占15—49岁已婚女性的百分比）	*74*	..	..
在熟练医护人员护理下的分娩（占总数的百分比）	100	100	*100*
5岁以下儿童死亡率（每千人）	18	12	8
儿童营养不良，体重不足（占5岁以下儿童的百分比）	..	..	..
儿童麻疹免疫接种率（占12—23个月年龄组的百分比）	..	98	98
小学毕业率，总数（占适龄年龄组的百分比）	*96*	94	*99*
中学总入学率，总数（占适龄年龄组的百分比）	*88*	85	*90*
小学和中学中女孩与男孩的比率（百分比）	*102*	101	*100*
HIV感染率（占15—49岁人口的百分比）	0.1	0.1	0.1
环境			
森林（千平方公里）	19	19	19
森林采伐（1990—2000年和2000—2010年，平均年度百分比）		0.0	*-0.1*
淡水使用量（占内陆水资源的百分比）	..	*9.3*	5.5
获得改善的水资源的人口（占总人口的百分比）	100	100	100
获得改善的卫生设施的人口（占总人口的百分比）	100	100	*100*
人均能源使用量（千克石油当量）	4,025	3,293	3,138
人均二氧化碳排放量（吨）	*8.6*	6.8	*6.3*
人均用电量（千瓦时）	5,542	4,956	*5,164*
经济			
GDP（10亿美元）	11.7	28.7	96.0
GDP增长率（年度百分比）	-2.7	1.4	3.3
GDP隐含价格平减指数（年度增长百分比）	6.9	9.4	1.6
农业增加值（占GDP的百分比）	7	4	*4*
工业增加值（占GDP的百分比）	59	36	*35*
服务业增加值（占GDP的百分比）	33	59	*61*
货物和服务出口（占GDP的百分比）	27	70	89
货物和服务进口（占GDP的百分比）	36	73	86
资本形成总额（占GDP的百分比）	33	26	22
中央政府收入（占GDP的百分比）	..	*35.3*	28.4
中央政府现金盈余/赤字（占GDP的百分比）	..	*-3.2*	-4.9
政府与市场			
创办企业的时间（天）	..	*103*	16
股票市场资本总额（占GDP的百分比）	..	4.2	4.9
军费支出（占GDP的百分比）	*2.0*	1.7	1.1
移动电话用户（每100人）	0.0	23.0	109.3
互联网用户（每100人）	0.0	9.4	74.4
铺敷道路（占总数的百分比）	..	87.0	*87.1*
高科技出口（占制成品出口的百分比）	..	4	7
全球联系			
商品贸易（占GDP的百分比）	*91*	86	163
净易货贸易条件指数（2000年=100）	..	100	87
外债总额（百万美元）	..	..	..
债务还本付息总额（占出口的百分比）	..	..	..
净移民（千人）	-35.3	2.6	*36.7*
获得的侨汇（百万美元）	*79*	18	1,753
外国直接投资，净流入额（10亿美元）	*0.2*	2.1	3.7
获得的净官方发展援助（百万美元）	..	..	..

斯洛文尼亚

高收入经济体

人口（百万）	2.1	人口增长率（百分比）	0.2
陆地面积（千平方公里）	20	每天生活费用不足1.25美元的人口（占人口的百分比）	<2
GNI，图表集法（10亿美元）	48.5	人均GNI，图表集法（美元）	23,600
PPP衡量的GNI（10亿美元）	54.4	PPP衡量的人均GNI（美元）	26,500

	1990	2000	2011
人口			
最贫困的20%人口占国家消费/收入的份额（百分比）	*9.3*	*8.7*	..
出生时的预期寿命（岁）	73	75	80
总生育率（每个女性生育数）	1.5	1.3	1.6
青年女性生育率（每千名15—19岁女性生育数）	..	10	5
避孕普及率（占15—49岁已婚女性的百分比）	..	..	..
在熟练医护人员护理下的分娩（占总数的百分比）	100	100	*100*
5岁以下儿童死亡率（每千人）	10	5	3
儿童营养不良，体重不足（占5岁以下儿童的百分比）	..	..	..
儿童麻疹免疫接种率（占12—23个月年龄组的百分比）	*90*	95	95
小学毕业率，总数（占适龄年龄组的百分比）	*96*	96	*96*
中学总入学率，总数（占适龄年龄组的百分比）	88	101	*97*
小学和中学中女孩与男孩的比率（百分比）	*103*	103	*99*
HIV感染率（占15—49岁人口的百分比）	0.1	0.1	0.1
环境			
森林（千平方公里）	12	12	13
森林采伐（1990—2000年和2000—2010年，平均年度百分比）		-0.4	*-0.2*
淡水使用量（占内陆水资源的百分比）	..	..	5.0
获得改善的水资源的人口（占总人口的百分比）	100	100	99
获得改善的卫生设施的人口（占总人口的百分比）	100	100	*100*
人均能源使用量（千克石油当量）	2,858	3,224	3,527
人均二氧化碳排放量（吨）	*6.2*	7.2	*7.5*
人均用电量（千瓦时）	5,335	5,778	*6,521*
经济			
GDP（10亿美元）	17.4	20.0	49.5
GDP增长率（年度百分比）	*-8.9*	4.3	-0.2
GDP隐含价格平减指数（年度增长百分比）	*94.9*	5.2	0.8
农业增加值（占GDP的百分比）	6	3	*2*
工业增加值（占GDP的百分比）	42	36	*32*
服务业增加值（占GDP的百分比）	52	61	*66*
货物和服务出口（占GDP的百分比）	91	54	72
货物和服务进口（占GDP的百分比）	79	57	71
资本形成总额（占GDP的百分比）	17	27	22
中央政府收入（占GDP的百分比）	*39.8*	38.9	37.5
中央政府现金盈余/赤字（占GDP的百分比）	*3.2*	-1.1	-6.0
政府与市场			
创办企业的时间（天）	..	*60*	6
股票市场资本总额（占GDP的百分比）	..	12.7	12.8
军费支出（占GDP的百分比）	*2.2*	1.1	1.4
移动电话用户（每100人）	0.0	61.2	106.6
互联网用户（每100人）	0.0	15.1	72.0
铺敷道路（占总数的百分比）	72.0	100.0	*100.0*
高科技出口（占制成品出口的百分比）	3	5	6
全球联系			
商品贸易（占GDP的百分比）	*102*	95	142
净易货贸易条件指数（2000年=100）	..	100	86
外债总额（百万美元）	..	..	..
债务还本付息总额（占出口的百分比）	..	..	..
净移民（千人）	20.8	24.2	*22.0*
获得的侨汇（百万美元）	*38*	205	433
外国直接投资，净流入额（百万美元）	*111*	136	818
获得的净官方发展援助（百万美元）	*7.1*	60.8	..

所罗门群岛

东亚和太平洋地区			中低收入经济体
人口（千人）	552	人口增长率（百分比）	2.6
陆地面积（千平方公里）	29	每天生活费用不足1.25美元的人口（占人口的百分比）	..
GNI，图表集法（百万美元）	615.2	人均GNI，图表集法（美元）	1,110
PPP衡量的GNI（百万美元）	1,296.9	PPP衡量的人均GNI（美元）	2,350

	1990	2000	2011
人口			
最贫困的20%人口占国家消费/收入的份额（百分比）	..	..	..
出生时的预期寿命（岁）	57	63	68
总生育率（每个女性生育数）	5.9	4.7	4.2
青年女性生育率（每千名15—19岁女性生育数）	..	71	66
避孕普及率（占15—49岁已婚女性的百分比）	..	*7*	*35*
在熟练医护人员护理下的分娩（占总数的百分比）	..	*85*	*86*
5岁以下儿童死亡率（每千人）	42	31	22
儿童营养不良，体重不足（占5岁以下儿童的百分比）	*16.3*	..	*11.5*
儿童麻疹免疫接种率（占12—23个月年龄组的百分比）	70	85	73
小学毕业率，总数（占适龄年龄组的百分比）	60	..	..
中学总入学率，总数（占适龄年龄组的百分比）	14	21	*48*
小学和中学中女孩与男孩的比率（百分比）	84	90	*96*
HIV感染率（占15—49岁人口的百分比）	..	..	..
环境			
森林（千平方公里）	23	23	22
森林采伐（1990—2000年和2000—2010年，平均年度百分比）		0.2	*0.2*
淡水使用量（占内陆水资源的百分比）	..	..	..
获得改善的水资源的人口（占总人口的百分比）	*69*	70	..
获得改善的卫生设施的人口（占总人口的百分比）	*29*	31	..
人均能源使用量（千克石油当量）	172	..	..
人均二氧化碳排放量（吨）	0.5	0.4	0.4
人均用电量（千瓦时）	..	..	..
经济			
GDP（百万美元）	303	435	838
GDP增长率（年度百分比）	*6.0*	-14.3	9.0
GDP隐含价格平减指数（年度增长百分比）	*7.2*	10.7	7.3
农业增加值（占GDP的百分比）	29	35	*39*
工业增加值（占GDP的百分比）	5	13	*6*
服务业增加值（占GDP的百分比）	66	53	55
货物和服务出口（占GDP的百分比）	30	24	26
货物和服务进口（占GDP的百分比）	65	39	50
资本形成总额（占GDP的百分比）	20	7	..
中央政府收入（占GDP的百分比）	..	..	..
中央政府现金盈余/赤字（占GDP的百分比）	..	..	..
政府与市场			
创办企业的时间（天）	..	*56*	9
股票市场资本总额（占GDP的百分比）	..	..	..
军费支出（占GDP的百分比）	..	..	..
移动电话用户（每100人）	0.0	0.3	49.8
互联网用户（每100人）	0.0	0.5	6.0
铺敷道路（占总数的百分比）	2.1	2.4	..
高科技出口（占制成品出口的百分比）	..	..	*72*
全球联系			
商品贸易（占GDP的百分比）	53	37	105
净易货贸易条件指数（2000年=100）	*85*	100	88
外债总额（百万美元）	120	156	256
债务还本付息总额（占出口的百分比）	11.8	7.1	2.0
净移民（千人）	-1.9	-0.7	*0.0*
获得的侨汇（百万美元）	..	4.3	1.7
外国直接投资，净流入额（百万美元）	10	13	146
获得的净官方发展援助（百万美元）	46	68	334

索马里

撒哈拉以南非洲地区 **低收入经济体**

人口（百万）	9.6	人口增长率（百分比）	2.4
陆地面积（千平方公里）	638	每天生活费用不足1.25美元的人口（占人口的百分比）	..
GNI，图表集法（百万美元）	..	人均GNI，图表集法（美元）	..
PPP衡量的GNI（百万美元）	..	PPP衡量的人均GNI（美元）	..

	1990	2000	2011
人口			
最贫困的20%人口占国家消费/收入的份额（百分比）	..	..	..
出生时的预期寿命（岁）	45	48	51
总生育率（每个女性生育数）	6.6	6.5	6.3
青年女性生育率（每千名15—19岁女性生育数）	..	72	68
避孕普及率（占15—49岁已婚女性的百分比）	..	*8*	*15*
在熟练医护人员护理下的分娩（占总数的百分比）	..	*34*	*33*
5岁以下儿童死亡率（每千人）	180	180	180
儿童营养不良，体重不足（占5岁以下儿童的百分比）	..	22.8	*32.8*
儿童麻疹免疫接种率（占12—23个月年龄组的百分比）	30	24	46
小学毕业率，总数（占适龄年龄组的百分比）	..	..	..
中学总入学率，总数（占适龄年龄组的百分比）	..	..	..
小学和中学中女孩与男孩的比率（百分比）	..	..	..
HIV感染率（占15—49岁人口的百分比）	0.5	0.9	0.7
环境			
森林（千平方公里）	83	75	67
森林采伐（1990—2000年和2000—2010年，平均年度百分比）		1.0	*1.1*
淡水使用量（占内陆水资源的百分比）	..	*54.8*	55.0
获得改善的水资源的人口（占总人口的百分比）	*19*	22	*29*
获得改善的卫生设施的人口（占总人口的百分比）	*21*	22	*23*
人均能源使用量（千克石油当量）	..	..	..
人均二氧化碳排放量（吨）	0.00	0.07	0.07
人均用电量（千瓦时）	..	..	..
经济			
GDP（百万美元）	917	..	..
GDP增长率（年度百分比）	-1.5	..	..
GDP隐含价格平减指数（年度增长百分比）	215.5	..	..
农业增加值（占GDP的百分比）	65	..	..
工业增加值（占GDP的百分比）	..	..	..
服务业增加值（占GDP的百分比）	..	..	..
货物和服务出口（占GDP的百分比）	10	..	..
货物和服务进口（占GDP的百分比）	38	..	..
资本形成总额（占GDP的百分比）	16	..	..
中央政府收入（占GDP的百分比）	..	..	..
中央政府现金盈余/赤字（占GDP的百分比）	..	..	..
政府与市场			
创办企业的时间（天）	..	..	..
股票市场资本总额（占GDP的百分比）	..	..	..
军费支出（占GDP的百分比）	..	..	..
移动电话用户（每100人）	0.0	1.1	6.9
互联网用户（每100人）	0.0	0.0	1.3
铺敷道路（占总数的百分比）	11.1	11.8	..
高科技出口（占制成品出口的百分比）	..	..	..
全球联系			
商品贸易（占GDP的百分比）	..	..	..
净易货贸易条件指数（2000年=100）	..	100	100
外债总额（10亿美元）	2.4	2.6	3.1
债务还本付息总额（占出口的百分比）	*47.6*	..	..
净移民（千人）	-632	-100	*-300*
获得的侨汇（百万美元）	..	..	..
外国直接投资，净流入额（百万美元）	6	0	102
获得的净官方发展援助（百万美元）	515	102	1,096

南非

撒哈拉以南非洲地区 **中高收入经济体**

人口（百万）	50.6	人口增长率（百分比）	1.2
陆地面积（千平方公里）	1,219	每天生活费用不足1.25美元的人口（占人口的百分比）	*13.8*
GNI，图表集法（10亿美元）	352.0	人均GNI，图表集法（美元）	6,960
PPP衡量的GNI（10亿美元）	542.0	PPP衡量的人均GNI（美元）	10,710

	1990	2000	2011
人口			
最贫困的20%人口占国家消费/收入的份额（百分比）	*3.0*	3.1	*2.7*
出生时的预期寿命（岁）	62	55	53
总生育率（每个女性生育数）	3.7	2.9	2.4
青年女性生育率（每千名15—19岁女性生育数）	..	75	52
避孕普及率（占15—49岁已婚女性的百分比）	57	*60*	..
在熟练医护人员护理下的分娩（占总数的百分比）	..	*91*	..
5岁以下儿童死亡率（每千人）	62	74	47
儿童营养不良，体重不足（占5岁以下儿童的百分比）	..	*10.1*	*8.7*
儿童麻疹免疫接种率（占12—23个月年龄组的百分比）	79	72	78
小学毕业率，总数（占适龄年龄组的百分比）	*76*	86	..
中学总入学率，总数（占适龄年龄组的百分比）	66	85	*94*
小学和中学中女孩与男孩的比率（百分比）	103	100	*99*
HIV感染率（占15—49岁人口的百分比）	0.5	14.8	17.3
环境			
森林（千平方公里）	92	92	92
森林采伐（1990—2000年和2000—2010年，平均年度百分比）		0.0	*0.0*
淡水使用量（占内陆水资源的百分比）	*29.7*	*27.9*	27.9
获得改善的水资源的人口（占总人口的百分比）	83	86	*91*
获得改善的卫生设施的人口（占总人口的百分比）	71	75	*79*
人均能源使用量（千克石油当量）	2,584	2,483	*2,738*
人均二氧化碳排放量（吨）	9.5	8.4	10.1
人均用电量（千瓦时）	4,431	4,681	*4,803*
经济			
GDP（10亿美元）	112	133	408
GDP增长率（年度百分比）	-0.3	4.2	3.1
GDP隐含价格平减指数（年度增长百分比）	15.5	8.8	8.0
农业增加值（占GDP的百分比）	5	3	2
工业增加值（占GDP的百分比）	40	32	31
服务业增加值（占GDP的百分比）	55	65	67
货物和服务出口（占GDP的百分比）	24	28	29
货物和服务进口（占GDP的百分比）	19	25	29
资本形成总额（占GDP的百分比）	18	16	20
中央政府收入（占GDP的百分比）	..	26.3	28.5
中央政府现金盈余/赤字（占GDP的百分比）	..	-2.0	-4.4
政府与市场			
创办企业的时间（天）	..	*38*	19
股票市场资本总额（占GDP的百分比）	123.2	154.2	209.6
军费支出（占GDP的百分比）	3.7	1.5	1.3
移动电话用户（每100人）	0.0	18.6	126.8
互联网用户（每100人）	0.0	5.3	21.0
铺敷道路（占总数的百分比）	..	20.3	..
高科技出口（占制成品出口的百分比）	*7*	7	5
全球联系			
商品贸易（占GDP的百分比）	37	45	54
净易货贸易条件指数（2000年=100）	104	100	154
外债总额（10亿美元）	*0*	25	114
债务还本付息总额（占出口的百分比）	..	9.9	5.3
净移民（千人）	-123	200	*700*
获得的侨汇（百万美元）	136	344	1,158
外国直接投资，净流入额（百万美元）	-76	969	5,889
获得的净官方发展援助（百万美元）	*270*	486	1,274

南苏丹

撒哈拉以南非洲地区		中低收入经济体	
人口（百万）	10.3	人口增长率（百分比）	3.6
陆地面积（千平方公里）	644	每天生活费用不足1.25美元的人口（占人口的百分比）	..
GNI，图表集法（百万美元）	..	人均GNI，图表集法（美元）	..
PPP衡量的GNI（百万美元）	..	PPP衡量的人均GNI（美元）	..

	1990	2000	2011
人口			
最贫困的20%人口占国家消费/收入的份额（百分比）	..	..	..
出生时的预期寿命（岁）	..	..	*62*
总生育率（每个女性生育数）	..	..	*3.9*
青年女性生育率（每千名15—19岁女性生育数）	..	..	..
避孕普及率（占15—49岁已婚女性的百分比）	..	..	*4*
在熟练医护人员护理下的分娩（占总数的百分比）	..	..	*19*
5岁以下儿童死亡率（每千人）	217	165	121
儿童营养不良，体重不足（占5岁以下儿童的百分比）	..	..	..
儿童麻疹免疫接种率（占12—23个月年龄组的百分比）	..	..	64
小学毕业率，总数（占适龄年龄组的百分比）	..	..	..
中学总入学率，总数（占适龄年龄组的百分比）	..	..	..
小学和中学中女孩与男孩的比率（百分比）	..	..	..
HIV感染率（占15—49岁人口的百分比）	..	..	3.1
环境			
森林（千平方公里）	..	..	148
森林采伐（1990—2000年和2000—2010年，平均年度百分比）		..	..
淡水使用量（占内陆水资源的百分比）	..	..	..
获得改善的水资源的人口（占总人口的百分比）	..	..	..
获得改善的卫生设施的人口（占总人口的百分比）	..	..	..
人均能源使用量（千克石油当量）	..	..	..
人均二氧化碳排放量（吨）	..	..	..
人均用电量（千瓦时）	..	..	..
经济			
GDP（10亿美元）	..	..	19.2
GDP增长率（年度百分比）	..	..	1.9
GDP隐含价格平减指数（年度增长百分比）	..	..	54.2
农业增加值（占GDP的百分比）	..	..	..
工业增加值（占GDP的百分比）	..	..	..
服务业增加值（占GDP的百分比）	..	..	..
货物和服务出口（占GDP的百分比）	..	..	65
货物和服务进口（占GDP的百分比）	..	..	27
资本形成总额（占GDP的百分比）	..	..	..
中央政府收入（占GDP的百分比）	..	..	..
中央政府现金盈余/赤字（占GDP的百分比）	..	..	..
政府与市场			
创办企业的时间（天）	..	..	..
股票市场资本总额（占GDP的百分比）	..	..	..
军费支出（占GDP的百分比）	..	..	2.9
移动电话用户（每100人）	..	..	..
互联网用户（每100人）	..	..	..
铺敷道路（占总数的百分比）	..	..	..
高科技出口（占制成品出口的百分比）	..	..	..
全球联系			
商品贸易（占GDP的百分比）	..	..	..
净易货贸易条件指数（2000年=100）	..	..	..
外债总额（百万美元）	..	..	..
债务还本付息总额（占出口的百分比）	..	..	..
净移民（千人）	..	..	..
获得的侨汇（百万美元）	..	..	..
外国直接投资，净流入额（百万美元）	..	..	..
获得的净官方发展援助（百万美元）	..	..	..

西班牙

高收入经济体

人口（百万）	46.2	人口增长率（百分比）	0.2
陆地面积（千平方公里）	506	每天生活费用不足1.25美元的人口（占人口的百分比）	..
GNI，图表集法（10亿美元）	1,428.3	人均GNI，图表集法（美元）	30,930
PPP衡量的GNI（10亿美元）	1,451.7	PPP衡量的人均GNI（美元）	31,440

	1990	2000	2011
人口			
最贫困的20%人口占国家消费/收入的份额（百分比）	..	7.0	..
出生时的预期寿命（岁）	77	79	82
总生育率（每个女性生育数）	1.3	1.2	1.4
青年女性生育率（每千名15—19岁女性生育数）	..	9	11
避孕普及率（占15—49岁已婚女性的百分比）	..	*72*	*66*
在熟练医护人员护理下的分娩（占总数的百分比）	..	..	..
5岁以下儿童死亡率（每千人）	11	7	4
儿童营养不良，体重不足（占5岁以下儿童的百分比）	..	*1.6*	..
儿童麻疹免疫接种率（占12—23个月年龄组的百分比）	99	94	95
小学毕业率，总数（占适龄年龄组的百分比）	101	..	*103*
中学总入学率，总数（占适龄年龄组的百分比）	102	111	*125*
小学和中学中女孩与男孩的比率（百分比）	103	103	*101*
HIV感染率（占15—49岁人口的百分比）	0.4	0.5	0.4
环境			
森林（千平方公里）	138	170	183
森林采伐（1990—2000年和2000—2010年，平均年度百分比）		-2.1	*-0.7*
淡水使用量（占内陆水资源的百分比）	*33.2*	*33.0*	29.2
获得改善的水资源的人口（占总人口的百分比）	100	100	100
获得改善的卫生设施的人口（占总人口的百分比）	100	100	*100*
人均能源使用量（千克石油当量）	2,319	3,029	2,727
人均二氧化碳排放量（吨）	5.6	7.3	*6.3*
人均用电量（千瓦时）	3,538	5,207	*6,155*
经济			
GDP（10亿美元）	521	580	1,477
GDP增长率（年度百分比）	3.8	5.0	0.4
GDP隐含价格平减指数（年度增长百分比）	7.3	3.4	1.0
农业增加值（占GDP的百分比）	6	4	*3*
工业增加值（占GDP的百分比）	34	29	*26*
服务业增加值（占GDP的百分比）	61	66	*71*
货物和服务出口（占GDP的百分比）	16	29	30
货物和服务进口（占GDP的百分比）	19	32	31
资本形成总额（占GDP的百分比）	26	26	22
中央政府收入（占GDP的百分比）	..	31.1	23.2
中央政府现金盈余/赤字（占GDP的百分比）	..	-0.5	-3.5
政府与市场			
创办企业的时间（天）	..	*114*	28
股票市场资本总额（占GDP的百分比）	21.3	86.9	69.8
军费支出（占GDP的百分比）	1.7	1.2	1.0
移动电话用户（每100人）	0.1	60.2	113.2
互联网用户（每100人）	0.0	13.6	67.6
铺敷道路（占总数的百分比）	*99.0*	99.0	..
高科技出口（占制成品出口的百分比）	7	8	6
全球联系			
商品贸易（占GDP的百分比）	28	47	46
净易货贸易条件指数（2000年=100）	..	100	99
外债总额（百万美元）	..	..	..
债务还本付息总额（占出口的百分比）	..	..	..
净移民（千人）	-68	796	*2,250*
获得的侨汇（10亿美元）	2.2	4.9	9.9
外国直接投资，净流入额（10亿美元）	14.0	38.8	31.4
获得的净官方发展援助（百万美元）	..	..	..

斯里兰卡

南亚			中低收入经济体
人口（百万）	20.9	人口增长率（百分比）	1.0
陆地面积（千平方公里）	66	每天生活费用不足1.25美元的人口（占人口的百分比）	*4.1*
GNI，图表集法（10亿美元）	53.8	人均GNI，图表集法（美元）	2,580
PPP衡量的GNI（10亿美元）	115.2	PPP衡量的人均GNI（美元）	5,520

	1990	2000	2011
人口			
最贫困的20%人口占国家消费/收入的份额（百分比）	*8.7*	*6.8*	*6.9*
出生时的预期寿命（岁）	70	71	75
总生育率（每个女性生育数）	2.5	2.2	2.3
青年女性生育率（每千名15—19岁女性生育数）	..	28	22
避孕普及率（占15—49岁已婚女性的百分比）	*66*	70	*68*
在熟练医护人员护理下的分娩（占总数的百分比）	*94*	96	*99*
5岁以下儿童死亡率（每千人）	29	19	12
儿童营养不良，体重不足（占5岁以下儿童的百分比）	*33.8*	22.8	*21.6*
儿童麻疹免疫接种率（占12—23个月年龄组的百分比）	80	99	99
小学毕业率，总数（占适龄年龄组的百分比）	97	*107*	*101*
中学总入学率，总数（占适龄年龄组的百分比）	72	..	*100*
小学和中学中女孩与男孩的比率（百分比）	102	..	*102*
HIV感染率（占15—49岁人口的百分比）	0.1	0.1	0.1
环境			
森林（千平方公里）	24	21	18
森林采伐（1990—2000年和2000—2010年，平均年度百分比）		1.2	*1.1*
淡水使用量（占内陆水资源的百分比）	*18.5*	*24.6*	24.5
获得改善的水资源的人口（占总人口的百分比）	67	80	*91*
获得改善的卫生设施的人口（占总人口的百分比）	70	82	*92*
人均能源使用量（千克石油当量）	324	436	*478*
人均二氧化碳排放量（吨）	0.2	0.5	0.6
人均用电量（千瓦时）	154	290	*449*
经济			
GDP（10亿美元）	8.0	16.3	59.2
GDP增长率（年度百分比）	6.4	6.0	8.3
GDP隐含价格平减指数（年度增长百分比）	20.1	7.3	7.8
农业增加值（占GDP的百分比）	26	20	12
工业增加值（占GDP的百分比）	26	27	30
服务业增加值（占GDP的百分比）	48	53	58
货物和服务出口（占GDP的百分比）	30	39	23
货物和服务进口（占GDP的百分比）	38	50	38
资本形成总额（占GDP的百分比）	22	28	30
中央政府收入（占GDP的百分比）	21.0	16.8	14.3
中央政府现金盈余/赤字（占GDP的百分比）	-5.2	-8.4	-6.4
政府与市场			
创办企业的时间（天）	..	*58*	7
股票市场资本总额（占GDP的百分比）	11.4	6.6	32.8
军费支出（占GDP的百分比）	2.3	5.0	2.6
移动电话用户（每100人）	0.0	2.3	87.0
互联网用户（每100人）	0.0	0.6	15.0
铺敷道路（占总数的百分比）	..	*85.8*	*14.9*
高科技出口（占制成品出口的百分比）	1	3	1
全球联系			
商品贸易（占GDP的百分比）	57	77	52
净易货贸易条件指数（2000年=100）	82	100	72
外债总额（10亿美元）	5.9	9.2	24.0
债务还本付息总额（占出口的百分比）	16.1	12.1	9.3
净移民（千人）	-137	-400	*-250*
获得的侨汇（10亿美元）	0.4	1.2	5.2
外国直接投资，净流入额（百万美元）	43	173	956
获得的净官方发展援助（百万美元）	728	275	611

圣基茨和尼维斯

拉丁美洲和加勒比地区		中高收入经济体	
人口（千人）	53	人口增长率（百分比）	1.2
陆地面积（平方公里）	260	每天生活费用不足1.25美元的人口（占人口的百分比）	..
GNI，图表集法（百万美元）	668.9	人均GNI，图表集法（美元）	12,610
PPP衡量的GNI（百万美元）	874.0	PPP衡量的人均GNI（美元）	16,470

	1990	2000	2011
人口			
最贫困的20%人口占国家消费/收入的份额（百分比）	..	..	..
出生时的预期寿命（岁）	*68*	*71*	..
总生育率（每个女性生育数）	*2.6*	*2.1*	..
青年女性生育率（每千名15—19岁女性生育数）	..	..	..
避孕普及率（占15—49岁已婚女性的百分比）	..	..	*54*
在熟练医护人员护理下的分娩（占总数的百分比）	..	99	*100*
5岁以下儿童死亡率（每千人）	28	16	7
儿童营养不良，体重不足（占5岁以下儿童的百分比）	..	..	..
儿童麻疹免疫接种率（占12—23个月年龄组的百分比）	99	99	99
小学毕业率，总数（占适龄年龄组的百分比）	*117*	101	93
中学总入学率，总数（占适龄年龄组的百分比）	*83*	97	94
小学和中学中女孩与男孩的比率（百分比）	*101*	100	103
HIV感染率（占15—49岁人口的百分比）	..	..	..
环境			
森林（平方公里）	110	110	110
森林采伐（1990—2007年，平均年度百分比）		0.0	*0.0*
淡水使用量（占内陆水资源的百分比）	..	..	..
获得改善的水资源的人口（占总人口的百分比）	99	99	99
获得改善的卫生设施的人口（占总人口的百分比）	96	96	*96*
人均能源使用量（千克石油当量）	514	..	..
人均二氧化碳排放量（吨）	1.6	2.3	*5.0*
人均用电量（千瓦时）	..	..	..
经济			
GDP（百万美元）	159	417	697
GDP增长率（年度百分比）	2.3	0.7	2.1
GDP隐含价格平减指数（年度增长百分比）	8.7	27.0	1.4
农业增加值（占GDP的百分比）	6	2	2
工业增加值（占GDP的百分比）	29	31	23
服务业增加值（占GDP的百分比）	65	68	75
货物和服务出口（占GDP的百分比）	52	36	33
货物和服务进口（占GDP的百分比）	83	60	45
资本形成总额（占GDP的百分比）	55	43	32
中央政府收入（占GDP的百分比）	28.3	*23.2*	34.5
中央政府现金盈余/赤字（占GDP的百分比）	0.6	*-8.2*	2.6
政府与市场			
创办企业的时间（天）	..	..	19
股票市场资本总额（占GDP的百分比）	..	*53.1*	85.8
军费支出（占GDP的百分比）	..	..	..
移动电话用户（每100人）	0.0	2.6	*152.7*
互联网用户（每100人）	0.0	5.9	*76.0*
铺敷道路（占总数的百分比）	38.5	*42.5*	..
高科技出口（占制成品出口的百分比）	5	1	0
全球联系			
商品贸易（占GDP的百分比）	87	55	42
净易货贸易条件指数（2000年=100）	..	100	67
外债总额（百万美元）	..	..	..
债务还本付息总额（占出口的百分比）	..	..	..
净移民（千人）	..	..	..
获得的侨汇（百万美元）	19.3	27.1	47.5
外国直接投资，净流入额（百万美元）	49	96	114
获得的净官方发展援助（百万美元）	8.1	3.9	16.5

圣卢西亚

拉丁美洲和加勒比地区		中高收入经济体	
人口（千人）	176	人口增长率（百分比）	1.1
陆地面积（平方公里）	620	每天生活费用不足1.25美元的人口（占人口的百分比）	..
GNI，图表集法（10亿美元）	1.2	人均GNI，图表集法（美元）	6,820
PPP衡量的GNI（10亿美元）	2.0	PPP衡量的人均GNI（美元）	11,220

	1990	2000	2011
人口			
最贫困的20%人口占国家消费/收入的份额（百分比）	..	..	..
出生时的预期寿命（岁）	71	71	75
总生育率（每个女性生育数）	3.4	2.0	2.0
青年女性生育率（每千名15—19岁女性生育数）	..	65	57
避孕普及率（占15—49岁已婚女性的百分比）	*47*	*47*	..
在熟练医护人员护理下的分娩（占总数的百分比）	..	100	*100*
5岁以下儿童死亡率（每千人）	23	18	16
儿童营养不良，体重不足（占5岁以下儿童的百分比）	..	..	..
儿童麻疹免疫接种率（占12—23个月年龄组的百分比）	82	88	95
小学毕业率，总数（占适龄年龄组的百分比）	120	*103*	93
中学总入学率，总数（占适龄年龄组的百分比）	49	73	95
小学和中学中女孩与男孩的比率（百分比）	104	106	98
HIV感染率（占15—49岁人口的百分比）	..	..	..
环境			
森林（平方公里）	438	467	470
森林采伐（1990—2000年和2000—2010年，平均年度百分比）		-0.6	*-0.1*
淡水使用量（占内陆水资源的百分比）	..	..	..
获得改善的水资源的人口（占总人口的百分比）	94	95	*96*
获得改善的卫生设施的人口（占总人口的百分比）	58	62	*65*
人均能源使用量（千克石油当量）	417	..	..
人均二氧化碳排放量（吨）	1.2	2.1	2.2
人均用电量（千瓦时）	..	..	..
经济			
GDP（百万美元）	397	764	1,259
GDP增长率（年度百分比）	23.5	0.7	1.3
GDP隐含价格平减指数（年度增长百分比）	3.2	6.2	2.8
农业增加值（占GDP的百分比）	15	6	3
工业增加值（占GDP的百分比）	18	18	16
服务业增加值（占GDP的百分比）	67	76	81
货物和服务出口（占GDP的百分比）	73	49	44
货物和服务进口（占GDP的百分比）	84	58	65
资本形成总额（占GDP的百分比）	26	27	34
中央政府收入（占GDP的百分比）	..	..	..
中央政府现金盈余/赤字（占GDP的百分比）	..	..	..
政府与市场			
创办企业的时间（天）	..	..	15
股票市场资本总额（占GDP的百分比）	..	..	..
军费支出（占GDP的百分比）	..	..	..
移动电话用户（每100人）	0.0	1.6	123.0
互联网用户（每100人）	0.0	5.1	42.0
铺敷道路（占总数的百分比）	..	..	..
高科技出口（占制成品出口的百分比）	*1*	6	*17*
全球联系			
商品贸易（占GDP的百分比）	100	52	68
净易货贸易条件指数（2000年＝100）	..	100	95
外债总额（百万美元）	79	222	448
债务还本付息总额（占出口的百分比）	2.2	7.9	7.8
净移民（千人）	-4.3	-0.9	*-1.0*
获得的侨汇（百万美元）	16.1	26.4	29.5
外国直接投资，净流入额（百万美元）	44.8	53.7	81.0
获得的净官方发展援助（百万美元）	12.3	11.0	36.9

法属圣马丁

高收入经济体

人口（千人）	31	人口增长率（百分比）	1.2
陆地面积（平方公里）	..	每天生活费用不足1.25美元的人口（占人口的百分比）	..
GNI，图表集法（百万美元）	..	人均GNI，图表集法（美元）	..
PPP衡量的GNI（百万美元）	..	PPP衡量的人均GNI（美元）	..

	1990	2000	2011
人口			
最贫困的20%人口占国家消费/收入的份额（百分比）	..	..	..
出生时的预期寿命（岁）	..	..	..
总生育率（每个女性生育数）	2.1	1.8	1.8
青年女性生育率（每千名15—19岁女性生育数）	..	..	..
避孕普及率（占15—49岁已婚女性的百分比）	..	..	..
在熟练医护人员护理下的分娩（占总数的百分比）	..	..	..
5岁以下儿童死亡率（每千人）	..	..	..
儿童营养不良，体重不足（占5岁以下儿童的百分比）	..	..	..
儿童麻疹免疫接种率（占12—23个月年龄组的百分比）	..	..	..
小学毕业率，总数（占适龄年龄组的百分比）	..	..	..
中学总入学率，总数（占适龄年龄组的百分比）	..	..	..
小学和中学中女孩与男孩的比率（百分比）	..	..	..
HIV感染率（占15—49岁人口的百分比）	..	..	..
环境			
森林（平方公里）	..	..	..
森林采伐（1990—2000年和2000—2010年，平均年度百分比）		0.0	*0.0*
淡水使用量（占内陆水资源的百分比）	..	..	..
获得改善的水资源的人口（占总人口的百分比）	..	..	..
获得改善的卫生设施的人口（占总人口的百分比）	..	..	..
人均能源使用量（千克石油当量）	..	..	..
人均二氧化碳排放量（吨）	..	..	..
人均用电量（千瓦时）	..	..	..
经济			
GDP（百万美元）	..	..	..
GDP增长率（年度百分比）	..	..	..
GDP隐含价格平减指数（年度增长百分比）	..	..	..
农业增加值（占GDP的百分比）	..	..	..
工业增加值（占GDP的百分比）	..	..	..
服务业增加值（占GDP的百分比）	..	..	..
货物和服务出口（占GDP的百分比）	..	..	..
货物和服务进口（占GDP的百分比）	..	..	..
资本形成总额（占GDP的百分比）	..	..	..
中央政府收入（占GDP的百分比）	..	..	..
中央政府现金盈余/赤字（占GDP的百分比）	..	..	..
政府与市场			
创办企业的时间（天）	..	..	..
股票市场资本总额（占GDP的百分比）	..	..	..
军费支出（占GDP的百分比）	..	..	..
移动电话用户（每100人）	..	..	..
互联网用户（每100人）	..	..	..
铺敷道路（占总数的百分比）	..	..	..
高科技出口（占制成品出口的百分比）	..	..	..
全球联系			
商品贸易（占GDP的百分比）	..	..	..
净易货贸易条件指数（2000年=100）	..	..	..
外债总额（百万美元）	..	..	..
债务还本付息总额（占出口的百分比）	..	..	..
净移民（千人）	..	..	..
获得的侨汇（百万美元）	..	..	..
外国直接投资，净流入额（百万美元）	..	..	..
获得的净官方发展援助（百万美元）	..	..	..

圣文森特和格林纳丁斯

拉丁美洲和加勒比地区		中高收入经济体	
人口（千人）	109	人口增长率（百分比）	0.0
陆地面积（平方公里）	390	每天生活费用不足1.25美元的人口（占人口的百分比）	..
GNI，图表集法（百万美元）	663.9	人均GNI，图表集法（美元）	6,070
PPP衡量的GNI（百万美元）	1,141.9	PPP衡量的人均GNI（美元）	10,440

	1990	2000	2011
人口			
最贫困的20%人口占国家消费/收入的份额（百分比）	..	..	..
出生时的预期寿命（岁）	69	70	72
总生育率（每个女性生育数）	3.0	2.4	2.0
青年女性生育率（每千名15—19岁女性生育数）	..	69	55
避孕普及率（占15—49岁已婚女性的百分比）	*58*	*58*	*48*
在熟练医护人员护理下的分娩（占总数的百分比）	..	100	99
5岁以下儿童死亡率（每千人）	27	22	21
儿童营养不良，体重不足（占5岁以下儿童的百分比）	..	..	..
儿童麻疹免疫接种率（占12—23个月年龄组的百分比）	96	95	99
小学毕业率，总数（占适龄年龄组的百分比）	..	*93*	*94*
中学总入学率，总数（占适龄年龄组的百分比）	*60*	82	*107*
小学和中学中女孩与男孩的比率（百分比）	*107*	106	*97*
HIV感染率（占15—49岁人口的百分比）	..	..	..
环境			
森林（平方公里）	253	260	268
森林采伐（1990—2000年和2000—2010年，平均年度百分比）		-0.3	*-0.3*
淡水使用量（占内陆水资源的百分比）	..	..	..
获得改善的水资源的人口（占总人口的百分比）	..	..	..
获得改善的卫生设施的人口（占总人口的百分比）	..	..	..
人均能源使用量（千克石油当量）	274	..	..
人均二氧化碳排放量（吨）	0.8	1.5	1.8
人均用电量（千瓦时）	..	..	..
经济			
GDP（百万美元）	198	397	688
GDP增长率（年度百分比）	5.0	-0.6	0.1
GDP隐含价格平减指数（年度增长百分比）	6.4	20.4	1.8
农业增加值（占GDP的百分比）	21	9	6
工业增加值（占GDP的百分比）	23	20	20
服务业增加值（占GDP的百分比）	56	72	74
货物和服务出口（占GDP的百分比）	66	45	27
货物和服务进口（占GDP的百分比）	77	50	56
资本形成总额（占GDP的百分比）	30	23	25
中央政府收入（占GDP的百分比）	25.6	25.9	24.5
中央政府现金盈余/赤字（占GDP的百分比）	..	*-1.4*	-3.7
政府与市场			
创办企业的时间（天）	..	..	10
股票市场资本总额（占GDP的百分比）	..	..	..
军费支出（占GDP的百分比）	..	..	..
移动电话用户（每100人）	0.0	2.2	120.5
互联网用户（每100人）	0.0	3.2	43.0
铺敷道路（占总数的百分比）	..	68.0	..
高科技出口（占制成品出口的百分比）	*0*	0	0
全球联系			
商品贸易（占GDP的百分比）	110	53	54
净易货贸易条件指数（2000年=100）	..	100	107
外债总额（百万美元）	63	195	283
债务还本付息总额（占出口的百分比）	3.3	7.2	15.2
净移民（千人）	-6.7	-7.6	*-5.0*
获得的侨汇（百万美元）	15.6	22.5	29.5
外国直接投资，净流入额（百万美元）	8	38	110
获得的净官方发展援助（百万美元）	15.4	6.2	18.8

苏丹

撒哈拉以南非洲地区 **中低收入经济体**

人口（百万）	34.3[f]	人口增长率（百分比）	2.1[f]
陆地面积（千平方公里）	1,861[f]	每天生活费用不足1.25美元的人口（占人口的百分比）	*19.8*
GNI，图表集法（10亿美元）	58.3[g]	人均GNI，图表集法（美元）	1,310[g]
PPP衡量的GNI（10亿美元）	94.7[g]	PPP衡量的人均GNI（美元）	2,120[g]

	1990	2000	2011
人口			
最贫困的20%人口占国家消费/收入的份额（百分比）	..	..	*6.8*
出生时的预期寿命（岁）	53	57	61
总生育率（每个女性生育数）	6.0	5.3	4.3
青年女性生育率（每千名15—19岁女性生育数）	..	79	55
避孕普及率（占15—49岁已婚女性的百分比）	9	*7*	*9*
在熟练医护人员护理下的分娩（占总数的百分比）	69	..	*23*[f]
5岁以下儿童死亡率（每千人）	123	104	86
儿童营养不良，体重不足（占5岁以下儿童的百分比）	*31.8*	38.4	*31.7*
儿童麻疹免疫接种率（占12—23个月年龄组的百分比）	57	58	87
小学毕业率，总数（占适龄年龄组的百分比）	..	37	58
中学总入学率，总数（占适龄年龄组的百分比）	*21*	25	*39*
小学和中学中女孩与男孩的比率（百分比）	*78*	*88*	*90*
HIV感染率（占15—49岁人口的百分比）	0.2	0.6	0.4
环境			
森林（千平方公里）	764	705	*699*
森林采伐（1990—2000年和2000—2010年，平均年度百分比）		0.8	*0.1*
淡水使用量（占内陆水资源的百分比）	*51.7*	*123.8*	123.8
获得改善的水资源的人口（占总人口的百分比）	65	62	*58*
获得改善的卫生设施的人口（占总人口的百分比）	27	27	*26*
人均能源使用量（千克石油当量）	401	390	*371*
人均二氧化碳排放量（吨）	0.2	0.2	*0.3*
人均用电量（千瓦时）	48	63	*141*
经济			
GDP（10亿美元）	12.4	12.3	64.1[g]
GDP增长率（年度百分比）	-5.5	8.4	4.7[g]
GDP隐含价格平减指数（年度增长百分比）	66.2	7.8	9.2[g]
农业增加值（占GDP的百分比）	41	42	24[g]
工业增加值（占GDP的百分比）	15	21	28[g]
服务业增加值（占GDP的百分比）	44	37	47[g]
货物和服务出口（占GDP的百分比）	4	16	18[g]
货物和服务进口（占GDP的百分比）	7	13	16[g]
资本形成总额（占GDP的百分比）	11	25	22[g]
中央政府收入（占GDP的百分比）	..	*8.0*	..
中央政府现金盈余/赤字（占GDP的百分比）	..	*-0.4*	..
政府与市场			
创办企业的时间（天）	..	..	36
股票市场资本总额（占GDP的百分比）	..	..	..
军费支出（占GDP的百分比）	2.6	4.8	..
移动电话用户（每100人）	0.0	0.1	56.1
互联网用户（每100人）	0.0	0.0	19.0
铺敷道路（占总数的百分比）	33.8	36.3	..
高科技出口（占制成品出口的百分比）	..	4	*29*
全球联系			
商品贸易（占GDP的百分比）	8	27	30
净易货贸易条件指数（2000年=100）	100	100	229
外债总额（10亿美元）	14.8	16.1	21.2
债务还本付息总额（占出口的百分比）	9.7	13.5	*4.2*
净移民（千人）	-459	-227	*135*
获得的侨汇（百万美元）	62	641	1,420
外国直接投资，净流入额（百万美元）	-31	392	1,936
获得的净官方发展援助（百万美元）	848	225	1,138

苏里南

拉丁美洲和加勒比地区		中高收入经济体	
人口（千人）	529	人口增长率（百分比）	0.9
陆地面积（千平方公里）	164	每天生活费用不足1.25美元的人口（占人口的百分比）	..
GNI，图表集法（10亿美元）	4.1	人均GNI，图表集法（美元）	7,840
PPP衡量的GNI（10亿美元）	*4.1*	PPP衡量的人均GNI（美元）	*7,730*

	1990	2000	2011
人口			
最贫困的20%人口占国家消费/收入的份额（百分比）	..	*3.2*	..
出生时的预期寿命（岁）	67	68	71
总生育率（每个女性生育数）	2.7	2.7	2.3
青年女性生育率（每千名15—19岁女性生育数）	..	47	36
避孕普及率（占15—49岁已婚女性的百分比）	*48*	42	*46*
在熟练医护人员护理下的分娩（占总数的百分比）	..	85	*90*
5岁以下儿童死亡率（每千人）	52	40	30
儿童营养不良，体重不足（占5岁以下儿童的百分比）	..	11.4	*7.5*
儿童麻疹免疫接种率（占12—23个月年龄组的百分比）	65	84	85
小学毕业率，总数（占适龄年龄组的百分比）	*88*	*98*	88
中学总入学率，总数（占适龄年龄组的百分比）	56	*73*	85
小学和中学中女孩与男孩的比率（百分比）	116	*107*	110
HIV感染率（占15—49岁人口的百分比）	1.6	2.9	1.0
环境			
森林（千平方公里）	148	148	148
森林采伐（1990—2000年和2000—2010年，平均年度百分比）		0.0	*0.0*
淡水使用量（占内陆水资源的百分比）	..	*0.8*	0.8
获得改善的水资源的人口（占总人口的百分比）	..	89	*92*
获得改善的卫生设施的人口（占总人口的百分比）	..	81	*83*
人均能源使用量（千克石油当量）	1,366	..	..
人均二氧化碳排放量（吨）	4.5	4.6	4.8
人均用电量（千瓦时）	..	..	..
经济			
GDP（百万美元）	388	892	4,304
GDP增长率（年度百分比）	-0.5	-0.1	4.7
GDP隐含价格平减指数（年度增长百分比）	43.9	54.8	12.1
农业增加值（占GDP的百分比）	9	11	10
工业增加值（占GDP的百分比）	24	25	38
服务业增加值（占GDP的百分比）	67	64	52
货物和服务出口（占GDP的百分比）	42	20	..
货物和服务进口（占GDP的百分比）	44	33	..
资本形成总额（占GDP的百分比）	11	12	..
中央政府收入（占GDP的百分比）	..	..	..
中央政府现金盈余/赤字（占GDP的百分比）	..	..	..
政府与市场			
创办企业的时间（天）	..	..	694
股票市场资本总额（占GDP的百分比）	..	..	..
军费支出（占GDP的百分比）	..	..	..
移动电话用户（每100人）	0.0	8.8	178.9
互联网用户（每100人）	0.0	2.5	32.0
铺敷道路（占总数的百分比）	24.0	26.0	..
高科技出口（占制成品出口的百分比）	..	8	7
全球联系			
商品贸易（占GDP的百分比）	243	104	96
净易货贸易条件指数（2000年=100）	..	100	142
外债总额（百万美元）	..	..	..
债务还本付息总额（占出口的百分比）	..	..	..
净移民（千人）	-4.8	-5.7	*-5.0*
获得的侨汇（百万美元）	0.5	1.3	3.9
外国直接投资，净流入额（百万美元）	-77	-148	145
获得的净官方发展援助（百万美元）	61.1	34.3	94.6

斯威士兰

撒哈拉以南非洲地区 **中低收入经济体**

人口（百万）	1.1	人口增长率（百分比）	1.2
陆地面积（千平方公里）	17	每天生活费用不足1.25美元的人口（占人口的百分比）	*40.6*
GNI，图表集法（10亿美元）	3.7	人均GNI，图表集法（美元）	3,470
PPP衡量的GNI（10亿美元）	6.5	PPP衡量的人均GNI（美元）	6,110

	1990	2000	2011
人口			
最贫困的20%人口占国家消费/收入的份额（百分比）	..	*4.5*	*4.1*
出生时的预期寿命（岁）	59	49	49
总生育率（每个女性生育数）	5.7	4.2	3.3
青年女性生育率（每千名15—19岁女性生育数）	..	105	71
避孕普及率（占15—49岁已婚女性的百分比）	*20*	28	65
在熟练医护人员护理下的分娩（占总数的百分比）	..	70	*82*
5岁以下儿童死亡率（每千人）	83	114	104
儿童营养不良，体重不足（占5岁以下儿童的百分比）	..	9.1	*7.3*
儿童麻疹免疫接种率（占12—23个月年龄组的百分比）	85	92	98
小学毕业率，总数（占适龄年龄组的百分比）	63	61	77
中学总入学率，总数（占适龄年龄组的百分比）	*49*	42	60
小学和中学中女孩与男孩的比率（百分比）	..	96	92
HIV感染率（占15—49岁人口的百分比）	3.0	20.8	26.0
环境			
森林（千平方公里）	4.7	5.2	5.7
森林采伐（1990—2000年和2000—2010年，平均年度百分比）		-0.9	*-0.8*
淡水使用量（占内陆水资源的百分比）	..	*39.5*	39.5
获得改善的水资源的人口（占总人口的百分比）	39	52	*71*
获得改善的卫生设施的人口（占总人口的百分比）	48	52	*57*
人均能源使用量（千克石油当量）	358	..	..
人均二氧化碳排放量（吨）	0.5	1.2	1.0
人均用电量（千瓦时）	..	..	..
经济			
GDP（百万美元）	1,115	1,524	4,090
GDP增长率（年度百分比）	21.0	1.8	1.3
GDP隐含价格平减指数（年度增长百分比）	30.4	9.9	2.9
农业增加值（占GDP的百分比）	10	12	7
工业增加值（占GDP的百分比）	43	44	46
服务业增加值（占GDP的百分比）	46	44	47
货物和服务出口（占GDP的百分比）	59	74	65
货物和服务进口（占GDP的百分比）	69	88	72
资本形成总额（占GDP的百分比）	15	18	9
中央政府收入（占GDP的百分比）	..	25.6	..
中央政府现金盈余/赤字（占GDP的百分比）	..	-0.8	..
政府与市场			
创办企业的时间（天）	..	..	56
股票市场资本总额（占GDP的百分比）	1.5	4.8	..
军费支出（占GDP的百分比）	1.3	1.6	3.0
移动电话用户（每100人）	0.0	3.1	63.7
互联网用户（每100人）	0.0	0.9	18.1
铺敷道路（占总数的百分比）	..	*30.0*	..
高科技出口（占制成品出口的百分比）	..	0	..
全球联系			
商品贸易（占GDP的百分比）	109	128	100
净易货贸易条件指数（2000年=100）	100	100	105
外债总额（百万美元）	257	273	605
债务还本付息总额（占出口的百分比）	5.4	2.2	1.9
净移民（千人）	17.1	-12.0	*-6.0*
获得的侨汇（百万美元）	113	57	55
外国直接投资，净流入额（百万美元）	30.1	90.7	94.8
获得的净官方发展援助（百万美元）	54	13	130

瑞 典

高收入经济体

人口（百万）	9.4	人口增长率（百分比）	0.8
陆地面积（千平方公里）	450	每天生活费用不足1.25美元的人口（占人口的百分比）	..
GNI，图表集法（10亿美元）	502.5	人均GNI，图表集法（美元）	53,170
PPP衡量的GNI（10亿美元）	398.9	PPP衡量的人均GNI（美元）	42,210

	1990	2000	2011
人口			
最贫困的20%人口占国家消费/收入的份额（百分比）	..	9.1	..
出生时的预期寿命（岁）	78	80	82
总生育率（每个女性生育数）	2.1	1.5	1.9
青年女性生育率（每千名15—19岁女性生育数）	..	8	6
避孕普及率（占15—49岁已婚女性的百分比）	..	..	..
在熟练医护人员护理下的分娩（占总数的百分比）	..	..	..
5岁以下儿童死亡率（每千人）	7	4	3
儿童营养不良，体重不足（占5岁以下儿童的百分比）	..	..	..
儿童麻疹免疫接种率（占12—23个月年龄组的百分比）	96	91	96
小学毕业率，总数（占适龄年龄组的百分比）	97	100	*97*
中学总入学率，总数（占适龄年龄组的百分比）	90	152	*99*
小学和中学中女孩与男孩的比率（百分比）	102	115	*99*
HIV感染率（占15—49岁人口的百分比）	0.1	0.2	0.2
环境			
森林（千平方公里）	273	274	282
森林采伐（1990—2000年和2000—2010年，平均年度百分比）		0.0	*-0.3*
淡水使用量（占内陆水资源的百分比）	*1.7*	*1.6*	1.5
获得改善的水资源的人口（占总人口的百分比）	100	100	100
获得改善的卫生设施的人口（占总人口的百分比）	100	100	*100*
人均能源使用量（千克石油当量）	5,515	5,360	5,228
人均二氧化碳排放量（吨）	6.0	5.6	*4.7*
人均用电量（千瓦时）	15,836	15,682	*14,939*
经济			
GDP（10亿美元）	244	247	540
GDP增长率（年度百分比）	1.0	4.5	3.9
GDP隐含价格平减指数（年度增长百分比）	8.7	1.4	1.0
农业增加值（占GDP的百分比）	4	2	*2*
工业增加值（占GDP的百分比）	31	29	*26*
服务业增加值（占GDP的百分比）	65	69	*72*
货物和服务出口（占GDP的百分比）	30	47	50
货物和服务进口（占GDP的百分比）	30	40	44
资本形成总额（占GDP的百分比）	24	19	20
中央政府收入（占GDP的百分比）	..	39.6	32.4
中央政府现金盈余/赤字（占GDP的百分比）	..	3.5	0.5
政府与市场			
创办企业的时间（天）	..	*16*	16
股票市场资本总额（占GDP的百分比）	40.1	132.8	87.1
军费支出（占GDP的百分比）	2.5	2.0	1.3
移动电话用户（每100人）	5.4	71.9	118.6
互联网用户（每100人）	0.6	45.7	91.0
铺敷道路（占总数的百分比）	..	*31.2*	*23.4*
高科技出口（占制成品出口的百分比）	13	23	13
全球联系			
商品贸易（占GDP的百分比）	46	65	67
净易货贸易条件指数（2000年=100）	..	100	87
外债总额（百万美元）	..	..	..
债务还本付息总额（占出口的百分比）	..	..	..
净移民（千人）	132	49	*266*
获得的侨汇（百万美元）	153	438	776
外国直接投资，净流入额（10亿美元）	2.0	23.9	3.1
获得的净官方发展援助（百万美元）	..	..	..

瑞士

高收入经济体

人口（百万）	7.9	人口增长率（百分比）	1.1
陆地面积（千平方公里）	41	每天生活费用不足1.25美元的人口（占人口的百分比）	..
GNI，图表集法（10亿美元）	604.1	人均GNI，图表集法（美元）	76,350
PPP衡量的GNI（10亿美元）	415.6	PPP衡量的人均GNI（美元）	52,530

	1990	2000	2011
人口			
最贫困的20%人口占国家消费/收入的份额（百分比）	..	7.6	..
出生时的预期寿命（岁）	77	80	83
总生育率（每个女性生育数）	1.6	1.5	1.5
青年女性生育率（每千名15—19岁女性生育数）	..	5	4
避孕普及率（占15—49岁已婚女性的百分比）	..	..	..
在熟练医护人员护理下的分娩（占总数的百分比）	..	..	*100*
5岁以下儿童死亡率（每千人）	8	6	4
儿童营养不良，体重不足（占5岁以下儿童的百分比）	..	..	..
儿童麻疹免疫接种率（占12—23个月年龄组的百分比）	90	81	92
小学毕业率，总数（占适龄年龄组的百分比）	51	96	*96*
中学总入学率，总数（占适龄年龄组的百分比）	96	95	*95*
小学和中学中女孩与男孩的比率（百分比）	97	97	*98*
HIV感染率（占15—49岁人口的百分比）	0.2	0.3	0.4
环境			
森林（千平方公里）	12	12	12
森林采伐（1990—2000年和2000—2010年，平均年度百分比）		-0.4	*-0.4*
淡水使用量（占内陆水资源的百分比）	..	*6.5*	6.5
获得改善的水资源的人口（占总人口的百分比）	100	100	100
获得改善的卫生设施的人口（占总人口的百分比）	100	100	*100*
人均能源使用量（千克石油当量）	3,621	3,481	3,225
人均二氧化碳排放量（吨）	6.4	5.4	*5.4*
人均用电量（千瓦时）	7,503	7,845	*8,175*
经济			
GDP（10亿美元）	244	256	659
GDP增长率（年度百分比）	3.7	3.7	1.9
GDP隐含价格平减指数（年度增长百分比）	4.6	1.5	0.2
农业增加值（占GDP的百分比）	..	..	..
工业增加值（占GDP的百分比）	31	27	*26*
服务业增加值（占GDP的百分比）	..	..	..
货物和服务出口（占GDP的百分比）	36	45	51
货物和服务进口（占GDP的百分比）	35	40	40
资本形成总额（占GDP的百分比）	30	23	21
中央政府收入（占GDP的百分比）	*19.6*	23.7	*17.6*
中央政府现金盈余/赤字（占GDP的百分比）		2.1	*1.3*
政府与市场			
创办企业的时间（天）	..	*20*	18
股票市场资本总额（占GDP的百分比）	65.6	309.4	141.4
军费支出（占GDP的百分比）	1.7	1.1	0.8
移动电话用户（每100人）	1.9	64.7	131.4
互联网用户（每100人）	0.6	47.1	85.2
铺敷道路（占总数的百分比）	..	*100.0*	*100.0*
高科技出口（占制成品出口的百分比）	16	22	24
全球联系			
商品贸易（占GDP的百分比）	55	64	67
净易货贸易条件指数（2000年=100）	..	100	80
外债总额（百万美元）	..	..	..
债务还本付息总额（占出口的百分比）	..	..	..
净移民（千人）	131	65	*183*
获得的侨汇（10亿美元）	0.9	1.1	3.3
外国直接投资，净流入额（10亿美元）	5.5	19.8	10.1
获得的净官方发展援助（百万美元）	..	..	..

叙利亚

中东和北非		中低收入经济体	
人口（百万）	20.8	人口增长率（百分比）	1.8
陆地面积（千平方公里）	185	每天生活费用不足1.25美元的人口（占人口的百分比）	<2
GNI，图表集法（10亿美元）	*56.3*	人均GNI，图表集法（美元）	*2,750*
PPP衡量的GNI（10亿美元）	*104.0*	PPP衡量的人均GNI（美元）	*5,080*

	1990	2000	2011
人口			
最贫困的20%人口占国家消费/收入的份额（百分比）	..	*7.7*	..
出生时的预期寿命（岁）	71	74	76
总生育率（每个女性生育数）	5.3	3.6	2.9
青年女性生育率（每千名15—19岁女性生育数）	..	48	38
避孕普及率（占15—49岁已婚女性的百分比）	*40*	45	*54*
在熟练医护人员护理下的分娩（占总数的百分比）	*77*	*90*	*96*
5岁以下儿童死亡率（每千人）	36	23	15
儿童营养不良，体重不足（占5岁以下儿童的百分比）	*11.5*	6.0	*10.1*
儿童麻疹免疫接种率（占12—23个月年龄组的百分比）	87	84	80
小学毕业率，总数（占适龄年龄组的百分比）	92	93	106
中学总入学率，总数（占适龄年龄组的百分比）	51	45	73
小学和中学中女孩与男孩的比率（百分比）	85	92	99
HIV感染率（占15—49岁人口的百分比）	..	..	..
环境			
森林（千平方公里）	3.7	4.3	5.0
森林采伐（1990—2000年和2000—2010年，平均年度百分比）		-1.5	*-1.3*
淡水使用量（占内陆水资源的百分比）	..	*229.4*	235.0
获得改善的水资源的人口（占总人口的百分比）	86	87	*90*
获得改善的卫生设施的人口（占总人口的百分比）	85	88	*95*
人均能源使用量（千克石油当量）	849	986	*1,063*
人均二氧化碳排放量（吨）	3.0	3.2	3.3
人均用电量（千瓦时）	696	1,093	*1,905*
经济			
GDP（10亿美元）	12.3	19.3	*59.1*
GDP增长率（年度百分比）	7.6	2.7	*3.2*
GDP隐含价格平减指数（年度增长百分比）	19.3	9.7	*6.3*
农业增加值（占GDP的百分比）	30	24	*23*
工业增加值（占GDP的百分比）	25	38	*31*
服务业增加值（占GDP的百分比）	45	38	*46*
货物和服务出口（占GDP的百分比）	28	35	*35*
货物和服务进口（占GDP的百分比）	28	29	*36*
资本形成总额（占GDP的百分比）	17	17	*19*
中央政府收入（占GDP的百分比）	21.9	..	..
中央政府现金盈余/赤字（占GDP的百分比）	..	..	..
政府与市场			
创办企业的时间（天）	..	*43*	13
股票市场资本总额（占GDP的百分比）	..	..	..
军费支出（占GDP的百分比）	6.4	5.3	*3.9*
移动电话用户（每100人）	0.0	0.2	63.2
互联网用户（每100人）	0.0	0.2	22.5
铺敷道路（占总数的百分比）	..	*93.6*	*90.3*
高科技出口（占制成品出口的百分比）	..	1	*1*
全球联系			
商品贸易（占GDP的百分比）	54	44	*51*
净易货贸易条件指数（2000年=100）	..	100	144
外债总额（10亿美元）	17.1	22.2	5.0
债务还本付息总额（占出口的百分比）	..	6.8	*3.1*
净移民（千人）	-147	-130	*-56*
获得的侨汇（百万美元）	385	180	2,079
外国直接投资，净流入额（百万美元）	40	270	1,059
获得的净官方发展援助（百万美元）	883	159	340

塔吉克斯坦

欧洲和中亚 **低收入经济体**

人口（百万）	7.0	人口增长率（百分比）	1.4
陆地面积（千平方公里）	143	每天生活费用不足1.25美元的人口（占人口的百分比）	*6.6*
GNI，图表集法（10亿美元）	6.1	人均GNI，图表集法（美元）	870
PPP衡量的GNI（10亿美元）	16.0	PPP衡量的人均GNI（美元）	2,300

	1990	2000	2011
人口			
最贫困的20%人口占国家消费/收入的份额（百分比）	..	*8.4*	*8.3*
出生时的预期寿命（岁）	63	64	68
总生育率（每个女性生育数）	5.2	4.0	3.2
青年女性生育率（每千名15—19岁女性生育数）	..	33	26
避孕普及率（占15—49岁已婚女性的百分比）	..	34	*37*
在熟练医护人员护理下的分娩（占总数的百分比）	*90*	71	*88*
5岁以下儿童死亡率（每千人）	114	95	63
儿童营养不良，体重不足（占5岁以下儿童的百分比）	..	..	*15.0*
儿童麻疹免疫接种率（占12—23个月年龄组的百分比）	68	88	98
小学毕业率，总数（占适龄年龄组的百分比）	..	93	104
中学总入学率，总数（占适龄年龄组的百分比）	*102*	74	89
小学和中学中女孩与男孩的比率（百分比）	..	89	91
HIV感染率（占15—49岁人口的百分比）	0.1	0.2	0.3
环境			
森林（千平方公里）	4.1	4.1	4.1
森林采伐（1990—2000年和2000—2010年，平均年度百分比）		-0.1	*0.0*
淡水使用量（占内陆水资源的百分比）	..	*18.8*	18.1
获得改善的水资源的人口（占总人口的百分比）	*62*	61	*64*
获得改善的卫生设施的人口（占总人口的百分比）	*89*	90	*94*
人均能源使用量（千克石油当量）	1,001	348	*336*
人均二氧化碳排放量（吨）	*1.3*	0.4	0.4
人均用电量（千瓦时）	3,346	2,177	*2,004*
经济			
GDP（10亿美元）	2.6	0.9	6.5
GDP增长率（年度百分比）	-0.6	8.3	7.4
GDP隐含价格平减指数（年度增长百分比）	6.2	22.7	13.3
农业增加值（占GDP的百分比）	33	27	20
工业增加值（占GDP的百分比）	38	39	20
服务业增加值（占GDP的百分比）	29	34	60
货物和服务出口（占GDP的百分比）	28	99	15
货物和服务进口（占GDP的百分比）	35	101	58
资本形成总额（占GDP的百分比）	25	9	22
中央政府收入（占GDP的百分比）	..	10.6	..
中央政府现金盈余/赤字（占GDP的百分比）	..	-0.8	..
政府与市场			
创办企业的时间（天）	..	..	24
股票市场资本总额（占GDP的百分比）	..	..	..
军费支出（占GDP的百分比）	*0.4*	1.2	..
移动电话用户（每100人）	0.0	0.0	90.6
互联网用户（每100人）	0.0	0.0	13.0
铺敷道路（占总数的百分比）	71.6	..	..
高科技出口（占制成品出口的百分比）	..	42	..
全球联系			
商品贸易（占GDP的百分比）	..	170	68
净易货贸易条件指数（2000年=100）	..	100	102
外债总额（10亿美元）	*0.0*	1.1	3.3
债务还本付息总额（占出口的百分比）	..	*12.7*	*44.9*
净移民（千人）	-83	-333	*-296*
获得的侨汇（百万美元）	..	79	3,060
外国直接投资，净流入额（百万美元）	*9.0*	23.5	11.1
获得的净官方发展援助（百万美元）	*12*	124	355

坦桑尼亚

撒哈拉以南非洲地区 **低收入经济体**

人口（百万）	46.2	人口增长率（百分比）	3.0
陆地面积（千平方公里）	947	每天生活费用不足1.25美元的人口（占人口的百分比）	*67.9*
GNI，图表集法（10亿美元）	24.2	人均GNI，图表集法（美元）	540
PPP衡量的GNI（10亿美元）	67.1	PPP衡量的人均GNI（美元）	1,500

	1990	2000	2011
人口			
最贫困的20%人口占国家消费/收入的份额（百分比）	*7.4*	7.3	*6.8*
出生时的预期寿命（岁）	51	50	58
总生育率（每个女性生育数）	6.2	5.7	5.5
青年女性生育率（每千名15—19岁女性生育数）	..	133	129
避孕普及率（占15—49岁已婚女性的百分比）	*10*	*25*	*34*
在熟练医护人员护理下的分娩（占总数的百分比）	*44*	*36*	*49*
5岁以下儿童死亡率（每千人）	158	126	68
儿童营养不良，体重不足（占5岁以下儿童的百分比）	*25.1*	*25.3*	*16.2*
儿童麻疹免疫接种率（占12—23个月年龄组的百分比）	80	78	93
小学毕业率，总数（占适龄年龄组的百分比）	*48*	*55*	*81*
中学总入学率，总数（占适龄年龄组的百分比）	5	..	*35*
小学和中学中女孩与男孩的比率（百分比）	97	..	*100*
HIV感染率（占15—49岁人口的百分比）	5.0	7.5	5.8
环境			
森林（千平方公里）	415	375	330
森林采伐（1990—2000年和2000—2010年，平均年度百分比）		1.0	*1.1*
淡水使用量（占内陆水资源的百分比）	..	*6.2*	6.2
获得改善的水资源的人口（占总人口的百分比）	55	54	*53*
获得改善的卫生设施的人口（占总人口的百分比）	7	9	*10*
人均能源使用量（千克石油当量）	382	393	*448*
人均二氧化碳排放量（吨）	0.09	0.08	0.16
人均用电量（千瓦时）	51	58	*78*
经济			
GDP（10亿美元）	4.3	10.2	23.9
GDP增长率（年度百分比）	7.0	4.9	6.4
GDP隐含价格平减指数（年度增长百分比）	22.4	7.6	9.2
农业增加值（占GDP的百分比）	46	33	28
工业增加值（占GDP的百分比）	18	19	25
服务业增加值（占GDP的百分比）	36	47	47
货物和服务出口（占GDP的百分比）	13	13	31
货物和服务进口（占GDP的百分比）	37	20	50
资本形成总额（占GDP的百分比）	26	17	37
中央政府收入（占GDP的百分比）	..	..	..
中央政府现金盈余/赤字（占GDP的百分比）	..	..	..
政府与市场			
创办企业的时间（天）	..	*28*	26
股票市场资本总额（占GDP的百分比）	..	2.3	6.4
军费支出（占GDP的百分比）	2.0	1.3	1.1
移动电话用户（每100人）	0.0	0.3	55.5
互联网用户（每100人）	0.0	0.1	12.0
铺敷道路（占总数的百分比）	..	*8.6*	*14.9*
高科技出口（占制成品出口的百分比）	..	1	5
全球联系			
商品贸易（占GDP的百分比）	32	22	66
净易货贸易条件指数（2000年=100）	107	100	151
外债总额（10亿美元）	6.4	7.2	10.0
债务还本付息总额（占出口的百分比）	32.9	11.9	2.0
净移民（千人）	68	-206	*-300*
获得的侨汇（百万美元）	..	8.0	75.8
外国直接投资，净流入额（百万美元）	0	463	1,095
获得的净官方发展援助（10亿美元）	1.2	1.1	2.4

泰国

东亚和太平洋地区		中高收入经济体	
人口（百万）	69.5	人口增长率（百分比）	0.6
陆地面积（千平方公里）	513	每天生活费用不足1.25美元的人口（占人口的百分比）	<2
GNI，图表集法（10亿美元）	308.3	人均GNI，图表集法（美元）	4,440
PPP衡量的GNI（10亿美元）	581.4	PPP衡量的人均GNI（美元）	8,360

	1990	2000	2011
人口			
最贫困的20%人口占国家消费/收入的份额（百分比）	5.9	6.2	6.7
出生时的预期寿命（岁）	72	73	74
总生育率（每个女性生育数）	2.1	1.7	1.6
青年女性生育率（每千名15—19岁女性生育数）	..	44	38
避孕普及率（占15—49岁已婚女性的百分比）	66	79	80
在熟练医护人员护理下的分娩（占总数的百分比）	..	99	100
5岁以下儿童死亡率（每千人）	35	19	12
儿童营养不良，体重不足（占5岁以下儿童的百分比）	16.3	..	7.0
儿童麻疹免疫接种率（占12—23个月年龄组的百分比）	80	94	98
小学毕业率，总数（占适龄年龄组的百分比）	..	88	..
中学总入学率，总数（占适龄年龄组的百分比）	28	62	79
小学和中学中女孩与男孩的比率（百分比）	98	98	103
HIV感染率（占15—49岁人口的百分比）	1.0	1.8	1.2
环境			
森林（千平方公里）	195	190	190
森林采伐（1990—2000年和2000—2010年，平均年度百分比）		0.3	0.0
淡水使用量（占内陆水资源的百分比）	..	..	25.5
获得改善的水资源的人口（占总人口的百分比）	86	92	96
获得改善的卫生设施的人口（占总人口的百分比）	84	94	96
人均能源使用量（千克石油当量）	735	1,145	1,699
人均二氧化碳排放量（吨）	1.7	3.2	4.0
人均用电量（千瓦时）	703	1,443	2,243
经济			
GDP（10亿美元）	85	123	346
GDP增长率（年度百分比）	11.2	4.8	0.1
GDP隐含价格平减指数（年度增长百分比）	5.8	1.3	4.2
农业增加值（占GDP的百分比）	12	9	12
工业增加值（占GDP的百分比）	37	42	41
服务业增加值（占GDP的百分比）	50	49	46
货物和服务出口（占GDP的百分比）	34	67	77
货物和服务进口（占GDP的百分比）	42	58	72
资本形成总额（占GDP的百分比）	41	23	27
中央政府收入（占GDP的百分比）	..	19.5	21.3
中央政府现金盈余/赤字（占GDP的百分比）	..	1.5	-1.2
政府与市场			
创办企业的时间（天）	..	33	29
股票市场资本总额（占GDP的百分比）	28.0	24.0	77.7
军费支出（占GDP的百分比）	2.7	1.5	1.6
移动电话用户（每100人）	0.1	4.8	111.6
互联网用户（每100人）	0.0	3.7	23.7
铺敷道路（占总数的百分比）	88.4	98.5	..
高科技出口（占制成品出口的百分比）	21	33	21
全球联系			
商品贸易（占GDP的百分比）	66	107	132
净易货贸易条件指数（2000年=100）	119	100	94
外债总额（10亿美元）	28.1	79.8	80.0
债务还本付息总额（占出口的百分比）	16.9	16.3	3.8
净移民（千人）	505	596	492
获得的侨汇（10亿美元）	1.0	1.7	4.6
外国直接投资，净流入额（10亿美元）	2.4	3.4	7.8
获得的净官方发展援助（百万美元）	796	697	-153

东帝汶

东亚和太平洋地区			中低收入经济体
人口（百万）	1.2	人口增长率（百分比）	2.9
陆地面积（千平方公里）	15	每天生活费用不足1.25美元的人口（占人口的百分比）	..
GNI，图表集法（10亿美元）	*3.1*	人均GNI，图表集法（美元）	*2,730*
PPP衡量的GNI（10亿美元）	*5.9*	PPP衡量的人均GNI（美元）	*5,200*

	1990	2000	2011
人口			
最贫困的20%人口占国家消费/收入的份额（百分比）	..	*6.7*	*9.0*
出生时的预期寿命（岁）	46	56	62
总生育率（每个女性生育数）	5.3	7.1	5.5
青年女性生育率（每千名15—19岁女性生育数）	..	71	55
避孕普及率（占15—49岁已婚女性的百分比）	*25*	*8*	*22*
在熟练医护人员护理下的分娩（占总数的百分比）	..	*24*	*29*
5岁以下儿童死亡率（每千人）	180	109	54
儿童营养不良，体重不足（占5岁以下儿童的百分比）	..	*40.6*	*45.3*
儿童麻疹免疫接种率（占12—23个月年龄组的百分比）	..	56	62
小学毕业率，总数（占适龄年龄组的百分比）	..	..	72
中学总入学率，总数（占适龄年龄组的百分比）	..	*38*	58
小学和中学中女孩与男孩的比率（百分比）	..	..	98
HIV感染率（占15—49岁人口的百分比）	..	..	..
环境			
森林（千平方公里）	9.7	8.5	7.3
森林采伐（1990—2000年和2000—2010年，平均年度百分比）		1.2	*1.4*
淡水使用量（占内陆水资源的百分比）	..	..	14.3
获得改善的水资源的人口（占总人口的百分比）	..	54	69
获得改善的卫生设施的人口（占总人口的百分比）	..	39	*47*
人均能源使用量（千克石油当量）	..	..	..
人均二氧化碳排放量（吨）	..	*0.2*	*0.2*
人均用电量（千瓦时）	..	..	..
经济			
GDP（百万美元）	..	316	1,054
GDP增长率（年度百分比）	..	13.7	10.6
GDP隐含价格平减指数（年度增长百分比）	..	3.0	8.9
农业增加值（占GDP的百分比）	..	26	..
工业增加值（占GDP的百分比）	..	19	..
服务业增加值（占GDP的百分比）	..	56	..
货物和服务出口（占GDP的百分比）	..	..	..
货物和服务进口（占GDP的百分比）	..	..	..
资本形成总额（占GDP的百分比）	..	26	..
中央政府收入（占GDP的百分比）	..	..	..
中央政府现金盈余/赤字（占GDP的百分比）	..	..	..
政府与市场			
创办企业的时间（天）	..	..	94
股票市场资本总额（占GDP的百分比）	..	..	..
军费支出（占GDP的百分比）	..	..	2.6
移动电话用户（每100人）	0.0	*2.2*	53.2
互联网用户（每100人）	0.0	*0.0*	0.9
铺敷道路（占总数的百分比）	..	..	..
高科技出口（占制成品出口的百分比）	..	..	..
全球联系			
商品贸易（占GDP的百分比）	..	*46*	30
净易货贸易条件指数（2000年=100）	..	..	..
外债总额（百万美元）	..	..	..
债务还本付息总额（占出口的百分比）	..	..	..
净移民（千人）	4	-162	-50
获得的侨汇（百万美元）	..	..	131
外国直接投资，净流入额（百万美元）	..	*4.5*	47.1
获得的净官方发展援助（百万美元）	0	231	284

多哥

撒哈拉以南非洲地区 **低收入经济体**

人口（百万）	6.2	人口增长率（百分比）	2.1
陆地面积（千平方公里）	57	每天生活费用不足1.25美元的人口（占人口的百分比）	28.2
GNI，图表集法（10亿美元）	3.5	人均GNI，图表集法（美元）	570
PPP衡量的GNI（10亿美元）	6.4	PPP衡量的人均GNI（美元）	1,040

	1990	2000	2011
人口			
最贫困的20%人口占国家消费/收入的份额（百分比）	..	..	*7.6*
出生时的预期寿命（岁）	53	55	57
总生育率（每个女性生育数）	6.3	5.1	4.0
青年女性生育率（每千名15—19岁女性生育数）	..	85	57
避孕普及率（占15—49岁已婚女性的百分比）	*34*	26	*15*
在熟练医护人员护理下的分娩（占总数的百分比）	*31*	49	*59*
5岁以下儿童死亡率（每千人）	147	128	110
儿童营养不良，体重不足（占5岁以下儿童的百分比）	*21.7*	*23.2*	*20.5*
儿童麻疹免疫接种率（占12—23个月年龄组的百分比）	73	58	67
小学毕业率，总数（占适龄年龄组的百分比）	38	69	77
中学总入学率，总数（占适龄年龄组的百分比）	22	34	56
小学和中学中女孩与男孩的比率（百分比）	58	69	..
HIV感染率（占15—49岁人口的百分比）	1.7	4.0	3.4
环境			
森林（千平方公里）	6.9	4.9	2.7
森林采伐（1990—2000年和2000—2010年，平均年度百分比）		3.4	*5.1*
淡水使用量（占内陆水资源的百分比）	..	*1.5*	1.5
获得改善的水资源的人口（占总人口的百分比）	49	55	*61*
获得改善的卫生设施的人口（占总人口的百分比）	13	13	*13*
人均能源使用量（千克石油当量）	345	440	*446*
人均二氧化碳排放量（吨）	0.2	0.3	0.3
人均用电量（千瓦时）	94	98	..
经济			
GDP（百万美元）	1,628	1,294	3,620
GDP增长率（年度百分比）	-0.2	-0.8	4.9
GDP隐含价格平减指数（年度增长百分比）	3.0	-4.3	3.0
农业增加值（占GDP的百分比）	34	35	32
工业增加值（占GDP的百分比）	23	18	16
服务业增加值（占GDP的百分比）	44	47	52
货物和服务出口（占GDP的百分比）	33	34	41
货物和服务进口（占GDP的百分比）	45	48	58
资本形成总额（占GDP的百分比）	27	15	19
中央政府收入（占GDP的百分比）	..	..	18.5
中央政府现金盈余/赤字（占GDP的百分比）	..	..	-1.1
政府与市场			
创办企业的时间（天）	..	*65*	38
股票市场资本总额（占GDP的百分比）	..	..	..
军费支出（占GDP的百分比）	3.1	*1.7*	1.6
移动电话用户（每100人）	0.0	1.0	50.4
互联网用户（每100人）	0.0	0.8	3.5
铺敷道路（占总数的百分比）	21.2	31.6	*21.0*
高科技出口（占制成品出口的百分比）	*1*	1	0
全球联系			
商品贸易（占GDP的百分比）	52	71	77
净易货贸易条件指数（2000年=100）	133	100	30
外债总额（10亿美元）	1.3	1.4	0.6
债务还本付息总额（占出口的百分比）	12.3	6.6	*4.4*
净移民（千人）	1	128	-5
获得的侨汇（百万美元）	27	34	337
外国直接投资，净流入额（百万美元）	18.2	41.9	53.8
获得的净官方发展援助（百万美元）	258	70	557

汤加

东亚和太平洋地区			中低收入经济体
人口（千人）	105	人口增长率（百分比）	0.4
陆地面积（平方公里）	750	每天生活费用不足1.25美元的人口（占人口的百分比）	..
GNI，图表集法（百万美元）	399.0	人均GNI，图表集法（美元）	3,820
PPP衡量的GNI（百万美元）	522.7	PPP衡量的人均GNI（美元）	5,000

	1990	2000	2011
人口			
最贫困的20%人口占国家消费/收入的份额（百分比）	..	..	..
出生时的预期寿命（岁）	70	71	72
总生育率（每个女性生育数）	4.6	4.3	3.9
青年女性生育率（每千名15—19岁女性生育数）	..	22	19
避孕普及率（占15—49岁已婚女性的百分比）	..	33	*32*
在熟练医护人员护理下的分娩（占总数的百分比）	*92*	95	*98*
5岁以下儿童死亡率（每千人）	25	20	15
儿童营养不良，体重不足（占5岁以下儿童的百分比）	..	..	..
儿童麻疹免疫接种率（占12—23个月年龄组的百分比）	86	95	99
小学毕业率，总数（占适龄年龄组的百分比）	128	*107*	..
中学总入学率，总数（占适龄年龄组的百分比）	98	106	..
小学和中学中女孩与男孩的比率（百分比）	99	102	..
HIV感染率（占15—49岁人口的百分比）	..	..	..
环境			
森林（平方公里）	90	90	90
森林采伐（1990—2000年和2000—2010年，平均年度百分比）		0.0	*0.0*
淡水使用量（占内陆水资源的百分比）	..	..	..
获得改善的水资源的人口（占总人口的百分比）	100	100	*100*
获得改善的卫生设施的人口（占总人口的百分比）	96	96	*96*
人均能源使用量（千克石油当量）	266	..	..
人均二氧化碳排放量（吨）	0.8	1.2	1.7
人均用电量（千瓦时）	..	..	..
经济			
GDP（百万美元）	114	189	434
GDP增长率（年度百分比）	-2.0	3.4	4.9
GDP隐含价格平减指数（年度增长百分比）	12.2	3.1	5.2
农业增加值（占GDP的百分比）	36	23	20
工业增加值（占GDP的百分比）	14	21	22
服务业增加值（占GDP的百分比）	50	56	58
货物和服务出口（占GDP的百分比）	34	15	18
货物和服务进口（占GDP的百分比）	65	47	61
资本形成总额（占GDP的百分比）	18	22	38
中央政府收入（占GDP的百分比）	..	..	..
中央政府现金盈余/赤字（占GDP的百分比）	..	..	..
政府与市场			
创办企业的时间（天）	..	*32*	16
股票市场资本总额（占GDP的百分比）	..	..	..
军费支出（占GDP的百分比）	..	..	..
移动电话用户（每100人）	0.0	0.2	52.6
互联网用户（每100人）	0.0	2.4	25.0
铺敷道路（占总数的百分比）	..	27.0	..
高科技出口（占制成品出口的百分比）	..	0	*0*
全球联系			
商品贸易（占GDP的百分比）	64	42	45
净易货贸易条件指数（2000年=100）	..	100	81
外债总额（百万美元）	44	74	191
债务还本付息总额（占出口的百分比）	3.5	*8.9*	8.8
净移民（千人）	-10.9	-8.7	*-8.2*
获得的侨汇（百万美元）	24.0	52.5	71.5
外国直接投资，净流入额（百万美元）	0.2	4.8	10.4
获得的净官方发展援助（百万美元）	29.8	18.8	93.7

特立尼达和多巴哥

高收入经济体

人口（百万）	1.3	人口增长率（百分比）	0.4
陆地面积（千平方公里）	5.1	每天生活费用不足1.25美元的人口（占人口的百分比）	..
GNI，图表集法（10亿美元）	*21.3*	人均GNI，图表集法（美元）	*15,840*
PPP衡量的GNI（10亿美元）	*32.7*	PPP衡量的人均GNI（美元）	*24,350*

	1990	2000	2011
人口			
最贫困的20%人口占国家消费/收入的份额（百分比）	5.5	..	..
出生时的预期寿命（岁）	69	68	70
总生育率（每个女性生育数）	2.4	1.6	1.6
青年女性生育率（每千名15—19岁女性生育数）	..	38	32
避孕普及率（占15—49岁已婚女性的百分比）	..	38	*43*
在熟练医护人员护理下的分娩（占总数的百分比）	..	96	*98*
5岁以下儿童死亡率（每千人）	37	32	28
儿童营养不良，体重不足（占5岁以下儿童的百分比）	..	4.4	..
儿童麻疹免疫接种率（占12—23个月年龄组的百分比）	70	90	92
小学毕业率，总数（占适龄年龄组的百分比）	*102*	87	*91*
中学总入学率，总数（占适龄年龄组的百分比）	85	76	*90*
小学和中学中女孩与男孩的比率（百分比）	102	103	*101*
HIV感染率（占15—49岁人口的百分比）	0.2	1.3	1.5
环境			
森林（千平方公里）	2.4	2.3	2.3
森林采伐（1990—2000年和2000—2010年，平均年度百分比）		0.3	*0.3*
淡水使用量（占内陆水资源的百分比）	..	*6.0*	6.0
获得改善的水资源的人口（占总人口的百分比）	88	91	94
获得改善的卫生设施的人口（占总人口的百分比）	93	92	*92*
人均能源使用量（千克石油当量）	4,926	8,260	*15,913*
人均二氧化碳排放量（吨）	14.0	19.0	*35.8*
人均用电量（千瓦时）	2,697	3,916	*5,894*
经济			
GDP（10亿美元）	5.1	8.2	22.5
GDP增长率（年度百分比）	1.5	6.1	-4.1
GDP隐含价格平减指数（年度增长百分比）	15.5	12.9	12.8
农业增加值（占GDP的百分比）	3	1	1
工业增加值（占GDP的百分比）	47	49	60
服务业增加值（占GDP的百分比）	50	49	40
货物和服务出口（占GDP的百分比）	45	59	*58*
货物和服务进口（占GDP的百分比）	29	45	*33*
资本形成总额（占GDP的百分比）	13	20	11
中央政府收入（占GDP的百分比）	*28.1*	*27.1*	*33.4*
中央政府现金盈余/赤字（占GDP的百分比）	*-0.2*	*2.0*	*-4.8*
政府与市场			
创办企业的时间（天）	..	..	41
股票市场资本总额（占GDP的百分比）	13.7	53.1	65.5
军费支出（占GDP的百分比）	*0.1*	..	..
移动电话用户（每100人）	0.0	12.5	135.6
互联网用户（每100人）	0.0	7.7	55.2
铺敷道路（占总数的百分比）	46.2	51.1	..
高科技出口（占制成品出口的百分比）	*0*	1	*0*
全球联系			
商品贸易（占GDP的百分比）	61	93	102
净易货贸易条件指数（2000年=100）	100	100	153
外债总额（百万美元）	..	..	..
债务还本付息总额（占出口的百分比）	..	..	..
净移民（千人）	-62.1	-19.8	*-19.8*
获得的侨汇（百万美元）	3.4	38.1	90.9
外国直接投资，净流入额（百万美元）	109	680	574
获得的净官方发展援助（百万美元）	17.8	-1.5	*4.3*

突尼斯

中东和北非			中高收入经济体
人口（百万）	10.7	人口增长率（百分比）	1.2
陆地面积（千平方公里）	164	每天生活费用不足1.25美元的人口（占人口的百分比）	<2
GNI，图表集法（10亿美元）	42.9	人均GNI，图表集法（美元）	4,020
PPP衡量的GNI（10亿美元）	96.0	PPP衡量的人均GNI（美元）	8,990

	1990	2000	2011
人口			
最贫困的20%人口占国家消费/收入的份额（百分比）	5.9	6.0	..
出生时的预期寿命（岁）	70	73	75
总生育率（每个女性生育数）	3.6	2.1	2.1
青年女性生育率（每千名15—19岁女性生育数）	..	7	5
避孕普及率（占15—49岁已婚女性的百分比）	*50*	66	*60*
在熟练医护人员护理下的分娩（占总数的百分比）	*69*	90	*95*
5岁以下儿童死亡率（每千人）	51	30	16
儿童营养不良，体重不足（占5岁以下儿童的百分比）	*8.5*	3.5	*3.3*
儿童麻疹免疫接种率（占12—23个月年龄组的百分比）	93	95	96
小学毕业率，总数（占适龄年龄组的百分比）	80	88	*91*
中学总入学率，总数（占适龄年龄组的百分比）	44	76	93
小学和中学中女孩与男孩的比率（百分比）	83	98	100
HIV感染率（占15—49岁人口的百分比）	0.1	0.1	0.1
环境			
森林（千平方公里）	6	8	10
森林采伐（1990—2000年和2000—2010年，平均年度百分比）		-2.7	*-1.9*
淡水使用量（占内陆水资源的百分比）	*73.3*	*67.9*	67.9
获得改善的水资源的人口（占总人口的百分比）	81	90	*94*
获得改善的卫生设施的人口（占总人口的百分比）	74	81	*85*
人均能源使用量（千克石油当量）	607	764	*913*
人均二氧化碳排放量（吨）	1.6	2.1	2.4
人均用电量（千瓦时）	638	991	*1,350*
经济			
GDP（10亿美元）	12.3	21.5	46.4
GDP增长率（年度百分比）	7.9	4.7	-2.0
GDP隐含价格平减指数（年度增长百分比）	4.5	3.3	5.0
农业增加值（占GDP的百分比）	18	11	9
工业增加值（占GDP的百分比）	34	30	31
服务业增加值（占GDP的百分比）	49	58	60
货物和服务出口（占GDP的百分比）	44	40	49
货物和服务进口（占GDP的百分比）	51	43	56
资本形成总额（占GDP的百分比）	27	26	24
中央政府收入（占GDP的百分比）	30.7	26.5	31.0
中央政府现金盈余/赤字（占GDP的百分比）	-3.2	-2.4	-3.7
政府与市场			
创办企业的时间（天）	..	*11*	11
股票市场资本总额（占GDP的百分比）	4.3	13.2	20.8
军费支出（占GDP的百分比）	2.0	1.5	1.3
移动电话用户（每100人）	0.0	1.3	116.9
互联网用户（每100人）	0.0	2.8	39.1
铺敷道路（占总数的百分比）	76.1	68.4	*76.0*
高科技出口（占制成品出口的百分比）	2	3	6
全球联系			
商品贸易（占GDP的百分比）	74	67	90
净易货贸易条件指数（2000年=100）	109	100	95
外债总额（10亿美元）	7.7	11.4	22.3
债务还本付息总额（占出口的百分比）	27.0	21.9	10.7
净移民（千人）	-25.2	-55.6	*-20.0*
获得的侨汇（百万美元）	551	796	2,004
外国直接投资，净流入额（百万美元）	76	752	433
获得的净官方发展援助（百万美元）	393	222	657

土耳其

欧洲和中亚		中高收入经济体	
人口（百万）	73.6	人口增长率（百分比）	1.2
陆地面积（千平方公里）	784	每天生活费用不足1.25美元的人口（占人口的百分比）	<2
GNI，图表集法（10亿美元）	766.6	人均GNI，图表集法（美元）	10,410
PPP衡量的GNI（10亿美元）	1,247.3	PPP衡量的人均GNI（美元）	16,940

	1990	2000	2011
人口			
最贫困的20%人口占国家消费/收入的份额（百分比）	..	*5.6*	5.7
出生时的预期寿命（岁）	63	69	74
总生育率（每个女性生育数）	3.0	2.4	2.1
青年女性生育率（每千名15—19岁女性生育数）	..	46	32
避孕普及率（占15—49岁已婚女性的百分比）	*63*	*71*	*73*
在熟练医护人员护理下的分娩（占总数的百分比）	*76*	*83*	*95*
5岁以下儿童死亡率（每千人）	72	35	15
儿童营养不良，体重不足（占5岁以下儿童的百分比）	*8.7*	*3.5*	..
儿童麻疹免疫接种率（占12—23个月年龄组的百分比）	78	87	97
小学毕业率，总数（占适龄年龄组的百分比）	92	..	*100*
中学总入学率，总数（占适龄年龄组的百分比）	50	71	*82*
小学和中学中女孩与男孩的比率（百分比）	79	82	*95*
HIV感染率（占15—49岁人口的百分比）	0.1	0.1	0.1
环境			
森林（千平方公里）	97	101	115
森林采伐（1990—2000年和2000—2010年，平均年度百分比）		-0.5	*-1.1*
淡水使用量（占内陆水资源的百分比）	*13.9*	*18.5*	17.7
获得改善的水资源的人口（占总人口的百分比）	85	93	*100*
获得改善的卫生设施的人口（占总人口的百分比）	84	87	*90*
人均能源使用量（千克石油当量）	975	1,200	1,551
人均二氧化碳排放量（吨）	2.7	3.4	3.9
人均用电量（千瓦时）	926	1,643	*2,477*
经济			
GDP（10亿美元）	151	267	775
GDP增长率（年度百分比）	9.3	6.8	8.5
GDP隐含价格平减指数（年度增长百分比）	58.2	49.2	8.9
农业增加值（占GDP的百分比）	18	11	9
工业增加值（占GDP的百分比）	32	31	28
服务业增加值（占GDP的百分比）	50	57	63
货物和服务出口（占GDP的百分比）	13	20	24
货物和服务进口（占GDP的百分比）	18	23	33
资本形成总额（占GDP的百分比）	25	21	24
中央政府收入（占GDP的百分比）	..	..	22.8
中央政府现金盈余/赤字（占GDP的百分比）	..	..	-1.3
政府与市场			
创办企业的时间（天）	..	*38*	6
股票市场资本总额（占GDP的百分比）	12.7	26.1	26.0
军费支出（占GDP的百分比）	3.5	3.7	2.3
移动电话用户（每100人）	0.1	25.4	88.7
互联网用户（每100人）	0.0	3.8	42.1
铺敷道路（占总数的百分比）	..	*34.0*	*89.4*
高科技出口（占制成品出口的百分比）	1	5	2
全球联系			
商品贸易（占GDP的百分比）	23	31	48
净易货贸易条件指数（2000年=100）	109	100	89
外债总额（10亿美元）	49	117	307
债务还本付息总额（占出口的百分比）	33.8	38.9	30.2
净移民（千人）	-150	-150	*-50*
获得的侨汇（10亿美元）	3.2	4.6	1.1
外国直接投资，净流入额（10亿美元）	0.7	1.0	16.0
获得的净官方发展援助（百万美元）	1,304	327	839

土库曼斯坦

欧洲和中亚			中高收入经济体
人口（百万）	5.1	人口增长率（百分比）	1.2
陆地面积（千平方公里）	488	每天生活费用不足1.25美元的人口（占人口的百分比）	..
GNI，图表集法（10亿美元）	24.5	人均GNI，图表集法（美元）	4,800
PPP衡量的GNI（10亿美元）	44.3	PPP衡量的人均GNI（美元）	8,690

	1990	2000	2011
人口			
最贫困的20%人口占国家消费/收入的份额（百分比）	*6.9*	*6.1*	..
出生时的预期寿命（岁）	63	64	65
总生育率（每个女性生育数）	4.3	2.8	2.4
青年女性生育率（每千名15—19岁女性生育数）	..	21	17
避孕普及率（占15—49岁已婚女性的百分比）	..	62	*48*
在熟练医护人员护理下的分娩（占总数的百分比）	..	97	*100*
5岁以下儿童死亡率（每千人）	94	71	53
儿童营养不良，体重不足（占5岁以下儿童的百分比）	..	10.5	..
儿童麻疹免疫接种率（占12—23个月年龄组的百分比）	*76*	96	99
小学毕业率，总数（占适龄年龄组的百分比）	..	..	..
中学总入学率，总数（占适龄年龄组的百分比）	..	..	..
小学和中学中女孩与男孩的比率（百分比）	..	..	..
HIV感染率（占15—49岁人口的百分比）	..	..	..
环境			
森林（千平方公里）	41	41	41
森林采伐（1990—2000年和2000—2010年，平均年度百分比）		0.0	*0.0*
淡水使用量（占内陆水资源的百分比）	..	*1,773.0*	1,989.3
获得改善的水资源的人口（占总人口的百分比）	..	83	..
获得改善的卫生设施的人口（占总人口的百分比）	98	98	*98*
人均能源使用量（千克石油当量）	4,789	3,163	*4,226*
人均二氧化碳排放量（吨）	*7.2*	7.9	9.7
人均用电量（千瓦时）	2,293	1,698	*2,403*
经济			
GDP（10亿美元）	3.2	2.9	28.1
GDP增长率（年度百分比）	35.4	5.5	14.7
GDP隐含价格平减指数（年度增长百分比）	-20.9	23.5	10.5
农业增加值（占GDP的百分比）	32	24	15
工业增加值（占GDP的百分比）	30	44	48
服务业增加值（占GDP的百分比）	38	31	37
货物和服务出口（占GDP的百分比）	*39*	96	78
货物和服务进口（占GDP的百分比）	*27*	81	45
资本形成总额（占GDP的百分比）	40	35	54
中央政府收入（占GDP的百分比）	..	..	..
中央政府现金盈余/赤字（占GDP的百分比）	..	..	..
政府与市场			
创办企业的时间（天）	..	..	..
股票市场资本总额（占GDP的百分比）	..	..	..
军费支出（占GDP的百分比）	..	*2.9*	..
移动电话用户（每100人）	0.0	0.2	68.8
互联网用户（每100人）	0.0	0.1	5.0
铺敷道路（占总数的百分比）	73.5	81.2	..
高科技出口（占制成品出口的百分比）	..	5	..
全球联系			
商品贸易（占GDP的百分比）	..	148	73
净易货贸易条件指数（2000年=100）	..	100	221
外债总额（百万美元）	*47*	2,609	445
债务还本付息总额（占出口的百分比）	..	..	..
净移民（千人）	-34.7	-50.0	*-54.5*
获得的侨汇（百万美元）	..	..	..
外国直接投资，净流入额（百万美元）	*79*	131	3,186
获得的净官方发展援助（百万美元）	6.6	35.3	38.4

特克斯和凯科斯群岛

高收入经济体

人口（千人）	39	人口增长率（百分比）	2.1
陆地面积（平方公里）	950	每天生活费用不足1.25美元的人口（占人口的百分比）	..
GNI，图表集法（百万美元）	..	人均GNI，图表集法（美元）	..
PPP衡量的GNI（百万美元）	..	PPP衡量的人均GNI（美元）	..

	1990	2000	2011
人口			
最贫困的20%人口占国家消费/收入的份额（百分比）	..	..	..
出生时的预期寿命（岁）	..	..	..
总生育率（每个女性生育数）	..	..	..
青年女性生育率（每千名15—19岁女性生育数）	..	..	..
避孕普及率（占15—49岁已婚女性的百分比）	..	..	..
在熟练医护人员护理下的分娩（占总数的百分比）	..	*88*	*100*
5岁以下儿童死亡率（每千人）	..	..	..
儿童营养不良，体重不足（占5岁以下儿童的百分比）	..	..	..
儿童麻疹免疫接种率（占12—23个月年龄组的百分比）	..	..	..
小学毕业率，总数（占适龄年龄组的百分比）	..	*84*	..
中学总入学率，总数（占适龄年龄组的百分比）	..	*95*	..
小学和中学中女孩与男孩的比率（百分比）	..	*98*	..
HIV感染率（占15—49岁人口的百分比）	..	..	..
环境			
森林（平方公里）	344	344	344
森林采伐（1990—2000年和2000—2010年，平均年度百分比）		0.0	*0.0*
淡水使用量（占内陆水资源的百分比）	..	..	..
获得改善的水资源的人口（占总人口的百分比）	100	100	100
获得改善的卫生设施的人口（占总人口的百分比）	*97*	97	..
人均能源使用量（千克石油当量）	..	..	..
人均二氧化碳排放量（吨）	..	0.8	*4.3*
人均用电量（千瓦时）	..	..	..
经济			
GDP（百万美元）	..	..	..
GDP增长率（年度百分比）	..	..	..
GDP隐含价格平减指数（年度增长百分比）	..	..	..
农业增加值（占GDP的百分比）	..	..	..
工业增加值（占GDP的百分比）	..	..	..
服务业增加值（占GDP的百分比）	..	..	..
货物和服务出口（占GDP的百分比）	..	..	..
货物和服务进口（占GDP的百分比）	..	..	..
资本形成总额（占GDP的百分比）	..	..	..
中央政府收入（占GDP的百分比）	..	..	..
中央政府现金盈余/赤字（占GDP的百分比）	..	..	..
政府与市场			
创办企业的时间（天）	..	..	..
股票市场资本总额（占GDP的百分比）	..	..	..
军费支出（占GDP的百分比）	..	..	..
移动电话用户（每100人）	..	..	..
互联网用户（每100人）	..	..	..
铺敷道路（占总数的百分比）	..	..	..
高科技出口（占制成品出口的百分比）	..	20	2
全球联系			
商品贸易（占GDP的百分比）	..	..	..
净易货贸易条件指数（2000年=100）	..	100	73
外债总额（百万美元）	..	..	..
债务还本付息总额（占出口的百分比）	..	..	..
净移民（千人）	..	..	..
获得的侨汇（百万美元）	..	..	..
外国直接投资，净流入额（百万美元）	0.0	0.4	97.0
获得的净官方发展援助（百万美元）	11.6	6.7	..

图瓦卢

东亚和太平洋地区			中高收入经济体
人口（千人）	10	人口增长率（百分比）	0.2
陆地面积（平方公里）	30	每天生活费用不足1.25美元的人口（占人口的百分比）	..
GNI，图表集法（百万美元）	48.8	人均GNI，图表集法（美元）	4,950
PPP衡量的GNI（百万美元）	..	PPP衡量的人均GNI（美元）	..

	1990	2000	2011
人口			
最贫困的20%人口占国家消费/收入的份额（百分比）	..	..	..
出生时的预期寿命（岁）	..	..	..
总生育率（每个女性生育数）	..	..	..
青年女性生育率（每千名15—19岁女性生育数）	..	..	..
避孕普及率（占15—49岁已婚女性的百分比）	39	*32*	*31*
在熟练医护人员护理下的分娩（占总数的百分比）	100	*100*	*98*
5岁以下儿童死亡率（每千人）	58	43	30
儿童营养不良，体重不足（占5岁以下儿童的百分比）	..	..	*1.6*
儿童麻疹免疫接种率（占12—23个月年龄组的百分比）	95	81	98
小学毕业率，总数（占适龄年龄组的百分比）	..	110	..
中学总入学率，总数（占适龄年龄组的百分比）	..	*80*	..
小学和中学中女孩与男孩的比率（百分比）	..	*112*	..
HIV感染率（占15—49岁人口的百分比）	..	..	..
环境			
森林（平方公里）	10.0	10.0	10.0
森林采伐（1990—2000年和2000—2010年，平均年度百分比）		0.0	*0.0*
淡水使用量（占内陆水资源的百分比）	..	..	..
获得改善的水资源的人口（占总人口的百分比）	90	94	*98*
获得改善的卫生设施的人口（占总人口的百分比）	80	83	*85*
人均能源使用量（千克石油当量）	..	..	..
人均二氧化碳排放量（吨）	..	..	..
人均用电量（千瓦时）	..	..	..
经济			
GDP（百万美元）	8.8	13.7	35.8
GDP增长率（年度百分比）	*3.6*	-1.0	1.2
GDP隐含价格平减指数（年度增长百分比）	*2.6*	12.8	-1.2
农业增加值（占GDP的百分比）	26	18	23
工业增加值（占GDP的百分比）	15	7	12
服务业增加值（占GDP的百分比）	60	75	65
货物和服务出口（占GDP的百分比）	..	..	..
货物和服务进口（占GDP的百分比）	..	..	..
资本形成总额（占GDP的百分比）	..	..	..
中央政府收入（占GDP的百分比）	..	..	..
中央政府现金盈余/赤字（占GDP的百分比）	..	..	..
政府与市场			
创办企业的时间（天）	..	..	..
股票市场资本总额（占GDP的百分比）	..	..	..
军费支出（占GDP的百分比）	..	..	..
移动电话用户（每100人）	0.0	0.0	21.6
互联网用户（每100人）	0.0	5.2	30.0
铺敷道路（占总数的百分比）	..	..	..
高科技出口（占制成品出口的百分比）	..	*28*	..
全球联系			
商品贸易（占GDP的百分比）	58	36	71
净易货贸易条件指数（2000年=100）	..	..	..
外债总额（百万美元）	..	..	..
债务还本付息总额（占出口的百分比）	..	..	..
净移民（千人）	..	..	..
获得的侨汇（百万美元）	..	..	..
外国直接投资，净流入额（百万美元）	..	-0.9	1.8
获得的净官方发展援助（百万美元）	5.1	4.0	42.7

乌干达

撒哈拉以南非洲地区 **低收入经济体**

人口（百万）	34.5	人口增长率（百分比）	3.2
陆地面积（千平方公里）	242	每天生活费用不足1.25美元的人口（占人口的百分比）	*38.0*
GNI，图表集法（10亿美元）	17.5	人均GNI，图表集法（美元）	510
PPP衡量的GNI（10亿美元）	45.3	PPP衡量的人均GNI（美元）	1,310

	1990	2000	2011
人口			
最贫困的20%人口占国家消费/收入的份额（百分比）	*4.9*	*5.9*	*5.8*
出生时的预期寿命（岁）	47	46	54
总生育率（每个女性生育数）	7.1	6.9	6.1
青年女性生育率（每千名15—19岁女性生育数）	..	180	131
避孕普及率（占15—49岁已婚女性的百分比）	*5*	*23*	30
在熟练医护人员护理下的分娩（占总数的百分比）	*38*	*39*	57
5岁以下儿童死亡率（每千人）	178	141	90
儿童营养不良，体重不足（占5岁以下儿童的百分比）	*19.7*	19.0	*16.4*
儿童麻疹免疫接种率（占12—23个月年龄组的百分比）	52	57	75
小学毕业率，总数（占适龄年龄组的百分比）	..	*60*	55
中学总入学率，总数（占适龄年龄组的百分比）	11	16	*28*
小学和中学中女孩与男孩的比率（百分比）	78	91	*99*
HIV感染率（占15—49岁人口的百分比）	13.4	7.2	7.2
环境			
森林（千平方公里）	48	39	29
森林采伐（1990—2000年和2000—2010年，平均年度百分比）		2.0	*2.6*
淡水使用量（占内陆水资源的百分比）	..	*0.8*	0.8
获得改善的水资源的人口（占总人口的百分比）	43	58	*72*
获得改善的卫生设施的人口（占总人口的百分比）	27	30	*34*
人均能源使用量（千克石油当量）	..	..	..
人均二氧化碳排放量（吨）	0.05	0.06	0.11
人均用电量（千瓦时）	..	..	..
经济			
GDP（10亿美元）	4.3	6.2	16.8
GDP增长率（年度百分比）	6.5	3.1	6.7
GDP隐含价格平减指数（年度增长百分比）	44.4	11.1	4.9
农业增加值（占GDP的百分比）	57	29	23
工业增加值（占GDP的百分比）	11	23	25
服务业增加值（占GDP的百分比）	32	48	51
货物和服务出口（占GDP的百分比）	7	11	24
货物和服务进口（占GDP的百分比）	19	22	35
资本形成总额（占GDP的百分比）	13	19	25
中央政府收入（占GDP的百分比）	..	10.8	16.4
中央政府现金盈余/赤字（占GDP的百分比）	..	-1.9	-3.9
政府与市场			
创办企业的时间（天）	..	*34*	33
股票市场资本总额（占GDP的百分比）	..	*0.6*	46.0
军费支出（占GDP的百分比）	3.3	2.5	1.6
移动电话用户（每100人）	0.0	0.5	48.4
互联网用户（每100人）	0.0	0.2	13.0
铺敷道路（占总数的百分比）	..	*23.0*	..
高科技出口（占制成品出口的百分比）	..	4	22
全球联系			
商品贸易（占GDP的百分比）	10	31	45
净易货贸易条件指数（2000年=100）	146	100	120
外债总额（10亿美元）	2.6	3.5	3.9
债务还本付息总额（占出口的百分比）	81.4	10.6	1.7
净移民（千人）	233	-46	*-135*
获得的侨汇（百万美元）	..	238	949
外国直接投资，净流入额（百万美元）	-6	161	797
获得的净官方发展援助（百万美元）	663	853	1,580

乌克兰

欧洲和中亚		中低收入经济体	
人口（百万）	45.7	人口增长率（百分比）	-0.4
陆地面积（千平方公里）	604	每天生活费用不足1.25美元的人口（占人口的百分比）	<2
GNI，图表集法（10亿美元）	142.9	人均GNI，图表集法（美元）	3,130
PPP衡量的GNI（10亿美元）	321.9	PPP衡量的人均GNI（美元）	7,040

	1990	2000	2011
人口			
最贫困的20%人口占国家消费/收入的份额（百分比）	*9.5*	*8.8*	9.7
出生时的预期寿命（岁）	70	68	71
总生育率（每个女性生育数）	1.8	1.1	1.5
青年女性生育率（每千名15—19岁女性生育数）	..	35	27
避孕普及率（占15—49岁已婚女性的百分比）	..	72	67
在熟练医护人员护理下的分娩（占总数的百分比）	100	100	99
5岁以下儿童死亡率（每千人）	19	19	10
儿童营养不良，体重不足（占5岁以下儿童的百分比）	..	4.1	..
儿童麻疹免疫接种率（占12—23个月年龄组的百分比）	*90*	99	67
小学毕业率，总数（占适龄年龄组的百分比）	95	91	97
中学总入学率，总数（占适龄年龄组的百分比）	95	99	94
小学和中学中女孩与男孩的比率（百分比）	102	100	99
HIV感染率（占15—49岁人口的百分比）	0.1	0.8	0.8
环境			
森林（千平方公里）	93	95	97
森林采伐（1990—2000年和2000—2010年，平均年度百分比）		-0.3	*-0.2*
淡水使用量（占内陆水资源的百分比）	*49.0*	*72.5*	72.5
获得改善的水资源的人口（占总人口的百分比）	..	97	*98*
获得改善的卫生设施的人口（占总人口的百分比）	..	95	*94*
人均能源使用量（千克石油当量）	4,852	2,721	*2,845*
人均二氧化碳排放量（吨）	*12.3*	6.5	5.9
人均用电量（千瓦时）	4,787	2,778	*3,550*
经济			
GDP（10亿美元）	81.5	31.3	165.2
GDP增长率（年度百分比）	-6.3	5.9	5.2
GDP隐含价格平减指数（年度增长百分比）	16.3	23.1	15.6
农业增加值（占GDP的百分比）	26	17	10
工业增加值（占GDP的百分比）	45	36	32
服务业增加值（占GDP的百分比）	30	47	59
货物和服务出口（占GDP的百分比）	28	62	54
货物和服务进口（占GDP的百分比）	29	57	59
资本形成总额（占GDP的百分比）	27	20	21
中央政府收入（占GDP的百分比）	..	26.8	35.9
中央政府现金盈余/赤字（占GDP的百分比）	..	-0.6	-2.3
政府与市场			
创办企业的时间（天）	..	*40*	22
股票市场资本总额（占GDP的百分比）	..	6.0	15.5
军费支出（占GDP的百分比）	*0.5*	3.6	2.5
移动电话用户（每100人）	0.0	1.7	123.0
互联网用户（每100人）	0.0	0.7	30.6
铺敷道路（占总数的百分比）	93.7	96.7	*97.9*
高科技出口（占制成品出口的百分比）	..	5	4
全球联系			
商品贸易（占GDP的百分比）	..	91	91
净易货贸易条件指数（2000年=100）	..	100	124
外债总额（10亿美元）	0	14	134
债务还本付息总额（占出口的百分比）	..	19.0	30.8
净移民（千人）	2	-547	*-40*
获得的侨汇（百万美元）	..	33	7,822
外国直接投资，净流入额（百万美元）	*200*	595	7,207
获得的净官方发展援助（百万美元）	..	..	750

阿拉伯联合酋长国

高收入经济体

人口（百万）	7.9	人口增长率（百分比）	4.9
陆地面积（千平方公里）	84	每天生活费用不足1.25美元的人口（占人口的百分比）	..
GNI，图表集法（10亿美元）	321.7	人均GNI，图表集法（美元）	40,760
PPP衡量的GNI（10亿美元）	377.9	PPP衡量的人均GNI（美元）	47,890

	1990	2000	2011
人口			
最贫困的20%人口占国家消费/收入的份额（百分比）	..	..	..
出生时的预期寿命（岁）	72	75	77
总生育率（每个女性生育数）	4.4	2.6	1.7
青年女性生育率（每千名15—19岁女性生育数）	..	26	24
避孕普及率（占15—49岁已婚女性的百分比）	..	..	..
在熟练医护人员护理下的分娩（占总数的百分比）	..	*100*	*100*
5岁以下儿童死亡率（每千人）	22	12	7
儿童营养不良，体重不足（占5岁以下儿童的百分比）	..	..	..
儿童麻疹免疫接种率（占12—23个月年龄组的百分比）	80	94	94
小学毕业率，总数（占适龄年龄组的百分比）	91	86	..
中学总入学率，总数（占适龄年龄组的百分比）	62	85	..
小学和中学中女孩与男孩的比率（百分比）	106	102	..
HIV感染率（占15—49岁人口的百分比）	..	..	..
环境			
森林（千平方公里）	2.5	3.1	3.2
森林采伐（1990—2000年和2000—2010年，平均年度百分比）		-2.4	*-0.2*
淡水使用量（占内陆水资源的百分比）	..	*1,936.0*	2,665.3
获得改善的水资源的人口（占总人口的百分比）	100	100	100
获得改善的卫生设施的人口（占总人口的百分比）	97	97	*98*
人均能源使用量（千克石油当量）	11,292	11,190	*8,271*
人均二氧化碳排放量（吨）	28.8	37.1	*22.6*
人均用电量（千瓦时）	8,594	12,722	*11,044*
经济			
GDP（10亿美元）	51	104	360
GDP增长率（年度百分比）	18.3	10.9	4.9
GDP隐含价格平减指数（年度增长百分比）	3.3	11.5	15.4
农业增加值（占GDP的百分比）	1	2	*1*
工业增加值（占GDP的百分比）	59	49	*56*
服务业增加值（占GDP的百分比）	40	49	*44*
货物和服务出口（占GDP的百分比）	..	*49*	*78*
货物和服务进口（占GDP的百分比）	..	*41*	*69*
资本形成总额（占GDP的百分比）	..	*22*	*25*
中央政府收入（占GDP的百分比）	..	*6.5*	..
中央政府现金盈余/赤字（占GDP的百分比）	..	*0.1*	..
政府与市场			
创办企业的时间（天）	..	*19*	8
股票市场资本总额（占GDP的百分比）	..	5.5	26.0
军费支出（占GDP的百分比）	..	6.3	*5.4*
移动电话用户（每100人）	1.9	47.1	148.6
互联网用户（每100人）	0.0	23.6	70.0
铺敷道路（占总数的百分比）	94.2	100.0	..
高科技出口（占制成品出口的百分比）	*0*	1	*3*
全球联系			
商品贸易（占GDP的百分比）	69	81	136
净易货贸易条件指数（2000年=100）	..	100	178
外债总额（百万美元）	..	..	..
债务还本付息总额（占出口的百分比）	..	..	..
净移民（千人）	260	469	*3,077*
获得的侨汇（百万美元）	..	..	..
外国直接投资，净流入额（百万美元）	-116	-506	7,679
获得的净官方发展援助（百万美元）	3.5	..	..

英国

高收入经济体

人口（百万）	62.7	人口增长率（百分比）	0.8
陆地面积（千平方公里）	244	每天生活费用不足1.25美元的人口（占人口的百分比）	..
GNI，图表集法（10亿美元）	2,370.4	人均GNI，图表集法（美元）	37,780
PPP衡量的GNI（10亿美元）	2,255.9	PPP衡量的人均GNI（美元）	35,950

	1990	2000	2011
人口			
最贫困的20%人口占国家消费/收入的份额（百分比）	..	*6.1*	..
出生时的预期寿命（岁）	76	78	81
总生育率（每个女性生育数）	1.8	1.6	2.0
青年女性生育率（每千名15—19岁女性生育数）	..	29	30
避孕普及率（占15—49岁已婚女性的百分比）	*70*	76	*84*
在熟练医护人员护理下的分娩（占总数的百分比）	..	*99*	..
5岁以下儿童死亡率（每千人）	9	7	5
儿童营养不良，体重不足（占5岁以下儿童的百分比）	..	..	..
儿童麻疹免疫接种率（占12—23个月年龄组的百分比）	87	88	90
小学毕业率，总数（占适龄年龄组的百分比）	..	..	..
中学总入学率，总数（占适龄年龄组的百分比）	84	102	*105*
小学和中学中女孩与男孩的比率（百分比）	102	101	*100*
HIV感染率（占15—49岁人口的百分比）	0.1	0.1	0.3
环境			
森林（千平方公里）	26	28	29
森林采伐（1990—2000年和2000—2010年，平均年度百分比）		-0.7	*-0.3*
淡水使用量（占内陆水资源的百分比）	*8.3*	*10.8*	9.0
获得改善的水资源的人口（占总人口的百分比）	100	100	100
获得改善的卫生设施的人口（占总人口的百分比）	100	100	*100*
人均能源使用量（千克石油当量）	3,597	3,785	3,012
人均二氧化碳排放量（吨）	10.0	9.2	*7.7*
人均用电量（千瓦时）	5,357	6,115	*5,733*
经济			
GDP（10亿美元）	1,013	1,476	2,445
GDP增长率（年度百分比）	0.8	4.2	0.8
GDP隐含价格平减指数（年度增长百分比）	7.7	0.7	2.6
农业增加值（占GDP的百分比）	2	1	*1*
工业增加值（占GDP的百分比）	34	27	*22*
服务业增加值（占GDP的百分比）	64	72	*78*
货物和服务出口（占GDP的百分比）	24	28	32
货物和服务进口（占GDP的百分比）	26	30	34
资本形成总额（占GDP的百分比）	20	18	15
中央政府收入（占GDP的百分比）	..	37.1	36.8
中央政府现金盈余/赤字（占GDP的百分比）	..	3.9	-7.7
政府与市场			
创办企业的时间（天）	..	*13*	13
股票市场资本总额（占GDP的百分比）	83.8	174.6	118.7
军费支出（占GDP的百分比）	3.8	2.4	2.6
移动电话用户（每100人）	1.9	73.8	130.8
互联网用户（每100人）	0.1	26.8	82.0
铺敷道路（占总数的百分比）	100.0	100.0	*100.0*
高科技出口（占制成品出口的百分比）	24	32	21
全球联系			
商品贸易（占GDP的百分比）	40	43	45
净易货贸易条件指数（2000年=100）	..	100	101
外债总额（百万美元）	..	..	..
债务还本付息总额（占出口的百分比）	..	..	..
净移民（千人）	99	429	*1,020*
获得的侨汇（10亿美元）	2.1	3.6	1.8
外国直接投资，净流入额（10亿美元）	34	122	36
获得的净官方发展援助（百万美元）	..	..	..

美国

高收入经济体

人口（百万）	311.6	人口增长率（百分比）	0.7
陆地面积（千平方公里）	9,832	每天生活费用不足1.25美元的人口（占人口的百分比）	..
GNI，图表集法（10亿美元）	15,148.2	人均GNI，图表集法（美元）	48,620
PPP衡量的GNI（10亿美元）	15,211.3	PPP衡量的人均GNI（美元）	48,820

	1990	2000	2011
人口			
最贫困的20%人口占国家消费/收入的份额（百分比）	..	5.4	..
出生时的预期寿命（岁）	75	77	79
总生育率（每个女性生育数）	2.1	2.1	1.9
青年女性生育率（每千名15—19岁女性生育数）	..	46	30
避孕普及率（占15—49岁已婚女性的百分比）	71	*73*	*79*
在熟练医护人员护理下的分娩（占总数的百分比）	*99*	*99*	..
5岁以下儿童死亡率（每千人）	11	9	8
儿童营养不良，体重不足（占5岁以下儿童的百分比）	..	*1.1*	..
儿童麻疹免疫接种率（占12—23个月年龄组的百分比）	90	91	90
小学毕业率，总数（占适龄年龄组的百分比）	..	99	*104*
中学总入学率，总数（占适龄年龄组的百分比）	91	93	*96*
小学和中学中女孩与男孩的比率（百分比）	100	100	*100*
HIV感染率（占15—49岁人口的百分比）	0.5	0.6	0.7
环境			
森林（千平方公里）	2,963	3,002	3,044
森林采伐（1990—2000年和2000—2010年，平均年度百分比）		-0.1	*-0.1*
淡水使用量（占内陆水资源的百分比）	*16.4*	*16.8*	17.0
获得改善的水资源的人口（占总人口的百分比）	99	99	99
获得改善的卫生设施的人口（占总人口的百分比）	100	100	*100*
人均能源使用量（千克石油当量）	7,672	8,057	7,069
人均二氧化碳排放量（吨）	19.5	20.2	*17.3*
人均用电量（千瓦时）	11,713	13,671	*13,394*
经济			
GDP（10亿美元）	5,751	9,899	14,991
GDP增长率（年度百分比）	1.9	4.2	1.7
GDP隐含价格平减指数（年度增长百分比）	3.8	2.2	2.2
农业增加值（占GDP的百分比）	2	1	*1*
工业增加值（占GDP的百分比）	28	23	*20*
服务业增加值（占GDP的百分比）	70	75	*79*
货物和服务出口（占GDP的百分比）	10	11	14
货物和服务进口（占GDP的百分比）	11	15	18
资本形成总额（占GDP的百分比）	18	21	15
中央政府收入（占GDP的百分比）	..	*20.1*	17.0
中央政府现金盈余/赤字（占GDP的百分比）	..	*0.5*	-9.3
政府与市场			
创办企业的时间（天）	..	*6*	6
股票市场资本总额（占GDP的百分比）	53.2	152.6	104.3
军费支出（占GDP的百分比）	5.3	3.0	4.7
移动电话用户（每100人）	2.1	38.8	92.7
互联网用户（每100人）	0.8	43.1	77.9
铺敷道路（占总数的百分比）	..	*66.2*	*100.0*
高科技出口（占制成品出口的百分比）	33	34	18
全球联系			
商品贸易（占GDP的百分比）	16	21	25
净易货贸易条件指数（2000年=100）	103	100	95
外债总额（百万美元）	..	..	..
债务还本付息总额（占出口的百分比）	..	..	..
净移民（千人）	3.8	8.5	*5.0*
获得的侨汇（10亿美元）	1.2	4.4	5.8
外国直接投资，净流入额（10亿美元）	48	321	258
获得的净官方发展援助（百万美元）	..	..	..

乌拉圭

拉丁美洲和加勒比地区		中高收入经济体	
人口（百万）	3.4	人口增长率（百分比）	0.4
陆地面积（千平方公里）	176	每天生活费用不足1.25美元的人口（占人口的百分比）	<2
GNI，图表集法（10亿美元）	40.0	人均GNI，图表集法（美元）	11,860
PPP衡量的GNI（10亿美元）	49.3	PPP衡量的人均GNI（美元）	14,640

	1990	2000	2011
人口			
最贫困的20%人口占国家消费/收入的份额（百分比）	5.3	4.7	*4.9*
出生时的预期寿命（岁）	72	75	76
总生育率（每个女性生育数）	2.5	2.2	2.0
青年女性生育率（每千名15—19岁女性生育数）	..	65	59
避孕普及率（占15—49岁已婚女性的百分比）	..	*77*	..
在熟练医护人员护理下的分娩（占总数的百分比）	..	*100*	*100*
5岁以下儿童死亡率（每千人）	23	17	10
儿童营养不良，体重不足（占5岁以下儿童的百分比）	..	*5.4*	..
儿童麻疹免疫接种率（占12—23个月年龄组的百分比）	97	89	95
小学毕业率，总数（占适龄年龄组的百分比）	95	97	*104*
中学总入学率，总数（占适龄年龄组的百分比）	81	98	*90*
小学和中学中女孩与男孩的比率（百分比）	..	105	*104*
HIV感染率（占15—49岁人口的百分比）	0.1	0.6	0.6
环境			
森林（千平方公里）	9	14	18
森林采伐（1990—2000年和2000—2010年，平均年度百分比）		-4.4	*-2.1*
淡水使用量（占内陆水资源的百分比）	..	*6.2*	6.2
获得改善的水资源的人口（占总人口的百分比）	96	98	*100*
获得改善的卫生设施的人口（占总人口的百分比）	94	96	*100*
人均能源使用量（千克石油当量）	724	937	*1,241*
人均二氧化碳排放量（吨）	1.3	1.6	2.4
人均用电量（千瓦时）	1,245	2,043	*2,763*
经济			
GDP（10亿美元）	9.3	22.8	46.7
GDP增长率（年度百分比）	0.3	-1.9	5.7
GDP隐含价格平减指数（年度增长百分比）	106.8	3.5	8.0
农业增加值（占GDP的百分比）	9	7	10
工业增加值（占GDP的百分比）	35	25	25
服务业增加值（占GDP的百分比）	56	69	65
货物和服务出口（占GDP的百分比）	24	17	27
货物和服务进口（占GDP的百分比）	18	20	27
资本形成总额（占GDP的百分比）	12	14	19
中央政府收入（占GDP的百分比）	23.8	24.7	30.8
中央政府现金盈余/赤字（占GDP的百分比）	0.5	-3.0	-0.6
政府与市场			
创办企业的时间（天）	..	*45*	7
股票市场资本总额（占GDP的百分比）	*1.7*	0.7	0.4
军费支出（占GDP的百分比）	3.5	2.5	1.9
移动电话用户（每100人）	0.0	12.4	140.8
互联网用户（每100人）	0.0	10.5	51.4
铺敷道路（占总数的百分比）	..	*10.0*	..
高科技出口（占制成品出口的百分比）	*3*	2	*6*
全球联系			
商品贸易（占GDP的百分比）	33	25	40
净易货贸易条件指数（2000年=100）	116	100	101
外债总额（10亿美元）	4.4	8.5	14.3
债务还本付息总额（占出口的百分比）	40.9	27.3	11.1
净移民（千人）	-30.0	-26.0	*-50.0*
获得的侨汇（百万美元）	..	*0*	102
外国直接投资，净流入额（百万美元）	42	269	2,177
获得的净官方发展援助（百万美元）	52.4	17.4	16.1

乌兹别克斯坦

欧洲和中亚		中低收入经济体	
人口（百万）	29.3	人口增长率（百分比）	2.7
陆地面积（千平方公里）	447	每天生活费用不足1.25美元的人口（占人口的百分比）	..
GNI，图表集法（10亿美元）	44.2	人均GNI，图表集法（美元）	1,510
PPP衡量的GNI（10亿美元）	100.3	PPP衡量的人均GNI（美元）	3,420

	1990	2000	2011
人口			
最贫困的20%人口占国家消费/收入的份额（百分比）	*10.6*	*7.8*	..
出生时的预期寿命（岁）	67	67	68
总生育率（每个女性生育数）	4.1	2.6	2.5
青年女性生育率（每千名15—19岁女性生育数）	..	25	13
避孕普及率（占15—49岁已婚女性的百分比）	..	67	*65*
在熟练医护人员护理下的分娩（占总数的百分比）	..	96	*100*
5岁以下儿童死亡率（每千人）	75	61	49
儿童营养不良，体重不足（占5岁以下儿童的百分比）	..	*7.1*	*4.4*
儿童麻疹免疫接种率（占12—23个月年龄组的百分比）	*84*	99	99
小学毕业率，总数（占适龄年龄组的百分比）	..	95	93
中学总入学率，总数（占适龄年龄组的百分比）	101	88	106
小学和中学中女孩与男孩的比率（百分比）	..	98	98
HIV感染率（占15—49岁人口的百分比）	..	..	..
环境			
森林（千平方公里）	30	32	33
森林采伐（1990—2000年和2000—2010年，平均年度百分比）		-0.5	*-0.2*
淡水使用量（占内陆水资源的百分比）	..	*370.7*	342.7
获得改善的水资源的人口（占总人口的百分比）	90	89	*87*
获得改善的卫生设施的人口（占总人口的百分比）	84	91	*100*
人均能源使用量（千克石油当量）	2,261	2,058	*1,533*
人均二氧化碳排放量（吨）	*5.3*	4.9	4.2
人均用电量（千瓦时）	2,383	1,780	*1,648*
经济			
GDP（10亿美元）	13.4	13.8	45.4
GDP增长率（年度百分比）	1.6	3.8	8.3
GDP隐含价格平减指数（年度增长百分比）	4.0	47.3	15.1
农业增加值（占GDP的百分比）	33	34	19
工业增加值（占GDP的百分比）	33	23	36
服务业增加值（占GDP的百分比）	34	43	45
货物和服务出口（占GDP的百分比）	29	25	32
货物和服务进口（占GDP的百分比）	48	22	27
资本形成总额（占GDP的百分比）	32	16	23
中央政府收入（占GDP的百分比）	..	..	..
中央政府现金盈余/赤字（占GDP的百分比）	..	..	..
政府与市场			
创办企业的时间（天）	..	*29*	12
股票市场资本总额（占GDP的百分比）	..	0.2	..
军费支出（占GDP的百分比）	..	1.2	..
移动电话用户（每100人）	0.0	0.2	91.6
互联网用户（每100人）	0.0	0.5	30.2
铺敷道路（占总数的百分比）	79.0	87.3	..
高科技出口（占制成品出口的百分比）	..	..	..
全球联系			
商品贸易（占GDP的百分比）	..	40	51
净易货贸易条件指数（2000年=100）	..	100	178
外债总额（10亿美元）	0.0	5.0	8.4
债务还本付息总额（占出口的百分比）	..	..	..
净移民（千人）	-451	-400	*-518*
获得的侨汇（百万美元）	..	..	..
外国直接投资，净流入额（百万美元）	*9*	75	1,403
获得的净官方发展援助（百万美元）	*2*	186	216

瓦努阿图

东亚和太平洋地区			中低收入经济体
人口（千人）	246	人口增长率（百分比）	2.5
陆地面积（千平方公里）	12	每天生活费用不足1.25美元的人口（占人口的百分比）	..
GNI，图表集法（百万美元）	669.6	人均GNI，图表集法（美元）	2,730
PPP衡量的GNI（百万美元）	1,064.3	PPP衡量的人均GNI（美元）	4,330

	1990	2000	2011
人口			
最贫困的20%人口占国家消费/收入的份额（百分比）	..	..	..
出生时的预期寿命（岁）	63	68	71
总生育率（每个女性生育数）	4.9	4.5	3.8
青年女性生育率（每千名15—19岁女性生育数）	..	60	51
避孕普及率（占15—49岁已婚女性的百分比）	*15*	*28*	*38*
在熟练医护人员护理下的分娩（占总数的百分比）	..	*88*	*74*
5岁以下儿童死亡率（每千人）	39	23	13
儿童营养不良，体重不足（占5岁以下儿童的百分比）	..	..	*11.7*
儿童麻疹免疫接种率（占12—23个月年龄组的百分比）	66	61	52
小学毕业率，总数（占适龄年龄组的百分比）	*84*	92	*83*
中学总入学率，总数（占适龄年龄组的百分比）	*18*	35	55
小学和中学中女孩与男孩的比率（百分比）	*93*	101	*97*
HIV感染率（占15—49岁人口的百分比）	..	..	..
环境			
森林（千平方公里）	4.4	4.4	4.4
森林采伐（1990—2000年和2000—2010年，平均年度百分比）		0.0	*0.0*
淡水使用量（占内陆水资源的百分比）	..	..	..
获得改善的水资源的人口（占总人口的百分比）	62	76	*90*
获得改善的卫生设施的人口（占总人口的百分比）	*35*	41	*57*
人均能源使用量（千克石油当量）	159	..	..
人均二氧化碳排放量（吨）	0.5	0.4	0.5
人均用电量（千瓦时）	..	..	..
经济			
GDP（百万美元）	158	272	760
GDP增长率（年度百分比）	11.7	5.9	1.4
GDP隐含价格平减指数（年度增长百分比）	-1.0	2.2	1.9
农业增加值（占GDP的百分比）	21	23	*20*
工业增加值（占GDP的百分比）	14	11	*10*
服务业增加值（占GDP的百分比）	65	66	*70*
货物和服务出口（占GDP的百分比）	47	39	*49*
货物和服务进口（占GDP的百分比）	73	48	52
资本形成总额（占GDP的百分比）	33	20	..
中央政府收入（占GDP的百分比）	26.1	*19.4*	..
中央政府现金盈余/赤字（占GDP的百分比）	-7.8	*-0.7*	..
政府与市场			
创办企业的时间（天）	..	*39*	35
股票市场资本总额（占GDP的百分比）	..	..	..
军费支出（占GDP的百分比）	..	..	..
移动电话用户（每100人）	0.0	0.2	55.8
互联网用户（每100人）	0.0	2.1	*8.0*
铺敷道路（占总数的百分比）	21.6	23.9	..
高科技出口（占制成品出口的百分比）	20	0	..
全球联系			
商品贸易（占GDP的百分比）	73	42	46
净易货贸易条件指数（2000年=100）	..	100	92
外债总额（百万美元）	38	96	202
债务还本付息总额（占出口的百分比）	2.3	1.6	1.6
净移民（千人）	-2.5	-7.1	*0.0*
获得的侨汇（百万美元）	8.2	34.7	21.8
外国直接投资，净流入额（百万美元）	13.1	20.3	58.1
获得的净官方发展援助（百万美元）	49.5	45.8	92.1

委内瑞拉

拉丁美洲和加勒比地区		中高收入经济体	
人口（百万）	29.3	人口增长率（百分比）	1.5
陆地面积（千平方公里）	912	每天生活费用不足1.25美元的人口（占人口的百分比）	*6.6*
GNI，图表集法（10亿美元）	346.1	人均GNI，图表集法（美元）	11,820
PPP衡量的GNI（10亿美元）	363.9	PPP衡量的人均GNI（美元）	12,430

	1990	2000	2011
人口			
最贫困的20%人口占国家消费/收入的份额（百分比）	*4.5*	*4.0*	*4.3*
出生时的预期寿命（岁）	71	73	74
总生育率（每个女性生育数）	3.4	2.8	2.5
青年女性生育率（每千名15—19岁女性生育数）	..	93	88
避孕普及率（占15—49岁已婚女性的百分比）	*58*	*70*	..
在熟练医护人员护理下的分娩（占总数的百分比）	..	94	..
5岁以下儿童死亡率（每千人）	31	22	15
儿童营养不良，体重不足（占5岁以下儿童的百分比）	6.7	3.9	*3.7*
儿童麻疹免疫接种率（占12—23个月年龄组的百分比）	61	84	86
小学毕业率，总数（占适龄年龄组的百分比）	79	83	95
中学总入学率，总数（占适龄年龄组的百分比）	56	60	83
小学和中学中女孩与男孩的比率（百分比）	*105*	105	102
HIV感染率（占15—49岁人口的百分比）	0.2	0.4	0.6
环境			
森林（千平方公里）	520	492	460
森林采伐（1990—2000年和2000—2010年，平均年度百分比）		0.6	*0.6*
淡水使用量（占内陆水资源的百分比）	..	*1.3*	1.3
获得改善的水资源的人口（占总人口的百分比）	90	92	..
获得改善的卫生设施的人口（占总人口的百分比）	82	89	..
人均能源使用量（千克石油当量）	2,216	2,335	*2,669*
人均二氧化碳排放量（吨）	6.2	6.3	6.5
人均用电量（千瓦时）	2,463	2,655	*3,287*
经济			
GDP（10亿美元）	47	117	316
GDP增长率（年度百分比）	6.5	3.7	4.2
GDP隐含价格平减指数（年度增长百分比）	41.7	29.5	28.1
农业增加值（占GDP的百分比）	5	4	*6*
工业增加值（占GDP的百分比）	61	50	*52*
服务业增加值（占GDP的百分比）	34	46	*42*
货物和服务出口（占GDP的百分比）	39	30	30
货物和服务进口（占GDP的百分比）	20	18	20
资本形成总额（占GDP的百分比）	10	24	23
中央政府收入（占GDP的百分比）	24.5	21.2	..
中央政府现金盈余/赤字（占GDP的百分比）	3.0	-1.2	..
政府与市场			
创办企业的时间（天）	..	*141*	144
股票市场资本总额（占GDP的百分比）	17.8	6.9	1.6
军费支出（占GDP的百分比）	*1.9*	1.5	0.8
移动电话用户（每100人）	0.0	22.4	97.8
互联网用户（每100人）	0.0	3.4	40.2
铺敷道路（占总数的百分比）	35.6	33.6	..
高科技出口（占制成品出口的百分比）	4	3	2
全球联系			
商品贸易（占GDP的百分比）	53	42	44
净易货贸易条件指数（2000年=100）	90	100	259
外债总额（10亿美元）	33.2	42.8	67.9
债务还本付息总额（占出口的百分比）	23.3	16.9	6.4
净移民（千人）	75.0	40.0	*40.0*
获得的侨汇（百万美元）	1	17	138
外国直接投资，净流入额（10亿美元）	0.5	4.7	5.2
获得的净官方发展援助（百万美元）	76.4	76.1	45.3

越南

东亚和太平洋地区		中低收入经济体	
人口（百万）	87.8	人口增长率（百分比）	1.0
陆地面积（千平方公里）	331	每天生活费用不足1.25美元的人口（占人口的百分比）	*16.9*
GNI，图表集法（10亿美元）	111.1	人均GNI，图表集法（美元）	1,270
PPP衡量的GNI（10亿美元）	285.5	PPP衡量的人均GNI（美元）	3,250

	1990	2000	2011
人口			
最贫困的20%人口占国家消费/收入的份额（百分比）	*7.8*	*7.5*	*7.4*
出生时的预期寿命（岁）	65	72	75
总生育率（每个女性生育数）	3.6	2.0	1.8
青年女性生育率（每千名15—19岁女性生育数）	..	26	24
避孕普及率（占15—49岁已婚女性的百分比）	*53*	74	78
在熟练医护人员护理下的分娩（占总数的百分比）	..	70	93
5岁以下儿童死亡率（每千人）	50	34	22
儿童营养不良，体重不足（占5岁以下儿童的百分比）	*40.7*	30.1	*20.2*
儿童麻疹免疫接种率（占12—23个月年龄组的百分比）	88	97	96
小学毕业率，总数（占适龄年龄组的百分比）	..	98	104
中学总入学率，总数（占适龄年龄组的百分比）	36	64	*77*
小学和中学中女孩与男孩的比率（百分比）	..	93	*102*
HIV感染率（占15—49岁人口的百分比）	0.1	0.2	0.5
环境			
森林（千平方公里）	94	117	139
森林采伐（1990—2000年和2000—2010年，平均年度百分比）		-2.3	-1.6
淡水使用量（占内陆水资源的百分比）	..	*12.6*	22.8
获得改善的水资源的人口（占总人口的百分比）	57	77	95
获得改善的卫生设施的人口（占总人口的百分比）	37	56	76
人均能源使用量（千克石油当量）	271	370	*681*
人均二氧化碳排放量（吨）	0.3	0.7	1.7
人均用电量（千瓦时）	98	295	*1,035*
经济			
GDP（10亿美元）	6.5	31.2	123.6
GDP增长率（年度百分比）	5.1	6.8	5.9
GDP隐含价格平减指数（年度增长百分比）	42.1	3.4	20.9
农业增加值（占GDP的百分比）	39	25	22
工业增加值（占GDP的百分比）	23	37	41
服务业增加值（占GDP的百分比）	39	39	37
货物和服务出口（占GDP的百分比）	36	55	87
货物和服务进口（占GDP的百分比）	45	57	91
资本形成总额（占GDP的百分比）	13	30	35
中央政府收入（占GDP的百分比）	..	..	..
中央政府现金盈余/赤字（占GDP的百分比）	..	..	..
政府与市场			
创办企业的时间（天）	..	*59*	34
股票市场资本总额（占GDP的百分比）	..	*0.4*	14.8
军费支出（占GDP的百分比）	7.9	*2.1*	2.2
移动电话用户（每100人）	0.0	1.0	143.4
互联网用户（每100人）	0.0	0.3	35.1
铺敷道路（占总数的百分比）	23.5	*43.9*	*47.6*
高科技出口（占制成品出口的百分比）	..	11	9
全球联系			
商品贸易（占GDP的百分比）	80	97	165
净易货贸易条件指数（2000年=100）	..	100	100
外债总额（10亿美元）	23.3	12.9	57.8
债务还本付息总额（占出口的百分比）	..	7.5	3.2
净移民（千人）	-332	-287	*-431*
获得的侨汇（10亿美元）	..	1.3	8.6
外国直接投资，净流入额（10亿美元）	0.2	1.3	7.4
获得的净官方发展援助（10亿美元）	0.2	1.7	3.5

美属维尔京群岛

高收入经济体

人口（千人）	110	人口增长率（百分比）	-0.1
陆地面积（平方公里）	350	每天生活费用不足1.25美元的人口（占人口的百分比）	..
GNI，图表集法（10亿美元）	..	人均GNI，图表集法（美元）	..
PPP衡量的GNI（百万美元）	..	PPP衡量的人均GNI（美元）	..

	1990	2000	2011
人口			
最贫困的20%人口占国家消费/收入的份额（百分比）	..	..	..
出生时的预期寿命（岁）	75	78	79
总生育率（每个女性生育数）	3.1	2.1	1.8
青年女性生育率（每千名15—19岁女性生育数）	..	43	23
避孕普及率（占15—49岁已婚女性的百分比）	..	*78*	..
在熟练医护人员护理下的分娩（占总数的百分比）	..	*98*	..
5岁以下儿童死亡率（每千人）	..	..	..
儿童营养不良，体重不足（占5岁以下儿童的百分比）	..	..	..
儿童麻疹免疫接种率（占12—23个月年龄组的百分比）	..	..	..
小学毕业率，总数（占适龄年龄组的百分比）	..	..	..
中学总入学率，总数（占适龄年龄组的百分比）	..	..	..
小学和中学中女孩与男孩的比率（百分比）	..	..	..
HIV感染率（占15—49岁人口的百分比）	..	..	..
环境			
森林（平方公里）	236	219	201
森林采伐（1990—2000年和2000—2010年，平均年度百分比）		0.7	*0.8*
淡水使用量（占内陆水资源的百分比）	..	..	..
获得改善的水资源的人口（占总人口的百分比）	..	..	..
获得改善的卫生设施的人口（占总人口的百分比）	..	..	..
人均能源使用量（千克石油当量）	..	..	..
人均二氧化碳排放量（吨）	..	..	..
人均用电量（千瓦时）	..	..	..
经济			
GDP（百万美元）	1,565	..	..
GDP增长率（年度百分比）	*7.1*	..	..
GDP隐含价格平减指数（年度增长百分比）	*4.1*	..	..
农业增加值（占GDP的百分比）	..	..	..
工业增加值（占GDP的百分比）	..	..	..
服务业增加值（占GDP的百分比）	..	..	..
货物和服务出口（占GDP的百分比）	..	..	..
货物和服务进口（占GDP的百分比）	..	..	..
资本形成总额（占GDP的百分比）	..	..	..
中央政府收入（占GDP的百分比）	..	..	..
中央政府现金盈余/赤字（占GDP的百分比）	..	..	..
政府与市场			
创办企业的时间（天）	..	..	..
股票市场资本总额（占GDP的百分比）	..	..	..
军费支出（占GDP的百分比）	..	..	..
移动电话用户（每100人）	0.0	32.3	..
互联网用户（每100人）	0.0	13.8	*27.4*
铺敷道路（占总数的百分比）	..	..	..
高科技出口（占制成品出口的百分比）	..	..	..
全球联系			
商品贸易（占GDP的百分比）	..	..	..
净易货贸易条件指数（2000年=100）	..	..	..
外债总额（百万美元）	..	..	..
债务还本付息总额（占出口的百分比）	..	..	..
净移民（千人）	-11.5	-5.1	*-3.6*
获得的侨汇（百万美元）	..	..	..
外国直接投资，净流入额（百万美元）	..	..	..
获得的净官方发展援助（百万美元）	..	..	..

西岸和加沙

中东和北非			中低收入经济体
人口（百万）	3.9	人口增长率（百分比）	3.0
陆地面积（千平方公里）	6.0	每天生活费用不足1.25美元的人口（占人口的百分比）	<2
GNI，图表集法（10亿美元）	..	人均GNI，图表集法（美元）	..
PPP衡量的GNI（10亿美元）	..	PPP衡量的人均GNI（美元）	..

	1990	2000	2011
人口			
最贫困的20%人口占国家消费/收入的份额（百分比）	..	..	*7.4*
出生时的预期寿命（岁）	68	71	73
总生育率（每个女性生育数）	6.5	5.4	4.4
青年女性生育率（每千名15—19岁女性生育数）	..	81	49
避孕普及率（占15—49岁已婚女性的百分比）	..	51	*50*
在熟练医护人员护理下的分娩（占总数的百分比）	..	97	*99*
5岁以下儿童死亡率（每千人）	43	30	22
儿童营养不良，体重不足（占5岁以下儿童的百分比）	..	..	*2.2*
儿童麻疹免疫接种率（占12—23个月年龄组的百分比）	..	..	..
小学毕业率，总数（占适龄年龄组的百分比）	..	98	91
中学总入学率，总数（占适龄年龄组的百分比）	..	81	84
小学和中学中女孩与男孩的比率（百分比）	..	102	106
HIV感染率（占15—49岁人口的百分比）	..	..	..
环境			
森林（平方公里）	91	91	92
森林采伐（1990—2000年和2000—2010年，平均年度百分比）		0.0	*-0.1*
淡水使用量（占内陆水资源的百分比）	..	*34.4*	51.5
获得改善的水资源的人口（占总人口的百分比）	*97*	92	*85*
获得改善的卫生设施的人口（占总人口的百分比）	*87*	89	*92*
人均能源使用量（千克石油当量）	..	..	..
人均二氧化碳排放量（吨）	..	0.3	0.6
人均用电量（千瓦时）	..	..	..
经济			
GDP（10亿美元）	..	4.1	..
GDP增长率（年度百分比）	..	-5.6	..
GDP隐含价格平减指数（年度增长百分比）	..	2.9	..
农业增加值（占GDP的百分比）	..	..	..
工业增加值（占GDP的百分比）	..	..	..
服务业增加值（占GDP的百分比）	..	..	..
货物和服务出口（占GDP的百分比）	..	16	..
货物和服务进口（占GDP的百分比）	..	71	..
资本形成总额（占GDP的百分比）	..	33	..
中央政府收入（占GDP的百分比）	..	..	..
中央政府现金盈余/赤字（占GDP的百分比）	..	..	..
政府与市场			
创办企业的时间（天）	..	*106*	48
股票市场资本总额（占GDP的百分比）	..	18.6	..
军费支出（占GDP的百分比）	..	..	..
移动电话用户（每100人）	0.0	0.2	45.8
互联网用户（每100人）	0.0	1.1	41.1
铺敷道路（占总数的百分比）	..	*100.0*	*100.0*
高科技出口（占制成品出口的百分比）	..	..	..
全球联系			
商品贸易（占GDP的百分比）	..	..	..
净易货贸易条件指数（2000年=100）	..	..	..
外债总额（百万美元）	..	..	..
债务还本付息总额（占出口的百分比）	..	..	..
净移民（千人）	-39.4	70.0	*-90.0*
获得的侨汇（10亿美元）	..	1.0	1.5
外国直接投资，净流入额（百万美元）	..	62	*154*
获得的净官方发展援助（百万美元）	*179*	685	2,444

也门共和国

中东和北非			中低收入经济体
人口（百万）	24.8	人口增长率（百分比）	3.1
陆地面积（千平方公里）	528	每天生活费用不足1.25美元的人口（占人口的百分比）	*17.5*
GNI，图表集法（10亿美元）	26.4	人均GNI，图表集法（美元）	1,070
PPP衡量的GNI（10亿美元）	53.7	PPP衡量的人均GNI（美元）	2,170

	1990	2000	2011
人口			
最贫困的20%人口占国家消费/收入的份额（百分比）	..	*7.4*	..
出生时的预期寿命（岁）	56	60	65
总生育率（每个女性生育数）	8.7	6.5	5.1
青年女性生育率（每千名15—19岁女性生育数）	..	98	69
避孕普及率（占15—49岁已婚女性的百分比）	*10*	*23*	*28*
在熟练医护人员护理下的分娩（占总数的百分比）	*16*	*27*	*36*
5岁以下儿童死亡率（每千人）	126	99	77
儿童营养不良，体重不足（占5岁以下儿童的百分比）	*29.6*	*43.1*	..
儿童麻疹免疫接种率（占12—23个月年龄组的百分比）	69	71	71
小学毕业率，总数（占适龄年龄组的百分比）	..	*58*	63
中学总入学率，总数（占适龄年龄组的百分比）	..	*45*	46
小学和中学中女孩与男孩的比率（百分比）	..	*55*	75
HIV感染率（占15—49岁人口的百分比）	0.1	0.1	0.2
环境			
森林（千平方公里）	5.5	5.5	5.5
森林采伐（1990—2000年和2000—2010年，平均年度百分比）		0.0	*0.0*
淡水使用量（占内陆水资源的百分比）	*139.6*	*161.9*	169.8
获得改善的水资源的人口（占总人口的百分比）	67	60	55
获得改善的卫生设施的人口（占总人口的百分比）	24	39	53
人均能源使用量（千克石油当量）	210	267	*298*
人均二氧化碳排放量（吨）	0.8	0.8	1.0
人均用电量（千瓦时）	123	139	*249*
经济			
GDP（10亿美元）	5.6	9.6	33.8
GDP增长率（年度百分比）	*6.3*	6.2	-10.5
GDP隐含价格平减指数（年度增长百分比）	*12.0*	23.3	18.3
农业增加值（占GDP的百分比）	24	14	*8*
工业增加值（占GDP的百分比）	34	46	*29*
服务业增加值（占GDP的百分比）	41	40	*63*
货物和服务出口（占GDP的百分比）	12	41	*30*
货物和服务进口（占GDP的百分比）	17	34	*35*
资本形成总额（占GDP的百分比）	12	19	*12*
中央政府收入（占GDP的百分比）	16.2	*23.4*	..
中央政府现金盈余/赤字（占GDP的百分比）	-6.7	*-2.3*	..
政府与市场			
创办企业的时间（天）	..	*72*	40
股票市场资本总额（占GDP的百分比）	..	..	..
军费支出（占GDP的百分比）	6.6	4.9	*4.4*
移动电话用户（每100人）	0.0	0.2	47.0
互联网用户（每100人）	0.0	0.1	14.9
铺敷道路（占总数的百分比）	9.1	..	..
高科技出口（占制成品出口的百分比）	..	*0*	0
全球联系			
商品贸易（占GDP的百分比）	40	66	60
净易货贸易条件指数（2000年=100）	..	100	157
外债总额（10亿美元）	6.4	5.2	6.4
债务还本付息总额（占出口的百分比）	11.1	5.9	2.8
净移民（千人）	-50	-100	*-135*
获得的侨汇（10亿美元）	1.5	1.3	1.4
外国直接投资，净流入额（百万美元）	-131	6	-713
获得的净官方发展援助（百万美元）	450	311	476

赞比亚

撒哈拉以南非洲地区		中低收入经济体	
人口（百万）	13.5	人口增长率（百分比）	4.2
陆地面积（千平方公里）	753	每天生活费用不足1.25美元的人口（占人口的百分比）	*68.5*
GNI，图表集法（10亿美元）	15.7	人均GNI，图表集法（美元）	1,160
PPP衡量的GNI（10亿美元）	20.1	PPP衡量的人均GNI（美元）	1,490

	1990	2000	2011
人口			
最贫困的20%人口占国家消费/收入的份额（百分比）	*3.0*	*6.2*	*3.6*
出生时的预期寿命（岁）	47	42	49
总生育率（每个女性生育数）	6.5	6.1	6.3
青年女性生育率（每千名15—19岁女性生育数）	..	153	140
避孕普及率（占15—49岁已婚女性的百分比）	*15*	*22*	*41*
在熟练医护人员护理下的分娩（占总数的百分比）	*51*	*47*	*47*
5岁以下儿童死亡率（每千人）	193	154	83
儿童营养不良，体重不足（占5岁以下儿童的百分比）	*21.2*	*19.6*	*14.9*
儿童麻疹免疫接种率（占12—23个月年龄组的百分比）	90	85	83
小学毕业率，总数（占适龄年龄组的百分比）	..	63	*103*
中学总入学率，总数（占适龄年龄组的百分比）	21	..	..
小学和中学中女孩与男孩的比率（百分比）	*87*	..	..
HIV感染率（占15—49岁人口的百分比）	13.8	14.4	12.5
环境			
森林（千平方公里）	528	511	493
森林采伐（1990—2000年和2000—2010年，平均年度百分比）		0.3	*0.3*
淡水使用量（占内陆水资源的百分比）	*2.2*	*2.2*	2.2
获得改善的水资源的人口（占总人口的百分比）	49	54	*61*
获得改善的卫生设施的人口（占总人口的百分比）	46	47	*48*
人均能源使用量（千克石油当量）	687	612	*628*
人均二氧化碳排放量（吨）	0.3	0.2	0.2
人均用电量（千瓦时）	779	610	*623*
经济			
GDP（10亿美元）	3.3	3.3	19.2
GDP增长率（年度百分比）	-0.5	3.5	6.5
GDP隐含价格平减指数（年度增长百分比）	106.4	30.8	12.9
农业增加值（占GDP的百分比）	21	22	20
工业增加值（占GDP的百分比）	51	25	37
服务业增加值（占GDP的百分比）	28	53	43
货物和服务出口（占GDP的百分比）	36	26	46
货物和服务进口（占GDP的百分比）	37	40	37
资本形成总额（占GDP的百分比）	17	17	25
中央政府收入（占GDP的百分比）	20.4	*19.6*	*17.4*
中央政府现金盈余/赤字（占GDP的百分比）	..	*1.8*	*-1.5*
政府与市场			
创办企业的时间（天）	..	*35*	17
股票市场资本总额（占GDP的百分比）	..	7.2	20.9
军费支出（占GDP的百分比）	3.7	*1.8*	1.6
移动电话用户（每100人）	0.0	1.0	60.6
互联网用户（每100人）	0.0	0.2	11.5
铺敷道路（占总数的百分比）	16.6	*22.0*	..
高科技出口（占制成品出口的百分比）	*2*	0	25
全球联系			
商品贸易（占GDP的百分比）	77	55	84
净易货贸易条件指数（2000年=100）	207	100	193
外债总额（10亿美元）	6.9	5.8	4.4
债务还本付息总额（占出口的百分比）	14.7	21.2	2.1
净移民（千人）	28.6	83.5	*-85.0*
获得的侨汇（百万美元）	..	*36.3*	46.3
外国直接投资，净流入额（百万美元）	203	122	1,982
获得的净官方发展援助（百万美元）	475	795	1,073

津巴布韦

撒哈拉以南非洲地区 **低收入经济体**

人口（百万）	12.8	人口增长率（百分比）	1.4
陆地面积（千平方公里）	391	每天生活费用不足1.25美元的人口（占人口的百分比）	..
GNI，图表集法（10亿美元）	8.4	人均GNI，图表集法（美元）	660
PPP衡量的GNI（10亿美元）	..	PPP衡量的人均GNI（美元）	..

	1990	2000	2011
人口			
最贫困的20%人口占国家消费/收入的份额（百分比）	..	..	..
出生时的预期寿命（岁）	61	45	51
总生育率（每个女性生育数）	5.2	3.9	3.2
青年女性生育率（每千名15—19岁女性生育数）	..	88	56
避孕普及率（占15—49岁已婚女性的百分比）	*43*	*54*	59
在熟练医护人员护理下的分娩（占总数的百分比）	*70*	*73*	66
5岁以下儿童死亡率（每千人）	79	106	67
儿童营养不良，体重不足（占5岁以下儿童的百分比）	*8.0*	*11.5*	*10.1*
儿童麻疹免疫接种率（占12—23个月年龄组的百分比）	87	75	92
小学毕业率，总数（占适龄年龄组的百分比）	..	..	..
中学总入学率，总数（占适龄年龄组的百分比）	47	..	..
小学和中学中女孩与男孩的比率（百分比）	97	..	..
HIV感染率（占15—49岁人口的百分比）	13.6	26.2	14.9
环境			
森林（千平方公里）	222	189	153
森林采伐（1990—2000年和2000—2010年，平均年度百分比）		1.6	*1.9*
淡水使用量（占内陆水资源的百分比）	..	*34.3*	34.3
获得改善的水资源的人口（占总人口的百分比）	79	80	*80*
获得改善的卫生设施的人口（占总人口的百分比）	41	40	*40*
人均能源使用量（千克石油当量）	888	790	*764*
人均二氧化碳排放量（吨）	1.5	1.1	0.7
人均用电量（千瓦时）	862	853	*1,022*
经济			
GDP（10亿美元）	8.8	6.7	9.7
GDP增长率（年度百分比）	7.0	-3.1	9.4
GDP隐含价格平减指数（年度增长百分比）	-0.9	0.6	18.8
农业增加值（占GDP的百分比）	16	18	16
工业增加值（占GDP的百分比）	33	*24*	37
服务业增加值（占GDP的百分比）	50	*57*	47
货物和服务出口（占GDP的百分比）	23	38	49
货物和服务进口（占GDP的百分比）	23	36	88
资本形成总额（占GDP的百分比）	17	14	23
中央政府收入（占GDP的百分比）	24.1	..	..
中央政府现金盈余/赤字（占GDP的百分比）	-2.6	..	..
政府与市场			
创办企业的时间（天）	..	*97*	90
股票市场资本总额（占GDP的百分比）	27.3	36.4	112.9
军费支出（占GDP的百分比）	4.6	5.2	1.6
移动电话用户（每100人）	0.0	2.1	72.1
互联网用户（每100人）	0.0	0.4	15.7
铺敷道路（占总数的百分比）	14.0	*19.0*	..
高科技出口（占制成品出口的百分比）	1	2	*1*
全球联系			
商品贸易（占GDP的百分比）	41	57	82
净易货贸易条件指数（2000年=100）	98	100	110
外债总额（10亿美元）	3.3	3.8	6.3
债务还本付息总额（占出口的百分比）	23.1	..	..
净移民（千人）	121	-200	*-900*
获得的侨汇（百万美元）	0.8	..	..
外国直接投资，净流入额（百万美元）	-12	23	387
获得的净官方发展援助（百万美元）	334	176	718

注释

a. 包括中国台湾

b. 包括中国香港。

c. 估计值不同于中国政府官方统计值中公布的军费开支估计值：2000 年占 GDP 的 1.2%，2011 年为 1.3%（见中国国家统计局网站，www. stats. gov. cn）。

d. 指不被冰山覆盖的地区。

e. 不包括黑山。

f. 不包括南苏丹。

g. 2011 年 7 月 9 日之后，不再包括南苏丹。

获得改善的卫生设施——拥有足够的处理排泄物设施（私人或共用的，但不是公共的）的人口比例，这些设施可以有效地防止人类、动物和蚊蝇与粪便的接触。改善的设施范围包括从简单而有防护的厕坑到具有排水管线的直冲式厕所。为了保证有效，设施必须得到正确安装并适当地维护。（世界卫生组织、联合国儿童基金会）

获得改善的水资源——从改善的水源合理获得足够用水的人口比例。改善的水源包括诸如接入家庭的水、公共水管、受到保护的蓄水池、受到保护的井、泉以及雨水收集。未经改善的水源包括未保护的井和泉、自动售水机抽取的水、瓶装水和油罐卡车中的水。合理地获得足够的量意味着每人每天从距离居住区 1 公里范围内的水源可获取至少 20 升水。（世界卫生组织、联合国儿童基金会）

青年女性生育率——每千名 15—19 岁女性的生育数量。（联合国人口署）

在熟练医护人员护理下的分娩——在经过培训的医护人员护理下分娩的百分比，护理内容包括在女性怀孕、分娩和产后期间给予必要的监护、照顾和忠告，引导产妇自己分娩以及照顾新生儿。（联合国儿童基金会、儿童信息网、宏观国际）

人均二氧化碳排放量——化石燃料燃烧和水泥生产所产生的二氧化碳排放量除以年中人口数量。它们包括在消费固态、液态和气态燃料以及气态闪光时产生的二氧化碳。（二氧化碳信息分析中心）

中央政府现金盈余/赤字——指收益（包括赠款）减去支出和非金融资产的净获得额。在 2005 年前的版本中，非金融资产包括在收入和支出总额中。现金盈余/赤字的概念最接近于早期的总预算盈余（缺少的仍然是贷款减去债务偿还，该项被记作金融资产净获得额下的融资项目）。（国际货币基金组织）

中央政府收入——来自税收、社会捐款以及其他诸如罚金、收费、租金和来自财产销售的收入。赠款通常也被认为是

中央政府收入的一部分，但这里不包括此项收益。（国际货币基金组织）

儿童麻疹免疫接种率——指在调查时接种了麻疹疫苗的12—23个月的儿童所占的百分比，接种是在12个月之内或调查之前的任何时间。儿童在接种1次麻疹疫苗后被认为对麻疹有足够的免疫力。（世界卫生组织、联合国儿童基金会）

儿童营养不良，体重不足——相对于其年龄，体重低于国际参照人口中值即0—59个月的平均数两个标准差的5岁以下儿童所占百分比。数据与世界卫生组织2006年公布的最新儿童成长标准一致。（世界卫生组织）

避孕普及率——15—49岁结婚或者同居女性（或者其性伴侣）采取任何形式的避孕措施所占的百分比。（联合国儿童基金会、宏观国际）

森林采伐——天然林永久性地转换为其他用途，包括林农轮作、永久性农业、牧业、拓居地以及基础设施建设。森林面积减少不包括已砍伐但准备重植的面积，也不包括采集薪柴、酸沉降或森林火灾所导致的森林退化的面积。负数表示森林面积的增加。（粮食与农业组织）

人均用电量——用电量为发电厂和热力、电力综合工厂的发电量减去输变电损耗和热力、电力厂的自用量，再加上进口减去出口，除以年中人口数量。（国际能源署）

人均能源使用量——在转化为其他最终用途的燃料之前，主要能源的使用量，等于国内生产量加进口量和存量变化，减去出口量和用于国际运输中的船舶和飞机用燃料，除以年中人口数量。（国际能源署）

货物和服务出口——提供给世界其他地区的所有货物与服务的价值，包括商品、货运、保险、运输、旅游、版税、特许权费和其他服务的价值。劳动收入及财产收益（以前称为要素服务）和转移支付不在其中。（世界银行、经济合作与发展组织、联合国）。

外国直接投资，净流入量——投资者为获得其本国之外企业经营中持久的管理利益而进行的投资形成的净流入量。它是股票、收益再投资、其他长期资本以及国际收支平衡表中显示的短期资本之和。净流入量是指报告期的新投资减去投资收回（世界银行、国际货币基金组织）

森林——自然生长或人工种植的立木所覆盖的地区，无论其是否是生产性的。（粮食与农业组织）

淡水使用量——对居民、工业和农业淡水使用的估计总量，但不包括在水存储地点的蒸腾损失。国内的水资源仅仅指国内可更新的水资源，即包括一个国家内降水产生的河川和地表水径流量。因为不包括来自其他国家的河川径流，因为从不可更新的含水地层抽取或咸水淡化厂生产的淡水量很大，或者因为水的重复利用规模很大，水的使用量可以超过可更新的淡水总量。（粮食与农业组织、世界资源研究所）

GDP（国内生产总值）——以购买者价格计算的国内生产总值。即一个经济体内所有居民创造的总增加值之和加上任何产品税，减去不包括在产品价值中的任何补贴。计算中没有扣除成套设备资产的折旧或自然资源的损耗和退化。（世界银行、经济合作与发展组织、联合国）

GDP 增长率——国内生产总值一年的实际增长率。（世界银行和经济合作与发展组织）

GDP 隐含价格平减指数——一个经济体整体上一年的价格变化率。（世界银行、经济合作与发展组织、联合国）

GNI（国民总收入）——国内生产总值（GDP）加上境外营业收入的净收益（雇员获得的报酬和收入）。国内生产总值（GDP）指所有居民生产者创造的增加值的总和，加上未统计在估计产值中的产品税（减去补贴）。（世界银行）

人均 GNI——利用世界银行图表集方法将国民总收入转化成美元之后除以年中人口数量。国民总收入（GNI）指所有居民生产者创造的增加值的总和，加上未统计在估计产值中的任何产品税（减去补贴），加上境外营业收入的净收益（雇员获得的报酬和财产收入）。以本币计算的 GNI 通常要以官方汇率（与各经济体的比较）转化成美元。世界银行图表集方法通常用于熨平价格和汇率的波动。将给定年份及其前两年的汇率加以平均，对各个国家、欧元区、日本、英国和美国不同的通货膨胀率加以调整。（世界银行）

购买力平价衡量的 GNI——利用购买力平价将 GNI 转化成国际美元。对于 GNI 来讲，一国际美元所具有的购买力与美国美元在美国的购买力相同。（世界银行）

购买力平价衡量的人均 GNI——利用购买力平价将 GNI 转化成国际美元，除以年中人口数量。对于 GNI 来讲，一国际美元所具有的购买力与美国美元在美国的购买力相同。（世界银行）

资本形成总额——由新增固定资产支出加上库存的净变动值构成。固定资产包括改良后的土地（围栏、水渠、排水沟等）；厂房、机器和设备的购置；建设公路、铁路以及学校、办公室、医院、私人住宅和工商业建筑等的修建。库存是企业为满足生产、销售或引进项目的暂时需要或应付意外变化而贮存的商品。依照 1993 年 SNA，贵重物品的净收入也被认为是主要的构成。（世界银行、经济合作与发展组织、联合国）

中学总入学率——指占总的中学教育入学人数（不考虑年龄，与官方中学教育相对应的年龄组的人口）的比率。中学教育由更专业化的教师向学生提供更专业或技术性的、导向性的教育，从而开启学生终生学习与发展的基本能力和基本目标。（联合国教科文组织统计研究所）

高科技出口——具有较高的研究与开发强度的产品，包括诸如航空航天、计算机、药品、科研设备和电子设备等。（联合国商品贸易统计数据库）

HIV 感染率——15—49 岁的人口感染 HIV 的百分比。（联

合国艾滋病合作规划署、世界卫生组织)

货物和服务进口——提供给世界其他国家的所有货物和服务的价值，包括商品、货运、保险、运输、旅游、版税、特许权费和其他服务。劳务和财产收入（以前称要素性服务）作为转移支付不包括在内。(世界银行、经济合作与发展组织、联合国)

互联网用户——指最近 12 个月使用国际互联网络（任何地方）的人数所占百分比。国际互联网可以在电脑、移动电话、掌上电脑、游戏机、数字电视等上面使用。(国际电信联盟)

出生时的预期寿命——假定出生时死亡格局在其一生中保持不变，一名新生儿可能生存的年数。(欧洲统计局、联合国人口署、世界银行)

商品贸易——以现值美元衡量的商品出口和进口之和。(世界贸易组织、世界银行)

军费支出——包括用于武装力量的所有日常开支和资本开支，武装力量包括维和部队、国防部以及从事国防项目的其他政府机构、准武装力量（如果他们受过训练并装备了武器）以及军事空间活动等。这些开支包括军职人员和文职人员，其中包括军事人员的退休金以及向军事人员提供的社会服务、运转和维护费用、采购、军事研究与开发以及军事援助（包括在援助国的军费开支内）等。民间防御以及用于以往军事活动的日常开支不包括在内，例如退役军人的福利，复员、转业以及武器的销毁等。该定义并不适用于所有国家，然而，这需要更为详细的信息，而不仅仅是军费预算和预算外军费开支项目中所包含的内容。(例如，军费预算可能包括，也可能不包括民间防御、储备和后备部队、警察和准军事部队、双重能力部队，例如，军警和民警、各种军事赠予、军事人员的退休金、政府提供的社会保障。)(斯德哥尔摩国际和平研究所)

移动电话用户——利用蜂窝技术而获得公共交换台电话网

使用权的手机用户，包括非预付话费和预付话费用户。（国际电信联盟）

净易货贸易条件——相对于以2000年为基年的出口价格指数与相应的进口价格指数之比。（联合国贸易与发展会议、国际货币基金组织）

净移民——一段期间内的外国向本国移民人数减本国向外国移民人数，包括公民和非公民。数据为1985－1990年、1995－2000年和2005－2010年各时期的估计数。（联合国人口署）

获得的净官方发展援助——为满足发展援助委员会所定义的官方发展援助的资金流量（净偿还额），并且要拨付给发展援助委员会受援国名单上的国家和地区。（经济合作与发展组织）

铺敷道路——用混凝土浇筑的或用鹅卵石铺成的，以碎石和碳氢化合黏结料或用沥青铺敷路面的道路占一国所有道路里程的百分比，按长度衡量。（国际道路联合会）

人口——年中所有居民的估计数，无论其法律地位或公民权状况如何，该数字不包括在避难国非永久居住的难民，他们通常被认为是来源国人口的一部分。（欧洲统计局、联合国人口署、世界银行）

每天生活费用不足1．25美元的人口——指每天生活费用不足1．25美元（以2005年的国际价格计算）的人口百分比。数据为2000年以来最近年份的估计数。斜体数字不是2011年的数据。（世界银行）

人口增长率——相对于前一年年中人口的指数增长率。（世界银行）

小学毕业率，总数——完成最后一年小学教育的学生所占的百分比。其计算如下：完成最后一年小学教育的学生人数减去该年级的复读人数，然后除以达到官方规定的毕业年龄的儿童总数。因为国际教育标准分类 1976（ISCED76）向国际教育标准分类 1997（ISCED97）的转换，1999 年之前的数据与 1999 年以来的数据并不具有可比性。（联合国教科文组织统计研究所）

小学和中学中女孩与男孩的比率——指小学与中学中女性与男性总入学率之比。（联合国教科文组织统计研究所）

获得的侨汇——指雇员的个人转移支付和补偿金。包括常住住户从非常住住户那里收到的现金转移支付或者各种收入、非常住劳工获得的工资和薪金、非常住实体雇佣的常住劳工获得的工资和薪金。（国际货币基金组织、世界银行）

最贫困的 20% 人口占国家消费或者收入的份额——最贫困的 1/5 人口的消费或者收入在总的国家消费或者收入中占有的份额。（世界银行）

创办企业的时间——指在法律上创办一个企业而必须完成的程序所需要的日历天数。如果某项程序将加剧额外的成本，那么选择最快的程序将不惜成本。表中给出的 2011 年的数据为 2012 年 6 月的数据。（世界银行）

股票市场资本总额——指股票价格乘以已发行的股票数量所得的价值。（标准普尔）

陆地面积———国的总面积，包括内陆水体和部分沿海水道。（粮食与农业组织）。

债务还本付息总额——对长期债务（政府债务、政府担保债务以及私人未担保的债务）的本金偿还和实际利息支付、短期债务的利息支付以及国际货币基金组织贷款的偿还（重新购买和付费），以占出口的百分比表示。出口涉及一般商品和服务出口总价值、非居民劳工就业赔偿收入、海外投资收入。（世界银行、国际货币基金组织）

外债总额——拖欠非居民的以外币、商品和服务形式偿付

的债务。外债总额是长期外债、短期债务和国际货币基金组织贷款使用的总和。以本币偿还的债务不包括在内。（世界银行）

总生育率——一个女性育龄期结束时，如按目前特定年龄生育率生育孩子的话，可能生育的孩子数量。（欧洲统计局、联合国人口署、世界银行）

5 岁以下儿童死亡率——在当前特定年龄组别死亡率情况下，一名新生儿在 5 岁以前死亡的概率。（联合国儿童基金会、世界卫生组织、世界银行、联合国人口署）

农业增加值——农业部门（国际工业标准分类 1—5 项，包括林业和渔业）净产出的加总减去中间产品的投入。（世界银行、经济合作与发展组织、联合国）

工业增加值——工业部门（国际工业标准分类 10—45 项，包括采矿、制造业、建筑、电力、供水和煤气）净产出的加总减去中间产品的投入。（世界银行、经济合作与发展组织、联合国）

服务业增加值——服务业部门（国际工业标准分类 50—99 项）净产出的加总减去中间产品的投入。这部分属残余的来源，不可能恰当地反映服务产出总量，其中包括银行业和金融服务业。（世界银行、经济合作与发展组织、联合国）

图书在版编目（CIP）数据

2013 年世界发展数据手册/世界银行著；王辉译．—北京：中国财政经济出版社，2013. 8

书名原文：The Little Data Book 2013

ISBN 978 -7 -5095 -4695 -6

Ⅰ.①2…　Ⅱ.①世…②王…　Ⅲ.①世界经济—经济发展—统计数据—2013—手册　Ⅳ.①F112 -62

中国版本图书馆 CIP 数据核字（2013）第 175427 号

责任编辑：付克华　　　　责任校对：李香杰

封面设计：北平面

2013 年世界发展数据手册

中国财政经济出版社出版

URL：http：//www. cfeph. cn

E-mail：cfeph@cfeph.cn

社址：北京市海淀区阜成路甲 28 号　邮政编码：100142

发行处电话：88190406　财经书店电话：64033436

北京财经印刷厂印刷　各地新华书店经销

787 ×1092 毫米　24 开　10. 5 印张　230 000 字

2013 年 8 月第 1 版　2013 年 8 月北京第 1 次印刷

定价：25. 00 元

图字：01 -2013 -6175

ISBN 978 -7 -5095 -4695 -6/F · 3802

（图书出现印装问题，本社负责调换）

本社质量投诉电话：010 -88190744

反盗版举报热线:88190492、88190446